월곡집

이 책은 2017 · 2018년도 정부(교육부)의 재원으로 한국고전번역원의 지원을 받아
수행된 '권역별거점연구소협동번역사업'의 결과물임.

This work was supported by Institute for the Translation of Korean Classics - Grant funded by the Korean Government.

한국고전번역원 한국문집번역총서/이화여자대학교 한국문화연구원

월곡집 4

月谷集

오원 지음
吳瑗

박재금
이은영
홍학희 옮김

일러두기

1. 이 책의 번역 대본은 한국고전번역원에서 간행한 한국문집총간 218집 소재《월곡집(月谷集)》으로 하였다. 번역 대본의 원문 텍스트와 원문 이미지는 한국고전종합DB(http://db.itkc.or.kr)에서 확인할 수 있다.
2. 내용이 간단한 역주는 간주(間註)로, 긴 역주는 각주(脚註)로 처리하였다.
3. 한자는 필요한 경우 이해를 돕기 위하여 넣었으며, 운문(韻文)은 원문을 병기하였다.
4. 맞춤법과 띄어쓰기는 한글 맞춤법과 표준어 규정을 따랐다.
5. 이 책에서 사용한 부호는 다음과 같다.

( ) : 번역문과 음이 같은 한자를 묶는다.
〔 〕: 번역문과 뜻은 같으나 음이 다른 한자를 묶는다.
“ ” : 대화 등의 인용문을 묶는다.
‘ ’ : “ ” 안의 재인용 또는 강조 문구를 묶는다.
「 」: ‘ ’ 안의 재인용을 묶는다.
『 』: 「 」 안의 재인용을 묶는다.
《 》: 책명 및 각주의 전거(典據)를 묶는다.
〈 〉: 책의 편명 및 운문·산문의 제목을 묶는다.

차례

기記

월곡집 제10권

기記

월곡집 제11권

서書

묘지명墓誌銘

월곡집

제9권

序서

題跋제발

記기

서序

족제 중윤 덕증 이 고향으로 돌아가는 것을 보내며 쓴 서
기해년(1719, 숙종45)

送族弟仲潤 德曾 歸鄕序 己亥

우리 집안이 본래 정이 도탑고 화목한데 족친(族親)이 또 많지 않다. 동고조(同高祖) 형제가 10여 명인데 또 모두 고향에서 살고 있어 몇 년 동안 혹 얼굴 한 번 볼까말까 하고 종유(從遊)하거나 연회(燕會)하며 서로 친하고 즐겁게 지낸 적이 없으니 도리어 이웃에 살면서 항상 아침저녁으로 얼굴을 보는 사람들과도 비교할 수가 없다. 가까이 있으면 친밀해지고 멀리 있으면 소원해진다고 하더니 진실로 그런 형세라, 내가 이 때문에 슬퍼하노라.

족제(族弟) 중윤(仲潤)[1]이 예전에 양성(陽城)[2]에서 와서 우리 집에서 2달 동안 머물렀고 금년에 다시 와서 다시 우리 집에서 5달 동안 머물렀다. 학문으로 토론하는 것 외에 천륜의 친밀함으로 날마다 끊임

1 중윤(仲潤) : 오덕증(吳德曾)의 자(字)인 것으로 보이며, 오덕증에 대한 자세한 내용은 미상이다.

2 양성(陽城) : 경기도 안성(安城)의 옛 이름이다.

없이 선조들의 옛 이야기를 쉬지 않고 이야기하며 아침부터 저녁까지 정겹게 지내는 즐거움을 얻었으니 정이 어찌 지극하지 않을 수 있었겠는가. 서로 기뻐하였음을 알 수가 있다.

그러나 나의 성품이 편협하여 나 자신을 수양하지 않고 남을 책망함이 깊으니 만약에 중윤의 어짊이 남들만 못하였다면 곧 내 어찌 감히 구차하게 기쁘기만 하였겠는가. 내가 중윤을 보건대, 마음가짐이 깨끗하고 학문에 힘씀이 부지런해서 참으로 더불어 선을 행하여 능히 선인(先人)의 가르침을 실추시키지 않을 사람이었다. 그러므로 심히 애지중지하였고 중윤은 힘써 노력하였다.

아! 멀리 있느냐 가까이 있느냐에 따라 친밀해지기도 하고 소원해지기도 하는 것이 본래 인지상정(人之常情)이나 이 또한 단편적인 것이다. 사람은 또한 같은 조상의 자손에게 절절한 마음을 갖는 것이다. 그러나 사는 곳이 가까우면 가깝고 친밀하게 여기고 족속이 가까운 것은 가깝게 여기지 않는 것 또한 인정(人情)이겠는가. 그러한즉 진실로 함께 우리 조상의 후손이 된 자가 비록 태어나서 얼굴 한 번 본 적 없다고 하더라도 마음속으로 친밀하고 사랑하는 것은 의당 스스로 멈출 수 없는 것이다. 내가 어찌 중윤에게는 더욱 친밀하게 하고 다른 형제에게는 유독 소원하게 하겠는가.

그러나 내가 듣건대 "군자는 사람을 사랑하기를 덕(德)으로써 하고, 소인은 사람을 사랑하기를 고식(姑息 눈앞의 이익)으로써 한다."[3]라고

3 군자는……한다 : 《예기(禮記)》 〈단궁 상(檀弓上)〉에 나오는 말이다. 증자(曾子)가 병석에 누워 사경을 헤매고 있는데 방구석에서 촛불을 잡고 있던 동자가 "선생님의 삿자리는 아름답군요. 대부(大夫)가 사용하는 것이 아닙니까?"라고 하였다. 이에 증자

하였다. 대저 우리 집안이 이미 쇠락하여 선조의 전범(典範)이 날로 멀어지면서 효근(孝謹 효성스럽고 근신(勤愼)한 행실)과 문헌(文獻)이 날로 더욱 쇠퇴하였고, 나와 같이 불초한 자는 더욱 선조의 덕을 추종하기에 부족하여 점점 더 종족(宗族)의 근심거리가 되었다. 이제 우리들이 마땅히 효제(孝弟 효성과 공경)와 문학으로 서로 권면하며 날로 힘껏 노력하여 게을리 하지 않아서 돌아가신 할아버님을 더럽히지 않고 우리 부형(父兄)들을 욕보이지 않아서 종족에게 근심을 끼치지 말아야 할 것이다.

참으로 이를 알면 비록 사는 곳이 멀어서 아침 점심으로 이야기를 나눌 수 없다하더라도 권면하고 우려하는 마음이 참으로 환하게 서로 비추어서 능히 이러한 마음에 부응하여 서로 도움을 줌이 막대할 것이다. 비록 천 리 밖에 있다 하더라도 또한 한 자리에 있는 것과 같으니 어찌 헤어져 있음을 슬퍼하겠는가. 내가 형제들과 서로 친애(親愛)하는 의리가 여기에 있지 않겠는가. 중윤은 돌아가서 나의 말로 형제들에게 질정하도록 하라.

대저 서로 사랑하는 이들은 말을 함에 있어 반드시 성심(誠心)을

가 대부에게서 받은 삿자리를 미처 바꾸어놓지 못한 것을 깨닫고 그의 아들 증원(曾元)에게 삿자리를 바꿀 것을 명하였다. 증원이 "아버님의 병이 위급하여 움직일 수가 없습니다. 내일 아침이 되면 바꾸어 드리겠습니다."라고 하자 증자가 "네가 나를 사랑함이 저 아이만 못하구나. 군자는 사람을 사랑하기를 덕으로써 하고, 소인은 사람을 사랑하기를 고식으로써 한다. 내가 어떤 것을 구하겠느냐. 나는 바른 것을 얻고 죽겠다. 그것을 원할 뿐이다.〔爾之愛我也不如彼. 君子之愛人也以德, 細人之愛人也以姑. 吾何求哉? 吾得正而斃焉. 斯已矣.〕"라고 하였다. 그래서 하는 수 없이 바로 자리를 바꾸었고, 증자는 제자리로 돌아와 눕기도 전에 작고하였다.

다하고 서로 사랑하는 이들은 그 말을 들음에 있어 반드시 믿고 또 활용하니, 내가 이로써 싫어하지 않고 말하는 것이다.

기해년(1719, 숙종45) 8월 상순(上旬)에 백옥(伯玉)이 쓰다.

집안에 소장하고 있는 《동서당첩》[4]에 부친 짧은 서

경자년(1720, 경종 즉위년)

家藏東書堂帖小序 庚子

우리 집에 순화(淳化) 왕조[5]의 서첩(書帖) 2개를 소장하고 있는데 모두 고금의 법서(法書)[6]를 모각(模刻 본을 떠서 새김)하여 한 부(部)를 이룬 것으로, 또한 훌륭한 것이 볼 만하여 내가 즐겨보았다.

어렸을 때 옛날부터 집안에 내려오는 책들을 훑어보다가 어지러운 책들 속에서 흐트러진 서첩 하나를 얻었는데, 그 제목을 찾아보니 《동서당집 고법첩(東書堂集古法帖)》이라고 되어있었다. 권질이 떨어지고 훼손되어 펼쳐볼 수가 없었으니 아마 오래된 물건인 듯싶었는데 이제껏 거의 버려두었다가 최근에야 비로소 가져다 보았더니 모각(模刻)의 정밀함이 순화 왕조의 서첩들에 비해 훨씬 나았으니 어찌 또한 오래된 물건이라 하고 말겠는가. 마침내 먼지를 털고 한데 엮어서 정리하였는데 대개 열 권 가운데 없어진 것이 두 권이요, 온전한 것이 세 권이며 다섯 권은 중간에 결락된 부분이 있는데 결락된 것이 27~8장이었다.

4 《동서당첩(東書堂帖)》: 중국 명(明)나라 때 주 헌왕(周憲王) 주유돈(朱有燉)이 편찬한 서첩(書帖)으로, 《순화각법첩(淳化閣法帖)》과 《비각속첩(秘閣續帖)》 등을 바탕으로 송(宋)·원(元)의 명필을 수집한 후 손수 모사하여 돌에 새겨서 만들었다. 1416년에 완성되었으며, 모두 10권의 대형 총첩(叢帖)이다.

5 순화(淳化) 왕조: 순화는 북송(北宋) 태종(太宗)의 네 번째 연호로, '순화 왕조'란 곧 북송을 가리킨다.

6 법서(法書): 명필(名筆)의 서법(書法)을 모아 놓은 책을 말한다.

이에 결락된 부분은 빼고 남아있는 것을 순서대로 엮어서 여덟 권으로 만들었다.

대저 글씨는 글과 다른 것이다. 비록 한 점 한 획일지라도 또한 그 자체로 볼 만하다. 이제 이 서첩이 비록 많이 결락되었으나 온전한 것은 그대로 남아있으니 때때로 완상하면 또한 적성(適性 취향에 맞음)에 하나의 도움이 될 것이다.

경자년(1720, 경종 즉위년) 8월 14일에 쓰다.

제2권의 〈척령송(鶺鴒頌)〉과 서(序)[7]는 명황(明皇 당나라 현종(玄宗))이 직접 지은 것으로 이제 한 장이 결락되었다. 《당시(唐詩)》에 실려 있는 명황의 이 송(頌)과 서를 살펴보았는데 글이 같지 않은 부분이 많으니 어느 것이 원작인지 알 수 없으나 《당시》에 실려 있는 글이 조금 낫다.

이 권은 휘종(徽宗)[8]의 글씨가 4장이고 13판(板)부터 16판까지는

7 〈척령송(鶺鴒頌)〉과 서(序) : 중국 당(唐)나라의 현종(玄宗)이 형제간의 우애를 노래한 송(頌)으로, 모두 4언 33구이며 서(序)가 붙어 있다.

8 휘종(徽宗) : 1082~1135. 중국 송(宋)나라의 제8대 황제로, 이름은 조길(趙佶)이다. 신종(神宗)의 아들로 19세인 1100년에 형인 철종(哲宗)이 병사하자 즉위하였다. 시문과 서화에 뛰어나 풍류천자라는 칭호를 얻었으며, 정치는 총신(寵臣)들에게 맡기고 자신은 문학과 미술, 정원 경영에 몰두하였다. 1125년에 금(金)나라가 침입하자 아들인 흠종(欽宗)에게 양위하고 책임을 모면하려고 하였으나 개봉(開封)이 함락되고 흠종과 함께 포로로 잡힘으로써 북송이 멸망하게 되었다. 금나라는 포로로 잡아간 흠종에게 도교(道敎)에 심취해 국정을 소홀히 하였다며 정신이 혼미하다는 뜻의 혼덕공(昏德公)을, 휘종에게는 중혼후(重昏候)라는 칭호를 붙이고 온갖 멸시와 학대를 가하였으

결락되었으며, 또 52판부터 55판까지는 오후(吳后)[9]의 〈난정첩(蘭亭帖)〉[10]이고 그 다음 4장이 결락되었다. 그 아래에 〈소상팔경시(瀟湘八景詩)〉를 쓴 것이 있는데 '산시청람(山市晴嵐)' 4자 및 어느 황제의 글씨인지가 빠져있고, 또 그 아래는 이종(理宗)[11]의 글씨이다. 옛 제목을 살펴보면 '오후' 아래 '이종'의 위에 '효종(孝宗)',[12] '영종(寧宗)'[13]이

며, 결국 비참한 귀양살이 끝에 북만주의 오국성(五國城)에서 병사하였다. 재위 기간은 1100~1125년이다.

9 오후(吳后) : 중국 남송(南宋)의 초대 황제인 고종(高宗) 조구(趙構)의 황후(皇后) 오씨(吳氏, 1115~1197)를 가리키는 것으로 보인다. 14세에 입궁(入宮)하여 강왕(康王) 조구를 시봉하였으며, 조구가 황제로 등극한 후 의군부인(義郡夫人)에 봉해졌다. 이후 재인(才人), 완의(婉儀), 귀비(貴妃)를 거쳐 1143년에 황후로 책봉되었으며, 시호는 헌성자열황후(憲聖慈烈皇后)이다. 서사(書史)를 널리 익혔으며, 서법(書法)과 한묵(翰墨)에 밝았다고 한다.

10 〈난정첩(蘭亭帖)〉 : 중국 동진(東晉)의 서예가인 왕희지(王羲之, 307~365)의 〈난정서(蘭亭序)〉가 쓰인 법첩(法帖)을 가리킨다. 〈난정서〉는 왕희지가 자신의 정자인 난정(蘭亭)에 사안(謝安), 손작(孫綽) 등 40여 명의 명사를 초대하여 잔치를 베풀고 그들이 지은 시를 모아 서문을 쓴 것으로, 고금의 명필 중에 가장 뛰어난 것으로 일컬어진다. 후에 당(唐)나라의 태종(太宗)이 왕희지를 숭배하여 그의 글씨를 많이 수집하였는데, 특히 〈난정서〉에 관심이 많아 지영(智永)의 제자 변재(弁才)에게 사자 숙익(肅翼)을 보내어 이를 교묘히 빼돌렸다고 한다. 태종은 〈난정첩〉을 평생 곁에 두었으며, 임종할 때 자신의 무덤에 같이 묻어달라고 하였다. 현재 전하는 것은 정관(貞觀, 627~649) 연간에 내부에서 꺼내어 베낀 것과, 그것을 다시 베낀 것들이다. 서예가의 글씨본으로 애호되어 많이 모사되었다.

11 이종(理宗) : 1205~1264. 중국 송(宋)나라의 제14대 황제이자 남송(南宋)의 제5대 황제로, 재위 기간은 1224~1264년이다.

12 효종(孝宗) : 1127~1194. 중국 송나라의 제11대 황제이자 남송의 제2대 황제로, 재위 기간은 1162~1189년이다.

13 영종(寧宗) : 1168~1224. 중국 송(宋)나라의 제13대 황제이자 남송(南宋)의 제4

있으니, 이 시는 아마도 영종의 글씨이며 효종의 글씨는 유실된 것으로 보인다.

제3권 우군(右軍)[14]의 글씨는 맨 앞의 3장 및 5번째 장이 결락되었는데 아마도 모두 〈황정첩(黃庭帖)〉[15]일 것이다. 이제 다만 1장만이 남아 있는데 우선 그대로 두었다. 내가 여러 서첩에 새겨진 우군의 소해(小楷)[16]를 보니 모두 깎은 것이 잘못되어서 차마 볼 수가 없었는데 이 서첩이 비록 완벽하게 좋다고 할 수는 없으나 또한 조금 나은 편이다. 〈황정〉 같은 경우에는 이에 고금의 소해 가운데 첫째 아니면 둘째라고

대 황제로, 재위 기간은 1194~1224년이다.

14 우군(右軍) : 왕희지(王羲之, 307~365)를 가리킨다. 중국 동진(東晉)의 서예가로, 자는 일소(逸少)이며 우군장군(右軍將軍)의 벼슬을 하여 '왕우군'이라고 불렸다. 중국 제일의 서성(書聖)으로 존경받고 있으며, 일곱 번째 아들 왕헌지(王獻之)와 함께 '이왕(二王)' 또는 '희헌(羲獻)'이라고 불린다. 서진(西晉)의 여류 서예가인 위부인(衛夫人)의 서풍(書風)을 배우고 한(漢)・위(魏)의 비문을 연구하여 해서・행서・초서의 서체를 완성하였다. 해서는 《악의론(樂毅論)》・《황정경(黃庭經)》이, 행서는 《난정서(蘭亭序)》가, 초서는 그가 쓴 편지를 모은 《십칠첩(十七帖)》이 대표작이다. 당(唐)나라 태종(太宗)이 그의 글씨를 사랑하여 왕희지의 글씨를 모두 모아서 자신의 관에 넣어 묻게 하였다고 한다.

15 〈황정첩(黃庭帖)〉 : 왕희지(王羲之)가 쓴 〈황정경(黃庭經)〉을 가리킨다. 왕희지는 본래 거위를 매우 좋아하였다. 산음현(山陰縣)의 한 도사(道士)가 거위를 많이 기르고 있었는데, 왕희지가 가서 구경하고 거위를 사려고 하자 도사가 "《황정경(黃庭經)》을 써주면 거위를 많이 주겠다."라고 하였다. 이에 왕희지가 흔쾌히 써주고 거위를 가지고 왔으니, 이것이 〈황정첩〉이다.

16 소해(小楷) : 작게 쓴 해서(楷書)로, 평방 수 푼(數分)의 크기이다. 왕희지(王羲之)가 쓴 〈황정경(黃庭經)〉과 〈악의론(樂毅論)〉, 왕헌지(王獻之)가 쓴 〈십삼행락신부(十三行洛神賦)〉 등이 대표적이다.

일컬어지는데 도리어 온전하지 못하니 애석하다.

왕원미(王元美)[17]가 〈묵각발(墨刻跋)〉에서 "《주저계첩(周邸稧帖)》[18]은 정무본(定武本), 정무비본(定武肥本), 정무수본(定武瘦本) 및 저모본(褚摹本),[19] 당사본(唐賜本)[20] 등 다섯 가지의 본(本)이 있다."[21]라고

17 왕원미(王元美) : 왕세정(王世貞, 1526~1590)을 가리킨다. 중국 명(明)나라의 문인으로, 자는 원미이며 호는 봉주(鳳州)·엄주산인(弇州山人)이다. 1547년 진사에 합격하고 형부(刑部)의 관리가 되었으나 당시의 실력자인 엄숭(嚴嵩), 장거정(張居正) 등과 대립관계에 놓여 정치적으로는 큰 빛을 보지 못하였다. 시문(詩文)을 잘하여 가정칠재자(嘉靖七才子)의 한 사람으로 꼽혔고, 특히 이반룡(李攀龍)과 함께 이왕(李王)이라 불렸다. 격조를 중히 여기는 의고주의(擬古主義)를 주장하며 명대 후기 고문사파(古文辭派)의 지도자로 20년 동안 문단을 이끌었다. 제발(題跋)과 화론(畫論)을 실은 《감주산인사부고(弇州山人四部稿)》, 서화론(書畫論)을 집성한 《왕씨서화원(王氏書畫苑)》, 문학예술론인 《예원치언(藝苑巵言)》, 희곡 《명봉기(鳴鳳記)》 등의 저술이 남아 있다.

18 《주저계첩(周邸稧帖)》: 《동서당첩(東書堂帖)》을 가리키는 것으로, '주헌왕(周憲王)이 지은 《동서당계첩(東書堂稧帖)》'이라는 뜻이다. 주헌왕은 중국 명(明)나라 태조(太祖)의 다섯 번째 아들 주정왕(周定王) 주숙(朱橚)의 맏아들인 주유돈(朱有燉, 1379~1439)이다. 호는 성재(誠齋) 또는 전양자(全陽子)·노광생(老狂生)·금과노인(錦窠老人) 등이며, 희곡을 짓고 글씨를 잘 썼다. 한묵(翰墨)에 뜻이 있어 《동서당첩》 10권을 만들었고, 〈곡강지(曲江池)〉·〈관운장의용사금(關雲長義勇辭金)〉 등 잡극(雜劇) 31종이 전한다. 사곡(詞曲)을 잘 지어 《성재악부(誠齋樂府)》를 남겼으며 그 밖에 《성재록(誠齋錄)》, 《성재신록(誠齋新錄)》 등의 저술이 전한다.

19 저모본(褚摹本) : '저수량(褚遂良, 596~658)이 모사(模寫)한 본'이라는 말이다. 저수량은 중국 당(唐)나라의 관리이자 서예가로, 자는 등선(登善)이다. 박학다식하여 문사(文史)에 정통하였다. 629년에 기거랑(起居郎)이 되어 황제의 일거수일투족을 기록하는 임무를 맡았으며, 당 태종과 서법을 논하는 시서(侍書)의 직위에 오르기도 하였다. 이후 간의대부(諫議大夫), 중서령(中書令) 등을 두루 역임하였으나 무측천(武則

여러 차례 거론하였는데, 이 법첩에 실려 있는 것은 다만 한 가지 본이라 과연 어느 본인지 알 수 없으며 이른바 소분정식(韶粉靚飾)[22]이란 것 또한 볼 수 없다.

제4권 아래에 1권이 결락되었는데 또한 우군의 글씨인가? 아니면 옛날의 법첩(法帖)인가? 범례에 의거하면 전주(篆籀)[23]를 모아놓은 것이 아니면 한(漢)나라 이전의 글씨일 것인데, 응당 한 권을 이룰 수

天)을 반대하다가 계주 도독(桂州都督), 애주 자사(愛州刺史) 등 외직으로 출보 되었다. 초년에 18학사였던 구양순(歐陽詢)과 우세남(虞世南)의 지도 아래 서법을 익혔으나 후에 왕희지(王羲之)의 서체를 본받았다. 구양순·우세남·설직(薛稷)과 더불어 '초당사대가(初唐四大家)'로 일컬어지며, 〈맹법사비(孟法師碑)〉·〈안탑성교서(雁塔聖教序)〉·〈이궐불감(伊闕佛龕)〉 등이 대표작이다.

20 당사본(唐賜本) : 중국 당(唐)나라의 태종(太宗)이 왕희지(王羲之)의 〈난정첩(蘭亭帖)〉을 입수한 후 당시의 대신 및 글씨 잘 쓰는 이들에게 명하여 이를 모사하게 한 본을 가리킨다.

21 《주저계첩(周邸稧帖)》은……있다 : 왕세정(王世貞)은 《엄주사부고(弇州四部稿)》 권134 〈묵각발 사십오수(墨刻跋四十五首)〉 중 '주저동서당계첩(周邸東書堂稧帖)' 조에서 "주 헌왕(周憲王)이 소장하고 있는 〈난정서각〉은 모두 다섯 가지 본인데, 하나는 정무본이요, 둘은 정무비본이요, 셋은 저하남본이요, 넷은 당무사본이요, 다섯은 다시 정무본이다.〔蘭亭敘刻周憲王邸中者, 凡五本: 其一爲定武本, 二爲定武肥本, 三爲褚河南本, 四爲唐樵賜本, 而其五復爲定武本.〕"라고 하였다.

22 소분정식(韶粉靚飾) : 소분으로 덧칠하고 꾸미는 것이다. 소분은 연분(鉛粉)으로, 그림 그릴 때 흰 안료(顔料)로 쓰이거나 여자들이 화장할 때 바르는 분가루로 사용되었다.

23 전주(篆籀) : 전자체(篆字體)의 글자로 대전(大篆)과 소전(小篆)을 가리킨다. 대전은 주(周)나라의 태사(太史) 주(籀)가 만들었다고 하며, 소전은 진(晉)나라의 이사(李斯)가 만들었다고 한다.

없다. 우선 기록하여 둔다.

제6권은 상수(向秀)[24]의 글씨이며 6권 이하는 모두 결락되었다. 옛 제목을 살펴보면 이 아래에는 다만 왕융(王戎)[25]의 글씨만 있으니 결락된 것은 아마도 1~2장일 따름일 것이다. 내가 이 권과 이 다음 권들을 보건대 진(晉)나라 사람들의 글씨가 죽림제현(竹林諸賢 죽림칠현(竹林七賢))으로부터 왕씨(王氏)·사씨(謝氏) 집안[26]의 명공(名公)들에 이르기까지 진실로 그 이름이 사책(史冊)에 보이는 이들은 한 글자라도 서첩에 남아있지 않는 경우가 드물며 모두 이왕(二王)[27]과 더불어 상하

24 상수(向秀) : 227(?)~272(?). 중국 위진(魏晉) 시대의 관리이자 문인·도학자로, 자는 자기(子期)이다. 산기시랑(散騎侍郞)·황문시랑(黃門侍郞)·산기상시(散騎常侍) 등의 벼슬을 역임하다가 재직 중에 병사하였다. 혜강(嵇康)·완적(阮籍)·산도(山濤)·유영(劉伶)·왕융(王戎)·완함(阮咸)과 함께 죽림칠현(竹林七賢)의 한 사람이며, 노장사상을 숭상하여 《장자(莊子)》에 주석을 단 《장자주(莊子注)》를 저술하고 《주역(周易)》에 주석을 달기도 하였다. 그 밖에 〈사구부(思舊賦)〉, 〈난혜숙야양생론(難嵇叔夜養生論)〉 등의 글이 남아있다.

25 왕융(王戎) : 234~305. 중국 서진(西晉) 시대의 관리로, 자는 준충(濬沖)이다. 부친의 작위를 물려받아 정릉정후(貞陵亭侯)가 되었으며, 이후 형주 자사(荊州刺史)·이부 상서(吏部尙書)·태자태부(太子太傅)·상서 좌복야(尙書左僕射)·사도(司徒)·상서령(尙書令) 등 요직을 두루 역임하고 진나라가 오(吳)나라를 평정한 후에는 안풍 현후(安豐縣侯)에 봉하여졌다. 높은 벼슬을 역임하였으나 산수(山水)에 들어가 혜강(嵇康)·완적(阮籍)·산도(山濤)·상수(向秀)·유영(劉伶)·왕융(王戎)·완함(阮咸) 등과 어울리며 죽림칠현(竹林七賢)의 일원이 되었다. 시호는 원후(元侯)이며, 남긴 저술은 없다.

26 왕씨(王氏)·사씨(謝氏) 집안 : 중국 동진(東晉)의 명문 귀족인 왕도(王導, 276~339)와 사안(謝安, 320~385)의 양 집안을 가리킨다.

27 이왕(二王) : 중국 동진(東晉)의 서예가 왕희지(王羲之, 307~365)·왕헌지(王

를 다툴 만하다. 비록 붓글씨와 같은 작은 재주라 할지라도 또한 그 사이에 기수(氣數 운수(運數))의 성쇠(盛衰)가 있는가. 어쩌면 그리도 이 시기에 특별히 번성하였는가. 옛 사람들이 진나라의 글씨를 한(漢)나라의 문장, 당(唐)나라의 시와 나란히 놓은 것이 까닭이 있음이로다.

獻之, 348~388) 부자를 가리킨다. 왕헌지(348~388)는 중국 동진의 서예가로, 자는 자경(子敬)이다. 왕희지의 일곱째 아들로, 글씨를 잘 써 아버지와 함께 '이왕'이라 일컬어졌다. 주부(主簿), 비서랑(秘書郎), 비서승(秘書丞), 장사(長史), 오흥 태수(吳興太守), 중서령(中書令) 등의 벼슬을 두루 역임하는 한편 초서와 예서를 전문적으로 연구하였다. 소개(小概)의 〈낙신부십삼행(洛神賦十三行)〉과 행서의 〈지황탕첩(池黃湯帖)〉·〈이십구일첩(廿九日帖)〉, 초서의 〈압두환첩(鴨頭丸帖)〉·〈중추첩(中秋帖)〉 등이 유명하며, 《선화서보(宣和書譜)》·《순화각첩(淳化閣帖)》 등에 그의 글씨가 다수 수록되었다. 시중(侍中)·특진(特進)·광록대부(光祿大夫)·태재(太宰)에 추증되었고, 시호는 헌(憲)이다.

《백천당계초첩》에 부친 서 기유년(1729, 영조5)

百千堂啓草帖序 己酉

옛날 효묘(孝廟 효종(孝宗)) 원년(1649)에 동춘(同春) 송공(宋公)[28]께서 산림(山林)에서 몸을 일으켜 대각(臺閣)으로 들어가 사론(士論)의 종맹(宗盟)을 주도하셨는데 나의 막내증조할아버지이신 지평공(持平公)[29]께서 실제로 좌우에서 도우셨다.[30] 얼마 안 있어 동춘께서

28 동춘(同春) 송공(宋公) : 송준길(宋浚吉, 1606~1672)을 가리킨다. 조선 후기의 문신·학자로, 본관은 은진(恩津)이며 자는 명보(明甫), 호는 동춘당(同春堂)이다. 이이(李珥)와 김장생(金長生)의 문인으로, 1624년(인조3) 진사에 합격한 후 학문에만 전념하였다. 1649년 효종이 즉위한 후 김집(金集)의 천거로 발탁되어 집의·대사헌·병조 판서·우참찬·좌참찬 겸 좨주 등을 역임하였다. 정치적으로 송시열과 함께 서인에 속하며, 송시열(宋時烈) 등을 도와 국정을 주도하고 북벌(北伐) 계획에 참여하였다. 자의대비(慈懿大妃)의 복상문제(服喪問題)가 제기되었을 때 남인(南人)의 주장을 물리치고 기년제(朞年制)를 관철하기도 하였다. 사후 영의정에 추증되었으며, 문묘(文廟)에 배향되었다. 저서에 《동춘당집(同春堂集)》 등이 있으며, 시호는 문정(文正)이다.

29 지평공(持平公) : 오원(吳瑗)의 증조할아버지인 오상(吳翔)의 막내아우 오핵(吳翮, 1615~1653)을 가리킨다. 오핵은 조선 후기의 문신으로, 본관은 해주(海州)이며 자는 일소(逸少), 호는 백천당(百千堂)이다. 14살에 아버지를 여의고 큰형인 오숙(吳䎘)을 따라 공부하다가 장유(張維)의 문하에 들어갔다. 1646년(인조24) 문과에 장원으로 급제한 후 전적·병조 좌랑·정언·사서(司書) 등을 역임하였으며, 1654년에는 지평으로 있으면서 당시에 급히 하여야 할 일 8가지 조항을 들어 상소를 올렸다. 〈척화삼신전(斥和三臣傳)〉과 《만세감(萬世鑑)》·《백천당유고》 등의 저술이 남아 있다.

30 옛날……도우셨다 : 1649년(효종 즉위년)에 사헌부 집의(執義) 송준길(宋浚吉)이 김자점(金自點)과 친분이 있는 자들을 추고할 것을 간(諫)하자 정언(正言) 오핵(吳翮)이 이를 지지한 사실을 가리킨다. 《국역 효종실록》 즉위년(1649) 9월 13일의 기사에

물러나 고향으로 돌아가셨으며, 공 또한 높은 자리에 진출하는 것을 좋아하지 않으시어 재야(在野)하셨던 날이 많았고 또 불행히도 일찍 돌아가시어 끝내 쓰이지 못하셨으니 사림(士林)이 애석해하였다. 그러나 자점(自點)이 조정을 탁란(濁亂 혼탁하고 어지럽게 만듦)케 한 뒤를 당하여 적을 무찔러 깨끗하게 소탕하고 흉적의 괴수로 하여금 목을 내놓게 하여서 조정을 정연하고 엄숙하게 만든 것은 공들의 공(功)

서 해당 내용을 인용하면 다음과 같다. "집의 송준길(宋浚吉)이 인피하기를, '김자점(金自點)이 나라를 담당하고 마음대로 권력을 휘두른 지가 오래 되자 사대부로서 완고하고 우둔하며 이익을 좋아하는 자들이 휩쓸려 빌붙고도 달갑게 여기며 부끄러워할 줄을 모르니, 세도(世道)가 극도로 무너졌습니다. 새로 교화하는 처음에 만약 통렬히 격양하여 착함과 사특함을 구별하지 않으면 교화가 청명해질 리가 없고, 공론을 넓힐 수 없습니다. 한 때에 빌붙은 무리들을 비록 모두 규찰하여 적발할 수는 없다 하더라도 그 가운데서 드러난 이시만(李時萬)·이이존(李以存)·신면(申冕)·이지항(李之恒)·이해창(李海昌)·엄정구(嚴鼎耇)·황감(黃床) 등은 아첨으로 권문(權門)을 섬겨 추잡한 욕을 받아 선비의 품위를 더럽혔습니다. 또 이행진(李行進)·이시해(李時楷) 등은 훈재(勳宰)의 집을 드나들며 압객(押客)이라 일컬어 사람들의 말이 많으니, 마땅히 경중을 분간하여 죄를 의논해서 나라 사람들의 마음을 위로해 주고 조정의 더러움을 맑게 하는 것을 그만둘 수가 없습니다. 이에 간통(簡通)을 발하여 의논하였더니, 동료들의 의논이 하나로 모아졌습니다.……신은 하루 동안 직책에 있으면 하루의 책임을 다하여 성은에 만분의 일이나마 갚아야 마땅하겠기에 감히 몸을 아끼어 사(私)를 돌볼 계책을 할 수 없었습니다. 그러나 말이 믿음을 받지 못하였으니, 신을 체직하소서.' 하였다.……송준길 등이 아울러 물러가 물론을 기다렸다. 간원이 【대사간 김경여(金慶餘), 정언 오핵(吳翮)이다.】 아뢰기를, '악인을 물리치고 선인을 격려하여 조정을 바로잡고자 한 송준길의 의논은 가상합니다. 대사헌이 진정시킨다는 핑계를 대어 억지로 부식(扶植)한 것은 구차스러운 듯합니다. 근실(謹悉)로 답하여 이견(異見)을 내지 않음에 있어서는 조만(早晩)의 차이는 있지만 대의(大意)는 같습니다. 청컨대 대사헌 김남중은 체차하고, 집의 송준길·지평 임중·장령 이상일은 출사하게 하소서.' 하니, 상이 따랐다."

이 위대하다.[31]

공의 증손 위(瑋)[32]가 공이 직접 쓴 계사(啓事)[33]의 초고(手草) 약간 장을 모아서 한 권을 만들어 나에게 보여주었다. 나는 생각건대, 공의 재주와 학문은 마땅히 옛 군자에게서 찾아야 할 것이니 대각(臺閣)의 풍채(風彩)는 참으로 공에게는 사소한 일이다. 오직 직언(直言)과 정론(正論)이 삼엄하게 책 안에 나열되어 있는 것이 또한 모두 후세의 법이 되기에 족하다. 공의 필법(筆法)이 매우 예스럽고 깨끗하여 사람들이 그 사람과 같다고 말하는데, 매양 책을 열어볼 때마다 공이 대성

31 자점(自點)이……위대하다 : 자점은 김자점(金自點, 1588~1651)을 가리킨다. 김자점은 조선 중기의 문신으로, 본관은 안동이며 자는 성지(成之), 호는 낙서(洛西)이다. 1623년 인조반정이 성공하자 1등 공신으로 책록되었으며, 1627년(인조5) 정묘호란이 일어났을 때 강화도로 인조를 호종한 공로로 도원수(都元帥)가 되어 서북쪽을 방어하는 책임자가 되었다. 그러나 1636년에 병자호란이 일어났을 때 전투를 회피하여 간관들의 비난을 받고 강화도에 위리안치 되었다가 1년 만에 해배(解配)되었다. 계속되는 비난 속에서도 인조의 비호를 받아 영의정의 자리에까지 올랐는데, 1645년에 소현세자(昭顯世子)가 급서하고 세자빈인 강빈이 역모죄에 몰리게 되자 강빈을 처형할 것을 주장하고 자신의 손자인 김세룡(金世龍)을 인조 소생인 효명옹주(孝明翁主)와 결혼시켰다. 이후 인조의 신임 아래 청(淸)나라의 위세에 빌붙어 정치적 입지를 굳혀갔다. 그러나 인조가 죽고 효종이 즉위한 후 송시열(宋時烈)・송준길(宋浚吉) 등 사림 세력이 조정에 등용되고 이들을 중심으로 북벌론이 대두되자 이에 위협을 느끼고 청나라의 앞잡이인 역관 정명수(鄭命壽)와 이형장(李馨長)을 통해 그 계획을 청나라에 누설하였다. 그러나 대간들의 극렬한 탄핵을 받아 인조가 죽은 지 6일 만에 광양으로 유배되었고, 후에 아들 김익(金釴)의 역모사건이 발생하자 처형당하였다.

32 위(瑋) : 오위(吳瑋)를 가리키는 것으로, 오원(吳瑗)의 친척 아우이다. 자(字)가 백온(伯溫)이며, 자세한 내용은 미상이다.

33 계사(啓事) : 계본(啓本)・계목(啓目)・장계(狀啓)・서계(書啓) 등 임금에게 공사(公事)를 아뢰는 것을 통틀어 지칭하는 말이다.

(臺省)[34]에서 얼굴빛을 바로하고 붓을 들어 주문(奏文)을 초(草)하는 모습이 보이니, 맑은 지조(志操)와 곧은 기운이 여전히 보이는 것 같다. 아! 가히 공경할 만하다.

선조(先祖)의 문헌을 수집하여 없어지거나 훼손되지 않게 하는 것 또한 효(孝)의 일단이다. 이제 위(瑋)는 마땅히 이러한 마음을 미루어서 갈고 다듬어 스스로 우뚝 서야 할 것이니, 선조의 풍도와 공렬(功烈)을 계승하여 이 책에 부끄럽지 않게 하는 것이 내가 위에게 바라는 바이다.

그런데 불초한 원(瑗)이 요행히도 성조(聖朝)에서 간관(諫官)의 자리에 끼었다가 망언으로써 죄를 지었으니 참으로 말이 간절하지 않고 충(忠)이 지극하지 않아서 전하의 마음을 감격시키기에 부족한 데서 말미암은 것이라, 공의 성취와 비교할 때 어찌 하늘과 땅의 차이일 뿐이겠는가. 이 책이 비록 천 년 후의 먼 미래에 있다 하더라도 오히려 장차 반복하여 펼쳐보며 감탄하면서 동시대에 살지 못하는 것을 한스러워 할 것이다. 하물며 나처럼 방계(傍系) 후손으로서 그의 유풍에 대해 귀에 익도록 들은 자는 격앙되고 개연(慨然)히 그리워함이 마땅히 어떠하겠는가. 이미 위(瑋)를 권면하고 느낀 바를 덧붙여 쓴다.

34 대성(臺省) : 사헌부와 사간원의 합칭이다. 오핵은 당시에 사간원의 정언(正言)이었다.

〈유촌은 정려시〉에 부친 서 신해년(1731, 영조7)

劉村隱旌閭詩序 辛亥

신해년(1731, 영조7) 겨울 10월에 주상께서 한성부 판윤에 추증된 유희경(劉希慶)[35]의 문에 정표(旌表)하여 그 효성을 기리라고 명하셨다. 이달 병진일에 예관(禮官)이 임하여 왕명을 선양(宣揚)하고, 장작감(將作監)[36]이 역사(役事)를 감독하여 문에 도설(棹楔)[37]을 세우고 붉은 바탕에 하얀 글씨로 '효자 아무아무 벼슬을 지낸 아무개의 문(門)'이라고 써넣었다. 왕인(王人)[38]이 문의 좌우에 나뉘어 서고 유씨(劉氏) 후손들이 차례대로 서서 문을 향하여 사배(四拜)를 마치면 왕인이 들어가 차례대로 제사를 지내고 폐백을 올린 후 예를 마쳤다.

35 유희경(劉希慶) : 1545~1636. 조선 중기의 시인으로, 본관은 강화(江華)이며 자는 응길(應吉), 호는 촌은(村隱)이다. 천민 출신으로, 임진왜란 때 의병으로 나가 싸운 공으로 포상과 교지를 받았다. 인목대비(仁穆大妃)를 서인(庶人)으로 강등시키라는 상소를 올리라는 이이첨(李爾瞻)의 강요를 따르지 않아 인조에게서 가선대부(嘉善大夫)의 품계를 받았고, 80세 때 가의대부(嘉義大夫)에 올랐다. 남언경(南彦經)에게서 《문공가례(文公家禮)》를 배워 장례 의식에 밝았으며, 박순(朴淳)에게서 시를 배워 당시(唐詩)를 잘 지었다. 같은 천민으로 시에 능하였던 백대붕(白大鵬)과 함께 풍월향도(風月香徒)라는 모임을 만들어 이끌었고, 집 뒤에 만든 침류대(枕流臺)에서 당대의 사대부들과 시를 지으며 교유하였다. 《촌은집(村隱集)》과 《상례초(喪禮抄)》 등의 저술이 전한다.

36 장작감(將作監) : 선공감(繕工監)의 옛 이름이다. 토목공사 및 궁실과 관청의 영선(營繕)을 담당하였다.

37 도설(棹楔) : 정려문(旌閭門)의 양 옆에 세우는 문설주를 가리킨다.

38 왕인(王人) : 왕의 명령을 받들고 온 사람을 가리킨다.

유군(劉君)은 세상에서 '촌은(村隱)'이라고 부르는 사람이다. 광해군 때 모자(母子)의 변(變)[39]을 당하여 군이 정의(正義)를 견지하면서 재앙을 만나 협박에 굴하지 않았고 또 "소인에게는 어머님이 계십니다."라는 말로 적신(賊臣) 이첨(爾瞻)[40]과 절교하였으니,[41] 인묘(仁廟

39 광해군……변(變) : 인목대비(仁穆大妃)와 영창대군(永昌大君)이 당한 변을 말한다. 1606년(선조39)에 선조의 계비 인목대비 김씨가 영창대군을 낳자 왕위 계승을 둘러싼 문제가 발생하였다. 유영경(柳永慶) 등 소북(小北)은 당시 세자였던 광해군이 서자이며 둘째 아들이라는 이유로 영창대군을 후사로 삼을 것을 주장하였고, 정인홍(鄭仁弘) 등 대북(大北)은 광해군을 지지하여 당쟁이 확대되었다. 1608년에 선조의 병이 위독해지자 광해군에게 선위(禪位)하는 교서를 내렸으나 유영경이 이를 감추었다가 정인홍 등에게 발각되어 결국 광해군이 왕위에 오르게 되었다. 정권을 잡은 대북은 역모 죄를 씌워 인목대비의 아버지 김제남(金悌男)을 사사하였고, 영창대군은 서인(庶人)으로 삼아 강화에 위리안치하였다가 장작을 많이 때서 방구들을 뜨겁게 하여 태워 죽이는 방법으로 증살(蒸殺)하였다. 1617년(광해군9)에는 이이첨(李爾瞻) 등의 폐모론에 따라 인목대비를 삭호(削號)하고 서궁에 유폐하기에 이르렀다.

40 적신(賊臣) 이첨(爾瞻) : 이이첨(李爾瞻, 1560~1623)을 가리킨다. 조선 중기의 문신으로, 본관은 광주(廣州)이며 자는 득여(得與), 호는 관송(觀松)·쌍리(雙里) 등이다. 1594년(선조27) 문과에 급제하고, 1608년 중시(重試)에 장원을 하였다. 선조가 만년에 광해군 대신 영창대군(永昌大君)을 세자로 세우려 하자 영의정 유영경(柳永慶)이 이에 찬성하였는데, 그 뜻을 의심하는 사람이 많았다. 이에 정인홍(鄭仁弘)을 사주하여 유영경을 무고하고 광해군(光海君)을 옹호하다가 선조의 노여움을 사 귀양을 가게 되었다. 그러나 선조가 갑자기 죽고 광해군이 즉위하면서 죄가 풀리고 예조 판서와 대제학의 자리에 올랐으며 광창부원군(廣昌府院君)에 봉하여졌다. 이후 유영경과 임해군(臨海君), 영창대군(永昌大君), 김제남(金悌男) 등을 죽이고 폐비(廢妃)를 주장하는 등 옥사를 크게 일으켰다. 그러나 인조반정 때 관군에 체포되어 참형(斬刑)을 받았으며, 아들 3형제도 모두 사형당하였다.

41 광해군……절교하였으니 : 홍세태(洪世泰)가 지은 유희경(劉希慶)의 〈묘지명〉에 다음과 같은 내용이 있다. "무오년에 역신 이이첨이 모후를 폐할 것을 꾀하면서

인조(仁祖))께서 특별히 자급(資級)을 올려[42] 은총을 내리셨고 나라 사람들이 군의 의리를 높이 여겨 지금까지도 칭송하고 흠모함이 수그러들지 않고 있다.

금년에 군의 현손(玄孫) 덕창(德昌)이 또 상서(上書)[43]하여 군이 부모를 모심에 지극한 행실이 있었음을 진달하였다. 13세에 흙을 지고 나르며 아버지의 묘를 만들었고 병든 어머니를 30년 동안 보살피면서 있는 힘을 다하며 노심초사하기를 하루같이 하였음을 선배들의 기록을 갖추어 끌어다가 증거로 삼아 정려(旌閭)의 포상(褒賞)을 얻기를 청함에 이러한 명이 있게 되었으니, 이에 군이 작고한 지 96년이 지났다.

나는 생각건대 군은 참으로 옛말에 일컫는바 순효(純孝)한 사람인데, 세상 사람들이 군을 흠모함에 그 대절(大節)을 더욱 중히 여기니 참으로 다만 군의 집안과 고향만을 위한 행동이 아니었다.

부로들을 위협하여 소를 올리게 하고 이를 어기는 자에게는 벌을 주었는데 공만은 이를 따르지 않았다. 평소 이첨과 잘 알고 지내다가 이에 이르러 발걸음을 끊었는데 길에서 만나게 되자 이첨이 노하여 꾸짖었다. 공이 대답하여 말하기를, '소인에게는 어머님이 계십니다. 어머님 봉양에 급하여 공의 댁에 찾아갈 겨를이 없습니다.'라고 하였다.〔戊午, 逆臣李爾瞻謀廢母后, 脅諸父老投疏, 違者刑, 而公獨不肯. 素與爾瞻熟, 至是絶之, 而遇諸塗, 爾瞻怒責之. 公對曰: 小人有母. 急於母養, 未暇及公之門.〕"《村隱集 卷2 墓誌銘》

42 인묘(仁廟)께서……올려 : 인조(仁祖)가 왕위에 오른 후에 유희경(劉希慶)의 절의를 높이 사 가선대부(嘉善大夫)로 품계를 올려주었고, 다음해에 다시 가의대부(嘉義大夫)를 제수하였다.

43 상서(上書) : 조선 시대의 민원서(民願書)인 소지류(所志類)의 한 종류이다. 관찰사·수령·암행어사 등에게 올리며, 내용은 주로 산송(山訟)이나 효행(孝行)과 탁행(卓行)의 정려(旌閭)를 위한 것들이다.

이제 성조(聖朝)에서 효성과 공경으로 나라를 다스리시니 여항에 일어나는 하나의 작은 선행도 또한 조정에까지 들릴 수 있게 되어 오두(烏頭)와 작설(綽楔)의 정문(旌門)[44]이 서로 보일 정도로 이어져 있는데, 도리어 후대로 내려올수록 풍속이 피폐해져 명예와 절조(節操)·염치와 부끄러움이 휩쓸리듯 땅에 떨어져서 사대부의 기습(氣習)이 날로 구차하고 나약한 데로 치달으니 세도(世道)에 대한 우려가 점점 더 심해지고 있다.

군과 같이 여항(閭巷)에서 떨쳐 일어나[45] 대의(大義)로 우뚝 서는 이를 다시 얻을 수 있을까. 국가의 영식(令式 법식(法式))에 절의(節義)를 가지고 그가 살던 마을에 정표(旌表)하는 것은 충(忠)을 위하여 목숨을 바친 자가 아니면 수여하는 것이 드물다. 그러므로 군의 대절(大節)이 이와 같은데 백 년 후에야 이에 비로소 '효자'라 하여 그 집에 정표하는 것은 오히려 군의 일생을 크게 드러내기에는 부족한 듯하다.

그러나 옛사람이 말하기를 '효(孝)는 백행(百行)의 근원'이라고 하지 않았던가. 대개 근원이 있는데 이르지 못하는 경우는 있어도 근원이 깊지 않은데 그 흐름이 능히 세찬 경우는 있지 않다. 옛 군자 가운데 혁혁한 절렬(節烈 열렬한 절의)로 후대에 이름을 빛낸 이가 어찌 효성과 공경을 독실하게 행하는 것에 근본을 두지 않았겠는가. 대저 군이 수립한 큰 것을 학사(學士)들이 외우고 훌륭한 역사가들이 기록하였으니

44 오두(烏頭)와 작설(綽楔)의 정문(旌門) : 원문의 '烏赤'은 오두와 붉은 작설을 가리키는 말이다. 오두는 정려문 위에 장식하는 까마귀 머리의 조각이며, 작설은 충신·효자·열녀 등을 표창하기 위하여 그 집이나 마을 앞에 세우던 붉은 문을 가리킨다.

45 여항(閭巷)에서 떨쳐 일어나 : 유희경(劉希慶)이 천민(賤民) 출신임을 가리킨 것이다.

정표를 일삼을 필요가 없다. 오직 규중(閨中)에서 의리를 행하는 아름다움만은 드러내어 세상에 보여서 부인들로 하여금 모두 부자(父子)와 군신(君臣)에게 있는 천성(天性)과 민이(民彝)[46]가 처음부터 끝까지 두 가지 이치가 아니어서 명절(名節 명예와 절의)과 의열(義烈 열렬한 의리)이 일찍이 근본이 없이 서지 않음을 알게 한다면 세교(世敎)에 어찌 도움이 적겠는가.

군이 거하던 침류대(枕流臺)[47]에 빼어난 풍광이 있어 당대의 명공(名公)들이 종유(從遊)하며 시를 주고받았으니, 세상에 전하는 바 《침류록(枕流錄)》이 이것이다. 지금 그 땅이 궁성(宮城)에 편입되어 유사(有司)가 덕창이 사는 곳으로 가서 그 문에 정표하였다. 내가 소시적에 농암 선생(農巖先生)[48]께서 군의 유고(遺稿)에 서(序)를 쓰신 것

46 민이(民彝) : 사람이 지켜야 할 떳떳한 도리로, 《시경》 〈증민(蒸民)〉의 "사람이 떳떳한 본성을 가진지라 이 아름다운 덕을 좋아하도다.〔民之秉彝, 好是懿德.〕"라고 한 구절에서 나온 말이다.

47 침류대(枕流臺) : 유희경(劉希慶)이 살던 집 뒤인 도봉산(道峰山) 계곡에 있던 대(臺)의 이름이다. 도봉 계곡에 너른 바위가 있어 그곳에 누워 시를 지었다고 한다.

48 농암 선생(農巖先生) : 김창협(金昌協, 1702~1772)을 가리킨다. 조선 중기의 문신이자 문인으로, 본관은 안동이며 자는 중화(仲和), 호는 농암(農巖)이다. 오원(吳瑗)의 외할아버지로, 김상헌(金尙憲)의 증손자이며 아버지 김수항(金壽恒)과 형 김창집(金昌集)이 모두 영의정을 지낸 명문 출신이다. 1669년(현종10) 진사에 합격하고, 1682년(숙종8) 증광문과에 전시장원으로 급제하였다. 기사환국으로 아버지가 사사된 후 영평(永平)에 은거하였으며, 1694년 갑술옥사 후 아버지가 신원됨에 따라 이조 참판·대제학·예조 판서·세자우부빈객·지돈녕부사 등에 임명되었으나 모두 사직하고 학문에만 전념하였다. 육창(六昌)으로 불리는 여섯 형제 중에서 특히 김창협의 문(文)과 동생 김창흡(金昌翕)의 시가 당대에 명망이 높았다. 전아하고 순정한 문체를 추구한 고문가(古文家)로 전대의 누습한 문기(文氣)를 씻었다는 평가를 받았다. 저서로 《농암

을 읽고 군을 가장 깊이 흠모하시는 것을 알았다. 이날 빈위(賓位)에서 성대한 예를 관람하였는데, 덕창이 나에게 서를 지어줄 것을 청하였다.

집》·《오자수언(五子粹言)》 등이 있으며, 시호는 문간(文簡)이다.

《태화집》에 부친 서 병진년(1736, 영조12)

太華集序 丙辰

《태화집(太華集)》은 나의 벗 남길재(南吉哉)[49]의 저작이다. 길재는 어렸을 때부터 시에 능하여 명성이 있었다. 나와 길재는 누대에 걸쳐 친밀한 교분을 쌓은 집안이어서 어렸을 때부터 그 이름을 들어 더욱 익숙하였는데, 갑진년(1724, 영조 즉위년) 여름에 비로소 동계(東溪)의 술자리에서 길재를 만났으니 사람됨이 온화하고 강직하였으며 안과 밖이 희고 깨끗하여 한 번 보고 그 마음을 알 수 있었다. 내가 마침내 그와 더불어 교분을 맺었는데 길재가 나를 좋아하는 마음이 더 깊었다.

얼마 후 내가 삼년상을 치르게 되었는데[50] 길재가 또 갈옷을 벗고

49 남길재(南吉哉) : 남유상(南有常, 1696~1728)을 가리킨다. 조선 후기의 문신으로, 본관은 의령(宜寧)이며 자는 길재(吉哉), 호는 태화자(泰華子)이다. 증조할아버지는 대제학 남용익(南龍翼)이며 할아버지는 대사헌 남정중(南正重)이고, 아버지는 동지돈녕부사(同知敦寧府事) 남한기(南漢紀)이다. 1727년(영조3) 성균시에 장원을 하여 효장세자(孝章世子)의 사부(師傅)로 천거되었다. 그해 문과에 급제하여 춘추관 기사관(春秋館記事官)이 되어 《숙종실록》 편찬에 참여하고, 수찬·이조 정랑 등을 지냈다. 1728년에 소론(少論)의 영수인 이광좌(李光佐)를 배척하다가 당론을 일으켰다 하여 영암(靈巖)에 유배되었다. 그 뒤 곧 풀려났으나 병으로 일찍 죽었다. 시문과 글씨에 능하였으며, 후에 홍문관 부수찬에 추증되었다. 저서로 《태화자고(泰華子稿)》가 전한다.

50 얼마……되었는데 : 오원(吳瑗)은 1724년(경종4) 9월에 생부 오진주(吳晉周)의 상을 당하였다.

벼슬길에 나갔다가 곧은 도(道)를 행함으로써 죄를 얻어 남쪽 끝에 있는 낭주(朗州 전라도 영암(靈巖)의 옛 이름)로 귀양을 가게 되어서[51] 자주 길재를 따라 놀 수가 없었다. 길재가 낭주에서 돌아온 후 그의 아우 덕재(德哉)[52]와 함께 우리 계정(溪亭)에서 글을 읽었으니 내가 보러 가곤 하였다.[53] 덕재 또한 성격이 툭 트이고 정결하며 문장을 좋아하여

51 길재가……되어서 : 남유상(南有常)이 1727년(영조3) 4월에 실록낭청 겸 춘추관 기사관이 되어《숙종실록(肅宗實錄)》찬수에 참여하였는데, 7월에 영조가 환국을 단행하여 노론(老論)의 중진인 우의정 이의현(李宜顯)·예조 판서 신사철(申思喆)·좌참찬 김흥경(金興慶)·판윤 이병상(李秉常)·승지 이유(李瑜)와 삼사(三司)의 여러 신하들을 파직하고 소론(少論)의 영수인 이광좌(李光佐)를《숙종실록》총재관으로 삼았다. 이에 남유상이 병이 있다고 핑계대고 떠나갔다가 죄에 걸려 서면으로 심문을 받게 되었다. 사람들이 "어버이의 병환이 있다고 말하라."라고 권하였으나 "내 본래 저들과 함께 일하고자 하지 않으니, 어찌 다른 이유로 사양하겠는가."라 하고는 정적들의 죄상을 낱낱이 들어 말하였다. 이에 영조가 노하여 삭탈관직(削奪官職)하고 문외출송(門外出送)할 것을 명하였는데, 얼마 후 정적들이 처벌이 너무 가볍다며 다시 먼 변방으로 유배 보낼 것을 고하여 낭주(朗州), 즉 영암(靈巖)으로 유배되었다가 겨울에 용서받고 돌아왔다.《陶谷集 卷14 贈弘文館副修撰南君墓碣銘》

52 덕재(德哉) : 남유용(南有容, 1698~1773)의 자이다. 조선 후기의 문신으로, 본관은 의령(宜寧)이며 호는 뇌연(雷淵) 또는 소화(小華)이다. 증조할아버지는 대제학 남용익(南龍翼), 할아버지는 대사헌 남정중(南正重), 아버지는 동지돈녕부사 남한기(南漢紀)이며, 이재(李縡)의 문인이다. 1740년(영조16) 문과에 급제한 후 정언이 되어 '간관(諫官)은 의리를 밝히는 것이 임무이므로 필요하다면 시비를 끝없이 따져야 한다.'라는 내용의 상소를 올렸는데, 이것이 탕평책을 국시로 삼던 영조의 심기를 건드려 해남으로 유배되었다. 1742년에 풀려난 후 대사성·양관(兩館) 대제학 등을 역임하였으며, 원손보양관(元孫輔養官)으로 훗날 정조가 된 세손에게 글을 가르치기도 하였다.《명사정강(明史正綱)》·《뇌연집》등의 저술이 남아있으며, 시호는 문청(文淸)이다.

53 길재가 낭주에서……하였다 : 남유상(南有常)은 1727년(영조3) 겨울에 석방된 후 종암(鍾巖)에 있는 오원(吳瑗)의 별장을 빌려 우거하였다.

세 사람이 날마다 산수 자연 안에서 흥겹게 술을 마시며 시가(詩歌)를 지어 서로 화답하면서 천하의 즐거움 가운데 이보다 더한 것은 없을 것이라고 말하곤 하였다.

그런데 길재가 도리어 세상과 단절되었음을 서글피 한탄하고 도(道)를 들음이 너무 늦어질까 두려워하였으니 그 뜻이 대개 급급(汲汲 정신을 쏟아 골똘한 모양)하였다. 내가 마음속으로 알고 있었는데 얼마 안 되어 길재가 작고하였으니 향년 33살로 내가 길재를 사귄 것이 겨우 5년이라 매우 짧았다.

그러나 내가 길재를 앎은 특별히 깊었다. 길재는 안으로 지극한 행실〔至行〕이 있어 선(善)을 즐거워하고 옛것을 신봉하였으며 행동거지가 법도를 넘지 않았으니 도(道)에 있어서 참으로 근본이 있었다. 이로 말미암아 화려함을 거두고 박실함을 좇아 날로 그 덕업(德業)을 새롭게 닦아 장차 반드시 문채와 바탕이 아름답게 조화를 이루어[54] 볼만함이 있을 터였는데 갑자기 잃게 되었다. 덕재와 그 벗들이 차마 그의 문사(文詞)가 민멸되게 할 수 없어 장차 세상에 전해지게 할 것을 도모하였다.

내 기억에 길재가 술을 마신 후 나와 덕재와 더불어 고금(古今)의 시도(詩道)를 극렬하게 논하였는데, 그 뜻이 대개 장차 풍(風)·소(騷)[55]와 한(漢)·당(唐)의 시를 조종(祖宗)으로 삼을 것이라 하며 스

54 문채와……이루어 : 원문의 '彬彬'은 문채와 바탕, 즉 내용과 형식이 훌륭하게 조화를 이룬 인격을 표현하는 말이다. 《논어(論語)》〈옹야(雍也)〉에 "바탕이 문채를 압도하면 촌스럽게 되고 문채가 바탕을 압도하면 겉치레에 흐르게 되나니, 문채와 바탕이 조화를 이룬 뒤에야 군자라고 할 수 있다.〔質勝文則野, 文勝質則史, 文質彬彬然後君子.〕"라는 공자(孔子)의 말이 실려 있다.

스로 예전에 익힌 바의 누습을 부끄러워하였으니 그가 뜻을 세우는 것이 시에 구차하지 않음이 또한 이와 같았다. 하물며 그가 추종하고 숭상하는 바의 높음이 시에 연연하지 않음이 있음에랴. 이제 불행히도 그러한 지경에 나아가지는 못하였으나 이를 빌려 길재의 무게를 삼으려 한 것이지 어찌 그의 뜻이었겠는가.

그러나 길재의 시는 하늘이 내린 재주이다. 비록 일찍이 구구하게 모사하지 않았으나 맑고 원만하며 밝고 윤택함이 옛 시의 묘(妙)함에 거의 가깝다 하겠으며 문사(文辭)를 엮음이 온화하고 부드러우며〔溫柔〕[56] 사물을 일컬음이 향기롭고 깨끗함〔芳潔〕[57]에 이르러서는 그 성정

55 풍(風)・소(騷) : 《시경(詩經)》의 국풍(國風)과 《초사(楚辭)》의 〈이소(離騷)〉, 즉 《시경》과 《초사》를 가리킨다.

56 문사(文辭)를……부드러우며 : 남유상(南有常)이 시를 지음에 《시경(詩經)》의 온유돈후(溫柔敦厚)한 시교(詩教)를 지향하였다는 의미이다. 《예기(禮記)》 〈경해(經解)〉에 "(공자께서 말씀하시기를) 그 나라에 들어가면 그 나라의 가르침을 알 수 있다. 온화하고 부드러우면서 돈독하고 두터운 것이 시의 가르침이다.……그 사람 됨됨이가 온화하고 부드러우며 돈독하고 두터우면서 어리석지 않으면 시에 대해 깊은 이해를 가진 사람이라고 할 수 있다.〔入其國, 其教可知也. 溫柔敦厚, 詩教也.……其爲人也溫柔敦厚而不愚, 則深于詩者也.〕"라고 하였으며, 이후 유가(儒家)에서는 시의 효용을 온유돈후한 성정을 도야하는 것에 두었다.

57 사물을……깨끗함 : 남유상(南有常)이 시를 지을 때 중국 전국 시대 초(楚)나라의 굴원(屈原)과 같이 깨끗한 뜻을 견지하였다는 의미이다. 사마천(司馬遷)은 《사기(史記)》 권84 〈굴원・가생열전(屈原賈生列傳)〉에서 굴원과 그의 작품 〈이소(離騷)〉를 평하면서 "(굴원의) 문장은 간략하고 문사는 은밀하며, 뜻은 깨끗하고 행동은 청렴하다. 문장은 작은 것을 말하였으나 가리키는 바는 매우 크고, 비유로 든 것은 비근하나 뜻은 심원하다. 그 뜻이 깨끗하므로 그가 일컬은 것이 모두 향기롭고 그 행실이 청렴하므로 죽을 때까지 받아들여지지 않았다.〔其文約、其辭微, 其志潔、其行廉. 其稱文小, 而其指極大; 擧類邇, 而見義遠. 其志潔, 故其稱物芳; 其行廉, 故死而不容.〕"라고 하였다.

(性情)의 발함이 반드시 중정(中正)에 의거하였으니, 후에 시를 잘 보는 이가 있어 길재가 간직하고 있는 바를 거의 터득할 것이다. 문장에 있어서는 심히 힘을 다하지 않았으나 식견과 취향의 정밀하고 밝음이 또한 다른 사람보다 뛰어났으니, 이것이 모두 길재의 글을 차마 전하게 하지 않을 수 없는 이유이다.

아! 옛사람의 문장은 반드시 그 사람의 덕이 이루어지고 이름이 서야 그 말 또한 그로 인하여 세상에 행하여지는 것이다. 길재의 사람됨이 어찌 그 문장을 전하게 하기에 부족하겠는가. 그러므로 이제 우리들이 이에 문으로써 길재를 전하게 하고자 하는 것이다. 아! 사람은 확실히 오래 살고 봐야할 일이다.[58]

58 사람은……일이다 : 원문의 '人不可以無年'은 중국 동진(東晉)의 왕흡(王洽)과 관련된 고사로, 재주는 훌륭하나 일찍 죽어 큰 업적을 이루지 못함을 한탄하는 말이다. 중국 남조(南朝) 송(宋)나라의 문인 유의경(劉義慶)이 쓴《세설신어(世說新語)》〈권중지하(卷中之下)〉에 다음과 같은 내용이 실려 있다. "왕순(王珣)이 병석에 누워 임종하게 되자 무강후(武岡侯) 왕밀(王謐)에게 '세간에서는 우리 집안의 영군(領軍)을 누구에게 견주는가?'라고 물었다. 무강후가 '세상에서는 그 분을 왕 북중랑(王北中郎)에게 견줍니다.'라고 대답하자 동정후(東亭侯) 왕순이 몸을 돌려 벽을 향하여 누우면서 탄식하며 말하기를, '사람은 확실히 오래 살고 봐야할 일이다!'라고 하였다.〔王珣疾, 臨困, 問王武岡曰: 世論以我家領軍比誰? 武岡曰: 世以比王北中郎. 東亭轉臥向壁, 歎曰: 人固不可以無年!〕" 영군은 영군 장군(領軍將軍)을 지낸 왕흡(王洽)으로 36세에 요절하였으며, 북중랑은 북중랑장(北中郎將)을 지낸 왕탄지(王坦之)를 가리킨다. 이는 왕순이 자신의 부친인 왕흡이 왕탄지에 비견되는 인물임에도 일찍 죽어 큰 업적이 없음을 한탄한 것이다.

《정화집》에 부친 서 무오년(1738, 영조14)

情話集序 戊午

우리 할아버지 충정공(忠貞公)[59]에게서 함께 태어난 내외형제[60]가 11명인데, 사계절의 끝 무렵에 술과 음식을 갖추어놓고 모두 모여 즐겁게 담소를 나누면서 은근한 정을 펴는 것을 해마다 상례로 삼기로 약속하였다.

내가 《주시(周詩)》[61]에서 옛날 사람들이 잔치를 벌여 즐겁게 지내기를 제부(諸父)[62]와 형제들로부터 반드시 조카와 외삼촌에게까지 미침

59 충정공(忠貞公) : 오원(吳瑗)의 할아버지인 오두인(吳斗寅, 1624~1689)을 가리킨다. 오두인은 조선 후기의 문신으로, 본관은 해주(海州)이며 자는 원징(元徵), 호는 양곡(陽谷)이다. 1648년(인조26) 진사시에 합격하고, 이듬해 별시문과에 장원으로 급제하였다. 이후 지평·사간·부교리·경기도 관찰사·공조 판서·형조 판서 등을 역임하였다. 1689년(숙종15)에 기사환국으로 서인이 실각하자 지의금부사(知義禁府事)에 세 번이나 임명되고도 나가지 아니하여 삭직당하였고, 그해 5월에 인현왕후 민씨(仁顯王后閔氏)가 폐위되자 이세화(李世華)·박태보(朴泰輔)와 함께 이에 반대하는 소를 올려 국문을 받고 의주로 유배 가다가 파주에서 죽었다. 곧 복관되었고 1694년 영의정에 추증되었으며, 덕봉서원(德峰書院)·충렬사(忠烈祠) 등에 제향되었다. 저서로 《양곡집》이 있으며, 시호는 충정(忠貞)이다.

60 내외형제 : 내종사촌(內從四寸)과 외종사촌(外從四寸)을 아울러 이르는 말로, 오두인(吳斗寅)에게서 태어난 아들딸들이 낳은 오원(吳瑗)의 사촌과 고종사촌들을 가리킨다.

61 《주시(周詩)》 : 《시경(詩經)》을 가리킨다. 주(周)나라 때 편찬되었다 하여 붙은 이름이다.

62 제부(諸父) : 아버지의 형제들을 가리킨다.

을 보았는데 그 칭칭 얽히고 두터운 정이 화목한 것이 족히 영탄할 만한 것이 있었다. 후세에 풍속이 경박하여짐에 미쳐 〈행위(行葦)〉의 안석(案席)을 내어 주는 의리[63]를 이미 다시 보존하지 못하게 되었으니 하물며 성(姓)이 다른 사람들에게는 어떠하겠는가. 그러한즉 사람들이 이 모임을 봄에 어찌 그 풍도와 의리가 돈독하여 쇠퇴해가는 세상에 보기 드문 바라고 말하지 않겠는가.

그러나 나는 우리 제부(諸父)와 고모들께서 도성(都城) 서쪽에 있는 집에서 황 태부인(黃太夫人)[64]을 모시면서 날마다 화순(和順)한 얼굴로 받들었고, 우리들이 앞에서 옷깃을 잡아당기고 뒤에서 옷자락에 매달리며[65] 울고 웃으며 옆에서 뛰어놀고 있으면 번갈아가면서 잡아주고 안아주셨던 것이 생각난다. 무릇 지금 장년이 된 이들은 일찍이 직접 눈으로 보았고 나이 어린 이들 또한 이야기를 들어서 알고 있다.

63 〈행위(行葦)〉의……의리 : 〈행위(行葦)〉는 《시경(詩經)》 대아(大雅)에 수록된 시의 편명으로, 부형(父兄)과 친족들이 모여서 정답게 연회를 베푸는 것이 그 주된 내용이다. 제1장의 원문과 내용은 다음과 같다. "소복한 저 길가의 갈대를 소와 양이 밟지 않는다면 바야흐로 움트며 형체를 이루어 잎이 부드럽고 윤택하리라. 가깝고 가까운 형제들을 멀리하지 않고 모두 가까이한다면 혹 앉을 자리를 펴주며 혹 기댈 안석을 내어 주리라.〔敦彼行葦, 牛羊勿踐履, 方苞方體, 維葉泥泥. 戚戚兄弟, 莫遠具爾, 或肆之筵, 或授之几.〕"

64 황 태부인(黃太夫人) : 오원(吳瑗)의 할머니 황씨(黃氏)를 가리킨다.

65 앞에서……매달리며 : 원문의 '前後襟裾'는 자식에 대한 부모의 사랑을 뜻하는 것으로, 안지추(顔之推)의 《안씨가훈(顔氏家訓)》 〈형제(兄弟)〉에 나오는 말이다. 원문과 내용은 다음과 같다. "자식들이 어릴 적에 부모는 왼쪽에서 손잡고 오른쪽에서 끌며, 하나는 부모의 앞가슴에 매달려 옷깃을 잡아당기고 또 다른 하나는 뒤에서 옷자락에 매달린다.〔方其幼也, 父母左提右挈, 前襟後裾.〕"라고 하였다.

이에 세대가 여러 차례 바뀌면서 우리가 모두 흩어져 살아 얼굴도 제때에 보지 못하게 되었으니 그 마음이 어찌 슬프지 않겠으며 이 모임을 그만둘 수 있겠는가. 부지런히 만나면 그 정이 더욱 도탑고 정이 도타우면 의리를 잊을 수 없게 된다. 서로 덕(德)으로써 충고하고 서로 정도를 지나치지 말 것을 경계하여 반드시 초심(初心)을 잊지 않아서 선조의 가르침을 실추시키고 폐기하지 않게 하는 것이 나의 바람이다.

〈소완(小宛)〉에 이르기를 "내 나날이 매진하거든 너도 다달이 나아가라. 일찍 일어나고 밤늦게 자서 너를 낳아주신 분을 욕되게 하지 말지어다."[66]라고 하였으니 이는 형제가 서로 권면하는 말이나 우리가 오히려 말하기를 "같은 배에서 태어나지 않았다고 해서[67] 감히 이러한 의리에 소홀하겠는가."라고 하였다.

늦여름(음력 6월)의 모임에서 여러 형제들이 각각 시를 지어 그 일을 기록하고 나에게 서(序)를 짓게 하였다. '정화회(情話會)'라고 명명한 것은 정절(靖節)[68]의 말을 가져다 쓴 것이다.[69]

66 내……말지어다 : 《시경(詩經)》〈소아(小雅) 소완(小宛)〉 제4장에 나오는 말로, "저 할미새를 보니 곧 날며 곧 지저귀도다. 내 나날이 매진하거든 너도 다달이 나아가라. 일찍 일어나고 밤늦게 자서 너를 낳아주신 분을 욕되게 하지 말지어다.〔題彼脊令, 載飛載鳴. 我日斯邁, 而月斯征. 夙興夜寐, 毋忝爾所生.〕"라고 하였다. 형제가 각자 자신의 본분을 다하여 부모를 욕되게 함이 없도록 해야 한다는 내용의 시이다.

67 같은……해서 : 서로 사촌형제 사이임을 가리키는 말이다.

68 정절(靖節) : 도잠(陶潛, 365~427)의 시호이다. 중국 동진(東晉)의 시인으로, 자는 연명(淵明) 또는 원량(元亮)이며 문 앞에 버드나무 다섯 그루를 심어 놓고 오류선생(五柳先生)이라 자호하였다. 팽택 현령(彭澤縣令)을 지낼 때 오두미(五斗米) 때문에 허리를 굽히는 일을 견디지 못하고 항상 전원생활을 그리워하다가 406년(의희2) 41세 때 누이의 죽음을 핑계로 사임한 뒤 다시는 관직에 나아가지 않았다. 이때 쓴

수양(首陽) 오원(吳瑗) 백옥(伯玉)[70] 이 쓰다.

글이 〈귀거래사(歸去來辭)〉이다. 직접 농사를 지어 자급자족하였고, 술을 좋아하기로 유명하였다. 시를 잘 지어 후대의 시인들에게 지대한 영향을 끼쳤으며, 〈오류선생전(五柳先生傳)〉·〈도화원기(桃花源記)〉 등 산문에도 뛰어났다. 저서로 《도연명집(陶淵明集)》이 남아 있다.

69 정화회(情話會)라고……것이다 : 도잠(陶潛)의 〈귀거래사(歸去來辭)〉 가운데 "친척들과 정담을 나누며 즐거워한다.〔悅親戚之情話.〕"라는 구절이 있다.

70 수양(首陽) 오원(吳瑗) 백옥(伯玉) : 수양은 오원의 본관인 해주(海州)의 별호이며, 백옥(伯玉)은 오원의 자(字)이다.

《한천유고》에 부친 서

寒泉遺稿序

창랑(滄浪) 홍자(洪子)[71]는 위항에서 일어나 시도(詩道)로써 스스로 이름을 떨쳤다. 선배와 이름난 재상들이 그를 위해 주선하고 중책으로 이끌어서[72] 홍자의 이름이 더욱 세상에 드러나게 되었다. 홍자의 풍도를 듣고 그를 종유한 자 가운데 문채와 바탕이 고루 뛰어나[73] 문사(文

71 창랑(滄浪) 홍자(洪子) : 홍세태(洪世泰, 1653~1725)를 가리킨다. 조선 후기의 시인으로, 본관은 남양(南陽)이며 자는 도장(道長), 호는 창랑(滄浪)·유하(柳下)이다. 중인 출신으로, 1675년(숙종1) 잡과인 역과(譯科)에 응시하여 한학관(漢學官)으로 뽑혔다. 이후 이문학관(吏文學官)·둔전장(屯田長)·의영고 주부(義盈庫主簿)·울산 감목관(蔚山監牧官) 등을 역임하였으며, 문장의 재능을 인정받아 여러 차례 제술관을 역임하였다. 시로 이름이 나서 김창협(金昌協)·김창흡(金昌翕)·이규명(李奎明) 등 당대의 사대부들과 교유하였으며, 중인들과 시회를 함께 하였다. 중인층의 문학을 옹호하는 천기론(天機論)을 전개하고, 중인들의 시를 모아 《해동유주(海東遺珠)》를 간행하는 등 위항문학(委巷文學)의 발달에 중요한 역할을 하였다. 저서로 《유하집》 14권이 남아 있다.

72 선배와……이끌어서 : 1698년(숙종24)에 중국 청(淸)나라의 사신이 와서 조선의 시를 보고 싶다고 하자 당시 좌의정이었던 최석정(崔錫鼎)이 숙종에게 그의 시를 추천하였으며, 이 일로 숙종의 호감을 얻어 제술관에 임명되었다. 그런가 하면 그가 재능과 맞지 않게 궁핍하게 사는 것을 애석하게 여긴 이광좌(李光佐)의 도움으로 1719년에 울산 감목관(蔚山監牧官)이 되기도 하였다.

73 문채와……뛰어나 : 원문의 '彬彬'은 문채와 바탕, 즉 내용과 형식이 훌륭하게 조화를 이룬 모습을 표현하는 말이다. 《논어(論語)》 〈옹야(雍也)〉에 "바탕이 문채를 압도하면 촌스럽게 되고, 문채가 바탕을 압도하면 겉치레에 흐르게 되나니, 문채와 바탕이 조화를 이룬 뒤에야 군자라고 할 수 있다.〔質勝文則野, 文勝質則史, 文質彬彬然後君

詞)로 일어난 이들이 많았는데 정씨(鄭氏) 윤경(潤卿) 형제[74]가 더욱 그러하였다.

아! 가난하고 한미한 선비[75]가 재능을 품고도 나라의 제도에 가로막혀서 진신대부(搢紳大夫)와 함께 나란히 공명(功名)의 길을 달릴 수 없어 이에 혹 성률(聲律)과 읊조림 사이에 그 능력을 오로지 쏟아 부어 한 글자의 경책(警策 뛰어난 시어나 시구(詩句))으로 후세에 이름을 남기기를 바라기도 하는데, 잘하기 쉬운 쪽을 택한 것은 마땅한 일이지만 그 뜻은 슬프다.

정씨네 막내 민교(敏僑) 계통(季通)[76]은 내가 그 사람됨을 알고 있는

子.〕"라는 공자(孔子)의 말이 실려 있다.

74 정씨(鄭氏) 윤경(潤卿) 형제 : 정내교(鄭來僑)와 정민교(鄭敏僑) 형제를 가리키며, 윤경은 형인 정내교의 자이다. 정내교(1681~1757)는 조선 후기의 여항시인으로, 본관은 창녕(昌寧)이며 호는 완암(浣巖) 또는 현와(玄窩)이다. 사마시에 합격하고 이문학관(吏文學官)이 되었다가 인의·찰방·제술관 등을 역임하였다. 홍세태(洪世泰)에게 시를 배웠으며, 1705년(숙종31) 역관으로 일본에 가서 시로써 명성을 얻었다. 김창협(金昌協)·김창흡(金昌翕) 등 당대의 명사들과 교류하다가 1722년에 당화(黨禍)를 피해 계룡산 완암곡(浣巖谷)으로 들어가 학동들을 가르쳤다. 《완암집》이 남아있는데 그가 남긴 시와 함께 뛰어난 예술가들의 전(傳) 6편과 시조 3수가 실려 있다. 《청구영언(青丘永言)》의 서문을 쓴 것으로도 유명하다.

75 가난하고 한미한 선비 : 원문의 '圭蓽'은 '규두필문(圭竇蓽門)'의 준말로, 가난한 시골 오두막집, 혹은 그러한 곳에 묻혀 살며 도를 닦는 선비를 가리킨다. 《예기(禮記)》 〈유행(儒行)〉에 "선비는 1묘(畝) 이내의 담장 안, 사방에 벽만 있는 좁은 방에서 거주한다. 대를 쪼개어 엮은 문을 달고 문 옆에 규(圭) 자 모양의 작은 문을 내며, 쑥대로 엮은 문으로 출입하고 옹기 구멍의 들창으로 밖을 내다본다.〔儒有一畝之宮、環堵之室, 篳門圭窬, 蓬戶甕牖.〕"라고 하였다.

76 민교(敏僑) 계통(季通) : 정민교(鄭敏僑, 1697~1731)를 가리킨다. 조선 후기의 시인으로, 본관은 창녕(昌寧)이며 자는 계통(季通), 호는 한천(寒泉)이다. 1725년(영

데, 자못 소탕(疏宕 툭 트이고 호탕함)하여 얽매이지 않으며 술을 즐기고 원유(遠遊)하는 것을 좋아하였다. 일찍이 사예(詞藝 시문(詩文)을 짓는 재주)로써 진사(進士)에 뽑혔으나 불우한 환경에 빠져 자유분방하게 살다가 마침내 요절하였다.

시를 지음에 일찍이 성조(聲調)에 뜻을 기울이지 않았고 객지를 떠돌아다니며 불평한 마음을 발로한 것이 모두 그 정(情)이 진실하고 말이 참신하며 생각이 넉넉하고 빼어남을 다하였다. 이는 그의 뜻이 또한 시로써 명예를 구하고자 한 것이 아니었으니 시어나 새기고 꾸며 공교롭게 만드는 당시의 동년배들이 능히 미칠 수 있는 바가 아닌 것이라, 내가 그 재능을 아까워하고 그 뜻을 더욱 슬퍼하였다. 윤경이 중간에 그가 남긴 유고(遺稿)를 나에게 보여주며 말하기를,

"적요(寂寥)하게 남겨진 얼마 안 되는 이 원고에 한 마디 소중한 말씀을 빌려주시기 바랍니다."

하였다.

아아! 동방(東房)과 서서(西序)에 천구(天球)와 완염(琬琰)이 간직되어 있는 것[77]을 사람들이 또한 예사롭게 보지만 혹 진흙이나 모래

조1)에 진사가 되어 성균관에 들어갔으나 곧 그만두고 여항시인(閭巷詩人)으로 행세하였다. 형 정내교(鄭來僑)에게서 글을 배우다가 홍세태(洪世泰)의 문하로 들어갔는데 당시 여항과 사대부 사이에서 시를 잘 짓기로 이름이 났다. 벼슬이라곤 기실(記室)을 지낸 것이 전부인데, 평안도 관찰사 홍석보(洪錫輔)가 그의 재능을 아껴 서기(書記)로 삼았으며 영남 관찰사 조현명(趙顯命)이 그를 곁에 두고 함께 시를 수창하는 한편 자제 교육을 맡기기도 하였다. 조현명의 객사에서 학질을 앓다 35세로 요절하였으며, 저서로 《한천유고(寒泉遺稿)》가 남아 있다.

77 동방(東房)과……것 : 《서경(書經)》 〈주서(周書) 고명(顧命)〉에 나오는 말로, 궁궐 안에 진열되어 있는 보물을 가리킨다. 동방(東房)과 서서(西序)는 주(周)나라

속에 묻혀 가려져 있는 부서진 구슬이나 보배를 갑자기 만나게 된다면 깜짝 놀라고 기이하게 여겨 감탄하지 않는 이가 없을 것이니, 어찌 적다고 하여 소홀히 하겠는가. 그러나 내가 듣건대 계통(季通)이 집안에서의 행실을 매우 잘 닦아 삼가 화열(和悅)한 낯빛으로 어머님을 모시고[78] 처자식을 인도함에 법도가 있었다고 하니, 그 바탕과 행실이 더욱 애석하다.

때 궁궐 안에 있던 건물의 이름이며, 천구(天球)와 완염(琬琰)은 각각 석경(石磬)과 규(圭)의 이름이다. 원문과 내용은 다음과 같다. "옥을 오중으로 진열하고 보물을 진열하니, 적도와 대훈과 홍벽과 완염은 서서(西序)에 있고, 대옥과 이옥과 천구와 하도는 동서(東序)에 있고, 윤나라에서 만든 춤추는 옷과 대패와 큰 북은 서방(西房)에 있고, 태(兌)가 만든 창과 화(和)가 만든 활과 수(垂)가 만든 대나무 화살은 동방(東房)에 있었다.〔越王五重陳寶, 赤刀、大訓、弘璧、琬琰在西序, 大玉、夷玉、天球、河圖在東序, 胤之舞衣、大貝、鼖鼓在西房, 兌之戈、和之弓、垂之竹矢在東房.〕"

78 화열(和悅)한……모시고 : 원문의 '色養'은 자하(子夏)가 효(孝)에 대하여 묻자 공자(孔子)가 "얼굴빛을 온화하게 가짐이 어렵다.〔色難.〕"라고 한 데서 나온 말로, 화열(和悅)한 얼굴빛으로 부모를 섬기는 것이다. 일설에 의하면 부모의 얼굴빛을 보고 그 뜻을 잘 받드는 것이라고도 한다.《論語 爲政》

〈괴원제명록〉[79]에 부친 서 기미년(1739, 영조15)

槐院題名錄序 己未

괴원(槐院 승문원(承文院))의 제조(提調)[80]는 예전에는 제명기(題名記)[81]가 없었는데 이제 우의정 유공(兪公)[82]이 처음으로 만들었다.

괴원의 직분은 사대(事大)의 사명(辭命)[83]이 중요하므로 국가의 제도에 삼공(三公 삼정승(三政丞))으로 항상 도제조(都提調)를 겸하게 하고, 제조와 부제조(副提調)는 또 반드시 당시에 신망 있는 사람을 엄밀

79 〈괴원제명록(槐院題名錄)〉: '괴원(槐院)'은 승문원(承文院)의 별칭이며, 제명록(題名錄)은 조선 시대 중앙과 지방의 각 관아에서 전임(前任) 관원의 성명·본관·생년·주소·관직명 등의 인적 사항을 적어놓은 책을 말한다. 안책(案冊)이라고도 하였으며, 선생안(先生案)과 같은 종류이다.

80 제조(提調) : 조선 시대 관직의 이름으로, 주로 당상관 이상의 관원이 없는 관아에 겸직으로 배속되어 관아를 통솔하는 일을 하였다.

81 제명기(題名記) : 원래 관청의 벽에 걸어놓던 목판(木板)을 가리킨다. 이 목판에는 해당 관청에서 과거에 벼슬하였거나 현재 벼슬하고 있는 사람들의 이름과 이력 등을 쓰고, 그 관청의 내력이나 관원에게 권계할 내용 등을 함께 기술하였다.

82 우의정 유공(兪公) : 유척기(兪拓基, 1691~1767)를 가리킨다. 조선 후기의 문신으로, 본관은 기계(杞溪)이며 자는 전보(展甫), 호는 지수재(知守齋)이다. 1714년(숙종40) 문과에 급제하여 검열이 된 후 정언·함경도 관찰사·도승지·원자보양관·세자시강원 빈객·평안도 관찰사·호조 판서·영의정 등 요직을 두루 역임하였다. 노론 중의 온건파에 속하였으며, 명필가이자 금석학(金石學)의 권위자였다. 저서로 《지수재집》이 남아있으며, 시호는 문익(文翼)이다.

83 사명(辭命) : 나라의 사신이 임금의 말이나 명령을 받들어 외교 무대에서 교빙(交聘)하며 응대하는 것을 가리킨다.

하게 가려 뽑으며 정해진 인원이 없다.

조종(祖宗)이 성대할 때에는 이 책임을 띤 이들이 모두 명신(名臣)·거경(鉅卿)·사관(詞館)의 빼어난 이들로, 왕왕 공적(公的) 혹은 사적(私的)으로 남아 있는 서적에 보여 오히려 알 수가 있다. 그러나 여기저기 흩어져서 나와 다 갖추어지지 않았기 때문에 순서대로 차례를 매길 수가 없다. 그러므로 이제 인묘(仁廟 인조(仁祖)) 계해년(1623)부터 《승정원일기(承政院日記)》와 선부(選部 이조(吏曹))의 정안(政案)[84]을 두루 찾아서 기록을 만들었으니 제조는 모두 258인이요, 부제조는 91인으로 이 뒤를 이은 이들도 마땅히 계속해서 기록하여 폐함이 없어야 할 것이다. 도제조를 기록하지 않은 것은 자체적으로 상부(相府 의정부(議政府))의 제명(題名)이 있으므로 상호 확인하여 볼 수 있기 때문이다.

대저 관사(官司 관아(官衙))에 제명이 있는 것은 대개 사씨(史氏 사관(士官))의 백관표(百官表)의 흐름이 그것을 바탕으로 고신(考信)[85]하기 때문이다. 하물며 본원(本院 승문원을 가리킴)은 실제로 문헌(文獻)을 담당하며, 그 임무가 또 가장 중한데 기록을 어찌 그만둘 수 있겠는가. 훗날 이것을 보는 사람들은 다만 그 이름과 성씨만 상고할 뿐 아니라 인물의 성쇠(盛衰)와 승강(升降)을 논하면서 반드시 장차 시변(時變 시대의 변화)을 위아래로 살펴보고 지난날 동문(同文)의 교화를 더듬어

84 정안(政案) : 조선 시대에 관원의 인사관리를 위하여 특별히 작성한 기록을 말한다. 관원의 성명과 생년월일, 출사(出仕)의 과정, 관원으로서의 경력, 사조(四祖) 및 장인의 성명과 관직, 친가와 외가의 본향(本鄕), 현재의 거주지, 공적과 과실, 능력의 유무 등에 관한 사항을 모두 기록하였다.

85 고신(考信) : 사실 여부를 조사·고찰하는 것을 말한다.

그리워하며[86] 책을 어루만지면서 크게 탄식하여 마지않을 것이니, 아! 참으로 한탄스럽다.

원(瑗)이 외람되이 승문원의 관료가 되어, 삼가 공의 명을 받아 책의 첫머리에 쓴다.

86 동문(同文)의……그리워하며 : 동문(同文)의 교화는 우리나라가 중국과 같은 문화권에 편입되었다는 말로, 《중용장구(中庸章句)》 제28장의 "지금 온 천하가 같은 수레를 타고 같은 문자를 쓰게 되었다.〔今天下車同軌、書同文.〕"라는 말에서 유래한 것이다. 여기서 동문의 교화를 그리워한다는 것은 명(明)나라를 그리워한다는 뜻이다.

우윤 이공 우신 의 칠십수에 부친 서
右尹李公 雨臣 七十壽序

선왕(先王) 때부터 상서(庠序)에서 양로연(養老宴)을 베풀었던 뜻[87]이 폐기되어 안석(案席)을 내리고 좋은 말씀을 구하는 예(禮)[88]를 다시 볼 수가 없게 되어서[89] 부형과 기로(耆老 나이가 많고 덕이 높은 사람)의 가르침이 다만 그 집안에서만 행하여지게 되었다.

연안(延安) 이씨(李氏)가 대대로 문장과 명덕(名德 명성과 덕행)으로써 나라의 명문대가가 되었는데, 오늘날 경조 우윤(京兆右尹) 이공(李公)[90]이 문숙공(文肅公)[91]의 종손(宗孫)이다. 어려서 명망이 높았으나

87 상서(庠序)에서……뜻 : 《예기(禮記)》 〈왕제(王制)〉에 "주(周)나라 사람들은 국로(國老)를 동교(東膠)에서 대접하고 서로(庶老)를 우상(虞庠)에서 대접하였다."라고 하였는데, 우상은 주나라의 학교 이름이다.

88 좋은……예(禮) : 양로걸언(養老乞言), 즉 어진 노인을 봉양하여 그로부터 정치에 도움이 될 말을 구하는 것을 말한다. 《예기(禮記)》 〈내칙(內則)〉에 "무릇 노인을 봉양함에 오제(五帝) 때에는 본받았고, 삼왕(三王) 때에는 유익한 말을 청하였다.〔凡養老, 五帝憲, 三王有乞言.〕"라고 하였다.

89 선왕(先王)……되어서 : 조선왕조실록을 살펴보면, 세종(世宗) 때 처음 양로연을 베풀기 시작한 후 후대의 왕들이 이를 계승하여 양로연을 열었는데 예종, 광해군, 인조, 경종 때 열지 않았다고 한다. 예종은 재위가 불과 13개월이라 열 겨를이 없었고, 광해군과 인조는 각각 임진왜란과 병자호란을 겪고 수습하느라 어려웠던 듯하다. 경종은 재위 3년인 1723년 1월 24일에 옥당관 오명신(吳命新)이 양로연을 열 것을 건의하여 이를 받아들였으나 결국 열리지 않았고, 이후 영조 19년(1743)에야 양로연에 대한 이야기가 나오기 시작하였으나 이러저러한 이유로 계속 미루다가 영조 49년(1773) 윤3월 3일에야 비로소 양로연이 열리게 되었다.

90 경조 우윤(京兆右尹) 이공(李公) : 이우신(李雨臣, 1670~1744)을 가리킨다. 조

과거에 급제하지 못하여 고을의 지방관으로 침체하여 있다가 만년에 치적(治績)이 최상 등급이라는 평가를 받고 하대부(下大夫)[92]로 승진하였으니, 공의 재주를 다한 것은 아니었다.

공은 강직하고 기개와 절조를 숭상하였다. 중년 이후에는 세도(世道)가 날로 쇠퇴하여 사대부의 풍절(風節)이 더욱 나약한 데로 쏠리는 것을 보고 일찍이 분개하여 탄식하면서 자신이 감당할 수 없음을 한스러워하지 않음이 없었다. 평소에 이전에 보고 들었던 선배들의 언행을 읊기를 좋아하여 끊임없이 후생(後生)을 위하여 말해주면서 명분과 의리가 격앙될 때에는 하늘을 우러러보고 땅을 굽어보며 무릎을 쳐

선 후기의 문신으로, 본관은 연안(延安)이며 자는 백열(伯說), 호는 십탄(十灘)이다. 이희조(李喜朝)의 문인이며, 1710년(숙종36)에 음보로 사산감역관(四山監役官)이 되었다. 이후 의금부 도사·함양 군수·동지중추부사·한성부 우윤·도총부 부총관 등을 두루 역임하였다. 1714년에 정읍 현감이 되어 여씨향약(呂氏鄕約)을 실시하였으며, 1718년 인제 현감이 되어 3세(稅)를 감면하였다. 1731년에 사복시 첨정이 되어 《마의방(馬醫方)》을 간행하고 이를 잘 익힌 자를 마의(馬醫)로 임명하게 하는 준례를 만들었으며, 1733년 원성 현감이 되어 향약 12조문을 국문으로 번역하였다. 문장에 능하고 변려문(騈儷文)에 뛰어났으며, 사후 이조 판서에 추증되었다.

91 문숙공(文肅公) : 이일상(李一相, 1612~1666)을 가리킨다. 조선 후기의 문신으로, 본관은 연안(延安)이며 자는 함경(咸卿), 호는 청호(靑湖)이다. 영의정 이정귀(李廷龜)의 손자이며, 이조 판서 이명한(李明漢)의 아들이다. 1628년(인조6) 문과에 급제한 후 정언·대사간·대사성·대사헌·경기 감사·의금부 동지사·대제학·공조 판서·예조 판서 등 요직을 두루 역임하였으며, 우의정에 추증되었다. 남인 계열이 편찬한 《현종실록》에서는 재능 없는 주정꾼으로 평가하였으나, 서인 계열이 편찬한 《현종개수실록》에서는 할아버지와 아버지의 뒤를 이어 3대째 대제학을 지낸 인물이라고 평가하였다.

92 하대부(下大夫) : 품계가 낮은 대부로, 정3품 당하관 품계인 통훈대부(通訓大夫)부터 종4품 조봉대부(朝奉大夫)까지가 이에 해당한다.

마지않았으니 그가 자제를 가르치는 방법을 알 수 있다.

기미년(1739, 영조15)에 공이 70수(壽)에 올랐는데 둘째 아들[93]이 임금을 시종한 데 대한 은전(恩典)으로 참판의 직질(職秩)에 가자(加資)되었으며[94] 때마침 공의 막내아들[95]과 조카[96]가 나란히 문과에 급제

93 둘째 아들 : 이정보(李鼎輔, 1693~1766)를 가리킨다. 조선후기의 문신으로, 본관은 연안(延安)이며 자는 사수(士受), 호는 삼주(三洲) 또는 보객정(報客亭)이다. 1721년(경종1) 진사에 합격한 후 익릉 참봉·검열을 거쳤으며, 1736년(영조12)에 사헌부 지평으로 있으면서 탕평책을 반대하는 시무십일조(時務十一條)를 올려 파직되었다. 이후 재기용되어 부제학·대사간·대사성·승지를 지냈고, 재차 탕평책을 반대하다가 인천 부사(仁川府使)로 좌천되었다. 그 후 이조 판서·대제학·예조 판서 등을 역임하고 만년에 벼슬이 판중추부사에 이르렀다. 자신의 의견을 개진하는 데 과감하여 여러 번 파직 당하였다. 주의(奏議)와 사륙문(四六文)에 뛰어났으며, 시호는 문간(文簡)이다.

94 참판의 직질(職秩)에 가자(加資)되었으며 : 호조 참판에 제수된 사실을 가리킨다.

95 막내아들 : 이익보(李益輔, 1708~1767)를 가리킨다. 조선 후기의 문신으로, 본관은 연안(延安)이며 자는 사겸(士謙)이다. 1739년(영조15) 문과에 급제한 후 검열·정언 등을 거쳐 대사간·도승지·예조 참판·경상도 관찰사·대사헌·수어사·회양 부사·병조 판서·이조 판서·좌참찬 등 요직을 두루 역임하였다. 민정중(閔鼎重)이 함경도 백성들의 편익을 위하여 제정하였던 상정제(詳定制)가 세월이 지나면서 폐단이 생기자 홍계희(洪啓禧)와 함께 이를 개정하기도 하였다.

96 조카 : 이천보(李天輔, 1698~1761)를 가리킨다. 조선 후기의 문신으로, 본관은 연안(延安)이며 자는 의숙(宜叔), 호는 진암(晉庵)이다. 1739년(영조15) 알성문과에 합격하여 이조 정랑·교리·부제학·대사성·우의정 등을 역임하였다. 이광좌(李光佐)를 탄핵할 때 동조하여 파직되었으나 곧 복직되어 좌의정·영의정이 되었고, 이후 천의리편감찬수청 도제조(闡義理編鑑纂修廳都提調)가 되어 신임사화를 둘러싼 노론·소론 간의 시비에서 노론과 영조가 승리하였음을 기록하는 역할을 맡았다. 장헌세자의 평양 원유(遠遊) 사건에 책임을 느껴 음독자살했다는 말이 전해진다. 국왕의 중화지도(中和之道)를 강조하는 유소(遺疏)를 남겼으며, 문학으로 당대에 이름이 높았다.

하였고 둘째 아들이 또 승선(承宣)으로 승진하여 발탁되었으니 무릇 세상의 이른바 경사(慶事)와 영화(榮華)가 일시에 공의 집으로 모여들었다. 공은 도리어 가득 차게 번성하는 것을 두려워하여 처음에 친척과 종친들이 마땅히 잔치를 벌여 기쁨과 경사를 널리 펴야한다고 하였으나 공이 완고하게 허락하지 않았다. 그런데 이해 여름에 상께서 동조(東朝)[97]에 축수(祝壽)를 올리면서 노인들에게 가사(加賜)하시어 그 자손들로 하여금 부조(父祖)들에게 잔치를 베풀게 하셨으니 성상의 은덕이었다.[98] 공이 감히 사양하지 못하고 이미 친척과 빈객들에게 잔치를 베푸니 각자 시가를 지어 하례하였는데 공이 화답하여 자제들에게 보인 내용은 사람들이 기뻐하는 바로써 기쁨을 삼지 않고 삼가 근심하고 두려워하는 마음을 담고 있었다.

대저 자신을 낮추고 겸손함은 덕의 기본이요, 명예와 절조는 선비의 근간이다. 옛사람들은 자신의 몸에 쌓인 덕을 자신이 쓰지 않고 그 자손이 받게 하는 것을 가지고 좌계(左契)[99]를 가지고 있다가 빌려준

저서로 《진암집》이 남아있으며, 시호는 문간(文簡)이다.

97 동조(東朝) : 태후(太后)를 가리키는 말로, 중국 한(漢)나라의 태후가 거처한 장락궁(長樂宮)이 미앙궁(未央宮)의 동쪽에 있었던 데서 유래하였다. 여기서는 숙종의 계비인 인원왕후(仁元王后)를 가리킨다.

98 이해……은덕이었다 : 이에 대한 기록을 《영조실록》에서 인용하면 다음과 같다. "임금이 동조(東朝)에 진연(進宴)하였다. 대비(大妃)가 성품이 겸손하여 성대하게 즐기는 일을 좋아하지 않으므로 임금도 굳이 청하지 못하였는데, 이때에 이르러 조정에서 청하기 때문에 비로소 애써 받으니, 뭇 신하가 상서하여 축하하였다."《국역 영조실록 15년 4월 12일》 "나이가 70세인 조신(朝臣)과 나이가 80세이고 자손이 있는 사서(士庶)에게 연수(宴需)를 헤아려 주게 하였다. 임금이 동조(東朝)에 잔을 올리고 나서 은혜를 추시(推施)하여 이 명을 내렸다."《4월 16일》

돈을 받는 것에 비유하였다. 그러나 친히 자신의 몸에 드러내고 그 간직한 바를 미루어서 가르침을 삼는 것을 공과 같이 하는 이가 드무니, 공의 정신과 체력이 강건하고 왕성하기가 장년(壯年)과 같아 다복(多福)을 누리고 쓰기에 다함이 없을 것이나 공의 마음으로는 비록 공의 아들들의 높은 벼슬과 많은 녹으로 날마다 솥을 늘어놓고 진수성찬으로 받들어 모시게 한다 하더라도 족히 기뻐하지 않을 것이다.

오직 겸손과 절약으로 몸을 지키고 공손과 검소함으로 가정을 유지하며 충성을 다하고 의리를 견지하며 절행(節行)을 갈고 닦아 능히 선조의 업을 실추시킴이 없고 조정에 섬이 있어서, 이로 말미암아 벼슬에 나아가 국정에 복무하다가 늙어서야 벼슬을 그만두고[100] 들어가서는 가정의 가르침을 익히고 나가서는 왕국의 영광이 되어야 공이 이에 더욱 편안하고 근심이 없어 끝없이 오래오래 아름다운 경사를 어루만지게 될 것이다. 이와 같은 것이 어찌 다만 공의 일가(一家)만의 복이겠는가. 원(瑗)이 이미 이것으로 삼군(三君)[101]을 권면하고 뒤이어 이 글을 써서 공을 위하여 축하하노라.

99 좌계(左契) : 둘로 나눈 부신(符信) 가운데 왼쪽의 것을 말한다. 보통 좌계를 자신이 갖고 우계(右契)를 상대방에게 주었다.

100 벼슬에……그만두고 : 《예기(禮記)》〈내칙(內則)〉에 나오는 말로, "40세가 되면 비로소 벼슬하여 사물에 대응해 계책을 내고 생각을 내어 도에 부합하면 일하여 따르고 불가하면 떠나간다. 50세에는 대부가 되어 국정에 복무하며, 70세에는 벼슬을 내놓는다.〔四十始仕, 方物出謀發慮, 道合則服從, 不可則去. 五十命爲大夫, 服官政, 七十致事.〕"라고 하였다.

101 삼군(三君) : 이우신(李雨臣)의 아들 이정보(李鼎輔)·이익보(李益輔)와 조카 이천보(李天輔)를 가리키는 것으로 보이며, 장남 이항보(李恒輔)는 요절하였다.

제발 題跋

낙수[102]의 〈서정시〉 뒤에 제하다 기해년(1719, 숙종45)
題洛叟西征詩後 己亥

태학(太學)[103]이 집이 가난하여서 먹고사는 데 힘쓰느라 고시(古詩)의 유의(遺意)에 깊이 빠져들어 곱씹어가며 그 공부에 크게 힘을 기울일 겨를이 없음을 스스로 슬퍼하였다. 내가 생각건대, 태학은 거의 이른바 시궁자(詩窮者)[104]일 것인데 도리어 가난 때문에 지극한 데에 이르지 못하였으니 어쩌면 그리도 이른바 '궁해진 후에 공교로워진다.'는 것과 상반되는가. 나는 어렸을 때부터 태학의 시를 많이 봐와서 태학

102 낙수(洛叟) : 황우석(黃遇石, 1666~?)의 호이다. 본관은 평해(平海)이며, 자는 사량(士良)이다. 1696년(숙종22) 진사에 합격하였으며, 《낙수시집(洛叟詩集)》을 저술하였다.

103 태학(太學) : 황우석을 가리킨다. 황우석은 진사에 합격한 후 성균관에 들어가 수학하였으며, 별다른 벼슬을 하지 못한 것으로 보인다.

104 시궁자(詩窮者) : 곤궁한 사람의 시가 공교하다는 말이다. 중국 송(宋)나라의 문인 구양수(歐陽脩)가 〈매성유시집서(梅聖兪詩集序)〉에서 "대개 시는 곤궁할수록 더욱 공교해지는 것이니, 그렇다면 시가 사람을 곤궁하게 하는 것이 아니라, 곤궁한 사람이어야 시가 공교해지는 것이다.〔蓋愈窮則愈工, 然則非詩之能窮人, 殆窮者而後工也.〕"라고 하였다.

의 재능이 이에 그치지 않음을 안다. 이는 오히려 쭉정이나 겨와 같을 따름이니, 어찌 자신의 재분(才分)을 다하였다고 말하겠는가.

《화포집》〈서정록〉[105]의 뒤에 제하다 신축년(1721, 경종1)

題花浦集西征錄後 辛丑

화포(花浦) 홍 선생(洪先生)[106]이 병자년의 난리(亂離 병자호란(丙子胡亂))에 처음 평양 소윤(平壤少尹)에 제수되자 샛길을 따라 관소로 부임하였다가 일이 지나간 후에 고초를 겪었는데[107] 이것이 그때에 날마

105 《화포집(花浦集)》〈서정록(西征錄)〉: 《화포집》은 조선 중기 병자호란 때 삼학사(三學士)의 한 사람인 홍익한(洪翼漢)의 문집이다. 홍익한은 51세인 1636년(인조14) 12월에 평양 서윤(平壤庶尹)이 되었고 이때 겪은 일을 기록한 것이 〈서정록〉이다.

106 화포(花浦) 홍 선생(洪先生): 홍익한(洪翼漢, 1586~1637)을 가리킨다. 조선 후기의 문신으로, 본관은 남양(南陽)이다. 초명은 습(霫)이며, 자는 백승(伯升), 호는 화포(花浦)·운옹(雲翁)이다. 이정귀(李廷龜)의 문인으로, 1624년(인조2) 문과에 장원으로 급제한 후 사서·장령 등을 지냈다. 병자호란 때 삼학사(三學士)의 한 사람으로, 청나라와의 화친을 배척한 사람의 우두머리로 지목되어 오달제(吳達濟)·윤집(尹集)과 함께 청나라로 잡혀갔다. 적의 온갖 협박과 유혹에도 끝내 굽히지 않다가 죽임을 당하였으니, 적들이 감탄하여 '삼한삼두(三韓三斗)'의 비(碑)를 세워주었다. 이후 영의정에 추증되고 광주(廣州) 현절사(顯節祠) 등에 제향되었다. 시호는 충정(忠正)이며, 저서로 《화포집》이 남아 있다.

107 화포(花浦)……겪었는데: 1636년(인조13) 청(淸)나라가 조선을 속국시하는 모욕적인 조건을 내걸고 사신을 보내오자 홍익한(洪翼漢)이 제호(帝號)를 참칭한 죄를 문책하고 그 사신들을 죽임으로써 모욕을 씻자고 상소하였다. 또 그해에 병자호란이 일어나자 최명길(崔鳴吉) 등의 화의론(和議論)을 극구 반대하였다. 이듬해 결국 화의가 성립되자 조정의 권유로 청군(淸軍)의 화를 피해 평양 부서윤으로 나갔으나 화친을 배척한 사람의 우두머리로 지목되어 오달제(吳達濟)·윤집(尹集)과 함께 청나라로 잡혀갔다. 그곳에서 청나라 장수 용골대(龍骨大)에게 "작년 봄에 네가 우리나라에 왔을 때 너의 머리를 베자고 소를 올려 청한 것은 나 한 사람뿐이다."라고 하였고, 갖은

다 기록한 바이며, 여기서 '순상(巡相 관찰사)'이라고 말한 것은 곧 남녕(南寧) 홍공(洪公)[108]으로서 편지를 왕래하며 충의(忠義)를 서로 권면하고 장려하기를 이와 같이 하였다. 얼마 안 있어 두 공(公)이 모두 강상(綱常 삼강(三綱)과 오상(五常))을 위하여 목숨을 바치고 만세의 충신이 되셨는데, 여기에 적막하게 남겨진 몇 통의 편지가 두 공의 남은 자취를 얻어 참으로 영광스럽게 빛나게 되었다. 하물며 모두 같은 부(府)의 관수(官守)로 또 똑같이 남양(南陽) 홍씨(洪氏) 출신이니 어쩌면 그리도 기이한가.

지난번 내가 동협(東峽)에 가는 길에[109] 백전산(柏田山)[110] 아래에서 배회하며 남녕군 때의 일[111]을 생각하니 마치 눈으로 직접 본 듯하여

협박과 유혹에도 끝내 굽히지 않다가 죽임을 당하였다.

108 남녕(南寧) 홍공(洪公) : 홍명구(洪命耉, 1596~1637)를 가리킨다. 조선 후기의 문신으로, 본관은 남양(南陽)이며 자는 원로(元老), 호는 나재(懶齋)이다. 1619년(광해군11)에 문과에 장원으로 급제하였으나 시골에 은거하다가 인조반정 후에 등용되었다. 전적·정언 등을 거쳐 이조 참판·승지·경상도 관찰사·병조 참의·대사간·예조 참판 등을 역임하다가 1635년(인조13) 평안도 관찰사에 특수(特授)되고 품계가 올라 남녕군(南寧君)에 봉하여졌다. 그해 병자호란이 일어나자 자모산성(慈母山城)을 지키다가 적이 남한산성을 포위하였다는 소식을 듣고 근왕병 2000명을 거느리고 남하하였다. 김화(金化)에 이르러 적의 대병과 맞닥뜨리자 죽음을 무릅쓰고 싸우다가 전사하였다. 그가 순절한 터에 김화 사람들이 충렬사(忠烈祠)를 세웠으며, 평양의 충정서원(忠正書院) 등에 제향되었다. 이조 판서에 추증되었으며, 시호는 충렬(忠烈)이다.

109 지난번……길에 : 동협(東峽)은 강원도를 지칭하며, 오원(吳瑗)은 20세이던 1719년에 동생과 함께 강원도를 유람한 바 있다. 《월곡집(月谷集)》 권10 〈유풍악일기(遊楓嶽日記)〉에 이와 관련된 내용이 실려 있다.

110 백전산(柏田山) : 강원도 김화(金化)에 있는 산의 이름이다.

111 남녕군 때의 일 : 평안도 관찰사 홍명구(洪命耉)가 김화(金化)에서 오랑캐와 싸

격한 마음으로 시를 읊으며 자리를 떠나지 못하였다. 빗속에 서재에 머물면서 우연히 이 책을 열어보았다가 감개하여 눈물을 흘리며 쓴다.

숭정(崇禎) 후 94년 신축년(1721, 경종1)[112] 윤6월 초3일에 수양(首陽) 오원(吳瑗)이 삼가 쓰다.

우다가 패하여 죽은 사실을 가리킨다. 《국역 인조실록》 15년(1637) 1월 28일 기사에 자세한 내용이 실려 있는데, 다음과 같다. "평안도 관찰사 홍명구(洪命耇)가 적과 김화(金化)에서 크게 싸우다가 패하여 죽었다. 처음에 홍명구가 적보(賊報)를 듣고 자모성(慈母城)에 들어가 지켰는데, 얼마 뒤에 오랑캐 기병(騎兵)이 곧바로 경성(京城)으로 향했다는 소식을 듣고 휘하의 별장 장훈(張壎) 등 2천 기(騎)를 보내어 들어가 구원하게 하였다. 그 뒤 거가(車駕)가 남한산성에서 포위당했다는 소식을 듣고는 즉시 자신이 날랜 포병(砲兵) 3천 명을 조발(調發)하여 먼저 떠나는 한편, 납서(蠟書)로 병사(兵使) 유림(柳琳)에게 동행할 것을 재촉하였다. 그런데 유림이 뒤따라오다가 강동(江東)에 이르러 조정의 명령이 없다는 것을 핑계대고 군대의 행진을 저지시키려고 하자 홍명구가 꾸짖기를, '군부가 화란을 당했으니, 직분상 목숨을 바쳐야 마땅하다. 더구나 적으로 하여금 군사를 나누어 와서 전투하게 함으로써 남한산성 공격에 전력을 기울이지 못하게 하는 것도 한 가지 계책이다.'라 하고 마침내 진격하니 전로(前路)에 주둔한 적이 도망하였다. 김화(金化)에 이르러 적을 만나 수백 명을 베고 사로잡힌 사람과 가축을 빼앗았는데 몇 십, 몇 백을 헤아렸다. 군사를 백전산(柏田山)으로 옮겼을 때 적의 연합군 1만 기(騎)가 침범해 왔다. 홍명구가 이들을 맞아 공격하여 크게 격파하고 두 명의 장수를 죽였는데 시체가 즐비하였다. 조금 있다가 적의 한 진(陣)이 산 뒤편을 돌아 나왔는데, 말을 버리고 언덕에 올라 모포로 몸을 감싸고 밀어붙이며 일제히 옹위하여 진격해 오니 그 형세를 막을 수가 없었다. 홍명구가 급히 유림을 부르며 서로 구원하도록 하였으나 유림이 응하지 않고 도망하였으므로 휘하의 장사(將士)들이 많이 전사하였다. 이에 홍명구가 호상(胡床)에 걸터앉아 부인(符印)을 가져다 소리(小吏)에게 주며 말하기를, '나는 여기서 죽어야 마땅하다.' 하고, 활을 당겨 적을 사살하였는데, 몸에 세 개의 화살을 맞자 스스로 뽑아버리고 칼을 빼어 치고 찌르다가 마침내 해를 당하였다."

112 숭정(崇禎)……신축년 : 중국 명(明)나라의 마지막 황제 의종(毅宗)의 연호인 숭정(崇禎) 1년이 1628년이라 이렇게 말한 것이다.

〈망언재시〉[113]의 뒤에 제하다

題忘言齋詩後

산당(山堂)의 겨울날이 사람들은 너무 차갑고 담담하다 하지만, 눈 쌓인 텅 빈 마을에 개울 길은 아래위가 모두 얼었는데 얼음 사이에서 때때로 폭포 소리가 퐁퐁 들리다가 하늘이 열리고 밝은 달이 나오면서 깎아지른 바위 옆으로 흘러가 빗기어 뜨면 나무 그림자는 듬성듬성하고 마을은 적막하니, 이러한 광경은 한창 무르익은 봄여름의 번성함이나 화려함과 거의 다툴 수 없는 것이다. 어른과 아이들이 뒤섞여서 서로 이어가며 읊고 노래하니, 취하였을 때에도 참으로 즐거웠는데 깬 후에 생각하여보니 더욱 유연(悠然 한가롭고 자연스러움)하다.[114]

113 〈망언재시(忘言齋詩)〉: 망언재는 월곡동(月谷洞) 별서(別墅)에 있던 오원(吳瑗)의 재실(齋室) 이름이다. 벗들과 망언재에서 어울리며 지은 시들을 가리키는 것으로 보인다.

114 어른과……유연(悠然)하다 : 인욕(人慾)이 다한 곳에 천리(天理)가 충만한 경지를 말한 것으로, 《논어(論語)》〈선진(先進)〉에 다음과 같은 말이 나온다. 공자(孔子)가 제자들에게 "너희들이 평소에 '사람들이 나를 알아주지 못한다.'라고 하는데, 만일 혹시라도 너희들을 알아준다면 어찌 하겠느냐?"라고 묻자 증점(曾點)이 정사(政事)를 논한 다른 사람들과 달리 "늦은 봄에 봄옷이 만들어지면 관을 쓴 어른 5~6명과 아이 6~7명과 함께 기수에서 목욕하고 무우에서 바람 쐬고 노래하면서 돌아오겠습니다.〔莫春者, 春服旣成, 冠者五六人、童者六七人浴乎沂, 風乎舞雩, 咏而歸.〕"라고 하였다. 이에 공자가 "나는 점을 허여한다.〔吾與點也.〕"라고 말하며 칭찬하였다. 주자(朱子)가 이에 주를 달아 "증점의 학문은 인욕이 다한 곳에 천리가 유행하여 곳곳마다 충만하여 조금도 결함이 없음을 봄이 있었다. 그러므로 그 동정(動靜)할 때에 종용(從容)함이 이와 같았으며, 그 뜻을 말함에는 현재 자기가 처한 위치에 나아가 그 일상생활

의 떳떳함을 즐기는 데에 지나지 않았고 애초에 자신을 버리고 남을 위하려는 뜻이 없었다. 그리하여 그 가슴속이 유연(悠然)하여 곧바로 천지만물과 더불어 상하가 함께 흘러 각각 그 곳을 얻은 묘함이 은연중 말 밖에 나타났으니, 저 세 사람이 지엽적인 사위(事爲)에 급급한 것에 견주어보면 그 기상이 같지 않다. 그러므로 부자께서 감탄하고 깊이 허여하신 것이다."라고 설명하였다.

화백의 〈자경문〉의 뒤에 제하다 계묘년(1723, 경종3)

題華伯自警文後 癸卯

위에 나온 화백(華伯)[115]의 〈자경문(自警文)〉[116] 열 조목은 모두 올바른 논의와 아름다운 말이니, 참으로 능히 확충할 수 있다면 성인(聖人)이 되고 현인(賢人)이 되는 데 무엇이 부족하겠는가.

대저 '경(警)'이라는 것은 미치지 못하는 바를 경계한다는 것이다. 화백의 자질이 비록 아름답다 하더라도 대개 홍(弘)·중(重)·정(靜)·후(厚)함에 있어서는 진실로 마땅히 힘써야 할 바가 있는데, 이 글에서 간곡하게 말하는 바가 이 네 가지와 서로 비슷한 것이 많으니 화백이

115 화백(華伯) : 원경하(元景夏, 1698~1761)의 자이다. 조선 후기의 문신으로, 본관은 원주(原州)이며 호는 창하(蒼霞)·비와(肥窩)이다. 1736년(영조12) 문과에 장원급제한 후 영조의 뜻을 받들어 붕당이 나라를 그르치는 화근임과 함께 탕평책을 진언하였다. 이후 예문관 제학·이조 참판·청풍 부사·부제학 등을 역임하였으며 판돈녕부사로 치사하여 봉조하가 되었다. 노론·소론만의 탕평인 소탕평(小蕩平)을 반대하고 동서남북을 다 포함한 대탕평(大蕩平)을 창도하여 노론의 비난을 받았다. 그러나 영조의 두터운 신임을 받았으며, 사후 영의정에 추증되었다. 저술로 《창하집 蒼霞集》이 남아 있으며, 시호는 충문(忠文)이다.

116 〈자경문(自警文)〉 : 《창하집(蒼霞集)》 권10에 실린 〈수익재 자계(受益齋自戒)〉를 가리키는 것으로 보이며, 모두 10개의 조목으로 이루어져 있다. 내용을 간단하게 요약하면 다음과 같다. "1. 삼가 가법을 지킨다.〔謹守家法〕 2. 제사를 공경하여 받든다.〔敬奉祭祀〕 3. 종족과 화목하게 지낸다.〔敦睦宗族〕 4. 노복을 단속한다.〔檢束奴僕〕 5. 몸가짐을 검약하게 한다.〔持身儉約〕 6. 다른 사람을 충실하게 대한다.〔待人忠實〕 7. 재물을 탐하지 않는다.〔無貪財利〕 8. 잡류를 가까이하지 않는다.〔無近雜流〕 9. 경서와 사서로 마음을 즐겁게 한다.〔經史娛心〕 10. 명철보신한다.〔明哲保身〕"

이에 이미 자신의 몸을 살피고 삼갈 바를 알고 있는 것이다.

내가 일찍이 사마공(司馬公)[117]이 원성군자(元城君子)[118]에게 고한 종신지도(終身之道)가 '성(誠)' 한 글자에 지나지 않으며 가장 먼저 힘쓸 것은 또 반드시 말을 망령되이 하지 않는 것을 우선으로 삼아야 한다고 한 것[119]을 사랑하였는데, 평생 배우고자 하였으나 능하지 못하

117 사마공(司馬公) : 사마광(司馬光, 1019~1086)을 가리킨다. 중국 북송(北宋)의 학자이자 명재상으로, 자는 군실(君實)이며 호는 우부(迂夫) 또는 우수(迂叟)이다. 인종(仁宗) 때 진사가 된 후 한림학사, 권어사중승 등을 역임하다가 왕안석(王安石)의 신법(新法)에 극력 반대하여 논쟁을 벌였다. 1071년(신종4)에 서경 어사대에서 물러난 후 15년 동안 역사서인 《자치통감(資治通鑑)》을 편찬하는 데 전념하였다. 철종(哲宗)이 즉위하여 태황태후가 임조(臨朝)하자 문하시랑에 기용되고 좌복야에 올라 조정을 장악하였고, 범순인(范純仁)·범조우(范祖禹) 등을 기용하여 신법을 철폐하고 옛 제도를 회복하였다. 온국공(溫國公)에 봉하여졌으며, 시호는 문정(文正)이다. 《사마문정공문집》 등의 저술을 남겼다.

118 원성군자(元城君子) : 유안세(劉安世, 1048~1125)를 가리킨다. 중국 북송(北宋)의 문신이자 학자로, 자는 기지(器之)이며 호는 원성(元城)이다. 1073년(희녕6)에 진사가 되었으나 관료로 나가지 않고 사마광(司馬光) 아래에서 수학하였다. 사마광이 재상이 되자 추천을 받아 비서성 정자(正字)에 올랐고, 여공저(呂公著)의 추천으로 우정언이 되었다. 성격이 강직하여 장돈(章惇)과 채확(蔡確), 범순인(范純仁) 등을 탄핵하였는데, 장돈이 집권하자 영주(英州)로 폄적되어 안치되었다가 해주(海州)로 옮겨졌다. 휘종(徽宗)이 즉위한 후 사면을 받았으나 간신 채경(蔡京)이 재상이 되면서 연이어 유배를 당해 섬주(陝州)에 구속되었다. 소식(蘇軾)·소철(蘇轍) 형제와 교유하였으며, 소옹(邵雍)·정이(程頤)·정호(程顥) 등의 학문을 이어나갔다. 《원성어록(元城語錄)》과 《진언집(盡言集)》 등의 저술이 남아 있다.

119 사마공(司馬公)이…… 것 : 유안세(劉安世)가 사마광(司馬光)에게 "평생을 두고 마음을 다하여 실천에 힘쓸 때의 핵심이 무엇입니까?"라고 묻자 사마광이 '성(誠)'이라고 하였다. 다시 "행하는 데는 무엇을 우선으로 해야 합니까?"라고 묻자 "말을 망령되이 하지 않는 데서부터 시작하라."라고 하였다. 유안세는 이를 매우 쉽게 여겼으나 7년

였다. 이제 화백의 글이 단초를 열고 시작을 의탁한 것 또한 다만 온공(溫公 사마광(司馬光))의 일자부(一字符)일 따름이다. 사욕(私慾)을 극복하고 양심(良心)을 보존하는 것부터 성현(聖賢)이 되고 생사(生死)를 주관하는 것에 이르기까지 이것으로써 행하면 충분할 것이다. 내가 또 무엇을 말하겠는가.

정부자(程夫子)[120]께서 일찍이 말씀하시기를 "논어(論語)를 읽는 자가 아직 읽기 전에 이러한 사람이었고 이미 읽은 후에도 다만 이러한 사람이라면 곧 읽지 않은 것이다."라고 하셨다. 화백이 이 글을 지은 후에 스스로를 어떻게 보는지 모르겠으나 나 같은 경우는 나쁜 습관을 버리지 못하고 미적미적 게으른 것이 거의 고질(痼疾)을 이루었다. 세모(歲暮)에 서재에 머물면서 두려운 마음이 들며, "이 열흘이 지나면 곧 25세가 되는데 이 마음이 아직도 정립되지 못하였으니 장차 어디로 귀착될 것인가."라는 생각이 들었다. 등불 아래에서 전에 썼던 명잠(銘箴)들을 점검하여보니 실천할 수 없는 것들이 많아 요컨대 망령된 말을 면치 못하였을 따름이다. 스스로를 속이고 다른 사람을 속였으니 부끄

이 지난 후에야 언행이 일치되고 마음이 평안하게 되었다고 한다. 《心經附註 誠意章》 또 간신 장돈(章惇)·채경(蔡京)이 유안세를 모함하여 7년 동안 멀고 험한 주군(州郡) 7군데를 떠돌았는데 하루도 병이 나지 않았다. 어떤 사람이 "어떻게 그럴 수 있는가."라고 묻자 유안세가 "성실〔誠〕하였을 뿐이다."라고 대답하였다 한다. 《宋史 卷345 劉安世列傳》

120 정부자(程夫子) : 정이(程頤, 1033~1107)를 가리킨다. 중국 송(宋)나라의 철학자로, 자는 정숙(正叔)이며 호는 이천(伊川)이다. 형인 정호(程顥)와 함께 주돈이(周敦頤)에게서 수학하였고, 학문이 뛰어나 이정자(二程子)라고 불렸다. 주자(朱子)가 그의 사상을 집대성하여 송대의 신유학인 정주학의 주축을 이루었다. 《이정전서(二程全書)》에 그의 학설이 수록되어 있으며, 시호는 정공(正公)이다.

럽고 두려운 마음이 미칠 수 없는지라 이때에 비록 화백의 한 마디 깨우침을 얻고자 하더라도 어떻게 얻을 수 있겠는가. 마침내 그 자경문을 꺼내어 읽어보고 그 아래에 써서 돌려주노라니, 또한 화백은 혹시라도 이 글에 망령된 말이 있게끔 하지 말기를 바란다.

계묘년(1723, 경종3) 12월 하순에 백옥(伯玉)이 쓰다.

화백의 〈당백호화첩발〉[121]의 뒤에 제하다 정미년(1727, 영조3)

題華伯唐伯虎畫帖跋後 丁未

백호(伯虎)[122]는 호남자(豪男子)로 교묘한 유희(遊戲)를 하였는데 화백(華伯)[123]이 소제목에서 일대 의론을 발하였으니 모두 족히 천고의 기이한 일이라고 일컬을 만하다. 내가 일찍이 화백의 문장이 너무 기이하고 편벽하며 의의(意義)는 적음을 경계하였는데, 이제 이 글을 지음에 기이함을 숭상하지 않고 의의는 깊고 넓으니 화백이 가히 남의 말을 경청한다고 이를 수 있겠다.

근자에 내가 병중에 다른 사람과 장기를 두고 있었는데 화백이 와서 보고 걷어치우라고 하였다. 나는 문왕(文王)・무왕(武王)의 다스림에

121 〈당백호화첩발(唐伯虎畫帖跋)〉: 원경하(元景夏)의 문집인 《창하집(蒼霞集)》에는 현재 실려 있지 않다.

122 백호(伯虎) : 당인(唐寅, 1470~1523)의 자이다. 중국 명(明)나라의 시인이자 화가로, 호는 육여거사(六如居士)・도화암주(桃花庵主)・도선선리(逃禪仙吏)・노국당생(魯國唐生) 등이다. 스스로 강남 제일의 풍류재사(風流才士)라고 일컬었다. 1498년(홍치11) 향시에 수석으로 합격하여 문재(文才)를 떨쳤으나 다음해 회시(會試)에서 부정사건에 연루되었다. 이에 뜻을 잃고 선종(禪宗)에 귀의하여 방탕한 생활을 하였으며, 서화(書畫)를 팔아서 생활하였다. 시문(詩文)으로 이름이 높아 축윤명(祝允明)・문징명(文徵明)・서정경(徐禎卿)과 더불어 '강남사대재자(江南四大才子)' 혹은 '오문사재자(吳門四才子)'로 불렸으며, 그림은 더욱 유명하여 심주(沈周)・문징명(文征明)・구영(仇英)과 더불어 '오문사가(吳門四家)' 혹은 '명사가(明四家)'로 불렸다. 〈강산취우도(江山驟雨圖)〉 등이 대표작이며, 《당인집(唐寅集)》을 남겼다.

123 화백(華伯) : 원경하(元景夏, 1698~1761)의 자이다. 조선 후기의 문신으로, 자세한 내용은 63쪽 주115 참조.

도 오히려 풀고 당김이 있다며[124] 걸어치울 필요는 없다고 하였으니, 이는 내가 남의 말을 듣는 것이 화백에게 미치지 못하는 것이다.

파옹(坡翁)[125]은 말하기를, "군자는 물건에 뜻을 부칠 수는 있으나 물건에 뜻을 머물게 하여서는 안 된다."[126]라고 하였다. 화백이 근자에 그림 보는 것을 좋아하여 수집하기를 매우 부지런하게 하는데 비록 스스로는 뜻을 부치는 것일 따름이라고 이르지만 그러나 또한 너무

124 문왕(文王)·무왕(武王)의……있다며 : 이완과 긴장을 조절하여 일을 조화롭게 처리하는 것을 말한다. 《예기》〈잡기 하(雜記下)〉에 "활줄을 당기기만 하고 풀어 줄 줄을 모르면 문왕이나 무왕이라도 다스릴 수가 없으며, 풀어 주기만 하고 당기지 않는 것은 문왕과 무왕이 하지 않는 바이다. 한 번 당겼다가 한 번 풀어 주는 것이 바로 문왕과 무왕의 도이다.〔張而不弛, 文武弗能也; 弛而不張, 文武弗爲也. 一張一弛, 文武之道也.〕"라고 하였다.

125 파옹(坡翁) : 소식(蘇軾, 1037~1101)을 가리킨다. 중국 송(宋)나라의 문신으로, 자는 자첨(子瞻)·화중(和仲)이며 호는 동파거사(東坡居士)이다. 22세 때 진사에 합격하면서 구양수(歐陽修)의 인정을 받아 문단에 등장하였고, 이후 과거에 장원으로 합격하면서 관직에 진출하였다. 그러나 "독서가 만 권에 달하여도 율(律)은 읽지 않는다."라고 한 필화 사건으로 어사대의 감옥에 갇힌 바 있으며, 평생 왕안석(王安石)의 신법(新法)에 반대하여 지방관아와 유배지를 전전하다가 일생을 마쳤다. 시서화(詩書畵)에 재능이 많아 훌륭한 작품을 남겼으며, 특히 중국을 대표하는 문장가로 추앙받아 '당송팔대가(唐宋八大家)'로 일컬어진다. 시호는 문충(文忠)이며, 저서로 《동파전집(東坡全集)》, 《동파악부(東坡樂府)》 등을 남겼다.

126 군자는……된다 : 소식(蘇軾)은 〈왕군보회당기(王君寶繪堂記)〉에서 "군자는 물건에 뜻을 부칠 수는 있으나 물건에 뜻을 머물게 하여서는 안 된다. 물건에 뜻을 부치면 비록 하찮은 물건이라도 충분히 즐거움이 될 수 있고 비록 귀한 물건이라도 병통이 되지 못하며, 물건에 뜻을 머물게 하면 비록 하찮은 물건이라도 충분히 병통이 될 수 있고 비록 귀한 물건이라도 즐거움이 될 수 없다.〔君子可以寓意於物, 而不可以留意於物. 寓意於物, 雖微物足以爲樂, 雖尤物不足以爲病; 留意於物, 雖微物足以爲病, 雖尤物不足以爲樂.〕"라고 하였다.

애를 쓴다. 장기와 그림으로부터 문장과 편지에 이르기까지 비록 전아함과 속됨은 같지 않다 하더라도 이로울 것이 없고 마음을 수고롭게 하는 것은 마찬가지이다. 이제 나의 장기와 화백의 그림이 또한 형주 자사(荊州刺史)가 아침저녁으로 벽돌을 나른 일[127]과 거리가 멀기로는 매한가지이니 이는 경계하지 않을 수 없다.

그러나 나는 기민(畸民)[128]이라, 홀홀하게 세상에 대한 관심이 별로 없고 금성(金城)에서 방략(方略)을 그려 바친 일[129] 같은 것은 더욱

127 형주 자사(荊州刺史)가……일 : 중국 동진(東晉)의 무장(武將)인 도간(陶侃)은 어려서 아버지를 잃고 가난하게 살다가 현리(縣吏)가 되었다. 거듭 승진하여 남만 장사(南蠻長史)에 오르고 나라에 큰 공을 세워 형주 자사(荊州刺史)에 올랐는데 왕돈(王敦)의 시기를 받아 광주 자사(廣州刺史)로 좌천되었다. 도간이 광주에 부임하여 매일 아침 벽돌 100장을 집 안에서 밖으로 나르고 저녁에는 다시 밖에서 안으로 나르자 어떤 사람이 그 까닭을 물었다. 이에 도간이 "내가 바야흐로 중원의 통일에 힘을 기울이고 있는데, 너무 한가하게 지내다 보면 그 중한 사명을 감당할 수 없을 것 같아서 그러는 것이다."라고 대답하였고, 그 후 왕돈이 패하여 다시 형주로 돌아오게 되었다.《晉書 卷66 陶侃列傳》 이는 매일 끊임없이 스스로의 신체와 정신을 단련하며 노력하는 것을 비유하는 말이다.

128 기민(畸民) : 기인(畸人)과 같은 말로, 독특한 생각과 행동으로 세상과 어울리지 못하는 사람을 가리킨다.《장자(莊子)》〈대종사(大宗師)〉에 "자공이 묻기를 '감히 기인에 대해 묻습니다.'라고 하자 공자께서 말씀하셨다. '기인은 사람에게는 불우하나 하늘에 짝하는 자이다. 그러므로 하늘의 소인이 인간에 있어서는 군자이고, 인간의 군자가 하늘에 있어서는 소인이 되는 것이다.'〔子貢曰: 敢問畸人. 曰: 畸人者, 畸於人而侔於天. 故曰, 天之小人, 人之君子; 人之君子, 天之小人也.〕"라고 하였다.

129 금성(金城)에서……일 : 정사에 참여하여 세상을 경륜하는 것을 지칭하는 것이다. 중국 한(漢)나라 선제(宣帝) 때에 서강(西羌)이 반란을 일으키자 조충국(趙充國)을 보내어 평정하게 하였다. 이에 조충국이 "군사(軍事)는 멀리서 예측할 수 없으니, 신이 금성에 도착한 후에 방략(方略)을 그림으로 그려 바치겠습니다."라 하고 금성의

고고하게 안중에 없으며 차라리 속세의 일을 버리고 떠나 호산(湖山)의 사이에서 노닐고자 하니, 화백은 힘쓸지어다.

아! 이 화첩은 백춘(伯春)[130]이 소장하였다가 화백에게 귀속된 것으로 화백의 글에 내가 뒤를 이어 쓴다. 마음의 기약을 부칠 수도 있고 자손에게 보여줄 수도 있으나 진실로 완물상지(玩物喪志)[131]하는 것으로 보여서는 안 될 것이다.

정미년(1727, 영조3)에 관물거사(觀物居士)가 쓰다.

지도 및 방략을 그려서 바친 데서 나온 말이다. 《漢書 卷69 趙充國傳》

130 백춘(伯春) : 김원행(金元行, 1702~1772)의 자이다. 조선 후기의 성리학자로, 본관은 안동이며 호는 미호(渼湖) 혹은 운루(雲樓)이다. 당숙에게 입양되어 김창협(金昌協)의 손자가 되었으며, 이재(李縡)의 문인이다. 1719년(숙종45) 진사시에 합격하였으나 신임사화 때 할아버지 김창집(金昌集) 및 아버지와 형들이 죽임을 당하자 벼슬을 포기하고 학문에 전념하였다. 당시 호론(湖論)과 낙론(洛論)의 대립 속에서 할아버지 김창협의 학설을 이어받아 낙론을 지지하였다. 산림(山林)으로 추앙받으면서 박윤원(朴胤源)・오윤상(吳允常)・홍대용(洪大容) 등 많은 학자를 길러냈다. 저서에 《미호집(渼湖集)》이 있으며, 시호는 문경(文敬)이다.

131 완물상지(玩物喪志) : 외물(外物)에 빠져 뜻을 해치는 것을 의미한다. 《서경(書經)》 〈여오(旅獒)〉에 "사람에 빠지면 덕을 잃고, 외물에 빠지면 뜻을 잃는다.〔玩人喪德, 玩物喪志.〕"라고 하였다.

증조할아버지 비문의 초고 뒤에 제하다 기유년(1729, 영조5)

題曾王考碑文草後 己酉

이는 증조할아버지 천파 선생(天坡先生)[132]의 비문(碑文) 초고(草藁)로, 찌[133]를 붙여 논한 작은 글자는 모두 우리 선공(先公)[134]의 필적이다. 선공은 일찍이 근세의 비판(碑版)[135]이 허황하고 과장되며 사실에

132 천파 선생(天坡先生) : 오숙(吳䎘, 1592~1634)을 가리킨다. 조선 중기의 문신으로, 본관은 해주(海州)이며 자는 숙우(肅羽), 호는 천파이다. 1612년(광해군4) 문과에 급제한 후 승문원 권지정자가 되어 명나라에 보내는 진주문(陳奏文)을 초안하였는데 그 문장이 뛰어나 바로 세자시강원 설서로 승진하고 병조 좌랑이 되었다. 유희분(柳希奮) 문하 팔학사(八學士)의 한 사람으로 인조반정이 일어나자 유희분 등에게 아부하였다는 지탄을 받기도 하였다. 이후 정언·교리를 지내고 사가독서(賜暇讀書)를 하였다. 이괄(李适)의 난 때 왕을 공주(公州)로 호종하였고 이듬해 사은 겸 주청부사(謝恩兼奏請副使)로 명나라에 다녀왔다. 1633년(인조11) 황해도 관찰사로 가도(椵島)의 분쟁을 수습하였고, 이듬해 명나라 사신 황손무(黃孫武)의 접반사(接伴使)로 활약하였다. 저서로 《천파집(天坡集)》이 남아 있다.

133 찌 : 작은 종이쪽지를 말한다.

134 선공(先公) : 오원(吳瑗)의 돌아가신 아버지로, 여기서는 오원의 큰아버지이자 양부(養父)인 오태주(吳泰周)를 가리킨다. 오태주(1668~1716)는 조선 후기의 문신으로, 본관은 해주(海州)이며 자는 도장(道長), 호는 취몽헌(醉夢軒)이다. 12세인 1679년(숙종5)에 현종의 딸인 명안공주(明安公主)와 혼인하여 해창위(海昌尉)에 봉해지고, 명덕대부(明德大夫)의 위계를 받았다. 그 후 광덕대부(光德大夫)로 품계가 올랐고, 오위도총부 도총관·조지서 제조·귀후서 제조 등을 역임하였다. 1689년에 희빈 장씨(禧嬪張氏) 소생 왕자를 세자로 책봉하려는 것에 반대하는 의견을 냈다가 관작이 일시 삭탈되고 직첩이 환급되기도 하였다. 예서와 시문(詩文)에 능하였으며, 시호는 문효(文孝)이다.

대한 기록이 적은 것을 거리끼어 작자에게 묘문(墓文)을 청할 때 반드시 여러 번 왔다 갔다 하면서 깎고 또 다시 깎아 차라리 소략함에 빠질지언정 혹시라도 과장될까 염려하였다. 그러므로 농암 선생(農巖先生)[136]이 일찍이 할아버지의 묘비(墓碑)를 짓고서[137] 말하기를,

"선친의 비명(碑銘)을 구하면서 오직 그 내용이 과장될까 두려워하는 이는 내가 해창공(海昌公 오태주(吳泰周))밖에 못 보았다."

하였으니, 아! 선공의 성실하고 효성스러운 마음을 이에서 그 일단을 알 수 있다.

이제 여기 열 몇 개의 찌에 쓰인 말에서 또한 당시에 지향한 뜻을 볼 수 있으며, 권말에 흩어져 빠져나온 것 또한 여러 장인데 거기에 "말이 실제보다 지나침을 범하였다."라거나 "대단한 일이 아니므로 깎아낼 것을 청한다."라고 한 것은 모두 어떤 단락의 글을 가리키는 것인지 알 수 없다. 그러나 오직 사실에 부합하게 하는 데 뜻을 다하여 터럭 하나만큼도 구차하지 않음이 이와 같았으니, 이것이 비록 달랑 몇 자 안 남은 쪽 글이라 할지라도 가히 오늘날 풍속의 폐단을 바로잡을 수 있을 것이다. 불초한 원(瑗)이 구질(舊帙) 가운데에서 이 권을 얻어 삼가 그 아래에 발문(跋文)을 써서 뒷사람들에게 관법(觀法)을 보인다.

135 비판(碑版) : 비석에 새긴 글을 말한다.

136 농암 선생(農巖先生) : 김창협(金昌協, 1702~1772)을 가리킨다. 조선 중기의 문신이자 문인으로, 오원(吳瑗)의 외할아버지이다. 자세한 내용은 33쪽 주48 참조.

137 농암 선생(農巖先生)이……짓고서 : 여기서 '할아버지'는 오원(吳瑗)의 할아버지인 오두인(吳斗寅)을 가리키며, 《농암집(農巖集)》 제28권에 〈형조 판서 증 영의정 시호 충정 오공의 신도비명〔刑曹判書贈領議政諡忠貞吳公神道碑銘〕〉이 실려 있다.

비(碑)는 최 상국 석정(崔相國錫鼎)[138]이 찬(撰)하였으니, 기사년(1689, 숙종15)에 선공이 선친의 뜻이라고 하며 위촉하였다고 한다.

138 최 상국 석정(崔相國錫鼎) : 최석정(崔錫鼎, 1646~1715)을 가리킨다. 조선 후기의 문신·학자로, 본관은 전주(全州)이며 초명은 석만(錫萬)이다. 자는 여시(汝時)·여화(汝和)이며 호는 존와(存窩)·명곡(明谷)이다. 영의정 완성부원군(完城府院君) 최명길(崔鳴吉)의 손자이며, 남구만(南九萬)·이경억(李慶億)의 문인이다. 1671년(현종12) 문과에 급제한 후 승지·대사성·호조 참판·안동 부사·한성 판윤·대사헌·대제학·이조 판서·우의정·좌의정·영의정 등 요직을 두루 역임하였으며, 1710년(선조36)까지 모두 열 차례 입상(入相)하였다. 1715년 기로소(耆老所)에 들어갔고, 사망 후 숙종의 사당에 배향되었다. 윤증(尹拯), 남구만(南九萬)과 함께 소론의 영수였으나 온건하고 타협적인 노선을 견지하여 의리와 명분에 집착하지 않고 당쟁의 화를 줄이려고 노력하였다. 시호는 문정(文貞)이며, 《예기유편》·《명곡집(明谷集)》 등의 저술이 남아 있다.

《동습속고》에 제하다 경술년(1730, 영조6)

題童習續稿 庚戌

내가 거듭 민흉(愍凶 부모의 상사(喪事))을 만나게 되면서부터[139] 마음속에 홀홀히 세상에 대한 관심이 없어져 거문고와 술, 산수(山水)의 사이에서 스스로 분방하다가 간혹 조정에 벼슬하여 여러 번 대간(臺諫)의 자리에 올랐으나 또한 적임이 아니었다. 때때로 다시 사우(士友)를 따라 놀다가 남길재(南吉哉) 형제[140]와 이의숙(李宜叔)[141]을 얻어 그 담론을 훔쳐 들으며 문장의 어려움을 더욱 잘 알게 되었다. 시에는 흥을 부칠 따름〔寓興〕이요. 더욱 공교로움을 구하지 않았으며, 문(文)을 짓는 경우는 또 극히 적었다.

내가 금년에 이미 서른이 넘어 마침내 내가 쓴 원고를 다시 차례대로 엮기를 지난해 것까지 하고서 《동습속고(童習續稿)》라고 하였다. 아이가 아니면서 '아이〔童〕'라고 말한 것은 오래전부터 품어온 뜻이 아직

139 내가……되면서부터 : 오원(吳瑗)이 이 글을 지은 것이 31세인 1730년인데, 생후 7일 만에 생모의 상을 당하여 할머니 황부인(黃夫人)의 손에서 자랐으며 17살에 양부(養父) 오태주(吳泰周)의 상을 당하고 25살에 생부 오진주(吳晋周)의 상을 당하였다. 그 밖에도 19살에 부인 권씨(權氏)의 상을 당하였으며, 22살에 둘째 형 오완(吳琬)의 상을 당한 바 있다.

140 남길재(南吉哉) 형제 : 남유상(南有常)·남유용(南有容) 형제를 가리킨다. 이들에 대한 자세한 내용은 각각 35쪽 주49, 36쪽 주52 참조.

141 이의숙(李宜叔) : 이천보(李天輔, 1698~1761)를 가리킨다. 조선 후기의 문신으로, 자세한 내용은 53쪽 주96 참조.

없어지지 않아 여전히 훗날에 이루어지기를 바라는 바 있어서이다.

경술년(1730, 영조6) 7월 하순에 제하다.

강장문 규환 의 만뢰의 뒤에 제하다 병진년(1736, 영조12)
題姜長文 奎煥 挽誄後 丙辰

내가 약관(弱冠)의 나이가 되기 전에 족제(族弟) 중윤(仲潤)[142]이 나에게 "나의 벗 장문(長文)[143]이 호걸 선비입니다."라고 말하였던 것이 기억난다. 경서(經書)의 이치와 문장에 깊이 통달하고 또 뜻이 넓어 학업에 힘썼으나 내가 미처 장문을 알지 못하였으니 내가 게으르고 불민(不敏)하였던 까닭이다. 몇 년이 지난 후에 장문이 내가 사는 곳을 방문하여 내가 지은 글을 꺼내어 읽어보고 천지성명(天地性命)의 은미(隱微)함에 대하여 깊이 있게 논하였는데 내가 도에 몽매하여 비록 그 온축(蘊蓄)한 데까지 이르지 못하였으나 그 정치(精緻)한 식견과 광대한 언변이 사람으로 하여금 망연자실하게 하였다.

장문이 호협(湖峽)을 분주히 돌아다니느라 나와 자주 왕래하지 못하였는데 만나기만 하면 번번이 마음을 기울여 담론하며 권장하고 이끌

142 중윤(仲潤) : 오원(吳瑗)의 친척 아우 오덕증(吳德曾)의 자(字)이다. 자세한 내용은 미상이다.

143 장문(長文) : 강규환(姜奎煥, 1697~1731)의 자이다. 조선 후기의 문신으로, 본관은 진주(晋州)이며 호는 존재(存齋)·비수재(賁需齋)이다. 한원진(韓元震)·권상하(權尙夏)의 문인으로, 1723년(경종3) 사마시에 합격하여 관직에 나아갔다. 1728년(영조4)에 이인좌(李麟佐)의 난이 일어나자 당시 영남 안무사였던 박사수(朴師洙)의 종사관으로 경상도 안동(安東)에서 사민(士民)들을 모아 군사를 훈련하였다. 또한 경상도 관찰사 황선(黃璿)과 연락하며 거창 지방에서 세력을 떨치던 정희량(鄭希良)의 반란군을 진압하는 데 공을 세웠다. 이때의 공으로 1729년 장릉 참봉(章陵參奉)에 제수되었다. 《비수재문집》이 남아 전한다.

어주면서 마치 내가 성취를 이룰 수 있을 만한 자인 것처럼 여겼으나 내가 도리어 감당하지 못하였다. 얼마 있다가 장문이 나에게 편지를 주어 의리의 극치를 세밀히 논하여 나로 하여금 반복하게 하였다. 내가 오싹하니 두려워 미처 답하지 못하였는데 장문의 병이 위독하여지더니 얼마 안 있어 장문이 마침내 작고하였다.

대저 장문의 재주로 의지와 기개를 기르고 또 훌륭한 스승과 어진 벗이 있어 옆에서 도왔다면 그 진보가 참으로 그치지 않았을 텐데 하루아침에 요절하였으니 누군들 애석해하지 않으리오. 내가 더욱 슬퍼하는 것은 장문이 나에게 간곡하게 대하였던 것으로, 알지 못하는 사람인 나에게도 이렇게 하였는데 다른 사람에게는 어떠하였을지 알 수 있다. 그 풍류가 크고 오래면서 다른 사람과 사귐에 충실한 것을 오늘날 어찌 쉽게 볼 수 있겠는가. 만약 그가 오래 살아서 그 재주와 뜻을 더욱 확충하여 그것을 미루어 사우(士友) 간에 작용하게 하였다면 사람들의 미련하고 둔함이 어찌 모두 나와 같았겠는가. 우리 당(黨)에 도움이 됨이 반드시 얕고 적지 않았을 것이다.

아! 장문이 작고한 지 6년이 지났는데 내가 그를 애도한 말이 한 마디도 없으니 내가 게을러 장문을 저버린 것이 심하다. 족제 백온(伯溫)[144]은 장문의 이모의 아들로, 여러 군자가 지은 장문의 만뢰(挽誄)를 나에게 보여주었으므로 마침내 그 아래에 제(題)하여서 나의 게으름을 속죄한다.

병진년(1736, 영조12) 2월 하순에 수양(首陽) 오원(吳瑗) 백옥(伯玉)이 쓰다.

144 백온(伯溫) : 오원(吳瑗)의 친척 아우 오위(吳瑋)의 자로, 자세한 내용은 미상이다.

김사적[145] 한철 의 〈북새시〉에 부친 발 정사년(1737, 영조13)
金士廸 漢喆 北塞詩跋 丁巳

옛사람 가운데 "시가 강산의 도움을 받는다."[146]라고 말한 사람이 있고 또 "시가 파릉(巴陵)에 이르자 도리어 공교(工巧)하지 못하네."[147]라고

145 김사적(金士廸) : 김한철(金漢喆, 1701~1759)을 가리킨다. 조선 후기의 문신으로, 본관은 경주(慶州)이며 사적은 그의 자이다. 1731년(영조7) 정시문과에 병과로 급제한 후 사간원·홍문관의 청요직을 두루 거쳤다. 1734년 사간원 정언으로 재임할 때 한림(翰林)을 천거하는 문제로 조영국(趙榮國)과 다투어 물의를 일으켰고, 그 후 홍문관에 들어가 1741년에 원경하(元景夏)가 새로운 당을 만든다고 탄핵하였다가 도리어 삭직을 당하였다. 후에 다시 서용되어 동래 부사를 거쳐 대사간·도승지·이조 참판·경기 관찰사·함경도 관찰사 등 내외 요직을 두루 역임하였다. 1757년 대사헌으로 재임할 때 백성의 고통을 덜어주기 위해 양전(量田)의 실시를 주장하였고, 나중에 우참찬에 이르렀다. 시호는 효간(孝簡)이다.

146 시가……받는다 : 산수의 풍경이 사람의 흥취를 돋우어 좋은 시를 짓게 한다는 말이다. 중국 당(唐)나라의 장열(張說)이 악주(岳州)로 귀양 간 뒤로 시가 더욱 처완(悽惋)하여졌으므로 사람들이 "강산의 도움을 받았다.〔得江山助.〕"라고 한 데서 나온 말이다.《新唐書 卷125 張說列傳》

147 시가……못하네 : 중국 남송(南宋)의 시인 진여의(陳與義)가 그의 시 〈등악양루(登岳陽樓)〉에서 한 말로, 원문과 내용은 다음과 같다. "하늘이 잔잔한 호수에 들어와 바람도 없이 맑은데 저녁 햇빛 아래 돛배와 기러기가 허공에 떠 있네. 누각 위의 나그네 초가을 앞에 왔는데 해는 군산의 원기 속으로 지네. 어찌 차마 북쪽으로 흰 머리 돌려 바라볼까. 남쪽으로 떠나와 단풍이라도 보게 된 것을. 이백(李白)이 이곳의 경치 다 읊어버려서 시가 파릉에 이르자 도리어 공교하지 못하네.〔天入平湖晴不風, 夕帆和雁正浮空. 樓頭客子初秋前, 日落君山元氣中. 北望可堪回白首? 南遊聊得看丹楓. 翰林物色分留少, 詩到巴陵還未工.〕"

도 하였으니, 어쩌면 그리도 말이 다른가. 평소 동산과 연못 사이에서 오연(傲然)하게 지내며 음풍농월로 자족(自足)하던 사람이 크고 우뚝한 산천의 광경에 임하게 되면 놀라고 당황하여 그 재주가 걸맞지 못함을 부끄러워하지 않음이 없을 것이다. 그러나 스스로 "공교하지 못하다."라고 말하는 것은 곧 안목과 심계(心界)가 이미 이전보다 높아진 것이다. 이 두 가지 말은 본디 처음부터 서로 발명(發明)하지 않음이 없는 것이다.

사적의 시가 본디 공교한데 이제 이 책을 보니 굉원(宏遠)한 구절과 빼어난 말이 전일에 비하여 한 단계 격조가 높아졌을 뿐이 아니다. 사적이 비록 자부심을 갖고자 하더라도 나는 사적을 허여하지 않고 반드시 "산천의 도움"이라고 말할 것이다. 다만 사적이 자신을 과연 어떻게 생각하는지 알 수 없는데, 만약 아직도 스스로 공교하지 못하다고 여긴다면 이는 사적이 참으로 터득한 바 있는 것이다.

《시고》[148]의 뒤에 제하다
題詩稿後

지인(至人)은 무심(無心)하나 반드시 무심하고자 한다면 참된 무심이 아니다. 자연스럽게 없으면 무심이고 우연하게 있으면 유심(有心)인 것, 이것이 참된 무심이다.

나의 성품이 산수를 좋아하고 벗을 좋아하고 술을 좋아하고 또 시를 좋아하는데 시는 까닭이 없으면 짓지 않는다. 산에 오르고 물에 임하면 짓고 벗을 만나면 짓고 술이 있으면 짓는데 많이 지으려 하지 않고 공교(工巧)하고자 하지 않는다. 바야흐로 흥이 모이고 뜻이 이르러 무심한 상태에서 발하는 것은 그것으로 하여금 유심하게 하지 않으며, 유심한 상태에서 이루어지는 것은 반드시 무심하게 만들고자 하지 않는다. 그러므로 이렇게 하여 좋은 것이 있고 이렇게 하여 좋지 않은 것이 있는데, 좋은 것은 굳이 기록하나 좋지 않은 것 또한 버리지 않는다.

보여 달라고 하는 사람이 있으면 숨기지 않으며, 좋다고 칭찬하면 기뻐하지 않음이 없고 좋지 않은 점을 지적하면 수긍하지 않음이 없다. 이미 빼어난 재주와 특출한 기상이 없어서 마음 쓰는 것이 이와 같은 데 지나지 않으니, 다른 사람들은 굳이 귀하게 여기지 않고 나 또한 자신(自信)하지 않으니 천기(天機)의 자연(自然)을 아는 사람은 알리라.

148 《시고(詩稿)》: 오원(吳瑗)이 이 글을 지은 시점에서 자신이 이제까지 지은 시의 원고를 엮고, 뒤에 발문을 쓴 것으로 보인다.

기記

취몽헌기
醉夢軒記

아! 취몽헌(醉夢軒)[149]은 돌아가신 아버님이 이름 지은 것이다. 아버님이 어린 나이에 왕실의 의빈(儀賓)이 되어[150] 비록 부귀가 세상에 지극하였으나 뜻은 선비의 문아(文雅)함을 숭상하여 명행(名行 명성과 행실)과 예학(藝學 재주와 학문)으로 스스로 갈고 닦았다. 불행히도 기사년(1689, 숙종15)의 재앙[151]을 만나게 되자 아버님은 재앙의 무거움이 당신이 귀근(貴近)[152]하게 된 데에서 말미암았다고 스스로 여겨 종신

149 취몽헌(醉夢軒) : 오원(吳瑗)의 양부(養父)인 오태주(吳泰周, 1668~1716)의 호이자 누각의 이름이다. 오태주에 대한 자세한 내용은 71쪽 주134 참조.

150 아버님이……되어 : 의빈(儀賓)은 조선 시대에 왕이나 왕세자의 부마(駙馬)를 관제(官制)상 지칭한 말이다. 오태주는 12세이던 1679년(숙종5)에 현종(顯宗)의 딸인 명안공주(明安公主)와 혼인하여 해창위(海昌尉)에 봉해지고 명덕대부(明德大夫)의 위계를 받았다.

151 기사년(1689)의 재앙 : 오태주의 아버지인 오두인(吳斗寅)이 이해에 작고하였다.

152 귀근(貴近) : 임금과 가까운 종실(宗室) 혹은 귀척(貴戚)을 뜻하는 것으로, 오태주가 임금의 부마가 된 것을 가리킨다.

토록 비통해하며 죄인으로 자처하였으니, 군자들이 슬퍼하였다.

원(瑗)이 남몰래 엿보건대, 아버님은 평생 동안 형제간의 우애와 친족 간의 화목, 언행과 조리(操履 몸가짐과 행실)가 세상의 법이 될 만하지 않음이 없었으나 도리어 자취를 감추고 명성을 거두어 마치 용납될 곳이 없는 것처럼 괴로워하면서 거처하는 헌(軒)의 이름 또한 '취생몽사(醉生夢死 술에 취한 듯 살다가 꿈꾸듯 죽는다)'라는 옛사람의 말을 취하여 스스로의 처지에 견주었으니, 아! 그 뜻이 더욱 슬프다.

대저 군자가 도를 닦고 업(業)을 키움에 그 성(性)을 다할 따름이니, 슬픔과 즐거움·재앙과 복(福) 같이 외부에서 이르는 것이 마땅히 자신의 뜻을 바꿈이 없는 것처럼 하여야 할 것이다. 그러나 자식이 평소 어버이를 섬김에 부드러운 얼굴빛과 유순한 태도[153]부터 시작하여 형체가 없는 데에서 보고 소리가 없는 데에서 듣는[154] 데에 미칠 만큼 지극하더라도 효자의 마음은 마치 미치지 못하는 것처럼 걱정스러울 뿐이다. 하물며 변고를 만나 가슴을 두드리고 피눈물을 닦음에 정성의 지극함이 어찌 위로 신명(神明)을 감격시키기에 부족하였겠는가마는 마침내 이에 이르게 되었으니, 이는 하늘의 뜻이다.

153 부드러운……태도 : 《예기(禮記)》〈제의(祭義)〉에 나오는 말로, "효자가 어버이를 깊이 사랑하게 되면 반드시 온화한 기운이 있고, 온화한 기운이 있는 사람에게서는 반드시 부드러운 얼굴빛이 보이고, 부드러운 얼굴빛이 있는 사람에게서는 반드시 유순한 태도가 보인다.〔孝子之有深愛者, 必有和氣; 有和氣者, 必有愉色; 有愉色者, 必有婉容.〕"라고 하였다.

154 형체가……듣는 : 《예기(禮記)》〈곡례 상(曲禮上)〉에 나오는 말로, 직접 보고 듣지 않더라도 부모의 의도를 먼저 헤아려 그 뜻을 받들어야 한다는 말이다. "사람의 자식이 된 자는……부모가 말씀하시기 전에 소리가 없는 데에서 듣고 형체가 없는 데에서 본다.〔爲人子者,……聽於無聲, 視於無形.〕"

그러나 아버님의 효심으로 어찌 차마 "내 마음을 이미 다하였으므로 스스로 용서할 수 있다."라고 말하겠는가. 이에 죄를 지고 허물을 지어 마치 감히 다른 사람과 나란히 할 수 없는 것처럼 함이 참으로 절박하고 간절한 본심에서 나왔으니, 세상에서 혹 돌아가신 아버님이 환난을 거치면서 곤궁하게 산 것을 가지고 겸양이라 여긴다면 그분의 뜻이 아니다.

곡운(谷雲) 김 시랑(金侍郎)[155]께서 일찍이 돌아가신 아버님을 위하여 헌(軒)의 이름을 써주셨는데 불초한 원(瑗)이 이제야 비로소 새기어〔刻〕 걸었다. 감히 망령되게도 돌아가신 아버님의 마음을 추측하여 이와 같이 논술하였으니 원이 여기에서 큰 죄를 지은 것이다. 그러나 백대(百代) 후에 돌아가신 아버님의 마음을 아는 이가 있어 인인 효자(仁人孝子)의 법도를 삼아 삼강오상(三綱五常)을 더욱 중하게 함이 반드시 여기에 있을 것이다.

155 곡운(谷雲) 김 시랑(金侍郎) : 김수증(金壽增, 1624~1701)을 가리킨다. 조선 후기의 문신이자 성리학자로, 본관은 안동(安東)이며 자는 연지(延之), 호는 곡운(谷雲)이다. 김상헌(金尙憲)의 손자이며, 오원(吳瑗)에게는 외증조할아버지뻘이다. 1650년(효종1) 생원시에 합격한 후 공조 정랑, 성천 부사 등을 역임하였으나 1675년(숙종1)에 동생 김수항(金壽恒)이 유배되자 벼슬을 그만두고 농수정사(籠水精舍)로 돌아가 곡운구곡(谷雲九曲)을 경영하였다. 1689년 기사환국으로 김수항이 죽자 벼슬을 그만두고 화음동(華蔭洞)에 들어갔다가 1694년 갑술옥사 후 다시 관직에 임명되어 한성부 좌윤, 공조 참판 등에 제수되었다 그러나 모두 사퇴하고 화악산(華嶽山) 골짜기로 들어가 은둔하며 성리학 연구에 힘을 기울였다. 춘천의 춘수영당(春睡影堂)에 제향되었으며, 저서로 《곡운집》이 남아 있다.

곡운행기 경자년(1720, 경종 즉위년)

谷雲行記 庚子

경자년(1720, 경종 즉위년) 가을에 금성(金城)에 계신 아버님을 뵙고 문안을 드리러 갔다가[156] 9월 16일 경진일에 아버님을 모시고 곡운(谷雲)[157]으로 삼연 선생(三淵先生)[158]을 뵈러 갔다. 곡운은 춘천(春川) 서쪽에 있는 화악산(華岳山)의 북쪽에 있으며 금성에서 120리 떨어져 있다. 오시(午時)에 금성현의 관아를 출발하여 김화(金化)의 역촌(驛村)에서 묵었다. 이날 하늘이 맑고 고요하였으며 산색과 들 빛이 벌써 사람의 마음을 상쾌하게 하였다.

156 경자년……갔다가 : 금성(金城)은 강원도 김화(金化)의 옛 이름이다. 오원(吳瑗)은 21세이던 경자년(1720)에 금성현(金城縣)의 임소(任所)로 생부인 오진주(吳晋周)를 찾아가 문안을 드렸다.

157 곡운(谷雲) : 지금의 강원도 화천군(華川郡) 곡운산(谷雲山) 일대를 가리킨다.

158 삼연 선생(三淵先生) : 김창흡(金昌翕, 1653~1722)을 가리킨다. 조선 후기의 학자로, 본관은 안동이며 자는 자익(子益), 호는 삼연(三淵)이다. 김상헌(金尙憲)의 증손자이자 김수항(金壽恒)의 아들이며, 오원(吳瑗)의 작은할아버지이다. 이단상(李端相)에게 수학하였으며, 1673년(현종14) 진사에 합격하였다. 기사환국 때 영의정이었던 아버지 김수항(金壽恒)이 진도(珍島)의 배소에서 사사되자 형 김창집(金昌集)·김창협(金昌協)과 함께 영평(永平)에 은거하였다. 이후 일체 관직에 나아가지 않았으며, 신임사화로 유배된 형 김창집이 사사되자 지병이 악화되어 죽었다. 형 김창협과 함께 성리학과 문장으로 널리 이름을 떨쳤고, 심성논쟁에서 호론(湖論)인 형과는 반대로 낙론(洛論)을 지지하였다. 사후 이조 판서에 추증되었고, 숙종의 묘정(廟庭)에 배향되었다. 저서에 《삼연집》, 《심양일기(瀋陽日記)》 등이 있으며, 시호는 문강(文康)이다.

신사일(17일)

새벽에 앞 내를 건너 동남쪽으로 가다가 당현(堂峴)을 넘었다. 여기서부터는 산이 깊고 길이 구불구불하며 긴 내가 감돌아 흐르는 것이 이제까지 온 길이 처음부터 끝까지 가파른 절벽과 하얀 너럭바위, 세찬 여울과 맑은 웅덩이였던 것과 더불어서 굽이굽이 그윽하고 절묘한 것이 기록할 수 없을 지경이었으며, 소나무와 단풍나무의 누런 잎이 또 아름다운 비단에 알록달록 수를 놓은 듯 길 양옆에 하루 종일 졸졸 흐르는 물소리와 숲에 비치는 빛 사이에 있으니 말을 타고 가는 수고로움을 알지 못하였다.

20리쯤 가자 문수동(文殊洞)이 나왔다. 산 밑에 두어 집으로 이루어진 마을이 절벽에 기대어 시내를 굽어보고 있는데 느릅나무와 버드나무 수십 그루가 그늘져 있고 그 안에서 닭 우는 소리가 들리니 그윽한 것이 즐길 만하였다. 또 10리를 가자 잠곡(蠶谷)이 나왔는데 길가의 물과 바위가 점점 더 아름다워졌다. 산비탈에 작은 마을이 있기에 들어가 머물렀다.

점심밥이 아직 지어지지 않아 나 혼자 지나온 길을 찾아서 시내를 따라 몇 백 걸음 걷다가 시내 가운데 경치가 아름다운 곳에 앉아 유종원(柳宗元)의 글 몇 편을 읽었다.[159] 어린 종이 뒤좇아 왔기에 함께 더불

159 유종원(柳宗元)의……읽었다 : 유종원(柳宗元, 773~819)은 중국 당(唐)나라의 문신으로, 자는 자후(子厚)이며 당송팔대가의 한 사람이다. 798년 과거에 급제한 후 집현전 정자, 감찰어사 등을 지내다가 왕숙문(王叔文)이 정권을 잡으면서 예부 원외랑(禮部員外郞)에 발탁되었다. 그러나 순종이 승하하고 개혁 정책이 실패하면서 영주(永州)로 유배되었다가 유주(柳州)로 옮겨 그 곳에서 죽었다. 시를 잘 지어 도연명(陶淵明)과 비교되었으며, 한유(韓愈)와 함께 고문운동(古文運動)을 제창하여 기교와 장

어 백 걸음쯤 올라가니 바위와 시내가 더욱 밝고 깨끗하였다. 시냇가에 하얀 바위가 넓고 평평하여 깊은 웅덩이를 굽어보며 앉아서 도잠(陶潛)과 위응물(韋應物)의 시[160]를 외웠다. 어린 종이 산열매를 꺾어 와서 먹는데 우거진 단풍나무 밖으로 농부가 지나가는 것이 보였다. 돌아가 보니 밥이 또한 익어 있었다.

마침내 길을 떠나 몇 리 안 가서 동과 서로 나누어지는 갈림길을 만났는데 서쪽으로 잘못 들어가는 바람에 길이 매우 험난하였다. 앞에 큰 고개가 있는데 허무치(虛無峙)로, 겨우겨우 한 줄의 길을 따라 오르락내리락하고 꺾어지기를 몇 번이나 했는지 모르겠는데 석계(石溪)가 또 가로세로로 흘렀다. 십 리쯤 가서 비로소 꼭대기에 올랐는데 그 사이에 모나고 날카로운 돌이 위로 찌르고 옆으로 잡아당겼으며 백 아름이나 되는 나무가 산골짝 어귀에 구불구불 얽힌 채 비스듬히 누워 있어 앞으로 나아가면 나아갈수록 더욱 험난하여 몸을 구부리고 발꿈

식 대신 내용을 중시하는 운동을 펼쳤다. 영주 유배기에 다수의 산수유기(山水遺記)를 남겨 후대의 문인들이 산수를 기행하며 글을 지을 때 많이 참고하였다. 저서로《하동선생집(河東先生集)》,《유하동집(柳河東集)》 등이 남아 있다.

160 도잠(陶潛)과 위응물(韋應物)의 시 : 도잠(陶潛, 365~427)은 중국 동진(東晉)의 시인으로, 자세한 내용은 42쪽 주68 참조. 위응물(韋應物, 737~804)은 중국 당(唐)나라의 시인이다. 현종(玄宗) 때 삼위랑(三衛郎)을 지내다 방종한 행실로 파면당하였다. 후에 마음을 고쳐먹고 독서에 전념하여 진사에 급제하였으며, 이후 저주(滁州)·강주(江州)·소주(蘇州) 등의 자사(刺史)를 지냈다. 시를 잘 지었는데, 오언고시에 특히 뛰어났으며 전원의 고요한 정취를 소재로 한 작품이 많았다. 도연명의 영향을 받아 '도(陶)·위(韋)'라고 불렸으며, 왕유(王維)·맹호연(孟浩然)·유종원(柳宗元)과 함께 당나라의 대표적 자연파 시인으로 불렸다.《전당시(全唐詩)》에 그의 시 536수가 실려 있다.

치를 들어야만 이에 갈 수 있었다. 우러러 보니 하늘과 숲이 서로 가려 정오인데 한 조각 볕도 새어 들어오지 않으며 곁가지가 구불구불 얽혀 있어 몸을 돌릴 수가 없었으니, 아마도 호랑이와 표범의 소굴로 사람의 발길이 지나다니지 않는 곳인 듯하다. 고개를 넘어간 후 몇 리를 가서 또 큰 고개를 만났는데 이름이 '현치(懸峙)'라고 하였으며 고개 아래에 초가집 한 채가 달랑 기대어 있었다. 산비탈에 기장을 묶어 두었는데 살림살이가 너무 조촐하여 물어보니 곧 금성의 포민(逋民)[161]이라고 하였다. 길을 잘못 들었다고 말하는데 도리어 돌아갈 수도 없고 말도 넘어져서 앞으로 나아갈 수가 없어 마침내 작은 소를 빌려 타고 고갯마루에 올랐다. 그다지 험하고 껄끄럽지 않은 것 같았는데 내려가려고 하자 깎아지른 절벽에 돌이 많기가 이전 고개보다 심하였으니 암소의 힘이 아니었다면 앞으로 한 발짝도 나아갈 수 없었을 것이었다.

또 10리를 가니 비로소 조금 평평해졌다. 길이 끊어져 우회하여 가다가 20리쯤 지나서 또한 지극히 깊고 험한 경관을 보고 기뻐하였다. 다시 말을 타고 10여 리를 가자 골짜기가 점점 넓어지고 툭 트이더니 곡운(谷雲) 땅에 이르렀다. 길가에 초당(草堂)이 있어 송씨(宋氏)가 살고 있었는데 길옆에 시내와 바위가 매우 아름다웠다. 여기서부터는 들판이 평평하고 넓어 기장과 조가 밭두둑에 가득하며 산 옆에 있는 마을이 가는 곳마다 아늑하면서도 넓은 것이 참으로 낙원이었다.

날이 어두워진 후에야 비로소 연옹(淵翁 김창흡(金昌翕))의 댁에 도착하여 등불을 켜고 이야기를 나누다가 선친의 묘갈문(墓碣文)[162]에 대한

161 포민(逋民) : 국가의 조세나 부역을 피해 달아나 떠도는 백성을 뜻한다.

162 선친의 묘갈문(墓碣文) : 여기서 선친은 오원(吳瑗)의 양부(養父)인 오태주(吳

일을 여쭈었다. 달이 떠오르자 서재를 나가 서성거리다가 돌아왔는데 그윽한 샘물 소리가 귓가에 울리고 밝은 달이 문을 비추니 신기(神氣)가 맑고 차가워져 밤이 깊도록 잠들 수가 없었다.

임오일(18일)

아침 일찍 완재정(宛在亭)으로 나가 흐르는 시냇물을 손으로 떠서 세수하고 얼굴을 씻었다. 정자는 집에서 수십 걸음 앞쪽에 있는데 두 시내의 사이로 나아가 너럭바위를 쪼아서 기둥을 세웠으며 "완연히 물 가운데 있도다.〔宛在水中央〕"[163]라는 데에서 뜻을 취하였다. 바윗돌이 맑고 깨끗하며 여울의 흐름이 급하게 꺾였다. 옆에 벼랑이 있는데 자못 기이하니 의태(意態 모습과 분위기)가 지극히 그윽하고 오묘하다.

밥을 먹은 후 시내를 수백 걸음쯤 거슬러 올라가 화음동(華陰洞)에 들어가서 송풍정(松風亭)에 올랐는데 시내 가운데에 있는 커다란 돌 위에 정자를 짓고 단청을 칠하였다. 골짜기가 이미 깊고 그윽한데 흰 바위와 맑은 시내의 기상(氣象)이 밝고 툭 트여 완재정보다 훨씬 빼어났으나 다만 기기묘묘한 변화가 적은 것이 아쉬웠다. 시내 좌우에 오래

泰周)를 가리킨다. 《삼연집(三淵集)》 제29권에 김창흡(金昌翕)이 지은 〈해창위 오공의 묘갈명〔海昌尉吳公墓碣銘〕〉이 실려 있다.

163 완연히……있도다 : 《시경(詩經)》 〈진풍(秦風) 겸가(蒹葭)〉에 나오는 말로, 시의 원문과 내용은 다음과 같다. "긴 갈대 푸른데 흰 이슬이 서리가 되었네. 이른바 저 분이 저 물가의 한쪽에 있도다. 물결을 거슬러 올라 따르려 하나 길이 막히고 또 길며 물결을 따라 내려가 따르려 하나 완연히 물 가운데 있도다.〔蒹葭蒼蒼, 白露爲霜. 所謂伊人, 在水一方. 遡洄從之, 道阻且長. 遡游從之, 宛在水中央.〕"라고 하였는데, 이 시는 주(周)나라의 예(禮)를 쓰지 않는 양공(襄公)을 풍자한 시이며 '저 분'이 누구를 가리키는 지는 확실치 않다.

된 소나무가 고색창연하게 흩어져 있는데 이는 또 하류에는 없는 풍경이었다. 유지당(有知堂)[164]과 삼일정(三一亭)[165]의 옛터를 찾아보고 부지암(不知菴)[166]과 자연실(自然室)에 들러서 옛 도서(圖書)를 열람하였는데 청한자(淸寒子)[167]의 초상화가 남아 있었다. 말을 토색(討索 억

164 유지당(有知堂) : 김창협(金昌協)이 지은 〈유지당기(有知堂記)〉에 다음과 같은 설명이 보인다. "우리 백부 곡운 선생이……부지암에서 북쪽으로 수십 보 되는 곳에 땅을 얻어 '무명와(無名窩)'라는 작은 집을 짓고 부지암과 마주보게 하였다. 그 집은 모두 세 칸인데, 특별히 동쪽 한 칸에 단청을 하여 한(漢)나라 승상 제갈 충무후(諸葛忠武侯)와 본조(本朝) 매월(梅月) 김공(金公 김시습(金時習))의 초상을 모셔 놓고 '유지당'이라고 이름하였다.〔吾伯父谷雲先生,……間又得地於菴北數十步, 作小屋曰無名窩者, 以與菴相對. 蓋屋凡三間, 而別其東一間加丹雘焉, 以奉漢丞相諸葛忠武侯與本朝梅月金公之像, 而名之曰有知堂.〕"《農巖集 卷24 有知堂記》

165 삼일정(三一亭) : 김창협(金昌協)이 지은 〈삼일정기(三一亭記)〉에 다음과 같은 설명이 보인다. "곡운의 화음동에 있는 정자는 우리 백부가 지으신 것이다. 어찌하여 삼일정이라고 이름 지었는가? 기둥이 셋이고 대들보가 하나이기 때문이다. 어찌하여 세 개의 기둥과 하나의 대들보에서 뜻을 취하였는가? 삼재(三才)와 일리(一理)의 형상이 있기 때문이다.〔亭在谷雲之華陰洞, 吾伯父所置也. 何以名三一? 三柱而一極也. 何取於三柱一極? 以爲有三才一理之象焉爾.〕"《農巖集 卷24 三一亭記》

166 부지암(不知菴) : 김창협(金昌協)이 지은 〈부지암기(不知菴記)〉에 다음과 같은 설명이 보인다. "(백부인 곡운 선생이) 작년 가을에 또 정자에서 남쪽으로 4~5리를 가 화악산의 깊은 골짜기로 들어가서 나무를 베고 언덕을 평평하게 고르고 집을 얽어 거처하셨다. 이에 산으로 겹겹이 둘러싸이고 여러 겹의 물로 에워싸여 사람 사는 세상과 더욱 멀어졌는데, 선생은 그 집을 '부지암'이라 이름 지었다.〔去年秋, 又自亭南行四五里, 入華嶽深谷中, 斬木夷阜, 縛屋以處. 於是山重水襲, 人境益遠. 遂名之曰不知菴.〕"《農巖集 卷24 不知菴記》

167 청한자(淸寒子) : 김시습(金時習, 1435~1493)의 호이다. 조선 전기의 문인·학자로, 생육신(生六臣)의 한 사람이다. 본관은 강릉(江陵)이며, 자는 열경(悅卿), 호는 청한자 외에 매월당(梅月堂)·동봉(東峰)·벽산(碧山)이며, 법호는 설잠(雪岑)이다.

지로 구함)하여 반수암(伴睡菴)으로 올라가니 암자가 맑고 깨끗한데 승려가 배를 씹어 먹고 있었다. 돌아오는 길에 다시 송풍정에서 쉬었다.

오후에 곡운 선생(谷雲先生)[168]의 영당(影堂 영정(影幀)을 모신 사당)에 가서 절하고 곧이어 농수정(籠水亭)에 올랐는데 지행(智行)이라는 산인(山人 승려)이 동행하였다. 농수정은 연옹(淵翁)의 방에서 동남쪽으로 몇 리 되는 곳에 있는데 옆으로 시내가 흐르고 산에 기대어 있으며 숲으로 둘러싸여 있어 입지가 매우 아늑하면서도 널찍하였다.

또 그 아래로 수십 걸음을 가면 와룡담(臥龍潭)이 나오는데 곧 구곡(九曲)[169] 가운데 제6곡(曲)이다. 시냇물이 흐르다가 멈춰서 못을 이루고 바닥에 커다란 하나의 돌〔全石〕이 깔려 있는데 물가의 바위에서

3살 때부터 시를 지을 줄 알아 신동이라는 소문이 났고, 이를 들은 세종이 5살 때 불러다 상을 주어 '오세(五歲)'라는 별호를 얻었다. 그러나 수양대군이 단종을 내몰고 왕위에 올랐다는 소식을 듣고는 책을 태워버리고 중이 되어 관동, 관서, 호남 지역 등 전국을 방랑하며 살다가 부여의 무량사(無量寺)에서 죽었다. 평생 단종에 대한 절개를 지킨 것으로 높은 평가를 받았고, 유불(儒佛)을 관통한 사상과 빼어난 문장으로 일세를 풍미하였다. 1782년(정조6) 이조 판서에 추증되었으며, 영월의 육신사(六臣祠)에 배향되었다. 시호는 청간(淸簡)이며, 《매월당집》·《금오신화(金鰲新話)》의 저서 외에 각종 기행록이 남아 있다.

168 곡운 선생(谷雲先生) : 김수증(金壽增, 1624~1701)을 가리킨다. 조선 후기의 문신이자 성리학자로, 자세한 내용은 83쪽 주155 참조.

169 구곡(九曲) : 곡운구곡(谷雲九谷)을 가리킨다. 곡운은 지금의 강원도 화천(華川) 용담리(龍潭里) 화악산(華嶽山) 일대의 계곡으로, 곡운 김수증(金壽增)이 그 이름을 붙이고 30년 가까이 은둔 생활을 한 곳이다. 곡운구곡의 제1곡은 방화계(傍花溪), 제2곡은 청옥협(靑玉峽), 제3곡은 신녀협(神女峽), 제4곡은 백운담(白雲潭), 제5곡은 명옥뢰(鳴玉瀨), 제6곡은 와룡담(臥龍潭), 제7곡은 명월계(明月溪), 제8곡은 융의연(隆義淵), 제9곡은 첩석대(疊石台)이다. 《谷雲集 卷4 谷雲記》

굽어보니 비록 지금은 물이 빠졌으나 깊이는 여전히 한 길 남짓하고 넓이는 두어 묘(畝)[170]쯤 되는데 구름이 짙게 끼어 마치 신물(神物)이 감추어져 있는 것 같았다.

또 수백 걸음을 가면 명옥뢰(鳴玉瀨)가 나오는데 제5곡이다. 하얀 바위가 울퉁불퉁 험하게 쌓여있는데 맑은 여울이 어지러이 쏟아지니 격하게 울리는 가락이 들을 만하였다. 여기서부터 백여 걸음 정도는 대체로 이와 같은 풍경이 이어지는데 제4곡인 백운담(白雲潭)에 이르면 곧 아까 하얀 바위가 울퉁불퉁 험하게 쌓여있던 것이 더욱 기이하고 웅장함을 다투어 마치 소와 말이 떼를 지어 물을 마시는 듯, 거북이와 자라가 볕을 쬐는 듯, 치아가 여기저기 흩어져 있는 듯한데 물이 그 사이를 치달리다가 쏟아지는 것은 폭포가 되고 떨어진 것은 못이 되었다. 튀어 오르고 들끓어 항상 마치 눈이나 서리가 뿌려지는 듯한데 그 상하좌우에 너럭바위가 층층이 포개져 벌여 있는 것이 마치 옥돌처럼 맑고 깨끗하여 모두 거기서 쉴 만하였다. 비로소 시내 서쪽 바위 위에 앉아 술잔을 기울이니 살짝 취기가 돌았다. 산포도를 꺾어서 먹고 다시 시내 동쪽에서 폭포와 못을 구경하니 더욱 기이하였다. 이곳이 구곡 중에서 가장 경치가 뛰어난 곳이니 지금 가물어서 물이 말랐는데도 물의 기세가 왕성하기가 이와 같은데 평소에는 어떨지 상상할 수 있었다. 바위에 걸터앉아 물결을 쳐서 날리고 물을 따라 오르내리며 배회하다가 저녁이 되었는지 전혀 알지 못하였다. 시내를 따라서 내려가는데 아름다운 경치와 성대한 모임이 다함이 없었다.

1리쯤 가서 제3곡을 만났는데 신녀협(神女峽)이라고 하였다. 언덕

170 묘(畝) : 면적의 단위로, 100평 정도의 넓이이다.

이 높아질수록 골짜기도 점점 넓어져 바위가 평평하기가 손바닥 같았는데 아래로 내려가면서 점점 비스듬하게 깎여 물의 흐름이 더욱 빠르게 치달렸다. 그 서쪽은 매월(每月 김시습(金時習))의 옛 터로 청은대(淸隱臺)[171]라고 하는데 차가운 샘물에 씻고 오래된 나무를 어루만지며 서성거리면서 비분강개하여 떠나지 못하였다. 언덕에 올라 멀리 바라보니 시원하게 탁 트였는데, 소나무 그림자는 아른아른하고 서늘한 바람은 나무를 흔들어 마음이 더욱 쓸쓸하고 공허한데 돌아보니 서쪽으로 넘어가는 해가 산을 삼키려고 하였다.

대개 농수(籠水)로부터 여기에 이르기까지 몇 리 동안 시내가 모두 하나의 커다란 돌로 바닥을 이루었는데 그 넓이가 몇 묘(畝)가 넘었다. 돌이 모두 희고 물이 모두 맑고 차가워 무릇 이름이 지어진 장소 외에도 여울과 폭포와 못과 시내가 걸음걸음 가는 곳마다 기이하고 빼어나 앉을 만하지 않음이 없으며 때마침 기이한 산봉우리와 가파른 절벽, 오래된 소나무와 아름다운 나무가 있어 서로 비추어주고 산의 위아래가 모두 철쭉과 진달래로 뒤덮여 있었으니 방춘(方春)에는 의당 더욱 무르익을 것이다. 다 가보지 못한 곳은 아직도 청옥협(靑玉峽)과 방화계(傍花溪)[172]가 있어 여기에서 다시 십 몇 리 떨어진 곳에 있는데 날이 이미 저물고 그 경치가 또 상류에 미치지 못한다고 들었으므로 고삐를 돌려 되돌아왔다.

171 청은대(淸隱臺) : 《곡운집(谷雲集)》 제4권 〈곡운기(谷雲記)〉에 의하면, "고을 사람들이 전하기를, 이곳은 매월당이 머물며 완상하던 곳이라고 한다. 그래서 후에 청은대라고 이름을 고쳤다.〔鄕人傳是梅月堂留賞處. 故後改以淸隱臺.〕"라고 하였다.

172 방화계(傍花溪) : 곡운구곡(谷雲九谷)의 제1곡(曲)이다.

계미일(19일)

아침에 어르신께 인사를 하고 헤어진 후 산을 나오니 산 빛과 시냇물 소리가 쓸쓸하였는데, 이미 또 농수의 근원이 제7곡으로부터 위는 아직 돌아가는 길에 있다고 들었으므로 그나마 적막하지 않았다. 시내를 따라 몇 리를 가다가 하얀 바위가 시내 가운데에 벌여 있는 것을 보았는데 층층이 쌓인 것이 마치 계단을 만든 것 같았으니 가지런히 정돈한 기묘한 솜씨가 사람이 미칠 수 있는 바가 아니었다. 물이 그 사이를 흘러 굽이굽이 치달리는 것이 가장 볼 만하였는데 첩석대(疊石臺)라고 일컫는 곳이었다.

또 수백 걸음을 가면 한 줄의 기이한 산봉우리들이 가로로 서 있는 것이 마치 병풍을 마주하고 있는 듯한데 모두 깎아지른 듯한 석벽이다. 물이 그 아래에서 멈추어 깊은 못이 되었는데, 몇 묘(畝)의 넓이에 푸르고 맑은 물이 엉기어 있고 깊이가 몇 길이 넘으며 오래된 탑이 그 주변에 있었다. 여기는 융의연(隆義淵)이라는 곳으로 올 때에 날이 어둑어둑하여 두루두루 둘러볼 겨를이 없었다. 융의연 주변에 말을 세우고 한참을 있었는데 유독 제9곡 명월계(明月溪)만 어디에 있는지 알 수 없었다.

10리쯤 가다가 송씨(宋氏)네 당(堂) 앞에 이르렀다. 이미 칠선동(七仙洞)이 근처에 있는데 물과 바위가 매우 아름답다고 들었기에 따라 들어온 촌로(村老)에게 물어보니 촌로가 말하기를, 이곳이 비록 유명하나 다만 너럭바위일 따름이라며 볼 것이 없다고 하였다. 굳이 찾아서 마을 입구로 들어가니 바위와 여울이 매우 깨끗하고 맑아 사랑할 만하였으며, 물길을 거슬러 수십 걸음을 올라가니 너럭바위가 하얗고 평평한 것이 마치 책상 같은데 수백, 수천 명도 앉을 수 있을 만하였다.

이는 참으로 기이한 경관이었는데 촌부는 그것이 감탄할 만큼 빼어난 경치임을 알지 못하였다. 물이 서쪽과 북쪽 양쪽에서 와서 바위 가를 구불구불 이어 달리는데 규모가 비록 넓고 툭 트였으나 기발한 뜻을 함축함이 없어 백운담(白雲潭)[173]에 대적할 수가 없었다.

바위 위에 꽤 오랫동안 앉아 시내의 근원을 되돌아보니 은은하게 아름다운 풍경이 있어 서운한 마음이 남지 없을 수가 없었다. 20리를 가자 하현(夏峴)이 나왔는데 또한 가파르고 험준하였다. 어제 두 고개를 지나면서 볼 때에는 평탄한 길인 줄 알았는데 사람은 참으로 마땅히 험난함을 맛보아야 하는 법이다. 잠곡(蠶谷)을 지나 몇 리 더 가서 점심을 먹고 도곡(徒谷)에 올랐다가 날이 저물어 김화(金化) 읍내에서 묵었다.

갑신일(20일)

아침에 출발하여 정오가 되기 전에 관아로 돌아왔다. 비록 골짝 길에 가을빛이 완연하였으나 눈을 들어 바라보니 비옥한 들판에 티끌 모래의 괴로움이 있었다. 곡운(谷雲)은 참으로 별세계라, 구곡의 물과 바위의 빼어남과 아름다움이 아래위로 수십 리에 걸쳐 다함이 없었다. 다른 곳이라면 화음(華陰)[174]의 그윽함이나 칠선(七仙)의 시원하게 툭 트임과 같은 곳이 모두 구곡과 서로 견줄 만한데, 마침 또 단풍이 한창인 가을의 오솔길에 귀로 듣고 눈으로 보는 것이 기이한 승경 아님이 없었다.

173 백운담(白雲潭) : 곡운구곡의 제4곡이다.

174 화음(華陰) : 화음동(華陰洞)을 가리키는 것으로, 화악산(華嶽山)의 북쪽에 있다고 하여 김수증(金壽增)이 이름 지은 것이라고 한다.

이번 여행은 애초에 유람을 위한 것이 아니었으나 장소와 시기가 우연히 만났고 이에 더욱 잘 맞아들었다. 그러나 산에 오르고 바다를 바라보며 소요할 때마다 문득 아양(峨洋)의 감회[175]가 들었으니, 우선 돌아와서 대강의 내용을 글로 적어 동호인(同好人)들에게 보인다.

175 아양(峨洋)의 감회 : '아양'은 거문고의 소리를 형용한 것으로, 서로 마음을 알아주는 벗의 사귐을 말한다. 중국 춘추 시대 초(楚)나라 사람 백아(伯牙)가 거문고를 잘 탔는데 그의 벗 종자기(鍾子期)가 거문고 소리를 잘 감상하였다. 백아가 높은 산에 뜻을 두고 거문고를 타면 종자기가 "높고 높기가 마치 태산과 같도다.〔峨峨兮若泰山.〕"라고 하였고, 또 흐르는 물에 뜻을 두면 "넓고 넓기가 마치 강하와 같도다.〔洋洋兮若江河.〕"라고 하였다. 종자기가 죽자 백아는 자신의 거문고 소리를 이해할 사람이 없다며 줄을 끊고 다시는 거문고를 타지 않았다고 한다.《列子 湯問》

금성에 대한 소기

金城小記

금성(金城)[176]은 산골짜기에 있는 외진 고을로, 고을에는 구경할 만한 그윽한 승경(勝景)이 많으며 풍악산(楓嶽山 금강산(金剛山))과 겨우 120리 떨어져 있다. 기해년(1719, 숙종45) 가을에 아버님[177]께서 금성현(金城縣)의 수령으로 가셔서 그해 겨울에 내가 가서 문안을 드리고 금년 8월에 또 갔다가 10월이 지나서 돌아왔는데, 작년에는 바람과 눈에 막히고 이번에는 또 국상(國喪)이 나 빈장(殯葬) 중에 있어서[178] 유독 봉래산(蓬萊山 금강산(金剛山)) 유람을 한 번 하지 못한 것이 한스럽다. 그러나 경유한 지경과 머물렀던 순간에 숲과 산·꽃과 바위·얼음과 서리·안개와 비의 변화를 이미 모두 다 받아들였으며, 혹 한가한 지팡이가 닿은 곳과 말을 타고 가다 에두른 곳에서 어쩌다 기이한 풍경을 찾아 이따금 마음에 들어 잊을 수 없는 곳이 있었으니 우선 최고의 풍경을 아래와 같이 기록한다. 도(道)는 본디 가까운 데에서 먼 데로 나아가며 작은 것에서 큰 것으로 나아간다고 하였으니, 지금

176 금성(金城) : 강원도 김화(金化)의 옛 이름이다.

177 아버님 : 오원(吳瑗)의 생부인 오진주(吳晋周, 1680~1724)를 가리킨다. 오진주는 조선 후기의 문신으로, 본관은 해주(海州)이며, 자는 명중(明仲), 호는 무위재(無爲齋)이다. 오두인(吳斗寅)의 아들이자 김창협(金昌協)의 사위로, 문학(文學)으로 이름이 났다. 1714년(숙종40) 생원에 합격하고, 이후 진사로 관직에 나아가 군수(郡守) 등을 지냈다.

178 국상(國喪)이……있어서 : 1720년 6월 8일에 숙종(肅宗)이 승하한 것을 가리킨다.

비록 풍악산을 보지 못하였으나 또한 늦은 것은 아니다.

경자년(1720, 경종 즉위년) 10월 10일에 기록하다.

기담(妓潭)은 금성현의 남쪽 시내에 있는데 시내 좌우의 숲이 울창하다. 피금정(披襟亭) 아래에서부터 거룻배를 저어 물결을 거슬러 서쪽으로 가면 몇 리 가지 않아 기담이 나오는데 그 못이 가장 깊고 푸르러 그물을 던질 만하며 남쪽에 있는 절벽이 푸르고 기이하다. 가정(嘉靖)[179] 연간 무신년(1548, 명종3)에 고을의 수령 정옥정(丁玉精)이 바위 사이에 시를 새겼는데[180] 글자가 지금도 여전히 새 것 같아 그 아래에 배를 대고 고개를 들어 볼 만하였다.

금성현의 북쪽으로 10리쯤 가면 마을 가에 시내와 산기슭이 깊숙하고 아늑한데 우뚝 솟은 바위가 있어 시내 가운데로 쑥 들어갔으니, 높이가 여러 길〔丈〕이고 그 위에는 정자를 지을 만하였다. 그 아래에 여러 길 깊이의 깊은 못이 있는데 맑아서 모래와 돌이 보이고 물고기가 살랑살랑 놀고 있었다. 못 가의 바위 언덕은 단풍나무가 뒤덮고 있는데

179 가정(嘉靖) : 중국 명(明)나라의 제11대 황제인 세종(世宗)의 연호로, 1522~1566년까지 45년간 사용되었다.

180 가정(嘉靖)……새겼는데 : 조선 후기의 문신 남구만(南九萬)의 《약천집(藥泉集)》 제1권에 〈정 현령의 시에 차운하다.〔次韻丁縣令詩〕〉라는 시가 실려 있는데, 제목 옆에 작은 글씨로 정옥정의 시를 기록하고 있다. 원문과 내용은 다음과 같다. "남대천(南大川)의 절벽에 절구(絶句) 1수가 새겨져 있었는데, '만고가 지나가는 곳에 산천이 몇 번이나 이름을 바꾸었나. 지금부터 많은 세월이 흘러가리니 누가 이곳 금성을 기억하랴. 가정 무신년 가을, 현령 정옥정.'이라고 쓰여 있었다.〔南大川石壁, 刻一絶曰: 萬古經過地, 山川幾換名? 從今多歲月, 誰記此金城? 嘉靖戊申秋, 縣令丁玉精.〕"

의태(意態 모습과 분위기)가 매우 그윽하면서도 시원하였으며 그 옆에 바위로 된 산기슭이 가까이 있어 자못 또한 어리비쳤다. 산이 온통 진달래 무더기였으며 마을의 이름은 '신절(新節)'이라고 하였다.

장연사(長淵寺)는 금성현의 동쪽으로 20리 되는 곳에 있는데 봉우리가 둘러싸여 있고 나무가 빽빽하며 불당(佛堂)이 정결(精潔)하나 그다지 기이한 풍광은 없다. 절에서 서남쪽에 있는 숲속 골짜기에 경치가 아름다운 곳이 있을 것 같아 남여(籃輿 뚜껑이 없고 의자 같이 생긴 작은 가마)를 타고 숲을 가로질러 100걸음 남짓 가서 그윽한 장소를 찾아 앉았다. 좌우에 가파른 절벽이 우뚝 서 있고 그 아래 위 양옆으로 아름다운 나무가 무성하고 앉을 만한 바위가 많았으며 물이 옥구슬 구르는 듯한 소리를 냈다. 비록 협소한 것이 흠이긴 하나 그윽하고 깊은 풍취가 다소 있었다. 바위 면에 '주개암(駐盖巖)' 석 자가 있는데 조후 관빈(趙侯觀彬)[181]이 고을 수령이었을 때 새긴 것이라고 한다. 절의 남쪽으로 1리쯤 되는 곳에 작은 암자가 있는데 양진암(養眞菴)이라고 하며 승려 한 명이 거주하고 있었다. 자리 잡은 곳이 깊숙하고 그윽하여 도리어 장연사보다 나았다.

181 조후 관빈(趙侯觀彬) : 조관빈(趙觀彬, 1691~1757)을 가리킨다. 조선 후기의 문신으로, 본관은 양주(楊州)이며 자는 국보(國甫), 호는 회헌(晦軒)이다. 노론사대신인 우의정 조태채(趙泰采)의 아들로, 1714년(숙종40)에 증광문과에 급제한 후 승지·대사성·의금부사·홍문관 제학·각 조의 판서·평안도 관찰사·대제학 등 요직을 두루 역임하였다. 철저한 노론 인사로 아버지의 신원(伸寃)과 포상을 추진하는 것에 일생을 보냈으며, 문형(文衡)으로 많은 글을 남기기도 하였다. 시호는 문간(文簡)이며, 저서로 《회헌집(晦軒集)》이 있다.

안심암(安心菴)은 금성현 북쪽에 있는 백역산(白易山)의 남쪽 산기슭에 있다. 암자가 있는 골짜기 밖으로 몇 리에 걸쳐 울창한 숲이 하늘을 가리고 봉우리와 골짜기가 빙빙 둘려 막혀 있는데 그 가운데에 겨우 길 하나가 나 있어 언덕에 바짝 붙어서 골짜기로 들어가며 시냇가의 길은 더욱 험하고 가팔랐다. 시내를 따라 올라가면 누운 폭포〔臥瀑〕가 있는데 자못 웅장하여 꼭대기부터 바닥까지 높이가 수십 길〔丈〕에 이르며, 폭포 근처는 모두 넓고 평평한 하나의 바위덩어리로 색이 매우 맑고 깨끗하다. 바위의 형세는 한 옆으로 기울어져 높고 낮게 층이 져있는데 물이 바위의 형세를 따라 비스듬히 구부러졌다가 격렬하게 쏟아지니 의태가 기이하고 빼어나다. 그 옆에 깎아지른 듯 가파른 하얀 절벽이 있고 단풍나무가 그 틈을 비집고 났는데 잎사귀가 마치 피처럼 선명하게 붉었다. 바위 자락에 비스듬히 기대어 취하여 돌아가고 싶지 않았다.

여기서부터 암자에 이르기까지 몇 리 길은 모두 가파른 절벽이 우뚝함을 다투고 아름다운 나무가 울창함을 다투어 그 경관이 더욱 그윽하고 기이하다. 암자가 자리 잡고 있는 땅이 자못 높으나 지세는 오히려 평평하고 넓으며 방은 밝고 정갈한데 너무 으슥하고 외딴 곳이라 거주하는 승려가 없다. 그러나 마땅히 고을에서 제일가는 빼어난 경치라고 할 것이다.

백로주(白鷺洲)는 영평(永平)[182]에 있는데 대로(大路)에서 몇 리 떨어져 있지 않다. 시내의 흐름이 여기에 이르러 반으로 나뉘었다가 몇

182 영평(永平) : 경기도 포천(抱川)의 옛 이름이다.

십 걸음쯤 가서 다시 합하여진다. 거대한 바위가 그 사이에 비스듬하게 서 있는데 높이가 10여 길이며 모두 3층을 이루었고 층마다 단풍나무와 소나무가 나있다. 사면이 모두 맑은 못으로 모래와 돌을 셀 수 있을 정도이다. 좌우의 숲이 멀고 가까이에서 서로 비추며 산봉우리가 빙 둘러 있어 지극히 깊고 아늑하면서 널찍하였다. 절벽 위에 백주(白洲),[183] 용주(龍洲),[184] 감호(鑑湖)[185] 세 문인의 절구(絶句)가 새겨져

183 백주(白洲) : 이명한(李明漢, 1595~1645)의 호이다. 조선 중기의 문신으로, 본관은 연안(延安)이며 자는 천장(天章)이다. 1616년(광해군8) 문과에 급제한 후 전적, 공조 좌랑에 올랐다가 인목대비(仁穆大妃)의 폐모론이 일어났을 때 정청(庭請)에 참여하지 않았다 하여 파직되었다. 인조반정 후 다시 등용되어 2차례 사가독서(賜暇讀書)하였고, 이후 대사간・대사성・대사헌・도승지・한성부 우윤・양관 대제학・이조 판서 등 요직을 두루 역임하였다. 1643년(인조21) 척화파로 지목되어 심양(瀋陽)에 잡혀가 억류되었다가 이듬해 소현세자를 모시고 나왔다. 1645년에 명나라와 밀통한 자문(咨文)을 썼다 하여 다시 청나라에 잡혀갔다가 풀려나와 예조 판서가 되었다. 아버지 이정귀(李廷龜), 아들 이일상(李一相)과 더불어 3대가 대제학을 지낸 것으로 유명하다. 저서로 《백주집》이 남아 있으며, 시호는 문정(文靖)이다.

184 용주(龍洲) : 조경(趙絅, 1586~1669)의 호이다. 조선 중기의 문신으로, 본관은 한양(漢陽)이며 자는 일장(日章)이다. 윤근수(尹根壽)의 문인으로, 1612년(광해군4) 사마시에 합격하였으나 광해군의 난정(亂政)으로 대과를 단념하였다가 1626년(인조4) 문과에 장원으로 급제하였다. 이후 정언・교리 등 청요직을 거쳐 사가독서(賜暇讀書)를 하고, 이조 정랑・대사간・대제학・이조 판서・형조 판서・회양 부사 등을 지냈다. 정묘호란과 병자호란이 일어났을 때 척화를 주장하여 1650년 영의정 이경석(李景奭)과 함께 의주 백마산성(白馬山城)에 안치되었다가 이듬해 풀려났다. 시호는 문간(文簡)이며, 저서로 《용주집》과 《동사록(東槎錄)》이 남아 있다.

185 감호(鑑湖) : 양만고(楊萬古, 1574~1655)의 호이다. 조선 중기의 문신이자 서예가로, 본관은 청주(淸州)이며 자는 도일(道一), 호는 감호・돈호(遯湖)・비로도인(毘盧道人) 등이다. 명필이자 문장가인 양사언(楊士彦)의 아들이다. 1610년(광해군2) 문과에 급제한 후 군자감 정(軍資監正)을 지내고 이어 외직으로 나가 무장(茂長)・장

있고 백로주 서쪽 바위에 또 '白鷺洲(백로주)' 세 글자가 새겨져 있는데 누구의 글씨인지는 알지 못한다.[186] 동쪽 언덕의 석벽(石壁) 또한 기이하고 가파른데 부여잡고 올라서 거대한 바위를 바라보니 더욱 기이하였다. 백로주는 대로〔官路〕에서 가깝기 때문에 가장 유명하였다.

삼부락(三釜落)[187]은 철원(鐵原) 용화(龍華)에 있으며 옛날에 삼연 선생(三淵先生 김창흡(金昌翕))께서 거처하셨던 곳이다. 일찍이 폭포와 샘이 기이하고 웅장하다고 들어서 돌아오는 길에 들러보고 싶었으나 가는 길을 잃어버렸다. 시험 삼아 동쪽 가의 작은 길을 따라 산골짜기

연(長淵)·영변(寧邊) 등 7개 고을의 수령과 인천 도호부사를 역임하였다. 문장과 글씨에 뛰어났으며, 글씨로 포천의 〈장령정희등묘표(掌令鄭希登墓表)〉가 남아 있다.

186 백로주……못한다 : '白鷺洲'라는 글씨 옆에 "기묘년 가을에 관찰사 동강이 쓰다.〔己卯秋, 觀察使東岡書.〕"라고 되어 있다. 기묘년은 1699년(숙종25)이며, 동강은 숙종 때 경기 관찰사를 지낸 조상우(趙相愚, 1640~1718)의 호이다. 조상우는 조선 후기의 문신으로, 본관은 풍양(豊壤)이며 자는 자직(子直)이다. 이경석(李景奭)과 송준길(宋浚吉)의 문인으로, 1675년(숙종1) 송준길이 추삭될 때 반대하는 소를 올려 남평(南平)에 유배당하였다가 이듬해 풀려났다. 1682년 문과에 급제한 후 대사간·대사성·도승지·경기 감사·대사헌·한성부 판윤·각 조의 판서·우의정 등 요직을 두루 역임하고, 1709년 기로소에 들어갔다. 남구만(南九萬)·최석정(崔錫鼎) 등과 함께 온건파 소론으로서 당론의 폐단을 없애려고 노력하였다. 경사(經史)에 밝고 글씨를 잘 써서 장렬왕후(莊烈王后)의 옥책문을 쓰는 데 선발되었고, 〈충현서원사적비(忠賢書院事蹟碑)〉 등을 남겼다. 용강사(龍岡祠)에 제향되었으며, 시호는 효헌(孝憲)이다.

187 삼부락(三釜落) : '낙(落)'은 폭포를 뜻하는 것으로, 곧 삼부연(三釜淵) 폭포를 가리킨다. 정약용(丁若鏞)은 《여유당전서(與猶堂全書)》 제14권 〈발삼부첩(跋三釜帖)〉에서 "삼부락은 철원에 있다. 우리나라 풍속에 폭포를 일러 '낙(落)'이라고 하니, '낙'이라는 것은 곧 폭포이다.〔三釜落在鐵原. 東俗謂瀑爲落, 落者瀑也.〕"라고 하였다.

안으로 들어가서 시내를 따라 갔는데 산이 구불구불 돌수록 길이 더욱 희미해졌다. 이따금 푸른 바위가 백 길쯤 솟아있고 일만 그루 소나무가 빽빽이 둘러싸고 있어 경계(境界)가 지극히 깊숙하고 울창하였다. 5리쯤 가서 산 북쪽 모퉁이에 커다란 너럭바위가 있는데 3개의 층으로 이루어져 있다. 폭포가 곧바로 쏟아지는 것이 그 기세가 자못 웅장하며 길이가 수십 길이다. 층이 져 꺾인 곳마다 작은 웅덩이를 이루었는데 가장 아래에 있는 것이 가장 크다. 당시에는 물이 말라 겨우 한 길 깊이였으나 맑고 깨끗하여 머리카락까지 비출 정도였다. 바위가 희기로는 안심암(安心菴)에 미치지 못하였으나 바위면의 형세가 웅혼하고 의상(意象 모습과 분위기)이 그윽하고 깊숙하여 매우 빼어났다. 그 근원에 반드시 또 경치가 빼어난 곳이 있을 것 같아 숲을 헤치고 시내를 건너 몇 리를 가다가 힘이 빠져서 돌아왔는데 아마도 절로 들어가는 길이었던 것 같다.

청협일기 임인년(1722, 경종2)

清峽日記 壬寅

임인년(1722, 경종2) 봄에 내가 청풍(淸風)[188]으로 장인[189]을 뵈러 갔다가 마침내 단구(丹丘)[190]의 승경들을 두루 찾아보았는데, 갔다 오는데 18일이 걸렸고 거리를 헤아려보니 920리를 다녔으며 모두 66수의 시를 지었다.

3월 15일 경자일 흐림.

사시(巳時 오전 9시~11시)에 길을 떠나 송파(松坡) 나루를 건너 남한산성(南漢山城)의 남문(南門)을 경유하여 개원사(開元寺)[191]에 투숙하

188 청풍(淸風) : 충청북도 제천(堤川)의 옛 이름이다.

189 장인 : 오원(吳瑗)의 첫째 부인의 부친인 권정성(權定性)을 가리키는 것으로, 권정성은 권상하(權尙夏)의 손자이다. 오원은 16세(1715)에 권정성의 딸과 혼인하였고, 19세에 상처하였다.

190 단구(丹丘) : 충청북도 단양(丹陽)의 별칭이다.

191 개원사(開元寺) : 경기도 광주(廣州)의 남한산성 안에 있던 절의 이름이다. 1624년(인조2)에 남한산성의 축성이 시작되었는데, 다음해에 승도청(僧徒廳)을 설치하고 벽암(碧巖) 각성(覺性)을 팔도도총섭(八道都摠攝) 총절제중군주장(總節制中軍主將)으로 삼아 전국 8도의 승군(僧軍)을 동원하여 사역을 돕게 하였다. 이때 승군이 숙식하고 또 무기와 화약·군량미 등을 비축하기 위하여 기존에 있던 망월사(望月寺)·옥정사(玉井寺) 외에 국청사(國淸寺)·천주사(天柱寺)·개원사(開元寺)·남단사(南壇寺)·한흥사(漢興寺)·장경사(長慶寺)·동림사 (東林寺)의 7개의 사찰을 세웠는데, 축성이 끝난 후에도 이곳에 승군을 주둔시켜 수성(守城)에 필요한 승군뿐 아니라 전국의 승군을 훈련시켰다.

였다.

저녁을 먹은 후 승려 찬현(燦賢)을 데리고 술병을 들고 국청사(國淸寺)[192]를 방문하여 서장대(西將臺)[193]에 올랐으니 성의 가장 높은 곳이다. 비록 하늘이 어두워 멀리 볼 수는 없었으나 한 번 바라봄에 구름과 안개 가운데 산천이 아득한 것이 또한 장관이었다. 꽤 오랫동안 배회하다가 귀로에 올라 가다가 천주사(天柱寺)[194]에서 쉬고 풍향각(風香閣)으로 돌아가 묵었으니, 곧 개원사의 별당이었다.

나그네 6~7명이 찾아와 만났는데 물어보니 모두 용인(龍仁)의 선비들로, 그 중 이름이 손봉서(孫鳳瑞)인 사람은 예전에 알던 사람이었다.

밤이 되어 달이 밝은데 소쩍새 소리가 매우 슬프게 들렸다.

이날 40리를 갔으며, 시 6수를 얻었다.

16일 맑음.

날 밝을 무렵에 동문(東門)을 나와 곤암(昆巖)[195]의 객점(客店)에서 점심을 먹었다. 오후에 이호(梨湖)[196]의 이로정(二老亭)에 도착하였는

192 국청사(國淸寺) : 경기도 광주 남한산성 안에 있던 절의 이름이다. 자세한 내용은 앞의 주석 참조.

193 서장대(西將臺) : 남한산성의 서쪽에 만들어 놓은 높은 대(臺)로, 장수가 올라가서 지휘하는 곳이다.

194 천주사(天柱寺) : 경기도 광주 남한산성 안에 있던 절의 이름이다. 자세한 내용은 앞의 주191 참조.

195 곤암(昆巖) : 지금의 곤지암(昆池岩)을 가리키는 것으로, 경기도 광주에 위치한다.

196 이호(梨湖) : 경기도 여주(驪州)를 관통하는 여강(驪江) 하류에 있는 호수의 이름이다.

데 곧 백춘(伯春)[197]이 우거하고 있는 정자이다. 우뚝하게 커다란 호수를 굽어보고 있어 경계가 매우 시원하고 확 트였으니, 상유(上游)[198]의 정자들 가운데 으뜸이라고 한다. 밤이 되어 달이 떠오르자 금빛 물결 출렁거리는데 주위의 강산이 그 위로 환하게 비쳤다. 난간에 기대어 장쾌하게 바라보노라니 몸이 마치 우주를 타고 노니는 듯[199]하였다.

이 날 100리를 갔으며, 시 1수를 얻었다.

17일 흐림.

정오에 백춘과 헤어지고 비조정(飛鳥亭)에 들러 이 교리(李校理) 기진(箕鎭)[200]을 만나보았다.

197 백춘(伯春) : 김원행(金元行, 1702~1772)의 자로, 조선 후기의 성리학자이다. 자세한 내용은 70쪽 주130 참조.

198 상유(上游) : '상류(上流)'와 같은 말로, 우리나라에서는 보통 한강(漢江)의 상류인 여강(驪江)의 별칭으로 쓰였다.

199 우주를……듯 : 원문의 '汗漫'은 광대무변한 공간을 가리키는 말이며, '跨汗漫'은 한만을 넘는다는 뜻으로 신선처럼 세상을 벗어나 마음대로 노니는 것을 의미한다. 옛날에 노오(盧敖)가 북해(北海)에서 노닐다가 이인(異人)인 약사(若士)를 만나 함께 벗으로 노닐자고 청하였다. 이에 약사가 "내가 구해 밖에서 한만과 만날 약속이 되어 있으니 오래 머물러 있을 수가 없다.〔吾與汗漫期于九垓之外, 吾不可以久駐.〕"라고 말하고는 몸을 솟구쳐 구름 속으로 들어가 보이지 않았다고 한다.《淮南子 道應訓》

200 이 교리(李校理) 기진(箕鎭) : 이기진(李箕鎭, 1687~1755)을 가리킨다. 조선 후기의 문신으로, 본관은 덕수(德水)이며 자는 군범(君範), 호는 목곡(牧谷)이다. 이식(李植)의 증손이며, 권상하(權尙夏)의 문인이다. 1717년(숙종43) 문과에 급제한 후 1721년(경종1) 헌납으로 있으면서 왕세제(王世弟)로 책봉된 연잉군(延礽君)에 대해 나쁜 말을 퍼뜨린 유봉휘(柳鳳輝)의 처벌을 주장하다가 신임사화 때 파직되었다. 영조 즉위 후 다시 등용되었으나 소론에 대한 논죄를 철저히 할 것을 극언하다가 영조의

이릉(二陵)[201]의 아래에 도착하였을 때 비를 만나 도롱이를 걸치고 강을 따라 가는데 마음이 매우 유유자적(悠悠自適)하였다.

읍내에 이르러 권 상서(權尙書)[202]의 집에 투숙하였다.

비가 조금 그치자 청심루(淸心樓)[203]에 올라 한참을 배회하다가 날이 어두워져서야 돌아왔다. 시원하게 아득히 먼 곳까지 탁 트였으니 예전에 들었던 말이 참으로 빈 말이 아니었으며, 멀리 자욱한 안개가 어둠

노여움을 샀다. 그러나 이인좌(李麟佐) 등 소론 일파가 밀풍군(密豊君) 이탄(李坦)을 추대하고 반란을 일으키자 급거 상경하여 대사성에 임명되었고, 이후 함경도 관찰사·대사간·경상도 관찰사·형조 판서·경기도 관찰사·평안도 관찰사 등을 두루 역임하였다. 시호는 문헌(文憲)이며, 저서로 《목곡집》이 남아 있다.

201 이릉(二陵) : 영릉(英陵)과 영릉(寧陵), 두 왕릉을 가리킨다. 영릉(英陵)은 조선의 제4대 왕 세종(世宗)과 소헌왕후(昭憲王后) 심씨(沈氏)의 능이며, 영릉(寧陵)은 조선의 제17대 왕 효종(孝宗)과 인선왕후(仁宣王后) 장씨(張氏)의 능이다. 둘 다 지금의 경기도 여주시(驪州市) 능서면(陵西面) 왕대리(旺垈里)에 있다.

202 권 상서(權尙書) : 권상유(權尙游, 1656~1724)를 가리킨다. 조선 후기의 문신·학자로, 본관은 안동(安東)이며 자는 계문(季文)·유도(有道), 호는 구계(癯溪)이다. 권상하(權尙夏)의 아우이며, 오원(吳瑗)의 장인인 권정성(權定性)의 작은할아버지이다. 송시열(宋時烈)의 문인으로, 1694년(숙종20) 문과에 급제하였다. 이후 정언·수찬 등을 거쳐 대사간·대사성·대사헌·도승지·평안 감사·한성 판윤 등과 각 조의 판서를 두루 역임하였다. 1716년(숙종42) 대사헌 정호(鄭澔)가 윤증(尹拯)을 논핵한 일로 귀양 갈 때 연루되어 면직된 바 있으며, 1721년(경종1) 신임사화 때 탄핵을 받아 문외출송을 당하였다가 풀려났다. 말년에 향리로 돌아가 성리학을 연구하며 여생을 마쳤는데, 윤휴(尹鑴)와 박세당(朴世堂)이 주자학을 배척할 때 두 사람을 공박하는 내용의 변설문(辨說文)을 작성하여 김창협(金昌協)으로부터 학식이 높다는 칭찬을 받았다.

203 청심루(淸心樓) : 여주(驪州) 관아 내의 정자로 객관(客館)의 북쪽에 있는데, 남한강가의 경치 좋은 곳에 자리하고 있다.

을 띤 것이 더욱 볼 만하였다.

권중휘(權仲輝)[204]와 함께 자는데 밤새도록 비가 쏟아지듯 내렸다.

이날 30리를 갔으며, 시 5수를 얻었다.

18일 아침에 잠깐 비가 오고 하루 종일 흐렸다.

아침밥을 먹고 다시 청심루에 올랐다. 조금 있다가 내려와 배를 타고 뒤를 돌아보니 마음이 섭섭하였다.

신륵사(神勒寺) 앞에 배를 대고 동대(東臺)에 올랐다. 동대가 물속으로 쑥 들어가 마암(馬巖)과 정면으로 마주보고 있었는데 지극히 높고 시원한 것이 제법 즐길 만하여 오랫동안 서성거렸다. 동대에는 탑도 있고 비(碑)도 있는데, 비문(碑文)은 도은(陶隱)[205]의 글이다. 동대 뒤의 산기슭에는 또 나옹(懶翁)[206]의 비와 탑이 있는데, 비문은 목은(牧

204 권중휘(權仲輝) : 권위(權煒, ?~?)를 가리키며, 중휘는 그의 자이다. 권상유(權尙游)의 아들로, 자세한 내용은 미상이다.

205 도은(陶隱) : 이숭인(李崇仁, 1347~1392)의 호이다. 고려 말기의 학자로, 본관은 성주이며 자는 자안(子安)이다. 이색(李穡)·정몽주(鄭夢周)와 함께 고려의 삼은(三隱)으로 일컬어진다. 공민왕 때 문과에 장원으로 급제하였으며, 명(明)나라 과거시험에 응시할 문사(文士)를 뽑을 때 수석으로 뽑혔으나 25세에 미달하여 보내지 않았다. 이후 문하사인(門下舍人)·성균 사성·밀직제학·예문관 제학·지밀직사사·동지춘추관사 등을 역임하였다. 친명(親明)·친원(親元) 양쪽의 모함을 받아 여러 차례 옥사를 겪었으며, 조선이 개국할 때 자신과 뜻을 함께하지 않은 데 앙심을 품은 정도전(鄭道傳)에 의해 유배지에서 장살(杖殺)당하였다. 문장이 전아(典雅)하여 명나라 태조(太祖)와 명사들이 탄복하였다고 한다. 저서로 《도은집(陶隱集)》이 남아 있다.

206 나옹(懶翁) : 혜근(惠勤, 1320~1376)의 호이다. 고려 말의 고승으로, 속성은 아(牙)이며 초명은 원혜(元慧)이다. 20세 때 친구의 죽음을 보고 출가하여 공덕산 묘적암(妙寂庵)의 요연(了然)에게서 득도하였다. 1348년(충목왕4) 원(元)나라에 가서 인

隱)[207]이 지은 것으로 글자가 새로 새긴 것 같았다. 여러 불전(佛殿)을 두루 들러보고 잠깐 전루(前樓)[208]에 앉았다가 말을 타고 절 뒤에 있는 산을 넘어갔다.

숲속에 난 길이 꼬불꼬불 뒤얽히고 좁아서 하나의 시내를 네다섯 번이나 건넜는데 비 온 뒤라 철쭉이 바야흐로 활짝 피어 있었다. 20리를 가서 가야동(伽倻洞)에 이르렀는데, 안씨(安氏)가 살고 있었으며 원주(原州) 땅이었다. 우리 집안에서 가지고 있던 정자의 터가 있는데 강기슭이 아늑하고 널찍하여 마음에 꼭 들었다.

점심밥을 지어먹고 길을 떠나 섬강(蟾江) 하류를 경유하여 흥원강(興元江)을 따라 올라갔다. 바위산은 험준하고 물은 더욱 맑고 세찬데

도 승려 지공(指空)의 가르침을 받았고, 견문을 넓히기 위해 중국 각지를 편력하면서 달마(達磨)로부터 내려오는 중국 선(禪)의 영향을 받았다. 1358년(공민왕7) 귀국한 후에는 왕의 요청으로 신광사(神光寺)에 머물며 홍건적(紅巾賊)의 침입 때 사찰을 지켰다. 1371년 왕사(王師)가 되었으며, 밀양 영원사(瑩源寺)로 이주하는 도중에 여주 신륵사(神勒寺)에서 죽었다. 시호는 선각(禪覺)이다.

207 목은(牧隱) : 이색(李穡, 1328~1396)의 호이다. 고려 말의 문신·학자로, 본관은 한산(韓山)이며 자는 영숙(穎叔)이다. 1348년(충목왕4) 아버지인 이곡(李穀)이 원(元)나라에서 중서사 전부(中瑞司典簿)가 되자 조관(朝官)의 아들로 원나라 국자감의 생원이 되어 성리학을 공부하였다. 1352년(공민왕1)에 아버지가 죽자 귀국하여 고려의 과거에 합격하였으며, 서장관이 되어 원나라에 가서 회시(會試)·전시(殿試)에 합격하여 응봉한림문자 승사랑 동지제고 겸 국사원편수관(應奉翰林文字承事郎同知制誥兼國史院編修官)을 지냈다. 이어 고려에 돌아와 대사성·정당문학·지공거·문하시중 등 요직을 두루 역임하였다. 저서로 《목은유고》·《목은시고》 등이 있으며, 시호는 문정(文靖)이다.

208 전루(前樓) : 사찰이나 향교, 서원 등을 구성하고 있는 구조물의 하나로, 누각의 종류이다.

강가의 꽃과 나무가 흐드러지게 피어 물에 어리니 걸음걸음마다 그냥 두고 가고 싶지 않았다.

해가 기울기 전에 칠암(漆巖) 나루를 건너 시골마을의 집에 투숙하였으니, 곧 충주(忠州) 지경이었다.

이날 50리를 갔으며, 시 6수를 얻었다.

19일 잠깐 흐렸다가 저녁에 바람이 불었다.

해 뜰 무렵 길을 떠났다. 강을 따라 돌길이 났는데 이따금 길이 몹시 험하였으며, 지나는 시골의 마을과 들에는 그윽하고 아늑한 곳이 많았다.

40리를 가서 가흥(可興)의 객점에서 점심을 먹고, 달천(達川) 하류를 건너 신시(申時 오후 3시~5시)가 되기 전에 오취강(梧翠江)에 있는 장인어른 댁에 도착하였다.

이날 100리를 갔으며, 시 5수를 얻었다.

20일 맑음.

정오에 작은 거룻배를 타고 황강(黃江)으로 올라갔는데 5리가 채 되지 않았다.

수암(遂菴 권상하(權尙夏))의 궤연(几筵)에 곡(哭)을 하였다.[209]

수암 댁 옆으로 수십 걸음 떨어진 곳에 험준한 절벽이 강을 굽어보고 있다. 그 꼭대기에 집을 지어 서당을 만들어서 '열락재(悅樂齋)'라고

209 수암(遂菴)의……하였다 : 궤연(几筵)은 삼년상을 지내는 동안 죽은 이의 혼백(魂帛) 및 신주(神主)를 모셔 두는 곳이다. 권상하는 1721년에 작고하였고, 이 글은 그 다음해인 1722년에 쓰였다.

편액을 하였는데, 지금은 없어졌다.

황강 북쪽의 언덕을 바라보니 암벽이 기이하고 빼어나 하나의 작은 산을 이루었는데, 나무가 그 위에 푸르게 무성하니 이름을 고산(孤山)이라고 하였다. 돌아올 때에 고산 아래로 가서 배를 대고 그 꼭대기에 올라가 앉아서 시간을 보내며 물가의 모래가 밝게 비치는 것을 바라보았다. 마을이 아늑하면서 탁 트였으니 또한 아름다운 곳이었다.

이날 시 3수를 얻었다.

21일 흐림.

여기서부터 단구(丹丘 단양(丹陽)의 별칭)를 찾아가려고 하니 장인어른께서 매우 자세하게 길을 가르쳐주셨다.

아침에 일어났는데 비가 오려는 기색이 있었으나 흥이 나서 머물 수가 없었다. 사시(巳時 오전 9시~11시)에 길을 떠나 황강(黃江)을 지나 30리를 가서 수산(壽山)의 역마을에서 점심밥을 지어먹고 또 10여 리쯤 갔다. 산길이 점점 으슥해지고 나무도 울창하고 빽빽한데 이따금 땅을 개간하는 이가 보였다. 자못 험준한 고개 하나를 넘자 첩첩이 쌓인 기이한 산봉우리가 숲 기슭 너머로 모습을 드러낸 것이 바라보였다. 날아갈듯 높이 솟은 것이 마치 푸른 옥(玉)을 깎아놓은 듯, 난새와 봉새가 날아올라 춤추는 듯하여 사람으로 하여금 정신이 우쩍 일어나게 하였으니 그 아래가 구담(龜潭)인 것을 알았다. 고개를 넘자 곧 단양(丹陽) 지경이었다. 유생(儒生) 심경(沈璥)[210]의 집을 찾아가 말에서 내려 사립문을 두드리니 갑작스러운 만남에 깜짝 놀라 기뻐하면서

210 유생(儒生) 심경(沈璥) : 자(字)는 여휘(汝輝)이며, 자세한 내용은 미상이다.

들어와 앉게 하여 함께 이야기를 나누었다.

드디어 구담을 찾아가고자 하였으나 날이 너무 늦어서 갈 수 없었다. 이에 설마동(雪馬洞)으로 들어갔는데 심생이 병이 나 같이 가지 못하고 마을의 이생 창석(李生昌錫)과 함께 갔다. 마을 동북쪽으로 수백 걸음을 지나 설마동 입구로 들어가서 도보로 흐르는 시냇물을 따라 나아갔는데 물이 콸콸 흐르는 것이 기세가 매우 성하였으며 앉을 만한 바위가 많았으나 색은 희지 않았다. 시내 좌우에 높이가 백 길이나 되는 기이한 절벽과 푸른 바위가 온 골짜기에 마치 병풍처럼 우뚝 솟아 뻗어 있는데 이와 같이 3~4리에 걸쳐 이어졌으며 깊이 들어갈수록 더욱 기이하였다. 지쳐서 시내 가운데에 있는 커다란 돌에 앉아 대작(對酌)하다가 얼근하게 취하였다. 설마동 밖으로 100보쯤 가면 곧 구담이 나오는데, 눈앞의 봉우리들이 저녁 빛에 푸르게 우거져 흥이 올라 돌아가고 싶지 않았다. 따르던 종이 날이 저물었다고 고하여 마침내 구담은 생략하고 설마동 서쪽 골짜기를 따라 돌아오는데 물과 바위가 또한 볼 만하였으나 설마동에는 한참 미치지 못하였다.

말을 버리고 걸어서 산길을 넘어가는데 이생(李生)이 "산꼭대기에 자못 기이하고 웅장한 너럭바위가 있는데 이전의 유람객들의 발자취가 닿지 않은 곳입니다."라고 하였으나 날이 이미 어두워져 오르지 못하고 섭섭해 하며 돌아왔다.

심생과 이불을 나란히 하고 누웠는데 밤이 깊어지자 달이 소나무 가지로 인 처마에 들어 잠자리가 매우 밝고 그윽하였다. 무릉도원이 어찌 반드시 이보다 낫겠는가. 퇴계(退溪 이황(李滉))의 기(記) 가운데 "넓은 골짝이 깊숙하고 그윽하여 살 만도 하고 밭을 갈 만도 하니 유유자적하며 은거해 살 만한 곳"[211]이라고 한 데가 바로 이곳이다.

내일 아침에 장차 구담에 배를 띄우려고 아침 일찍 밥상을 차리게 하였다.

이날 40여 리를 갔으며, 시 3수를 얻었다.

22일 맑음.

해가 뜨자 밥을 먹었다.

심생이 병중에 억지로 일어나서 "공을 혼자 가게 할 수 없습니다."라고 하여 고삐를 나란히 하고 설마동 서쪽 골짜기를 나가 구담 가에 이르렀다. 평평하고 시원한 벌판에 밭두둑과 마을이 있는데 심생이 장차 그 위에 집을 짓겠다고 하니, 바로 구담의 굽이를 굽어볼 수 있는 곳이었다.

작은 배를 찾아 물의 흐름을 타고 서쪽으로 내려가는데 장회탄(長淮灘)에서 흐르던 물이 구봉(龜峰) 동쪽의 언덕에 부딪쳐 물길이 굽어 북쪽으로 향하다가 가은봉(可隱峰) 아래에서 휘돌더니 조금 뒤에 또 꺾여서 서쪽으로 흐르는데 고인 물이 맑고 푸르렀다. 3~4리쯤 가자 동네 어귀가 나왔는데 협문(峽門)이 마주보고 우뚝 솟아 바깥쪽이 보이지 않았다. 구담의 머리를 되돌아보니 또한 가은봉과 구봉이 서로 가리어 하나의 별세계를 이루었는데, 3~4리 사이에 삐쭉삐쭉 봉우리가 좌우에 겹겹이 벌여있는 것이 모두 푸르게 치솟고 씻긴 듯 깨끗하여 정신이 날아갈듯 생동하는데 그 기이하고 빼어난 모습을 형용할 수가 없었다.

211 넓은……곳 : 《퇴계집(退溪集)》 제42권 〈유람할 만한 단양 산수에 대한 속기〔丹陽山水可遊者續記〕〉에 나오는 말이다.

구봉은 물의 남쪽에 웅장하게 치솟았는데 봉우리의 면면이 모두 깎아지른 하나의 돌로 이루어져 있으며 붉고 푸른 빛깔이 서로 비추고 있다. 아래에는 더위잡을 만한 한 치의 땅도 없이 하나의 언덕으로 뻗쳐 이어진 것이 모두 그러한데, 그 동쪽에 가장 겹겹이 싸여 웅장한 것이 취적봉(翠積峰)이고 서쪽에 가파른 벼랑이 높이 솟아 마치 사람을 전송하는 것 같은 것이 이별봉(離別峰)이니, 이것이 그 중에서 특별한 명승지라고 한다.

물의 북쪽도 대개 또한 돌산으로, 더욱 서리고 우뚝 솟은 모습이 빼어났는데 가은봉이 가장 크고 걸출하였다. 뱃사람이 그 꼭대기에 있는 오래된 성(城)을 가리키며 여지서(輿地書 지리서(地理書))에 이르기를, 고려 말에 골짜기에 살던 백성들이 왜적을 피했던 곳이라고 하였다. 가은봉의 서쪽 옆에 깊숙한 골짜기가 있어 취적봉을 정면으로 마주보고 있는데 퇴계가 이른바 "깊고 고요하여 사람의 자취가 끊어졌다."[212]라고 한 곳이 곧 이 골짜기인 것으로 보인다. 고(故) 처사(處士) 정시한(丁時翰)[213]이 이 골짜기에 초가를 엮고 살았으며 지금도 몇 가호(家戶)로

212 깊고……끊어졌다 : 《퇴계집(退溪集)》 제42권 〈유람할 만한 단양 산수에 대한 속기〔丹陽山水可遊者續記〕〉에 나오는 말이다.

213 정시한(丁時翰) : 1625~1707. 조선 후기의 학자로, 본관은 나주(羅州)이며 자는 군익(君翊), 호는 우담(愚潭)이다. 주로 원주(原州)에 은거하며 성리학을 연구하고 후진을 양성하였다. 유일(遺逸)로 천거되어 집의·사업(司業) 등에 임명되었으나 모두 사양하고 나아가지 않았다. 1690년(숙종16)에 〈만언소(萬言疏)〉를 올렸다가 임금의 분노를 사 관직이 삭탈되었으며, 1691년에 기사환국이 일어나자 남인이면서도 인현왕후를 폐위시킨 일은 잘못이라고 소를 올려 삭탈관직 당하였다. 1694년에 갑술옥사로 인현왕후가 복위되자 장씨(張氏)를 정비에서 희빈으로 강등하는 것에 대해 반대하는 소를 올렸다. 호락논쟁(湖洛論爭)이 일어나기 훨씬 전인 1700년부터 문인 이식(李栻)

이루어진 마을이 있다.

그 서쪽 바위산이 보였다 안보였다 하는 것이 더욱 기이한데 다섯 개의 봉우리가 잇닿아 있어 늠름한 모습으로 다투어 두각을 드러내는 것을 오로봉(五老峰)이라고 하니, 퇴계가 이름 지은 것이다.

또 서쪽에 두 개의 봉우리가 서로 나란히 있는데 푸르고 참신하며 굳세고 빼어나 여러 봉우리 가운데 가장 빼어났다. 배 안에서 올려다 보매 선학(仙鶴)이 날개를 들어 구름과 노을 속으로 날아오르는 것 같았으니 곧 현학채운봉(玄鶴彩雲峰)이라고 한다. 퇴계가 이 봉우리의 이름을 지은 것이 당시에 눈으로 본 것을 기록한 것에 불과하나 실제로 그 형상과 서로 흡사하기가 이와 같았다. 두 봉우리 사이에 어떤 승려가 넓은 언덕을 네모지게 하여 정사(精舍)로 만들었는데 완성하지 못하였다.

대개 남쪽 산봉우리는 깎아지른 듯 우뚝 솟고 북쪽 산봉우리는 뛰어오를 듯 굳세게 솟아 각각 서로 양보하지 않는데, 취적봉이 더욱 가파르고 웅장하였다. 배가 그 사이에 뜨니 벌벌 떨리고 아찔하여 거의 눈을 믿을 수 없었다. 그때에 또 아침 해가 높이 떠올라 봉우리에 끼어 있던 묵은 안개가 막 걷혀서 언덕과 골짜기가 찬란하게 빛이 나는데 물에 어린 빛이 위로 흔들려 푸른 절벽이 마치 금덩이가 뛰노는 것처럼 보였으니, 참으로 기이한 경관이었다.

길을 가다가 구담의 꼬리께 이르러 갑자기 남쪽 물가에 여기저기 우뚝 솟은 3~4개의 바위 봉우리가 색은 창백(蒼白)하며 사방이 가지

과 인물성동이론(人物性同異論)을 벌이면서 인물성상이론(人物性相異論)을 전개하였다. 원주의 광암사(廣巖祠)에 제향되었으며, 《우담집(愚潭集)》 등의 저술이 전한다.

런하게 깎인 것이 마치 도끼를 사용한 듯한 것이 나타났는데, 곧 옥순봉(玉筍峰)이었다. 이 또한 퇴계가 이름 지은 것이라고 한다. 배를 대고 한참을 바라보노라니 아스라한 것이 매우 기이하였으나 다만 뿌리가 모두 흙으로 둘러싸인 것이 흠이었다. 봉우리 아래쪽에 발을 디딜 만한 모래사장이 있어 배에서 내려 유람객들이 절벽에 이름을 써놓은 것을 보았다. 수십 걸음쯤 가서 골짜기 입구에 이르자 돌 위에 '단구동문(丹丘洞門)' 네 글자가 새겨져 있었는데, 퇴계의 글씨로 글자가 비록 작으나 분별할 수 있었다.

조금 있다가 배를 돌려 물결을 거슬러 올라갔는데 자못 더디어서 산수를 응접(應接)하기에 매우 여유가 있었다. 뱃머리에서 술잔을 기울이며 드러누워 봉우리들을 바라보노라니 은은한 것이 아마도 신선이 있어 내려온 것 같았다.

정씨(丁氏)의 초당에 올라 남쪽 봉우리의 붉은 절벽을 마주 대하고 구담의 물굽이를 굽어보니 콸콸 소리 내며 구담으로 흘러들어가는 작은 시내가 앞에 있는데 맑고 깨끗하여 사랑스러웠다.

잠시 앉았다가 시내를 따라 내려가 배를 타고 장회탄(長淮灘)을 거슬러 올라갔다. 북쪽 언덕에 우뚝 솟은 석대(石臺)가 있는데 보기에 그다지 경치가 빼어나지는 않았으나 더위잡고 올라가자 매우 평평하고 반들반들하여 앉을 만하였다. 하얀 모래가 그 앞에 깔려있으며 구담의 빼어난 경관들이 뒤얽혀 눈앞에 비치니 또한 즐길 만하였다. 석대의 벽면에 '降僊臺(강선대)' 세 글자를 새기고 조금 쉬었다가 남쪽 물가를 건너 심생(沈生)과 작별하고 말에 올라 강변을 따라 갔다. 불쑥 튀어나온 산언덕에 숲이 무성하였는데 이름을 이호대(二皓臺)라고 하였다.

단구협(丹丘峽)을 나가 모두 20리를 가서 단양(丹陽) 읍내에 이르러 봉서정(鳳棲亭)을 찾아 올라갔다. 봉서정 옆에는 곧 이요루(二樂樓)가 있는데 탁영(濯纓)[214]의 기문(記文)에 이른바 "비해당(匪懈堂)[215]이 편액하였다."라고 한 것[216]이 지금도 아직 걸려있다.

정오에 밥을 지어먹고 도담(島潭)을 향해 출발하면서 그 읍에 사는 전세도(田世道)라고 하는 사람을 길잡이로 삼아 데리고 갔다. 북쪽으

214 탁영(濯纓) : 김일손(金馹孫, 1464~1498)의 호이다. 조선 전기의 문신이자 학자로, 본관은 김해이며 자는 계운(季雲)이다. 1486년(성종17) 문과에 급제한 후 고향에 돌아가 김종직(金宗直)의 문하에서 정여창(鄭汝昌)·강혼(姜渾) 등과 교유하며 학문에 몰두하였다. 이후 다시 벼슬에 나아가 장령·정언·수찬·병조 좌랑·교리·헌납·이조 정랑 등을 지냈는데, 주로 언관(言官)에 재직하였으며 여러 차례 사가독서(賜暇讀書)하였다. 《성종실록》을 편찬할 때 스승 김종직이 쓴 《조의제문(弔義帝文)》을 사초(史草)에 실었다가 1498년(연산군4) 무오사화에서 능지처참 당하였다. 이는 새로 등장한 신진 사림이 집권층인 훈구파에 의해 제거되는 계기가 되었다. 중종반정 후 신원되고 도승지·이조 판서에 추증되었으며, 도동서원(道東書院) 등에 배향되었다. 시호는 문민(文愍)이며, 《탁영집》 등의 저술이 남아 있다.

215 비해당(匪懈堂) : 안평대군(安平大君, 1418~1453)의 호이다. 조선 초기의 왕족이며 서예가로, 이름은 용(瑢)이며 자는 청지(淸之), 호는 비해당 외에 낭간거사(琅居士)·매죽헌(梅竹軒) 등이다. 1430년(세종12) 성균관에 들어갔으며, 1438년 왕자들과 함께 야인을 토벌하였다. 황보인(皇甫仁)·김종서(金宗瑞) 등 문신들과 손잡고 수양대군(首陽大君)과 대립하였는데, 1453년(단종 원년)에 계유정난이 일어나자 강화도로 귀양 갔다가 교동(喬桐)으로 옮겨져 사사되었다. 식견과 도량이 넓고 시·서·화에 모두 능하여 삼절(三絶)이라 일컬어졌다. 특히 글씨에 뛰어나 당대 최고의 명필로 꼽혔으니, 〈몽유도원도(夢遊桃源圖)〉 발문이 대표작이다. 영조 때 복호(復號)되어 장소(章昭)라는 시호가 내렸다.

216 탁영(濯纓)의……것 : 김일손(金馹孫)이 《탁영집(濯纓集)》 제3권 〈이요루기(二樂樓記)〉에서 "벽 사이에 비해당이 편액한 '이요루'라는 커다란 세 글자를 보니 야광명월처럼 찬란하였다.〔視壁間匪懈堂所扁二樂樓三大字, 爛然如明月夜光.〕"라고 한 것을 말한다.

로 십 수 리를 가자 작은 나루가 나왔는데 뱃사람들이 마진(馬津)이라고 부르니, 곧 이른바 상진(上津)이다. 나루 아래에 가파른 석벽이 가로질러 솟아 있는데 질푸른 북쪽 언덕의 그림자가 강 가운데에 거꾸로 비쳤다. 이것이 서골암(棲鶻巖)이니, 탁영이 이름을 지었으며 이창석(李蒼石) 준(埈)[217]이 일찍이 여기에 정자를 지었다고 한다.

나루를 건넌 후에 강가를 떠나 북쪽으로 가서 구불구불 산골짜기 안에서 또 15리를 가니 강물이 보이지 않았다. 내가 종자에게 도담(島潭)이 어디에 있냐고 물었는데 말이 끝나기도 전에 갑자기 어떤 마을의 입구가 나타나더니 강산이 널찍하게 열렸다. 말 앞에 세 개의 석봉(石峰)이 도담 가운데에 솟아 있는데, 마치 공중에 떠 있는 것처럼 우뚝하였으며 눈길 닿는 것마다 모두 놀랍고 괴이하여 실재하는 이 세상이 아닌 것 같았다. 말에서 내려 도담 가의 버드나무 그늘에 앉아 있다 보니 날이 이미 저물었다.

삼봉(三峰)이 모두 단아하고 빼어나게 우뚝 솟아 조금도 어리석고 사나운 느낌이 없었다. 가운데 봉우리는 수십 길을 넘지 않았으며 좌우의 봉우리는 또 그보다 약간 낮았는데, 대열을 이룬 모습이 마치 기러

217 이창석(李蒼石) 준(埈) : 이준(李埈, 1560~1635)을 가리킨다. 조선 중기의 문신으로, 본관은 흥양(興陽)이며 자는 숙평(叔平), 호는 창석·유계(酉溪)이다. 유성룡(柳成龍)의 문인으로, 1591년(선조24) 문과에 급제하였다. 정자·수찬·교리·집의 등을 역임하였으며, 1604년 주청사(奏請使)의 서장관으로 명(明)나라에 다녀왔다. 1592년 임진왜란이 일어나자 정경세(鄭經世)와 의병을 모집하여 고모담(姑母潭)에서 적군과 싸우다 패하였고, 1594년에 다시 의병을 일으켜 적과 싸웠다. 1597년 정유재란이 일어나자 소모관(召募官)이 되었으며, 1627년(인조5) 정묘호란이 일어나자 다시 의병을 모집하고 왕명을 받들어 전주에 가서 수만 섬의 군량미를 모았다. 시호는 문간(文簡)이며, 《창석집(蒼石集)》 등의 저술이 남아 있다.

기가 줄을 지어 가듯 질서정연하여 둥글고 뾰족한 모양과 서로 간의 거리가 또 대략 서로 같아서 어긋남이 없었으니 조물주의 공교한 솜씨를 볼 수 있었다. 봉우리 사이로 작은 거룻배가 왔다 갔다 할 수 있을 만하여 마을 사람을 불러서 배를 찾았는데 오랫동안 오지 않았다. 앉아서 구경하다가 날이 저물었는데 그윽하고 온화하여 오래 있어도 더욱 싫증이 나지 않았다.

동쪽으로 도담의 상류로 거슬러 올라가니 수백, 수천 길의 바위 벼랑이 물 북쪽에 드넓게 펼쳐져 있었다. 푸른 절벽이 중간에 갈라져 둥근 모양의 문을 이루었는데 아무 것도 없는 동굴은 텅 비고 밝았으며 그 꼭대기는 사람이 왔다 갔다 할 만하고 모양이 마치 누워있는 무지개와 같았으니, 이것이 곧 석문(石門)이었다. 높이는 수십 길을 넘고 넓이 또한 몇 길에 이르렀는데 우러러 보니 그 사이로 하늘의 별이 또렷하게 보였다.

여기서부터 절벽이 더욱 높고 가팔라졌다. 1리쯤 가자 은주암(隱舟巖)이 나왔는데, 그 옆으로 가서 보자 절벽의 형세가 더욱 들쭉날쭉하게 뻗어있을 따름이지 그다지 기이할 것은 없었다.

배가 절벽의 모퉁이를 지나고 또 꺾어져서 서쪽으로 들어가니 우뚝 솟은 바위가 마치 지붕처럼 물을 덮었는데 그 아래에 웅덩이가 갈라져서 굴이 되었다. 배가 깊이 들어가도 걸리는 것이 없고 그 안이 자못 텅 비고 넓어 비록 큰 배라 하더라도 감출 수 있을 정도였으며, 깊고 으늑하며 사방이 막혀있고 동남쪽 모퉁이만 조금 열려있었다. 고개를 들어 보니 바위로 된 처마가 아래로 드리워져 위태위태한 것이 마치 떨어질 것 같았다. 노를 저어 돌아 나오는데 물이 돌 사이에 부딪치면서 찰싹찰싹 나는 소리가 매우 크고 맑았다. 배를 대고 꽤 오랫동안 있다 보니 날이 이미 어두워졌다. 돌아보니 도담의 물빛이 어둑어둑 짙푸르고 물새가 바위 꼭대기에서 끼룩끼룩 울어대 두려운 생각이 들어 오래 머물 수가 없었다.

배를 돌려 내려오며 배 안에서 고시(古詩)를 읊는데 그 소리가 바위 골짜기에 부딪쳐 울렸다. 멀리 산불이 물속에 거꾸로 일렁이는 것이 보이고 흰 새 서너 마리가 뱃전을 스치고 날아가니 어두운 가운데 그윽하고 아득하여 또한 즐거워할 만하였으니 밝은 달이 와서 비춰주지 않는 것이 애석할 따름이었다.

물가에 이르러 삼봉(三峰)을 되돌아보니 어둡고 아득하여 알아볼 수가 없었다. 도담 가로 백여 걸음쯤 가자 마을이 나와 그곳에 투숙하였다.

이날 50리를 갔으며, 시 9수를 얻었다.

23일 맑음.

해 뜰 무렵 일어나 삼도(三島)를 보니 뿌연 안개가 삼켰다 토했다 하는 것이 오묘하고 기이하여 말로 형용할 수가 없었다. 작은 배를 띄워 여러 번 나갔다 들어왔다 하다가 또 물을 거슬러 올라가 은주암(隱舟巖)에 이르렀다. 동쪽 해가 이제 막 토해 나왔는데 흔들흔들 바위 아래로 들어가니 그림자가 늠름한 것이 더욱 기이하였다. 조금 있다가 노를 돌려 도담(島潭) 앞 여울로 내려가서 북쪽으로 삼봉(三峰)을 돌아보니 이미 산이 둘러싸 볼 수 없었다.

삼청탄(三淸灘)으로부터 아래로 모두 7개의 여울을 지나니 아침 해가 점점 올라와 강이 맑고 푸른 것이 마치 씻은 듯하였다. 산속 마을이 이따금 매우 아늑하였고 양쪽 언덕의 꽃과 바위가 아름답게 비추고 있었다. 날래게 배를 내려가다가 상진(上津)에 이르러 비로소 배를 버렸으니 전세도(田世道)가 작별 인사를 하고 돌아갔다. 남쪽으로 비스듬히 가다가 단양읍(丹陽邑)을 지나자 시골 마을과 들이 평평하고 탁 트여 살만 하였으며, 맑은 시내와 하얀 모래가 길을 따라 구불구불 휘도니 물가를 따라 올라가다 경치가 아름다운 곳을 여러 군데 발견하였다.

사람을 만날 때마다 사인암(舍人巖)이 어디 있냐고 물어보았는데 가까워질수록 푸른 언덕과 하얀 바위가 점점 더욱 기이하고 깨끗하여 졌다. 나아가다가 한 골짜기에 이르자 새로 지은 정자가 나왔는데 자못 크고 탁 트였으며 '개황(開荒)'이라고 편액이 걸려있었는데 곧 그 고을의 서당이었다.

사인암이 그 앞에 있고 백 걸음도 안 되는 곳에 절벽이 시내를 굽어보고 있는데 높이가 수십, 수백 길이었다. 숫돌처럼 갈리고 깎여 그 주름과 모서리가 마치 수백, 수천 개의 푸른 옥(玉)을 묶은 듯한데 또 모두 우뚝하고 반듯하여 조금도 구부러지거나 기울어짐이 없어 하나같이 자를 대고 칼과 톱으로 잘라 만든 것 같았다. 시내를 따라 수백 걸음을 올라가는데 대체로 모두 이와 비슷하였다. 바라보니 다만 푸르고 가파른 산이 한 줄 띠처럼 보일 뿐, 아래위로 한 조각의 땅도 없었다. 그 꼭대기에 나무와 꽃이 우거지고, 절벽 아래쪽은 모두 너럭바위로 솟구쳤다 엎드렸다 뒤죽박죽 벌여있는데 빛이 자못 밝고 반들반들하였다.

세차게 흐르는 여울이 맑고 깊으며 굽이굽이 기이하고 고와 돌을 딛고 시내를 거슬러 올라가려는데 백 걸음도 갈 수 없었다. 바위의 형세가 더욱 기이하고 웅장하며 깊게 고인 물이 맑고 푸른 것이 한 길이 넘는데, 바위는 한림암(翰林巖)이라 하고 못은 옥류담(玉流潭)이라고 하였다. 그 위에 바위가 평평하고 매끄러워 앉아서 놀 만하였는데 이름을 사선대(四仙臺)라고 하였다. 다만 그 입지가 깊고 그윽하지 않고 북쪽에는 다만 버려진 밭이 있을 뿐이라 자못 아늑하고 정결한 맛이 부족하였다. 소나무 아래 바위에 앉아 술을 마시며 한참을 있다가 점심을 먹었다.

또 시내를 따라 내려가 옷을 걷어 올리고 물을 건너 절벽 아래에 이르러 서성거리다가 사람들이 제명(題名 이름을 써넣음)한 것을 보았다. 현풍(玄風) 당숙[218]의 이름 또한 거기에 있었는데 인간사 이미 변개하여 돌아가셨다.

물길을 따라 올라갔다 내려갔다 하며 한참 시간을 보내다가 말을 타고 1리를 채 못 가 운암(雲巖)이 나왔는데, 처음 도착했을 때는 볼만한 것이 없는 것 같았다. 소나무 아래 깎아지른 언덕에 앉아 맑은 물이 구비 돌아 흐르고 모래와 돌이 평평하게 깔려 있는 것을 굽어보았다. 언덕이 모두 바윗돌로 이루어져 있는데 동쪽에 바위 하나가 시냇가 물굽이에 치솟은 것이 매우 우뚝하고 기이하며 마치 구름이 일어나는 것 같은 무늬가 있었으니, 운암이라는 이름을 얻은 것이 아마도 이것 때문인 듯하였다. 그 옆에 있는 언덕의 오래된 소나무 몇 그루가 여기저기 흩어져 구불구불 서리어 있는 것이 매우 거대하였다. 산봉우리들이 좌우에서 안듯이 둘러싸고 동쪽 봉우리의 바위 벼랑이 기이하게 깎였는데 단풍나무와 소나무가 울창하여 경계가 한가롭고 평온하니 사람이 살기에 가장 적당하였다.

218 현풍(玄風) 당숙 : 오원(吳瑗)의 당숙으로, 누구인지 알 수 없다.

그 옆은 또 모두 비옥한 밭인데 도리어 인가(人家)가 하나도 없는 것이 괴이하였다. 유서애(柳西厓)[219]가 옛날에 작은 집을 지었는데 섬돌이 아직도 남아있으니, 일명 유곡(酉谷)이라고 한다. 한참 동안 앉아 있으니 시원한 바람이 사방에서 불어왔다. 시내를 따라 내려가려고 하였는데 시내가 갑자기 끊어져 발 디딜 데가 없어 구불구불 수십 걸음을 서남쪽 기슭을 따라 내려가서 시냇가에 잠시 서 있었다.

마침내 길을 떠나 피치령(皮峙嶺)을 넘어 산골짜기를 지나다가 가차촌(可次村)을 지나게 되었는데 물과 바위가 더욱 웅장하고 산길이 험준하였다. 나무꾼이 있어 길의 왼쪽을 가리키며 "여기를 내려가면 중선암(中仙巖)입니다."라고 하므로 말을 버리고 언덕을 따라 내려가 푸른 소나무 사이에 하얀 숫돌이 서로 비추고 있는 것을 보았는데, 불쑥 일어나거나 여기저기 벌여져 대(臺)도 되고 낚시터도 된 것이 매우 많았다. 물이 빠르게 흐르다가 쌍폭포가 되어 한 곳으로 떨어지는데 뿜어내는 기세가 매우 웅장한데다가 골짜기가 또 빙 둘러 막아서 소리가 더욱 크고 요란하여 마치 산을 쪼개는 것 같았다. 아래위 두 골짜기의 바위가 모두 마치 옥처럼 맑고 깨끗한데 숲속 나무들은 무성하여

219 유서애(柳西厓) : 유성룡(柳成龍, 1542~1607)을 가리킨다. 조선 중기의 문신으로, 본관은 풍산(豊山)이며 자는 이현(而見), 호는 서애(西厓)이다. 이황(李滉)의 문인으로, 1566년(명종21) 문과에 급제한 후 대사간·도승지·대사헌·양관 대제학·병조 판서·우의정·이조 판서·좌의정 등 요직을 두루 역임하였다. 1592년(선조25) 임진왜란이 일어나자 병조판서 겸 도체찰사로 군무를 총괄하고 영의정이 되어 왕을 호종(扈從)하였다. 1598년 북인의 탄핵으로 관작을 삭탈당하였다가 1600년에 복관되었으나 다시 벼슬을 하지 않고 은거하였다. 1604년 호성 공신(扈聖功臣) 2등에 책록되고 풍원부원군에 봉해졌다. 저서로 《서애집》·《징비록(懲毖錄)》 외 다수가 있으며, 시호는 문충(文忠)이다.

해를 가리고 양쪽 협곡은 마주대고 묶은 듯 잘록하였다. 동쪽에 볼 만한 가파른 절벽이 많은데 깊고 그윽하며 맑고 깨끗하여 사람 사는 곳이 영 아닌 것 같았다.

시냇가에 있는 바위 하나가 마치 섬돌처럼 가지런히 포개져 있어 그 위에 앉아 혼자 술을 따라 마셨는데 조용한 것이 마음에 꼭 맞아 적막한 줄 알지 못하였다. 시냇물에 발을 씻으며 한참을 있는데 홀연히 한 사람이 물가로 내려오기에 일어나서 맞이하여 이야기를 나누다가 비로소 신생 혜동(辛生惠東)임을 알았는데 가차촌(可次村)에 살고 있었다. 일찍이 서울에서 얼굴을 알고 지냈는데 내가 들른 것을 알고 특별히 찾아와 함께 만나서 반가워하며 거의 한나절 동안 함께 소요(逍遙)하였다. 외할아버님 삼연(三淵 김창흡(金昌翕))께서 제명(題名)하신 곳을 찾으려 하였으나 못 찾았고, 폭포 가 바위에 새겨진 "四郡江山三僊水石(사군강산 삼선수석)" 8자는 윤 방백(尹方伯) 헌주(憲柱)[220]의 글씨이다.

또 작은 고개를 넘어 몇 리 가지 않아 상선암(上仙巖)이 나왔는데, 거대한 바위가 시냇가에 서려 있어 수십, 수백 명이 앉을 수 있었으니

220 윤 방백(尹方伯) 헌주(憲柱) : 1717년(숙종43)~1718년에 충청도 관찰사(忠淸道觀察使)를 지낸 윤헌주(尹憲柱, 1661~1729)를 가리킨다. 조선 후기의 문신으로, 본관은 파평(坡平)이며 자는 길보(吉甫), 호는 이지당(二知堂)이다. 1698년(숙종25) 춘당대 문과에 장원으로 급제한 후 정언·사간·충청도 관찰사·한성부 우윤·병조 참판·도승지 등을 역임하였다. 1720년(경종 원년) 함경도 관찰사가 된 후 청렴하지 못하다는 탄핵을 받고 용천(龍川)에 유배된 바 있으며, 이후 각 조의 판서를 역임하다 파직당하였다. 이인좌(李麟佐)의 난이 일어나자 북도 안무사(北道安撫使)로 기용되어 평안도 일대에서 민심을 무마하였으며, 이 공으로 사후에 분무 원종공신(奮武原從功臣)에 추록되고 영의정에 추증되었다. 시호는 익헌(翼獻)이다.

차일암(遮日巖)이라고 불렀다. 깎아지른 듯한 절벽 아래에 너럭바위가 마치 책상처럼 널찍하게 트였는데 물의 기세 또한 그를 따라 시원하게 흘러 여러 층에 걸쳐 떨어져 내렸다. 그 옆에 있는 바위들은 어떤 것은 똑바로 서 있고 어떤 것은 기울어져서 우뚝하고 험준한데 어지러운 물줄기가 갈라져 흐르니 그 모양이 한결같지 않았다. 비록 영롱하게 비치는 것은 중선암에 미치지 못하였으나 규모와 기세는 매우 크고 또 기이하였다.

걸어서 그 물의 근원을 찾아가다가 수백 걸음쯤 가니 붉은 벼랑이 우뚝 서 있었는데, 높이가 백 길은 되고 커다란 하나의 바위가 몸체를 이루어 사인암(舍人巖)과 비슷한데 크고 웅장함이 그보다 더하였으며 여러 번 구불구불 꺾어져 마치 병풍처럼 첩첩이 포개진 것이 모두 다섯 구비였다. 다섯 번째 구비 서쪽에 시내가 흘러 작은 못을 이루었는데 바위의 뿌리 부분이 잠겨 짙푸른 색이 되었으며 넓이가 또 수 묘(畝)에 이르렀으니, 벼랑의 이름은 경천벽(擎天壁)이고 못은 용담(龍潭)이라고 하였다.

경천벽을 지나 바위 하나를 얻어서 신생(辛生)과 함께 마주앉아 술을 마셨는데 지경이 더욱 한적하고 탁 트여 제법 즐길 만하였다. 여기서 예천(醴泉)의 경계까지는 겨우 10리 떨어져 있다고 한다. 신생이 시를 지었기에 화답해주었다.

물의 근원을 찾아 계속 앞으로 나아가고 싶었으나 몸이 힘들어서 그러지 못하였다. 산중에 철쭉이 가장 많았는데 한창 흐드러지게 피어 담홍색(淡紅色)으로 물든 것이 더욱 아름다웠다. 숲속을 꽤 오랫동안 배회하고 있노라니 수일암(守一菴)의 승려가 와서 저녁밥이 준비되었다고 알려 마침내 돌아갔다.

수일암은 상선암(上仙巖)에서 수십 걸음 아래에 있으며 그 위는 독락성(獨樂城)의 옛 터이다. 자리 잡은 곳이 매우 깊고 아늑하며 불당과 요사(寮舍)가 정결하였다. 대개 산중의 두 바위(상선암과 중선암)가 옛날에는 이름이 없었는데 을축년(1685, 숙종11)에 수암(遂菴 권상하(權尙夏))께서 처음 상선암을 발견하시고 곡운(谷雲 김수증(金壽增))께서 당시에 청풍 부사(淸風府使)로 계시면서[221] 소식을 듣고 와서 함께 유람하시다가 다시 중선암을 발견하셨으며, 수일암을 지은 것은 또 그 후의 일이라고 한다. 유인(惟印)이라는 승려가 수암께서 지으신 시를 꺼내 보여주면서 시를 지어줄 것을 매우 고집스럽게 청하므로 화답하여 주었다.

밤이 되어 신생과 함께 잠을 잤다.

도담(島潭)에서부터 상진(上津)까지 15리, 상진에서부터 사인암(舍人巖)·운암(雲巖)까지 25리, 운암에서부터 상선암까지 15리를 가서 이날 물과 육지로 모두 55리를 갔으며, 시 14수를 얻었다.

24일 흐림

새벽에 비가 부슬부슬 내렸는데 아침까지 그치지 않았다.

승려들과 함께 밥을 먹고 잠깐 쉬었다가 신생(辛生)보다 먼저 산을 내려와 중선암(中仙巖)에 앉았다. 산봉우리 반은 구름과 안개 속에 있고 꽃과 나무는 비를 띠고 더욱 빛깔이 고와 유달리 그윽하고 기이한 일단의 풍취가 있었다. 조금 있다가 비가 다시 내리고 신생 또한 뒤따

221 곡운(谷雲)께서……계시면서 : 김수증(金壽增)은 1683년(숙종9)~1686년에 청풍 부사(淸風府使)를 지냈다.

라 도착하였다. 드디어 길을 떠나 신생의 집에 이르러 신생의 대인(大人 아버지)을 찾아뵈었다.

비가 그친 후 신생과 함께 말을 타고 서쪽 길을 따라 우거진 숲과 깊은 골짜기를 뚫고 하선암(下仙巖)에 이르렀으니, 곧 옛날에 '불암(佛巖)'이라고 부르던 곳인데 임공 제광(林公霽光)[222]이 이름을 고친 것이다.[223] 상선암으로부터 약 10여 리 떨어져 있으며, 그 사이에 시내의 흐름이 4~5번 꺾이는데 깊은 곳은 무릎을 넘기도 한다. 여기에 이르면 하얀 바위와 잔잔한 못이 매우 아름다워 기이하고 웅장함은 상선암만 못하지만 담박하고 고아함은 그보다 낫고, 맑고 깨끗함은 중선암만 못하지만 평평하고 탁 트인 것은 그보다 낫다.

시내 좌우에 벼랑이 마주보고 서 있는데 불암이 우뚝 솟아 시내를 굽어보고 있으니, 또한 유선대(遊仙臺)라고도 부른다. 옷을 벗고 그 위에 오르니 봉우리와 골짜기에 막혔으나 경계가 지극히 깊고 한적하여 좁다는 느낌이 없었다. 한참 동안 시를 읊어 완상하면서 임공(林公 임제광(林霽光))과 퇴옹(退翁 이황(李滉))의 기(記)[224]를 가지고 와서 세세

222 임공 제광(林公霽光) : 임제광(林霽光, ?~?)을 가리킨다. 조선 성종(成宗) 때 단양 군수(丹陽郡守)를 지냈으며, 자세한 내용은 미상이다.

223 임공 제광(林公霽光)이……것이다 : 임제광이 '불암(佛巖)'이라는 이름을 '선암仙巖)'으로 고친 것을 말한다. 이황(李滉)은 그의 글에서 "남쪽 시냇가에 불암(佛巖)이란 곳이 있는데 가장 기이하다.……임후가 '불(佛)' 자를 '선(仙)' 자로 고친 것은 매우 좋다.〔南川之上有曰佛巖, 最奇.……林侯之改佛爲仙, 甚善.〕"라고 하였다.《退溪集 卷42 丹陽山水可遊者續記》

224 퇴옹(退翁)의 기(記) :《퇴계집(退溪集)》 제42권에 실려 있는 〈유람할 만한 단양의 산수에 대한 속기〔丹陽山水可遊者續記〕〉를 말한다.

하게 살펴가며 찾지 않은 것을 아쉬워하였다.

또 6~7리를 가자 시내가 더욱 깊어서 더러 옷을 걷고 건널 수가 없었다. 고개 하나를 넘어 단양군(丹陽郡)에 이르러 봉서정(鳳棲亭)에 앉았다. 신생(辛生)이 시를 지어 이별의 정을 펴기에 화답하였다. 태수 이봉익(李鳳翼)[225]이 나와서 만나 술과 안주를 차려서 점심을 먹고 이후(李侯 이봉익(李鳳翼)), 신생(辛生)과 작별하였다.

길을 떠나 아직 가은봉(可隱峰)을 돌지 못하였는데 봉우리의 형세가 이미 웅긋쭝긋 사람을 맞이하였다. 장회탄(長淮灘)을 지나서 장삿배를 불러다가 못에 띄웠는데 날이 비록 흐리다 하더라도 시간을 헤아려보니 아직 일렀다. 배가 출발한 후 갑자기 물속에 있는 넓적한 돌에 좌초되어 구봉(龜峰) 아래에서 빙빙 돌아 여러 식경(食頃)이 지나서야 이에 갈 수 있었다. 그때에 구름과 안개가 봉우리를 삼켰다 토했다 하여 봉우리의 모양을 거의 분간할 수 없어서 형태가 더욱 기이하였다. 뜸[226]에 기대어 사방을 둘러보는데 비가 부슬부슬 내려 옷을 적셨다.

골짜기 입구에 이르러 배에서 내렸는데 날이 이미 저물었다. 몇 리를 가서 괴곡촌(槐谷村)의 가장 깊은 곳을 찾아 투숙하였으니, 청풍(淸風) 땅이었다.

이날 40여 리를 갔으며, 시 5수를 얻었다.

225 이봉익(李鳳翼) : 1671~1743. 조선 후기의 문신으로, 본관은 여흥(驪興)이며 자는 사휘(士輝)이다. 1710년(숙종36) 문과에 급제한 후 정언·장령·승지·예조 참판·안동 부사·강릉 부사 등을 역임하였다.

226 뜸 : 대로 엮어서 배〔舟〕의 윗부분을 덮는 기구를 말한다.

25일 흐림

해 뜰 무렵 가랑비를 무릅쓰고 마을 입구를 나서 강을 따라 가며 구담(龜潭) 주변의 봉우리들을 돌아보았는데 안개 속에 묻혀 볼 수 없어서 자못 섭섭하였다.

15리를 가서 칠송정(七松亭)에 이르렀다. 작은 배를 얻어서 강을 건너 김생 창길(金生昌吉)을 찾아갔으나 만나지 못하였다.

작은 골짜기 하나를 지나 능강곡(凌江谷)에 이르렀는데 능강곡은 강을 마주하고 있으며 자못 깊숙하고 나무가 많았다. 시내를 따라 수백 걸음을 나아갔는데 촌락이 자못 번성하였다.

시내 길이 구석지고 험하여 말을 놓아두고 수십 걸음을 가다가 길 옆에 층층바위가 시냇가에 마주보고 솟아있는데 물이 그 사이에 고여 깊고 푸른 못이 되고 물고기도 있는 것을 보았다. 반송(蟠松)이 두 바위 위에 나서 비스듬하게 서로 얽혀서 그늘을 드리웠고 바위가 평평하여 앉을 만하므로 조촐하게 술을 마시며 휴식하였다.

조금 있다가 마을에 사는 아이를 불러 앞장서게 하고 시내를 건너 올라가니 물과 바위가 점점 맑고 그윽하였다. 백 걸음이 안 되는 지점에서 동쪽으로 비스듬히 가다가 누운 폭포〔臥瀑〕와 평평한 못〔平潭〕을 만났는데, 못의 넓이는 수십 칸이고 그 옆에 있는 너럭바위는 백 명쯤 앉을 수 있었다. 지경이 매우 아늑하고 조용하여 오랫동안 앉아있었다. 봉우리 중간쯤에서 구름이 일어나 비가 올 것 같아서 근원까지 찾아가지 못하고 도로 골짜기를 나왔다.

언덕 하나를 넘자 또 도화동(桃花洞)이 나왔는데, 도화동 골짜기가 더욱 깊어서 마을에 거주하는 인구가 능강보다 조금 적었다.

시내의 흐름이 여러 번 꺾이는데 옷을 걷어 부치고 수백 걸음을 올라갔다. 물이 서쪽에서부터 오다가 멈추어 사담(沙潭)이 되었는데 넓이가 또 백 묘(畝)쯤 되었으며 밑바닥까지 맑았다.

한참을 앉아 있다가 나무하는 아이를 만나 함께 시내를 거슬러 올라가니 굽이굽이 아름다운 곳이 많았다. 백여 걸음쯤 갔을 때 비가 왔는데 이미 한참을 왔기 때문에 돌아갈 수가 없었다.

또 백 걸음쯤 가자 시내 왼편에 층층바위가 우뚝 솟았는데 높이가 백 길(仞) 정도 되었으며 그 아래에 뿜어져 나오는 폭포와 석담(石潭)[227]이 자못 웅장하였다. 비가 점점 세차게 와 머물 수가 없어 돌아가는 길에 움집 같이 생긴 바위 하나를 얻어 그 아래로 가서 잠깐 쉬었다가 비를 무릅쓰고 나루터를 향하여 갔으니 청풍부(淸風府)와 십 리 정도 떨어져 있었다.

강을 건너 채찍을 재촉하여 읍내의 촌가로 들어가서 조금 쉬었다가 한벽루(寒碧樓)에 올랐다. 맑은 강이 돌아 흐르고 한벽루가 아스라하게 강을 굽어보고 있는데 건물이 또 매우 높고 환하였다. 강의 북쪽에 산 하나가 마치 병풍처럼 가로로 솟아 있는데 머리와 꼬리가 마치 하나인 양 가지런하고 꽃과 나무가 푸르고 무성하며 산의 면세(面勢)가 지극히 가파르고 정묘(精妙)한 광채가 있으니, 이름을 금병산(錦屛山)이라고 하였다. 정면으로 서쪽을 마주하여 능강(凌江)의 여러 골짜기에 핀 복숭아꽃을 바라보노라니 은은한 것이 즐길 만하여 한참을 있다가 내려왔다.

청풍부의 서쪽에 또 팔영루(八詠樓)라고 하는 누각이 하나 있는데 그 아래에 이르자 몇 개의 칸살만 남아 들판에 우뚝 서 있었다. 사방을

227 석담(石潭) : 깊이 움푹 패인 바위에 물이 맑게 괸 소(沼)를 말한다.

둘러보아도 볼 만한 것이 없고 또 계단이 없어 올라갈 수도 없는데, 그 옆에 외할아버님의 유애비(遺愛碑 송덕비(頌德碑))가 있었다.[228]

점심밥을 먹고 올라가 6~7리를 가서 큰 고개 아래에 이르렀을 때 비바람을 만났다. 고개가 높고 험하기가 비할 데 없어 몇 십 리에 걸쳐 오르락내리락 하는데다가 또 길이 진흙길이라 말이 앞으로 나아가지 못하였다. 겨우 고개를 넘자 비가 그쳤다.

오강(梧江 오취강(梧翠江))에 이르러 겨우 배에 올랐는데, 배는 작고 말은 날뛰는 바람에 배가 기울어져서 물에 빠져 옷이 젖었다. 다른 배를 얻어 강을 건넜는데 날이 아직 저물지 않았다.

이날 60리를 갔으며, 시 7수를 얻었다.

26일 맑음

오강 가에 있었다.

27일 맑음

오후에 황강(黃江)에 갔다. 내일이 처조부님의 기일(忌日)이다.

28일 맑음

아침에 오강으로 돌아가 날이 밝기 전에 여정을 되돌렸다. 길가 숲에 피었던 꽃들은 다 시들어버리고 나뭇잎이 이미 푸르고 무성하여졌으니 비로소 나그네 회포가 있음을 깨달았다. 해질 무렵 충주성(忠州城)

228 외할아버님의 유애비(遺愛碑)가 있었다 : 오원(吳瑗)의 외할아버지인 김창협(金昌協)은 1687년(숙종13) 11월에 청풍 부사(淸風府使)로 부임하여 근무한 바 있다.

안에 들어가 투숙하였다.

이날 30리를 갔으며 시 1수를 얻었다.

29일 흐리다가 점심에 잠깐 갰다.

날 밝을 무렵 잠자리에서 밥을 먹고 길을 떠나 달천(達川)을 건너 50리를 가서 숭선(崇善)의 객점에서 점심을 먹고 30리를 가서 석원(石院)의 객점에서 말을 먹였다. 날이 아직 저물기 전에 죽산(竹山) 읍내에 투숙하였다.

이날 120리를 갔으며 시 1수를 얻었다.

4월 초하루 을묘일 맑음

해가 뜨자 길을 떠나 30리를 가서 안성(安城) 읍내에서 아침밥을 먹고 점심에 양성(陽城)의 산소 아래에 도착하여 독송정(獨松亭)에 있는 종숙(從叔)의 집에서 묵었다.

이날 50리를 갔다.

2일 맑음

아침에 길을 떠나 진위(振威)에 있는 청호(菁好)의 객점에서 점심을 먹고 오후에 월곡(月谷)의 묘사(墓舍 재실(齋室))에 도착하였다. 저녁에 아버님께서 서울에서 오셨다.

이날 80리를 갔다.

3일 맑음

아침에 길을 떠나 냉정(冷井)의 객점에서 점심을 먹고 저녁에 집으로 돌아왔다.

이날 70리를 갔다.

도담(島潭)과 구담(龜潭), 두 담(潭)을 논하는 이들이 우열을 항상 정하지 못하곤 한다. 나는 도담의 교묘함이 이미 지극하고 지경이 또 그윽하면서 탁 트였으니 참으로 더할 수 없이 경치가 좋은 곳이라고 생각한다. 그러나 기이하게 우뚝 솟고 웅장하며 빼어난 것은 구담이 제 스스로 독보적이니, 무릇 교묘하고 그윽하며 탁 트인 것은 구하기에 혹 쉬울 수도 있으나 기이하게 우뚝 솟고 웅장하며 빼어난 것은 구하기에 가장 어려우니 도담이 조금 부족하다고 생각한다.

석문(石門)과 은주암(隱舟巖)이 또 매우 기이하여 각각 스스로 빼어난 경치라 도담이 거느리기에는 부족하니, 구담의 봉우리들이 좌우로 6~7리에 걸쳐 있어서 한 눈에 빼곡하게 보이는 것만 못하다.

구담의 산봉우리들은 삼각산(三角山)에 비해 가파르고 묘함이 부족한 것 같으나 날아오를 듯 솟고 웅장하며 기이함이 몇 배 더할 뿐만이 아니다. 대개 좌우에 있는 산들이 꿈틀꿈틀 여기에 모여들었다가 강물에 의해 쪼개지는데 크고 넓게 펼쳐진 것이 특히 빼어나다. 그러므로 구담 이외에는 또한 이와 비슷한 것이 없다.

도담은 언뜻 보면 참으로 기괴하나 골짜기가 깊으면서 좁지 않고 언덕이 넓으면서 능히 고요하므로 오래 보아도 더욱 싫증이 나지 않는다.

도담은 의당 달이 뜬 밤에 배를 띄워 놀아야 한다. 구담은 숲이 무성하여 그늘이 져서 밤에는 놀 수가 없고 아침 해 뜰 때가 가장 보기 좋으니 나의 유람에 딱 알맞다. 도담의 달은 끝내 반드시 구경 빚을 갚고야 말 것이다.

도담이 비록 절묘하나 결국에는 내〔自我〕가 스스로 대상〔他〕을 보는 것이고 구담의 경우는 의상(意象)이 크고 넓어서 거의 나와 산수를 분리하지 않으니, 무엇이 으뜸이고 버금인지 나뉘는 기준이 바로 여기에 있다.

구담의 빼어난 경치는 나라 안의 강가가 광대하고 툭 트이기가 이보다 더한 것이 얼마나 많겠는가마는 이에 기이함을 떨치고 영이(靈異)함을 온축하여 스스로 하나의 별세계를 이루었으니, 강산을 두루 다 둘러본 이가 조선 팔도(八道)에서 하나하나 차례로 꼽는다면 아마도 그 짝이 없을 것이다. 풍악산(楓嶽山)이 본디 비할 데 없이 기이하기로 일컬어지지만 이 물이 없는데 어찌하겠는가.

설마동(雪馬洞)의 샘과 바위는 그리 훌륭하지 않지만 좌우에 있는 암벽의 웅장함은 선암(仙巖)에는 있지 않은 것이니, 아마도 또한 구담 가까이 있기 때문일 것이다.

사인암(舍人巖)의 옥류담(玉流潭)은 곡운(谷雲)의 백운담(白雲潭)과 거의 비슷한데 조금 떨어진다. 그러나 지척의 땅에 바위를 둔 것은 백운담이 어찌 능히 미칠 수 있겠는가.

선암(仙巖)의 물과 바위가 곡운구곡(谷雲九曲)에 비해 반드시 훌쩍 뛰어난 것은 아니나 봉우리의 벽이 띠처럼 둘러싸고 있는 것은 곡운에는 없는 것이라, 이에 다만 몇 배 더 뛰어날 뿐만이 아니다.

상암(上巖)은 자못 기이하고 웅장하나 거친 데 가깝고, 중암(中巖)은 지극히 맑고 깨끗하나 자못 좁으며, 하암(下巖)은 담박하고 또 아득하나 두 곳의 장점이 결핍되어 있다. 그러므로 쉽게 품급(品級)을 매길 수 없으나 중암의 깨끗함이 깨끗함의 지극한 데에 이르렀다.

구담(龜潭)같은 승경도 퇴옹(退翁 이황(李滉))에 이르러 비로소 크게 알려지게 되었고 상암과 중암은 곡운(谷雲 김수증(金壽增))과 수암(遂菴 권상하(權尙夏))으로부터 비로소 이름을 갖게 된 것을 보면 세상에 알려지고 알려지지 못함에 때가 있는 것이 산수에 있어서도 또한 그러하다.

일찍이 외할아버님[229]께서 운암(雲巖)을 가장 좋아하셨다는 말을 들었는데, 운암의 물과 바위는 빼어난 경치가 못 되니 아마도 은자(隱者)가 노닌 곳[230]이기 때문에 그렇게 말한 것인 듯하다.

한벽루(寒碧樓)는 참으로 기이하나 지세가 좁아서 청심루(淸心樓)

229 외할아버님 : 김창협(金昌協, 1702~1772)을 가리킨다. 조선 중기의 문신이자 문인으로, 자세한 내용은 33쪽 주48 참조.

230 은자(隱者)가 노닌 곳 : 유성룡(柳成龍)이 옛날에 이곳에 작은 집을 짓고 살았던 것을 가리킨다. 이 글의 내용 중 23일의 기록을 참조.

가 아득히 먼 곳까지 보이는 것만 못하다. 그러나 일대의 금병산(錦屛山)은 청심루가 가질 수 있는 것이 아니니, 이것이 아니면 한벽루가 되기에 부족하다.

청심루의 경계가 비록 툭 트였으나 한강 변의 정자들 가운데 혹 이에 필적할 만한 것이 있다. 아스라하고 시원하게 툭 트여 이른바 신선의 거처 같은 곳은 한벽루가 아니면 당할 수가 없다.

처음에 한성(漢城)을 출발할 때 꽃이 시들어 가고 있었는데 남한산성에서는 살구꽃과 진달래가 막 피기 시작하여 산골짜기는 아직 이른 봄일 것이라고 생각하였다. 그런데 단구(丹丘 단양(丹陽))에 들어가자 철쭉이 흐드러지고 복숭아꽃이 막 피어 있어 남한산성이 가장 높고 추운 것을 알았다.

영협일기 계묘년(1723, 경종3)

永峽日記 癸卯

영평(永平)[231] 백운산(白雲山)은 외가인 김씨(金氏) 집안에서 벼슬에서 물러난 후 은거하던 곳[232]이다. 문곡 선생(文谷先生)[233]께서 처음 백운산 남쪽에 있던 이동은(李峒隱)[234]의 옛집에 터를 잡고 그 동네의

231 영평(永平) : 경기도 포천(抱川)의 옛 이름이다.

232 벼슬에서……곳 : 원문의 '菟裘'는 중국 산동성(山東省) 사수현(泗水縣)에 있는 땅의 이름이다. 춘추 시대 노(魯)나라의 은공(隱公)이 "도구에 궁실을 짓게 하고 내 장차 그곳에 가서 늙으리라.〔使營菟裘, 吾將老焉.〕"라고 한 데서 나온 말로, 전하여 노년의 은거지를 말한다.《春秋左氏傳 隱公11年》

233 문곡 선생(文谷先生) : 김수항(金壽恒, 1629~1689)의 호이다. 조선 후기의 문신으로, 본관은 안동(安東)이며 자는 구지(久之)이다. 김창협(金昌協)의 아버지이자 오원(吳瑗)의 외증조할아버지이다. 1651년(효종2) 알성 문과에 장원으로 급제한 후 지평·정언 등을 거쳐 도승지·이조 참판·각 조의 판서·우의정·좌의정 등을 역임하였다. 숙종 즉위 후 허적(許積)·윤휴(尹鑴)를 배척하고 종실인 복창군(福昌君) 이정(李楨)·복선군(福善君) 이남(李柟) 형제의 처벌을 주장하다가 집권파인 남인의 미움을 받아 영암에 유배되고 1678년(숙종4) 철원으로 이배되었다. 1680년 경신대출척이 일어나자 영의정이 되어 남인의 죄를 다스리는 한편 송시열(宋時烈)·박세채(朴世采) 등을 불러들였으나 1689년 기사환국이 일어나 남인이 재집권하자 진도로 유배, 위리안치되었다가 사사되었다. 1694년(숙종20)에 신원, 복관되었다. 김상헌의 손자로 가학(家學)을 계승하고 김장생(金長生)의 문인인 송시열·송준길(宋浚吉)과 종유하여 한때 사림의 종주로 추대되었다. 시문에 뛰어났고, 글씨를 잘 썼다. 시호는 문충(文忠)이며, 저서로《문곡집》이 남아 있다.

234 이동은(李峒隱) : 이의건(李義健, 1533~1621)을 가리키며, 동은은 그의 호이다. 조선 중기의 학자로, 본관은 전주(全州)이며 자는 의중(宜中)이다. 세종의 다섯째

이름을 풍패동(風佩洞)이라 하셨는데, 농암 선생(農巖先生)께서 무오년(1678, 숙종4)과 기미년(1679)에 문곡 선생께서 철원(鐵原)에서 귀양살이하시자 풍패동 옆으로 가서 사시다가 기사년의 재앙[235]에 미쳐 다시 이 산으로 들어오셨으니 농암(農巖)의 아래에 초막(草幕)을 짓고 사셨다. 만년에 비록 미수(渼水)[236] 가에 사셨으나 종신토록 살고자 하시던 뜻이 일찍이 여기에 있지 않음이 없으셨다. 내가 남기신 문집 가운데 백운산에 대해서 쓰신 작품들을 보고, 백운산을 잊지 못하고 애타게 그리워하시던 뜻을 생각하면서 역경을 겪으시던 시절의 자취를 한번 찾아보고자 하였다.

금년 여름에 외가의 온 집안 식구가 옛날에 살던 곳으로 돌아갔는데, 나는 6월 28일 신사일에 사당의 신주(神主)를 받들고 한양(漢陽)을 출발하였다. 풍양(豐壤)에서 점심밥을 지어먹고 지사재(志事齋)[237]에

아들인 광평대군(廣平大君) 이여(李璵)의 5대손이다. 1564년(명종19) 사마시에 합격한 후 학행으로 돈녕부 직장이 되었으나 부모의 상(喪)을 당하여 사직하였으며, 1610년(광해군2) 이항복(李恒福)의 주청으로 공조 좌랑이 되고 공조 정랑에 올랐으나 곧 사직하였다. 당대의 명유들과 교유하며 시명을 떨쳤고, 글씨에도 능하였다. 저서로 《동은유고》가 남아 있다.

235 기사년의 재앙 : 1689년에 일어난 기사환국(己巳換局)을 가리킨다. 기사환국이 일어나자 김수항(金壽恒)은 2월에 진도(珍島)로 안치(安置)되었다가 4월에 사사(賜死)되었다.

236 미수(渼水) : 한강의 물줄기 가운데 하나이다. 지금의 남양주 일대를 말하며, '미호(渼湖)', '미음(渼陰)'이라고도 한다.

237 지사재(志事齋) : 경기도 양주현(楊州縣) 풍양(豐壤) 영지동(靈芝洞)에 있던 이희조(李喜朝, 1655~1724)의 서재 이름이다.

들러 종조부와 막내 작은아버님[238]을 찾아뵌 후 저녁에 쌍곡(雙谷)에 있는 이가(李家)네 묘사(墓舍 재실(齋室))에서 묵었다.

6월 29일 임오일

화현(花峴) 마을의 촌사(村舍)에서 점심을 먹었다. 마을에 일찍이 선생의 문하에서 종유(從遊)하였던 유생(儒生) 한근주(韓覲周)라는 이가 있어 찾아와서 옛날 일을 이야기하고 나와 함께 길을 떠났다. 오후에 농암에 이르러 서글픈 마음으로 서성거렸다. 선생께서 옛날에 사시던 집은 다만 이른바 관백실(觀白室)만 남아있는데, 그 또한 무너져 있었다.

30일 계미일

아침밥을 지어먹고 백운사(白雲寺)를 찾아갔는데 옛 종 귀익(貴益)이 3~4리를 수행하였다. 구정(龜汀)을 지나 2리쯤 가자 바위 봉우리가 솟아 절로 표주(標柱)가 되었다.[239] 촌가가 산기슭에 의지하여 있는데 여기가 도리하평(桃李下坪)이며 3리쯤 가자 또 도리상평(桃李上坪)

238 막내 작은아버님 : 오이주(吳履周, 1684~1709)를 가리킨다. 오이주는 조선 후기의 사인(士人)으로, 본관은 해주(海州)이며 자는 계직(季直)이다. 오이주가 6살 때인 1689년(숙종15)에 기사환국이 일어났고, 이때 아버지 오두인(吳斗寅)이 인현왕후(仁顯王后)의 폐위를 반대하는 상소를 올렸다가 국문을 받고 경기도 파주(坡州)로 귀양을 갔다가 그곳에서 세상을 떠났다. 장성해서 아버지가 처했던 상황을 알고는 늘 상복(喪服)을 입고 다녔으며, 후상(後喪)이 훼손되지 않도록 행동을 삼갔다고 한다.

239 바위……되었다 : 원문의 '建標'는 중국 동진(東晉)의 문인 손작(孫綽)이 〈유천태산부(遊天台山賦)〉에서 "적성엔 붉은 놀 일어 표주가 되고 폭포는 날아 흘러 경계를 만들었네.〔赤城霞起而建標, 瀑布飛流以界道.〕"라고 한 데서 나온 표현이다. 《文選 卷8》

이 나왔다. 여기서부터 절이 있는 골짜기 입구로 들어가는데 가는 길 내내 물과 바위가 맑고 반짝반짝 빛나며 울퉁불퉁함이 없었다.

3리쯤 가자 선유담(仙遊潭)이 나오는데 시내가 더욱 맑고 세차지더니 휘돌아서 커다란 못〔潭〕이 되었다. 정해년 홍수[240] 때 위로 반은 커다란 돌덩어리가 쌓여 메워졌는데 아래로 반은 아직도 깊고 넓어 머리카락까지 맑게 비쳤다. 선유담 북쪽 석대(石臺)가 비탈져서 그 위에 한참을 앉아 있다가 이에 3리를 가서 시내를 건너 남쪽으로 갔다.

사문(沙門 승려)을 만나 법당(法堂)에 잠깐 앉아 있다가 조계폭포(曹溪瀑布)를 찾아가려고 하자 늙은 종과 승려 승천(勝天)이 따라나섰다. 지나가면서 백련당(白蓮堂) 터를 찾았는데 지금은 그 자리에 약사전(藥師殿)을 지었다고 하였다. 숲속을 약 3리쯤 지나자 폭포가 나왔는데 그 빼어난 경치는 선생의 〈백운기(白雲記)〉에 자세히 보인다. 근원으로 약 2리쯤 거슬러 올라갔는데 그 깊숙하고 아늑함이 사랑스러워 시내 가운데에 있는 바위에 잠시 앉았다가 돌아왔다. 폭포 샘을 굽어보며 술병을 기울여 진탕 마시고 돌을 베고 그 옆에서 잠이 들었는데 나무 그늘을 따라 여러 번 자리를 옮겼다. 승천(勝天)이 옛날이야기를 잘하여 이미 점심을 먹고 해가 기울었는데도 오히려 배회하며 차마 떠나지 못하였다.

돌아오는 길에 절에 이르기 100여 걸음쯤 전부터 시내를 따라 내려오는데 시냇가 바위가 지극히 밝고 깨끗하였다. 제일 아래에 하얀 너럭바위와 맑은 못이 있는데 못이 매우 넓고 경계가 매우 아름다웠으며, 이곳을 지나면 곧 백련당이었다. 법당에서 조금 쉬었다가 돌아오면서

240 정해년 홍수 : 1647년(인조25) 정해년 가을에 있었던 홍수를 가리킨다.

청령뢰(淸泠瀨)에 이르렀는데, 청령뢰는 관백실 서북쪽으로 수십 걸음 떨어진 곳에 있으며 하얀 돌이 깔려 있고 시냇물이 구불구불 굽이져 흐르는 것이 또한 아름다운 곳이었다. 오래된 소나무 몇 그루가 그 아래에 나란히 서 있었다. 선생께서 청령뢰 동쪽 바위 가에 작은 정자를 짓고 이름을 거연정(居然亭)이라고 하셨다. 그 중에 가장 큰 소나무 한 그루가 그늘을 드리울 만한데 중간 중간 비바람에 꺾여있고 정자 또한 터만 남아있었다. 한참을 서성거리다가 돌아왔다.

7월 초1일 갑신일

아침밥을 먹은 후 걸어서 시냇가로 수백 걸음을 내려갔다. 시냇물이 굽이져 꺾이면서 세차게 뿜어대다가 휘돌아 모이는 곳에서 평평한 못을 이루었는데 길이가 자못 길었으며 물이 깊고 매우 맑았다. 동쪽 물가의 바위가 넓적하고 위로 오래된 나무가 있어 그늘이 뒤덮고 있었다. 그 위에 앉아 바위 벼랑이 무너져 내려 첩첩이 쌓였는데 소나무가 그 꼭대기를 뒤덮은 것을 마주 바라보니 자못 기이하였다. 선생께서는 항상 여기에서 더위를 피하시곤 하였으며 이름을 완의대(玩漪臺)라고 하셨다.

시내를 건너 백여 걸음을 가자 곧 송노암(送老菴)이 나왔는데 문곡(文谷)께서 일찍이 세우신 곳이다. 해가 서쪽으로 기울었는데 또 시내를 거슬러 백여 걸음을 가서 타맥암(打麥巖)을 지나 명월기(明月磯)에 이르니 가파른 바위가 시내 동쪽에 들쭉날쭉하였다. 그 아래에 있는 못이 가장 깊고 푸르며 고기가 많았는데 선생께서 낚시 구경을 하시던 곳이었다.

잠시 앉았다가 농암에 올랐는데, 농암은 관백실 동북쪽으로 수십 걸음 떨어진 곳에 있었다. 내가 늦게 태어나 미처 이 산수 안에서 선생을 모시지 못하고 여기 와서 보는 것이 다만 산천의 풍광일 뿐이니, 소요하는 즈음에 슬프고 애통함이 더욱 깊었다. 선생께서 무오년에 우거하시던 곳이 여기에서 몇 리 떨어져 있는데, 마을의 이름은 '험부(險阜)'이며 왔던 길의 왼쪽에 있다고 한다.

2일 을유일
여정을 되돌려 화현(花峴)에서 점심을 먹고 풍양(豐壤)에서 묵었다.

3일 병술일
집으로 돌아와 이 글을 써서 나의 감회를 기록하였다.

월곡집

제10권

記기

호좌일기 계묘년(경종3, 1723)[1]

湖左日記 癸卯

계묘년 3월에 아버님[2]을 모시고 호좌(湖左)의 여러 승경을 찾아갔다. 18일 정유일. 아침에 비가 왔는데 오시(午時)에 개어서 길을 떠나 남한산성의 개원사(開元寺) 서료(西寮)[3]에서 잤다.

19일. 해가 뜨자 길을 떠나 현절사(顯節祠)[4]에 배알하였는데, 이곳이 바로 척화 삼학사(斥和三學士)를 제향한 곳이다. 경안(慶安)에서 아침을 먹고, 정오에 이천(利川)의 광현(廣峴)[5]을 넘어서 점심을 먹었다. 저녁에 여주(驪州) 읍내에 있는 원화백(元華伯)[6]의 집에 투숙하였

1 계묘년 : 당시 오원의 나이는 24세로, 이해 2월에 증광 회시에 합격하였다.

2 아버님 : 작자 오원의 생부인 오진주(吳晉周, 1680~1724)를 가리킨다. 오진주는 자가 명중(明仲), 호가 무위재(無爲齋)로 1714년(숙종40) 증광시에 생원, 진사에 합격하였다. 이후 관직에 나아가 금성 현감(金城縣監), 공조 정랑을 지냈다.

3 개원사(開元寺) 서료(西寮) : 개원사의 서쪽 요사(寮舍)이다. 요사는 절의 숙소를 말한다. 개원사는 호국 사찰로서 남한총섭(南漢總攝)이 있던 오규정소(五糾正所)의 하나이며, 군기(軍器)·화약·승병이 집결되어 있었던 곳이었다.

4 현절사(顯節祠) : 경기도 광주의 남한산성에 있다. 숙종 14년(1688)에 병자호란의 삼학사(三學士)인 윤집(尹集)·오달제(吳達濟)·홍익한(洪翼漢)의 넋을 위로하고 충절을 기리기 위해 세운 사우(祠宇)이다.

5 광현(廣峴) : 이천의 지명으로 광주(廣州)로 통하는 길이다. 우리말 이름은 넉고개이다.

6 원화백(元華伯) : 원경하(元景夏, 1698~1761)이다. 오원과 친밀한 관계로 그와 관련된 시가 《월곡집》 권1에 〈원화백에게 부치다〔寄元華伯〕〉, 〈김화로 가는 도중에 원장군의 사당에 참배하고 느꺼워서 율시 한 편을 지어 따라서 장군의 후손인 원화백에

다. 서울부터 여기까지가 160리이다.

20일. 읍촌의 친지들을 두루 방문하였다. 오후에 천서(川西)[7]를 건너 이씨 집으로 시집간 외사촌 누이를 찾아보았다. 저녁에 원주(原州) 가야동(伽倻洞)에 있는 안씨(安氏) 집에서 잤다.

21일. 아침밥을 먹은 뒤 출발하여 칠암(漆巖)을 건너 충주(忠州) 영죽(英竹)의 객점에서 점심을 먹었다. 해가 기울어서 가흥(可興)[8]에 있는 이순안(李順安) 범(範)[9]의 집에서 유숙하였다. 오후에 날이 흐렸다.

22일. 아침에 가랑비가 왔다. 조반을 먹고 나서 길을 떠났는데 비도 개었다. 누암(樓巖) 우재서원(尤齋西院)[10]을 찾아가 배알하였다. 충주 읍에서 점심을 먹고, 저녁에 포탄(浦灘)을 건너 오취강(梧翠江)의 외

게 주다〔金化路次 拜元將軍廟 感成一律 因贈爲將軍孫者元華伯〕〉 등 여러 수가 있다. 원경하의 본관은 원주(原州), 호는 창하(蒼霞)·비와(肥窩)이다. 1736년(영조12) 세자익위사 부솔(世子翊衛司副率)로 정시문과에 장원하였다. 1739년에 영조의 뜻을 받들어 완소(緩少) 계열과 함께 정언(正言)으로 붕당이 나라를 그르치는 화근임과 탕평책을 진언하였다. 아울러 신임사화로 화를 입게 된 조태억(趙泰億)·조태구(趙泰耉) 등을 신설(伸雪)하는 데에 앞장섰다. 노론과 소론만의 탕평인 소탕평을 반대하고 동서와 남북의 당파를 다 포함한 대탕평(大蕩平)을 창도하였다. 특히 영조의 신임이 두터웠고 그의 탕평책에 많은 귀를 기울였다. 예문관 제학, 청풍 부사 등을 거쳐 판돈녕부사로 치사해 봉조하가 되었다. 그가 죽자 왕이 친히 제문을 지었고, 치제(致祭)를 명하였다. 영의정에 추증되고, 시호는 충문(忠文)이다. 저서로는 《창하집(蒼霞集)》이 있다.

7 천서(川西) : 여주에 있는 지명이다.

8 가흥(可興) : 충주의 지명으로 창(倉)이 있었던 곳이다.

9 이순안(李順安) 범(範) : 이범(李範)의 자가 순안(順安)인 것 같다. 미상.

10 누암(樓巖) 우재서원(尤齋書院) : 누암은 충주에 있는 지명이며, 우재(尤齋)는 우암(尤庵) 송시열(宋時烈)의 호이다. 송시열과 권상하 등을 제향하는 서원인 누암서원을 가리킨 것 같다.

구댁(外舅宅)[11]에 이르렀다. 여주에서 여기까지가 140리이다.

23일 흐리고 비가 부슬부슬 내렸다. 오후에 황강(黃江)[12]에 다녀왔다.

24일. 맑음. 아침밥을 먹고 선암(仙巖)[13]으로 향하였는데 외구도 함께 갔다. 수산역(壽山驛)[14]에서 점심을 먹고 동남쪽으로 갔는데, 길가의 촌락과 전답이 아늑하고 넓어서 살 만한 곳이 많았다. 그 이름을 물으니 부치촌(釜峙村)·수락동(水落洞)·수촌(水村)·대전(大田)이라 하였는데, 수촌이 특히 아름다웠다. 남령(南嶺)에 올라 빙 둘러서 내려오노라니 고갯길이 매우 힘들었다. 걸어서 시내 골짜기를 나오는데 맑은 샘과 드높은 바위, 꽃나무가 울창하게 뒤덮고 있어 지팡이 짚고 나막신 신고 힘들게 간 수고를 아예 잊었다.

신생 혜동(辛生惠東)[15]의 집에 이르러 문을 두드렸으나 만나지 못하

11 오취강(梧翠江)의 외구댁(外舅宅) : 오취강(梧翠江)은 오강(梧江)으로, 청풍에 있는 강 이름이다. 외구는 장인으로, 오원의 죽은 첫째 부인의 부친인 권정성(權定性)을 가리킨다. 권정성은 권상하(權尙夏)의 손자로, 오원이 16세(1715)에 권성성의 딸과 혼인하였고 19세에 상처하였다. 《월곡집》 권1의 시 〈오강에서 느낌을 적다[梧江志感]〉에서 죽은 부인을 그리워하였다. 〈오강에서 처남 권형숙의 시운을 따라 지어서 주다[梧江 次贈婦弟權亨叔韻]〉에서는 처남 권진응(權震應, 1711~1775)과의 이별에 즈음하여 추억을 되새겼다.

12 황강(黃江) : 충청도 청풍군(淸風郡)에 있는 지명으로, 수암(遂菴) 권상하(權尙夏, 1641~1721)가 머물며 강학하던 곳이다. 이곳의 황강서원(黃江書院)은 송시열과 권상하 등을 제향하는 곳이다.

13 선암(仙巖) : 단양팔경에 속하는 승경인 상선암(上仙巖), 중선암(中仙巖), 하선암(下仙巖)이 있는 계곡이다. 아름다운 바위와 맑은 시냇물이 흐르는 곳이다.

14 수산역(壽山驛) : 충청도 청풍군(淸風郡)에 있는 역(驛)으로 군 남쪽 26리에 있다. 《신증동국여지승람 권14》

15 신생 혜동(辛生惠東) : 신혜동(辛惠東)으로 자가 국보(國寶)이다. 《월곡집》 권4

였다. 시내를 거슬러 중선암(中仙巖)에 이르니 시냇물이 지난 봄에 비해 더욱 웅장하였다. 쌍폭포의 물이 모여드는 곳에 앉았노라니 마치 큰 파도 위에 뗏목을 띄운 것 같았다. 조금 있다가 수일암(守一菴)[16]으로 올라가니 해가 이미 졌다. 이날 60리를 갔다.

25일. 아침밥을 먹고 절문을 나가서 상선암(上仙巖)[17] 못가에 앉았는데, 조금 있으니 빗발이 가늘게 내렸다. 시내를 따라 올라가니 바위는 기이하고 희었으며, 물은 맑고 드넓었다. 가다가 앉았다가 하였는데, 아름다운 경치 아닌 곳이 없었다. 경천벽(擎天壁)[18]이 솔숲 사이로 은은히 비치었는데 바라볼수록 더욱 기이하였다. 경천벽이 다한 곳에 이르니 물살이 더욱 다투듯 콸콸거려서 시내 좌우에 걸터앉았다가 어느새 옷이 젖었다.

중암(中巖)[19]으로 돌아와 조촐하게 술을 마시고 시내 동쪽을 건너

에 시 〈칠월칠석에 신생 국보 혜동이 와서 잤는데 운을 명하여 함께 지었다〔七夕辛生國寶 惠東 來宿 命韻同賦〕〉에 이름이 보인다. 《영조실록》 즉위년(1724) 12월 17일 기사에 진사(進士) 정진교(鄭震僑) 등이 올린 서얼 금고법을 폐지해 주기를 청하는 상소문에 '유학(幼學) 신혜동(辛惠東)'으로 그 이름이 들어있다.

16 수일암(守一菴) : 상선암(上仙巖) 부근에 있는 암자로, 수암(遂菴) 권상하(權尙夏, 1641~1721)가 머물며 공부하고 강학을 하였던 곳이라고 한다. 권상하의 문집인 《한수재집(寒水齋集)》 권1에 시 〈수일암에서 성달경과 함께 유숙하며 밤중에 읊다〔守一菴 與成達卿共宿夜吟〕〉가 실려 있다. 오원의 《월곡집》 권1에 시 〈수일암에서 수암의 시운을 따라 지어 유인상인에게 주다〔守一菴 次遂菴韻贈惟印上人〕〉가 있다.

17 상선암(上仙巖) : 단양팔경의 하나이다. 기암괴석과 옥계수가 어우러진 절경으로 삼선구곡의 상류에 위치해있다. 이름은 수암(遂菴) 권상하(權尙夏, 1641~1721)가 지었다. 《월곡집》 권1에 시 〈상선암(上仙巖)〉이 실려 있다.

18 경천벽(擎天壁) : 상선암(上仙巖)에 있는 바위 벼랑을 말한 것이다. 경천벽은 두 곳이 있는데, 화양구곡(華陽九曲)의 제1곡도 경천벽이다.

넓적한 바위에 책상다리를 하고 앉아 깊고 맑은 녹색의 못을 굽어보았다. 양쪽 가에는 깎은 듯한 암벽이 마주 솟아 서로 가리고 있었는데, 형세가 단정하고 수려하며 그윽하고 묘한 것이 특히나 빼어나게 느껴져, 차마 버리고 떠나지 못하였다. 철쭉은 대체로 아직 활짝 피지는 않았으나, 굽이굽이 찾아다닌 곳은 전년보다 많은 정도가 아니었다.

말을 타고 하암(下巖)[20]에 이르러 배회하노라니 조금 지나 비가 제법 세차졌다. 바위 밑에서 한참 몸을 피했으나, 돌이 축축해 앉아 있을 수가 없어 흥을 다할 수 없기에, 도로 피치(皮峙)를 넘어 송좌수(宋座首)[21]의 집에 들어가서 점심을 먹었다. 비가 그치자 좌수의 아들 세륭(世隆)과 함께 선담(銑潭)[22]을 찾아갔다. 선담은 곧 운암(雲巖)의 상류이다. 시내를 따라 3리쯤 가니 층층 바위가 시내 좌우로 5, 60보(步)에 이어져 솟아 있었는데, 모두 앉을 만하였다. 그 아래 푸른 못은 깊이가 몇 장(丈)이나 되었다. 근자에 비가 세차게 내린 바람에 바위가 무너져서 폭포 물 떨어지는 곳이 더 이상 옛날 모습이 아니라고 하였다. 요컨대 역시 아름다운 곳이긴 하였으나 창석(蒼石)의 기(記)[23]는 사실을

19 중암(中巖) : 중선암(中仙巖)을 말한다.

20 하암(下巖) : 하선암(下仙巖)을 말한다.

21 송좌수(宋座首) : 좌수(座首)는 지방 자치 기구인 향청(鄕廳)의 우두머리이다.

22 선담(銑潭) : 단양의 명승지의 하나이다. 운암(雲巖)은 사인암(舍人巖) 상류 몇 리쯤 되는 곳에 있는 바위로, 검은 돌이 층층으로 쌓여 물가에 닿아 있다. 이곳에서 유상곡수(流觴曲水)를 즐겼다고 한다. 성해응(成海應)의 《연경재전집(硏經齋全集)》 권9의 〈단양산수기(丹陽山水記)〉에서 운암과 선담의 물을 승경으로 들었다.

23 창석(蒼石)의 기(記) : 창석(蒼石)은 이준(李埈, 1560~1635)의 호이며, 기(記)는 그의 문집 《창석선생문집(蒼石先生文集)》 권13에 〈선담기(銑潭記)〉를 가리키는 것으로 보인다. 이준의 본관은 흥양(興陽), 자는 숙평(叔平)으로 이조년(李兆年)의

너무 과장하였다. 돌아오는 길에 사인암(舍人巖)[24]의 사선대(四仙臺)[25]에 이르러 한참을 거닐고, 잠깐 서당에 들렀다가 푸른 벼랑 아래에 잠시 쉰 다음 단양 읍촌으로 돌아왔다. 마을은 화재를 입어 백여 집이 연달아 타버린 탓에 쓸쓸하기가 말로 다 할 수 없었다. 잠시 이요루(二樂樓)[26]에 앉았다가 고(故) 이합천(李陜川)[27]의 집에 투숙하였다. 이날 40리를 갔다.

26일. 장회(長淮)의 객점(客店)에서 아침밥을 먹고 괴곡(槐谷)[28]에

증손이다. 유성룡(柳成龍)의 문인으로 임진왜란 때 의병을 모아 왜적과 싸웠고, 이괄의 난 때 의승군(義勝軍)을 모집하였으며, 정묘호란 때 의병과 군량을 조달하였다. 예조 정랑·단양 군수 등을 거쳐 대사간 등을 역임하였다. 시호는 문간(文簡)이다.

24 사인암(舍人巖) : 단양팔경의 하나로, 남조천(南造川) 가에 깎아지른 듯한 기암절벽이 병풍처럼 서 있고 그 아래 맑은 물이 흐른다. 암벽이 바둑판처럼 가로 세로로 금이 가 있으며 녹색과 황토색 등 여러 빛깔이 군데군데 어우러져 있고 그 위에는 소나무가 우거져 있다. 승경으로 추사 김정희 등 수많은 시인묵객들의 칭송을 받았다. 고려 말의 학자인 역동(易東) 우탁(偶倬, 1263~1342)이 사인(舍人) 벼슬에 재직 시 이곳에 머물렀다고 하여 조선 성종 때 단양 군수였던 임재광(林齊光)이 사인암이라 명명했다고 전해진다. 단양읍에서 남쪽으로 8킬로 떨어진 대강면 사인암리에 있다.

25 사선대(四仙臺) : 운암 아래에 있다. 《경암유고(敬庵遺稿)》 권1의 시 〈도옹 중서와 더불어 삼선암을 유람하다〔與島翁仲瑞遊三仙巖〕〉에 "운암의 아래 사선대〔雲巖之下四仙臺〕"라고 하였다.

26 이요루(二樂樓) : 옛 단양 관아 입구에 있었던 이층 다락으로, 남조천(南造川) 가에 봉서정과 나란히 서 있었다고 한다. '二樂樓' 편액은 안평대군이 썼다고 하며, 김일손(金馹孫)의 〈이요루기(二樂樓記)〉가 전한다. 단양군(丹陽郡)의 군 서쪽 30보에 있었다고 한다.

27 고(故) 이합천(李陜川) : 합천 군수를 지낸 이증영(李增榮, ?~1563)을 가리킨 것 같다. 이증영은 명종 때 합천 군수를 지냈고, 1563년에 청주 목사로 재직할 때 사망하였다.

이르러 고깃배를 얻어 구담(龜潭)[29]을 거슬러 올라갔다. 배가 너무 작아서 불안하였는데, 오로봉(五老峰)[30] 아래에 제법 큰 거룻배 한 척이 있어 뱃전을 나란히 하고 거슬러 올라갔다. 얼마 안 가서 바람이 크게 불어 삿갓이 물에 빠졌는데, 급히 배를 옮겨 못 가운데 이르러 건져내자 배에 탄 사람들이 모두 크게 웃고 노를 돌렸다.

구봉(龜峰) 밖에서 불어오는 바람이 더욱 심해져서 배를 두고 걸어서 괴곡을 나가 말을 타고 강 남쪽 언덕을 따라 논곡(論谷)의 칠송정(七松亭)과 호곡(湖谷)의 여러 외당(外黨)[31]을 방문하였다. 논곡은 북쪽 물가에 있었는데 언덕이 막고 있고 시내가 휘감고 있어, 깊고 외진 것이 가히 숨을 만하였다. 칠송정은 논곡 위에 있었다. 호곡은 남쪽 물가에 있었는데, 강물이 마을 어귀로 구불구불 들어와서 호수를 이룬 것이 자못 넓었다. 마을 앞에 시내 바위가 있었고 골짜기 또한 그윽하였다. 그 뒤에서부터 백치(白峙)를 넘어 오치(梧峙)로 나가면 바로 수산역(壽山驛)[32] 뒤이다. 오강(梧江)[33]에 이르니 이미 날이 저물어 어

28 괴곡(槐谷) : 옥순봉 부근의 지명이다. 옥순봉은 현재 충북 제천시 수산면(水山面) 괴곡리(槐谷里)에 있다.

29 구담(龜潭) : 단양팔경의 하나인 구담봉(龜潭峰)이 있는 곳이다. 물속에 잠긴 바위에 거북이 등 모양이 비쳐 구담이라 하였다고 한다.

30 오로봉(五老峰) : 구담봉에서 1킬로쯤 떨어져 있는 옥순봉의 건너편에 솟아 있는 아름다운 봉우리로 가은산(加隱山) 줄기이다. 채운봉(彩雲峰), 현학봉(玄鶴峰) 등이 이 부근에 솟아있다.

31 외당(外黨) : 앞에서 외구(外舅)와 함께 갔다고 한 것으로 보아 처족을 말한 것 같다.

32 수산역(壽山驛) : 충청도 청풍군(淸風郡)에 있는 역(驛)으로 군 남쪽 26리에 있었다.

두웠다. 이날 80리를 갔다.

27일. 막 괴산(槐山)으로 향하려고 하는데 소진사(蘇進士) 후유(后由)[34]가 단양(丹陽)에서 뒤쫓아 왔다. 오강을 건너 서쪽으로 30리를 가서 연풍(延豐) 수입(水入)[35]의 객점에서 점심밥을 먹고, 유현(楡峴)을 넘어 무릇 30리를 가서 고산정(孤山亭)[36]에서 쉬었다. 괴산 군수 이장(李丈) 직(溭)[37]이 마침 이곳에 있어서 마침내 함께 정자 앞에 배를 띄웠다. 정자는 바로 유서경(柳西坰)[38]의 별장이었다. 시내는 동쪽

33 오강(梧江) : 충북 청풍에 있는 강 이름이다. 《월곡집》 권9 〈청협일기(淸峽日記)〉에 이름이 나오며, 송환기(宋煥箕)의 《성담집(性潭集)》 권23에 "청풍의 오강〔淸風之梧江〕"이라는 구절이 보인다.

34 소진사(蘇進士) 후유(后由) : 진사 소후유(蘇后由, 1695~?)로 본관은 진주(晉州), 자는 영숙(穎叔)이며 1721년(경종1)에 증광시 생원에 입격했다. 《영조실록》 1년(1725) 6, 7월에 생원 진사 등이 올린 상소문에 연명(連名)되어 있다. 《월곡집》 권1에 〈삼선암, 선담, 사인암, 구담의 유람을 기록하여 소진사 후유에게 주다〔記三仙巖銑潭舍人巖龜潭之遊 贈蘇進士后由〕〉가 있으며, 《뇌연집(雷淵集)》 권2에 시 〈탄금 허후유에게 주다〔贈彈琴蘇后由〕〉가 있다.

35 연풍(延豐) 수입(水入) : 연풍현(延豐縣) 수입촌(水入村)으로 연풍현은 충청도에서 동쪽으로 문경현, 서쪽으로 괴산군, 북쪽으로 충주에 접해 있다.

36 고산정(孤山亭) : 《성호전집》 권56의 〈주태사 고산도시 발문〔朱太史孤山圖詩跋〕〉에 의하면, 태사 주지번이 〈고산도(孤山圖) 36운(韻)〉이라는 장편의 시를 지었다고 한다. 또 "고산정은 지금의 괴산현에 있으며 푸른 절벽과 맑은 강물로 호서 지방의 절경 중 하나이다. 바위 벼랑 위에는 아직도 '은병암(隱屛巖)'과 '제월대(霽月臺)'라고 커다랗게 새겨 놓은 글씨가 있는데, 이 또한 태사의 필적이다. 그 뒤 명나라 사신 웅화(熊化)가 뒤이어 조선에 와서 〈고산기(孤山記)〉를 지어 주었는데, 《황화집(皇華集)》에 그 내용이 수록되어 있다."라고 하였다.

37 이장(李丈) 직(溭) : 이직(李溭)을 높여 부른 말이다.

38 유서경(柳西坰) : 서경(西坰)은 유근(柳根, 1549~1627)의 호이다. 본관은 진주

에서 흘러와 북쪽으로 꺾였고, 서쪽으로 돌아서 또 북쪽으로 흘렀는데, 구부러진 것이 마치 활을 당긴 듯하였고 작은 산들이 불쑥 솟아나 있었다. 서쪽으로 돌아 그 북쪽으로 가니 좌우에 푸른 절벽이 이어 뻗어있는데 소나무가 울창하게 덮고 있었다. 그 아래 녹색의 못이 자못 깊고 넓으며 흰 모래가 어리비치었는데 경계가 활짝 열려 기뻐할 만하였다. 정자 오른쪽에서 북쪽으로 흐르는 시내에도 또한 깎아지른 벼랑이 있었는데, 그 위에 천사(天使) 주지번(朱之蕃)[39]의 글씨 '隱屛(은병)' 두 자가 새겨져 있었다. 한참 동안 물결을 오르내리다 군재(郡齋)[40]에 돌아와 잤다. 정자로부터 10리 되는 곳이었다.

28일. 아침 일찍 쌍계사(雙溪寺)[41]로 향하였는데, 이장(李丈)[42]과 소

(晉州), 자는 회부(晦夫)로 황정욱(黃廷彧)의 문인이다. 1572년(선조5) 별시 문과에 장원하고, 1587년 이조 정랑으로서 문신 정시(文臣庭試)에 다시 장원하였다. 1593년 경성안무사(京城安撫使)가 되어 민심을 수습하고, 이어 한성부 판윤에 올라 사은부사로 명나라에 다녀와 경기도 관찰사가 되었다. 임진왜란 당시 명나라와의 외교관계에서 많은 일을 하였다. 1604년 호성 공신(扈聖功臣) 3등에 녹훈되고 진원부원군(晉原府院君)에 봉해졌다. 대제학에 이어 좌찬성이 되었다. 괴산의 화암서원(花巖書院)에 제향되었다. 문집으로 《서경집》이 있다. 시호는 문정(文靖)이다.

39 주지번(朱之蕃) : ?~1624. 명나라의 대신이며 서화가이다. 산동(山東) 치평(茌平) 사람으로 자는 원개(元介), 호는 난우(蘭嵎)이다. 만력(萬曆) 23년(1595)에 장원급제하였고, 이부 시랑(吏部侍郞)을 지냈다. 1606년(선조39), 한림원 수찬으로서 명나라 신종(神宗)의 손자가 태어난 것을 알리기 위한 사행의 정사(正使)로 조선(朝鮮)에 왔다. 이때 성균관의 명륜당(明倫堂) 편액과 소수서원(紹修書院)의 안향(安珦) 사당의 편액 등을 그가 써주었다고 한다. 저서에 《봉사고(奉使稿)》가 있다.

40 군재(郡齋) : 괴산 군수(槐山郡守)의 거소를 말한다.

41 쌍계사(雙溪寺) : 충북 괴산의 칠보산(七寶山)에 있는 계곡인 쌍계(雙溪)에 있는 절이다. 쌍계는 지금 쌍곡(雙谷)으로 불린다.

생(蘇生)[43]이 함께 갔다. 애한정(愛閒亭)[44]에 들러 쉬었다. 애한정은 군 동쪽 10리 되는 곳에 있으며 큰 내에 닿아 있었는데, 고(故) 별검(別檢) 박지겸(朴知謙)[45]이 남겨놓은 별장이다. 고송이 고고하게 드문드문 늘어서 있고, 정자 오른편에는 한 기슭이 불쑥 나와 있어서 또한 정자를 세울 만하였다. 다파현(多坡峴)을 넘어 사동(寺洞)으로 들어가니 산봉우리가 빙 둘러있고 골짜기가 깊었는데, 나무와 바위들이 푸르게 우거지고 가파르게 솟아 있었으며 수석이 점점 아름다워졌다. 길가의 치솟은 바위가 시내 가운데 찌를 듯 솟았는데, 그 위의 작은 정자는 축요당(祝堯堂)[46]이라 하였다. 물은 남쪽에서 졸졸 흘러와 바위 서북쪽에 이르러 맑은 못이 되었다. 그 북쪽은 더욱 깊고 넓으며 지극히 맑아

42 이장(李丈) : 괴산군수 이직(李溭)을 가리킨다.

43 소생(蘇生) : 진사 소후유(蘇后由)를 가리킨다.

44 애한정(愛閒亭) : 충북 괴산에 있는 정자로, 박지겸이 낙향하여 머물던 곳이다. 1614년(광해군6)에 건립하였다. 1637년(현종14) 당시 괴산 군수였던 황세구(黃世耇)가 박지겸의 손자 박정의(朴廷儀)의 효심에 감동하여 사비를 내어 중건하였다. 그 후 1712년(숙종38), 1718년(숙종44), 1775(영조51), 1979년에 각각 중수하였다.

45 박지겸(朴知謙) : 1549~1623. 본관은 함양(咸陽), 자는 맹경(孟卿), 호는 애한정(愛閑亭)으로 우암(尤庵) 송시열(宋時烈)의 문인이다. 임진왜란 때 백의로 선조(宣祖)를 의주(義州)까지 호위한 공으로 별좌(別坐)에 올랐다. 광해군(光海君) 때 낙향하여 충북 괴산(槐山)에 애한정(愛閑亭)을 짓고 살았다. 〈애한정 팔경시(愛閑亭八景詩)〉, 〈제애한정기첩후(題愛閑亭記帖後)〉를 비롯하여 시고(詩稿) 약간이 있다. 묘는 충북(忠北) 괴산면(槐山面) 대덕리(大德里) 갈전동(葛田洞)에 있으며, 충청북도(忠淸北道) 괴산군(槐山郡) 화암서원(花巖書院)에 조부 박세무와 함께 배향되었다.

46 축요당(祝堯堂) : 정호(鄭澔)가 지은 정자로, 이곳에서 강론하며 후학을 가르치고 교유하였다. 지금은 남아 있지 않다. 신정하(申靖夏)의 《서암집(恕菴集)》 권11에 〈축요당기(祝堯堂記)〉가 실려 있다.

모래와 돌을 셀 수 있을 정도였으며, 경계가 뛰어나게 맑았다. 점심때까지 머물러 앉아 있노라니 바람 기운이 서늘하여 깊은 가을 같았다. 당 앞에 화봉현(華封峴)이 있어 '축요당'이라 명명한 것인데,[47] 정장암(鄭丈巖) 호(澔)[48]가 그 정자를 지었다.

그 위로 수백 보 되는 곳에 작은 암자를 지어 선비들이 독서하는 곳으로 삼았다.

시내를 따라 올라가며 층진 너럭바위와 맑고 깊은 물을 자주 보았다. 5리쯤에 이른바 떡바위〔餠巖〕[49] 언덕이 있었다. 그런데 그 옆에 두 절벽이 가까이 솟았는데 그 사이로 어지럽게 물이 쏟아져 깊은 못이 되었

47 화봉현(華封峴)이……것인데 : 화봉(華封)은 《장자(莊子)》 〈천지(天地)〉에, 화(華) 땅에 봉해진 사람이 요임금에게 장수하고 부유하고 아들을 많이 낳기를 축원하였다는 데서 나온 말이다. 신정하의 〈축요당기〉에 의하면, 화봉현은 축요당 앞에 있는 바위 이름이다.

48 정장암(鄭丈巖) 호(澔) : 정호(鄭澔, 1648~1736)의 호가 장암(丈巖)이다. 조선 후기의 문신으로 본관은 연일(延日), 자는 중순(仲淳)으로 정철(鄭澈)의 현손이며, 부친은 감찰 정경연(鄭慶演)이다. 송시열(宋時烈)의 문인으로, 1675년(숙종1) 송시열이 유배되자 과거를 단념하고 성리학에 힘썼다. 그 뒤 1682년에 생원이 되고, 1684년 정시문과에 급제하였다. 1689년 기사환국으로 송시열이 사사당하자, 파직되고 문외출송(門外黜送)당했다가 경성에 유배되었다. 그 뒤 광주 부윤, 부제학, 대사헌 등을 지냈고 1713년 대사성에 재임용되어 송시열의 묘정배향을 건의하였다. 1721년(경종1) 실록청 총재관(實錄廳摠裁官)으로 《숙종실록》의 편찬에 참여하다가 신임사화로 노론 4대신과 함께 파직되어 강진에 유배되었다. 1725년(영조1) 우의정이 되어 노론 4대신의 신원(伸冤)을 누차 상소했으며, 좌의정을 거쳐 영의정이 되었다. 1727년 정미환국으로 관직에서 물러났다. 1729년 기로소(耆老所)에 들어갔으며, 영중추부사로 죽었다.

49 떡바위〔餠巖〕 : 쌍곡계곡의 구곡 중 제3곡으로, 거대한 바위인데 그 모양이 시루떡을 잘라 놓은 것 같다고 해서 붙여진 이름이다.

다. 여기서부터 깊은 웅덩이와 거대한 바위를 더욱 빈번하게 볼 수 있었다. 2리쯤 되는 곳이 용추(龍湫)로, 너럭바위가 가장 컸고 샘물이 굽어 꺾어지며 요란한 소리를 내다가 떨어져 웅덩이를 이루었는데 깊이가 대략 몇 장이요 너비가 수십 이랑이었다. 그 동쪽에는 바위 봉우리가 겹겹이 솟아 있었는데, 깎아지른 듯 기이하였다.

갑자기 세찬 비를 만나 가까스로 소나무 아래로 들어가 비를 피하였다. 조금 있으니 비가 그쳐서 웅덩이 가에 있는 서쪽 바위에 앉았는데, 지는 햇빛이 절벽에 어리비치어 더욱 기이하였다. 백 보쯤 거리에 절이 있는데, 시내 두 갈래가 절 앞에 이르러 합류하기 때문에 '쌍계사'라고 명명하였다고 한다. 저녁에 서료에서 잤다. 절은 군의 치소에서 30리 떨어져 있다. 괴산군의 젓대 부는 이가 뒤따라 왔기에 아름다운 곳을 만날 때마다 젓대를 불게 하였더니 또한 기뻐할 만하였다.

29일. 아침에 출발하여 시내를 따라 남쪽으로 2리쯤 갔다. 길 오른편에는 물방울을 내뿜는 폭포와 맑은 못이 있어 매우 아름다웠다. 10여 리 가서 계수령(桂樹嶺)을 넘어 관청평(官廳坪)[50]을 지나갔는데, 깊숙하고 넓어서 거주할 만하였다. 이곳을 지나면 문경(聞慶) 땅이다. 또 15리를 가서 맥항현(麥項峴)을 넘었는데, 산길이 극히 험하고 좁아서 걷기도 하고 말을 타기도 하였다.

또 10여 리를 가서 봉암사(鳳巖寺)[51] 동구(洞口)에 이르렀다. 길 오

50 관청평(官廳坪) : 괴산 남하면(南下面) 관청평리(官廳坪里)를 가리킨다.

51 봉암사(鳳巖寺) : 문경 희양산(曦陽山)에 있는 천년 고찰이다. 신라 구산선문의 하나인 희양산문(曦陽山門)의 본산이었다. 통일신라 시대인 879년(헌강왕5)에 지증대사(智證大師)가 세웠다.

른편에는 너럭바위가 평평하고 넓어서 수백 명이 앉을 만하였고, 빛깔 또한 밝고 깨끗하였다. 시내는 남쪽에서 흘러와 그 아래에서 평평한 못을 이루었는데 시원하게 트여서 기뻐할 만하였다. 바위 앞에는 '夜遊巖(야유암)'[52] 석 자가 새겨져 있었다. 못 서쪽으로 석기(石磯)[53]가 높이 솟아 있었는데 '取適臺(취적대)'[54] 석 자가 새겨져 있었다. 4, 50보 거슬러 올라가니 또한 평평한 너럭바위와 맑은 못이 있어 노닐 만하였다.

또 수백 보를 올라가니 절이 있었다. 봉황문(鳳凰門)을 들어가 석교(石橋)를 지나가노라니 다리 가에는 작은 비석 2기(基)와 법당 7구(區)가 있었는데 모두 정교하고 고왔다. 누각의 이름은 용화루(龍華樓)로, 모두 53칸인데 극히 장엄하고 아름다웠다. 절 서쪽에는 지증비(智證碑)[55]가 있었는데, 최고운(崔孤雲)이 글을 짓고 석(釋) 혜강(慧江)[56]이 글씨를 썼으며 당(唐) 용덕(龍德) 4년 갑신[57]에 세웠다. 도중에

52 야유암(夜遊巖) : 신라의 고운(孤雲) 최치원(崔致遠)의 유적지이다.

53 석기(石磯) : 물가에 돌출한 거대한 암석을 말한다.

54 取適臺(취적대) : 최치원(崔致遠)의 유적지이다.

55 지증비(智證碑) : 지증대사 적조탑비(智證大師寂照塔碑)를 말한다. 지증대사(智證大師)는 희양산문(曦陽山門)의 개조(開祖) 도헌(道憲, 824~882)이다. 신라 경애왕 1년(924)에 세웠으며, 최치원이 찬술한 사산비명(四山碑銘) 중의 하나이다. 도헌이 882년(헌강왕8)에 봉암사에서 입적하자 왕은 '지증(智證)'이라는 시호와 '적조(寂照)'라는 탑명을 내리고, 당나라에서 귀국한 최치원에게 비문을 짓게 하였다. 비문에 적힌 최치원의 관직명으로 보아 893년에 작성된 것으로 추정되며, 그 뒤 30년이 지난 924년에 분황사 승려 혜강(慧江)이 비문을 쓰고 이를 새겨 건립하였다.

56 석(釋) 혜강(慧江) : 신라 시대의 승려이며 서예가이다. 그가 83세(924) 때 〈지증대사 적조탑비〉를 썼다.

병화(兵火)로 인하여 벗겨지고 갈라진 곳이 많았으나, 비석 빛이 푸르고 매끄러워 새것 같았고 글자도 막 새긴 것 같았다. 또 그 서쪽 백여 보 되는 곳에 정원비(淨源碑)[58]가 있었는데 근자에 세운 것이었고, 거기서 또 약간 서쪽에 정진비(靜眞碑)[59]가 있었는데, 고려의 한림(翰林) 이몽유(李夢游)[60]가 글을 짓고 장단열(張端悅)[61]이 글씨를 쓴 것으로,

57 당(唐)……갑신 : 지증대사 적조탑비가 세워진 때는 신라 경애왕 원년(924)으로 갑신년이다. 이 시기는 당나라(618~907)나라가 멸망한 후 송나라(960~1279)가 중국을 통일하기까지 전까지인 오대십국(五代十國) 시대이다. 용덕(龍德)은 후량((後梁, 907~923)의 제3대 황제인 주우정(朱友貞)의 연호로 그 기간은 921~923년이다. 924년은 후당(後唐, 923~936)의 제1대 황제 이존욱(李存勗)의 연호인 동광(同光, 923~926) 원년이다.

58 정원비(淨源碑) : 상봉당대선사비(霜峯堂大禪師碑)를 가리킨다. 정원(淨源, 1621~1709))의 호가 상봉(霜峯)이다. 상봉대사는 조선 후기에 활동한 선사로 화엄경에 정통하였는데, 봉암사에서 중국 규봉대사(圭峰大師) 종밀(宗密)이 쓴 《선원제전집도서(禪源諸詮集都序)》와 고려 보조국사(普照國師) 지눌(知訥)이 쓴 《법집별행록절요(法集別行錄節要)》를 쉽게 알아볼 수 있도록 과문(科文)을 지었다. 과문은 간단한 어구와 줄을 그어 그 내용을 그림으로 나타낸 것을 말한다. 비문은 대제학을 지낸 문장가 이덕수(李德壽, 1673~1744)가 지었다.

59 정진비(靜眞碑) : 정진대사원오탑비(靜眞大師圓悟塔碑)를 말한다. 고려 시대의 청석(靑石) 탑비로 광종 16년(965)에 건립되었다. 정진대사(靜眞大師, 878~956)는 935년(고려 태조18)에 봉암사를 재건한 승려로, 통일신라 말에서 고려 초기에 걸쳐 활동한 승려이다. 당나라에서 25년간 유학하고 돌아와 왕의 극진한 예우를 받았다. 왕씨(王氏)이며 속명은 긍양(兢讓), 시호는 정진(靜眞), 탑호는 원오(圓悟)이다.

60 이몽유(李夢游) : 고려 전기의 문신. 983년(성종2) 좌집정(左執政)으로 최승로(崔承老)·유언유(劉彦儒)·노혁(盧奕)과 같이 진사를 시취(試取)하였다. 1027년(현종18) 성종의 묘정에 배향되었으며, 1033년(덕종2) 사공(司空)에 추증되었다. 시호는 정헌(貞憲)이다.

61 장단열(張端悅) : 고려 전기의 문신, 서예가이다. 한림원 서박사(書博士)를 거쳐

비석 또한 새것 같았다.

절 동쪽으로 백여 보를 가서 시내를 따라 올라가니 하얀 너럭바위가 매우 거대하였는데, 겹겹의 층이 서로 어긋나 있는 모습이 개 이빨 같았고, 여울물이 요란하게 치달리고 있었다. 바위의 형세는 지극히 웅건하였고 물살의 기세도 매우 장대하였다. 그 서쪽 바위 봉우리가 특히나 높이 솟았는데, 깎아지른 모습이 도봉산의 만장봉(萬丈峰)[62] 같았으나 더욱 거대하여서 바라보자니 매우 기이하였다. 너럭바위 위로 푸른 바위들이 쌓여 있기에 그 틈으로 들어가 남벽(南壁)에 제명(題名)하였다. 너럭바위에서 밥을 먹고 한참 거닐다가 돌아왔다.

산의 이름은 희양(曦陽)이었고, 구룡봉(九龍峰)이 산의 서남쪽에 있다. 승려가 지증(智證)이 용을 쫓아낸 일[63]을 말해주었는데, 매우 허탄하였다. 서쪽으로 20여 리 가니 외선유동(外仙遊洞)[64]이었는데, 골짜기로 들어서자 하얀 너럭바위가 넓게 펼쳐졌다. 물길 따라 수백 보를 올라가니 맑은 못과 세찬 여울이 아름다운 곳이 매우 많았다. 비록 골짜기가 깊숙이 외져있지는 않았으나 대부분 자갈로 채워져 있었으니, 요컨대 전부가 다 돌이었다. 가장 위의 너럭바위는 평평하고

군부경(軍府卿)을 지냈다. 〈정진대사원오탑비〉 외에 여주 혜목산(慧目山)의 〈고달원원종대사혜진탑비(高達院元宗大師慧眞塔碑)〉를 썼다.

62 만장봉(萬丈峰) : 도봉산의 빼어난 봉우리의 하나로, 넓고 큰 바위가 천장만장으로 깎아지른 듯 서 있어 그 기세가 웅장한 데서 유래한 이름이다.

63 지증(智證)이……일 : 지증대사가 봉암사 터를 잡았는데, 그 자리에 큰 못이 있어 아홉 마리 용이 살고 있었으므로 지증대사가 신통력을 써서 용들을 구룡봉으로 쫓아낸 뒤에 못을 메우고 봉암사를 세웠다는 창건 설화가 있다.

64 외선유동(外仙遊洞) : 문경에 있는 승경으로 화양에서 50여 리 떨어져 있다.

반듯하여 섬돌 같았는데, 가운데에 갈라진 곳이 많아 물길이 그 사이에서 반짝반짝 빛났다. 해질 때까지 이곳에 앉아 있었는데 유달리 시원하고 청량해서 기뻐할 만하였다. 다만 좌우의 봉우리와 절벽은 질박하여 볼 만한 것이 없었다.

암자가 그 아래 백여 보 되는 곳에 있었는데, 이름이 수운암(水雲菴)이었다. 그 옆에 정자가 있었는데, 이 고을의 신찰방(申察訪) 필정(弼貞)[65]이라는 자가 지은 것이라고 하였다. 저녁에 정자에서 잤다.

30일. 해가 뜨자 걸어서 앞 시내를 경유하여 어제 앉았던 곳에 이르러 잠시 노닐다가 말을 타고 불안치(不安峙)를 넘어 10리를 가서 다시 관청평(官廳坪)을 나갔다. 서쪽으로 또 10리를 가니 내선유동(內仙遊洞)[66]이었는데, 너럭바위와 폭포가 맑고 시원하여 빼어났으며, 산봉우리와 절벽이 빙 둘러있어 매우 예스러웠다.

시내 오른편으로 집채만 한 큰 바위가 대(臺)를 이루고, 앞으로 푸르게 깎아지른 절벽과 마주하고 있었는데, 올라가니 여울과 못을 다 볼 수 있었고, 층지고 꺾인 것이 모정(茅亭) 세우기에 알맞아 보였다. 그 옆에는 어지러운 바위들이 늘어서 있었는데, 거북이 엎드린 모양,

65 신찰방(申察訪) 필정(弼貞) : 신필정(申弼貞, 1656~1729)이 찰방에 제수되었으므로 이와 같이 일컬은 것이다. 조선 후기의 학자로 자는 원백(元伯), 호는 병옹(病翁), 본관은 평산(平山)이다. 과거에 뜻을 두지 않고 역학(易學)과 성리학을 깊이 연구했다. 숙종 4년에 천거로 참봉, 찰방(察訪), 주부(主簿) 등에 제수되었으나 나가지 않고 오직 학문탐구에만 몰두하였다. 영조 4년 이인좌(李麟佐)의 난 때에는 병으로 누워 있으면서도 아들 신사일(申思日)에게 기략(機略)을 일러주고 의병을 일으켜 고모산성을 방어하여 남침을 저지시키고 민심을 안정시켰다. 저서로 《훈몽역의(訓蒙易義)》가 있다.

66 내선유동(內仙遊洞) : 괴산에 속해 있는 승경이다. 문경의 외선유동과 구분하여 이른 말이다.

두꺼비가 웅크린 모양 등 사물의 형상과 흡사한 것이 서너 개였다. 한참 동안 앉아서 조망하다가 물을 따라 수백 보를 내려갔다.

시내 오른편에 또 높이 치솟은 바위가 있었는데, 그 아래 뭇 바위들이 입 벌린 채 떠받치며 문을 이루었고, 시내가 그 바닥으로 흘러들어 못을 이루었는데, 매우 깊었다. 가운데에는 앉을 수 있는 석기(石磯)가 많았다. 시내를 건너 십여 보 되는 곳에 이진안(李鎭安) 현익(顯益)[67]의 초당이 있어 그곳으로 가서 점심을 먹었다. 초당 앞에는 거대한 바위가 불쑥 들어와 있었는데, 바위 옆에도 정자를 세울 만하였다.

언덕 하나를 올라 남쪽으로 1리 쯤 가니 칠송정(七松亭)이었는데, 솔숲이 길을 끼고 양쪽으로 매우 울창하였고, 흐르는 시내를 굽어보고 있었다. 들판은 넓게 트였고 밭은 기름졌으며 사방으로 산이 빙 둘러 안고 있어 사람 살기에 매우 적합하였다. 예전에는 마을 객점이 있었는데 지금은 없어졌다고 한다. 다시 시내를 따라 6, 7리쯤 가노라니 기이한 절벽과 맑은 못이 자못 아름다웠다. 여기서부터는 굽이마다 모두 그러하더니, 1리도 못 가서 과연 파곶(葩串)[68]이 나왔다.

67 이진안(李鎭安) 현익(顯益) : 이현익(李顯益, 1678~1717)이 진안(鎭安) 현감을 지냈으므로 이와 같이 이른 것이다. 조선 후기의 유학자로, 본관은 전주(全州), 자는 중겸(仲謙), 호는 정암(正菴)이다. 1708년(숙종34) 생원시(生員試)에 장원으로 입격(入格)하였고, 1710년 학행(學行)으로 참봉(參奉)이 되었다가 영조의 왕자사부(王子師傅) 및 진안 현감을 역임했다. 이기설(理氣說)과 사칠설(四七說)과 경설(經說) 등은 조선 후기의 경학사(經學史) 및 유학사상사(儒學思想史)에서 중요시되고 있다. 김창협(金昌協)과 권상하(權尙夏) 등 송시열의 제자를 사사(師事)하였다. 문집 《정암집(正菴集)》이 있다.

68 파곶(葩串) : 지금의 충청북도 괴산 화양동(華陽洞)에 있는 화양구곡 중 제9곡으로 송시열이 은거했던 곳이다. 파곡(葩谷)이라고도 한다.

길 왼편으로 너럭바위가 평평하게 펼쳐졌는데, 수천 명이 앉을 만하였다. 혹 터지기도 하고 혹 우묵 들어가기도 하고 혹 대략 층이 지기도 하였지만, 요컨대 하나의 평평한 너럭바위였음에도 눈길 닿는 곳마다 놀라 눈이 휘둥그레지게 하였고 기상이 드넓었다. 그 사이로 물길이 펼쳐졌는데, 격하게 모여들지도 않고 어지러이 흩어지지도 않는 것이 상쾌하게 탁 트이고 평평하면서도 시원스러웠으니, 가히 '큰 펼쳐짐'이라 이를 만하였다. 좌우에는 회화나무와 소나무가 줄지어 서서 그늘을 드리우고 있었다. 길 위에는 아직 다 짓지 못한 초당이 있었는데 그 뒤로 바위 봉우리 하나가 기이하게 뾰족 솟아 있었다. 시내 위에 죽 이어서 벌여선 뭇 봉우리들도 모두 웅장하게 솟아있었지만 울퉁불퉁한 맛이 부족할 뿐이었다. 시내 북쪽에는 앉을 수 있는 너럭바위가 많아서 해가 기울 때까지 앉아 있다가 물을 따라 수백 보를 내려왔다. 시내 좌우에 절벽이 첩첩 솟아 있어 매우 웅장하였다. 그 위로 소나무가 무성한 곳이 학소암(鶴巢巖)[69]이라 하였다.

다시 백여 보를 가니 시내 오른편에 거대한 바위가 꿈틀꿈틀 서리어 매우 기이하였는데, 이름이 와룡암(臥龍巖)[70]이었다. 그 등 가운데가 갈라져서 구불구불 꺾인 곳은 또 용이나 뱀의 자취처럼 보이기도 하였다. 또 수백 보를 가니 시내 좌우에 벼랑이 높이 치솟아 있었는데, 이름이 첨성대(瞻星臺)[71]였고, 바위의 형세는 마치 처마 모서리가 아래를 덮고 있는 것 같았다. 그 아래 벽면에 숭정(崇禎)의 어필(御筆)인

69 학소암(鶴巢巖) : 화양구곡의 제8곡인 학소대(鶴巢臺)를 말한 것이다.

70 와룡암(臥龍巖) : 화양구곡의 제7곡이다.

71 첨성대(瞻星臺) : 화양구곡의 제5곡이다.

"非禮不動(비례부동)" 네 자가 새겨져 있었고,[72] 그 아래에 우재(尤齋)의 글씨 '大明天地崇禎日月(대명천지 숭정일월)' 여덟 자가 새겨져 있었는데,[73] 모두 소발(小跋)이 있었다. 그 위쪽 옆에는 또 만력(萬曆)의 어필인 '玉藻氷壺(옥조빙호)' 네 자가 새겨져 있었는데, 후세 사람이 나중에 새긴 것이다.[74] 시내 오른편에 또 석벽이 마주 서 있었는데 이름

72 숭정(崇禎)의……있었고 : 숭정(崇禎)은 명나라 마지막 황제 의종(毅宗)의 연호로 기간은 1628~1644년이다. "비례부동"은 《중용장구》의 구절이다. 《송자대전》 부록 제7권 연보의 〈숭정 47년(1674) 갑인, 선생 68세〉에 의하면, "노봉(老峯) 민공(閔公) 정중(鼎重)이 연경(燕京)에 가서 의종황제(毅宗皇帝)의 '비례부동' 네 자를 쓴 수필(手筆)을 얻어 와서 선생에게 주었다. 선생이 드디어 시냇가 벼랑의 돌에 모각하고 그 곁에 암자(庵子)를 세워 승도(僧徒)로 하여금 지키게 하고, 환장암(煥章庵)이라 이름하여 그 진본을 암자 속에 간직하게 하였다." 하였다. 황경원(黃景源)의 《강한집(江漢集)》 권10의 〈운한각기(雲漢閣記)〉에서, 환장암의 옆 거대한 바위 위에 집을 지어 운한각(雲漢閣)이라 하고 어서(御書)를 보관하였다고 하였다.

73 우재(尤齋)의……있었는데 : 우재는 우암 송시열의 호이다. 《한수재집(寒水齋集)》 권22 〈화양동 애각 뒤에 쓰다(書華陽崖刻後)〉에서 "'대명천지 숭정일월' 이 여덟 글자는 배신(陪臣) 송시열이 일찍이 어떤 이에게 써 준 것인데, 이것이 이 산중에 꼭 알맞은 글이므로 삼가 모(摹)하여 새기노라." 하였다. 동권의 〈주촌사당기(舟村祠堂記)〉에서는, "주촌(舟村) 신만(申曼, 1620~1669)의 선비와 부인이 호란 때 자결하여 조정에서 특명으로 정려(旌閭)하게 하였으나, 공이 《춘추(春秋)》의 법에 '적(賊)을 토벌하기 전에는 장(葬)이라고 쓰지 않는다.'라는 것 때문에 조정의 명령을 따르지 않았다. 그리하여 화양(華陽)의 노선생께서 일찍이 이곳을 누차 방문해서 편액(扁額) 및 '대명천지 숭정일월(大明天地崇禎日月)' 여덟 글자를 크게 써서 그 절의를 표장하였다." 하였다. 화양의 노선생은 우암 송시열을 가리키며, 신만은 송시열의 제자이다.

74 만력(萬曆)의……것이다 : 명나라 만력제 신종의 글씨 옥조빙호(玉藻氷壺)는 《한수재집》 권22 〈화양동 절벽에 새겨진 어필에 발함〔華陽崖刻御筆跋〕〉에 의하면, 숭정 90년(1717) 정유년 8월에 권상하(權尙夏)와 이선직(李先稷) 등이 이 글자를 의종의 어필 좌측에 새겼다고 한다.

이 오운대(五雲臺)[75]였다. 그 뒤가 바로 환장암(煥章菴)[76]으로 가는 길이다.

첨성대로부터 수백 보를 가니 바로 서원[77]이 나왔고, 서원의 서쪽으로 우옹(尤翁)이 살던 집[78]이 있었다. 늙은 여종 칠례(七禮)라는 이는 나이가 76세였는데 옛일을 말해 주었다. 이어서 서원에 배알하였는데, 서원의 편액은 바로 선왕[79]의 글씨였다. 만동묘(萬東廟)[80]는 서원 뒤편

75 오운대(五雲臺) : 능운대(凌雲臺)를 가리키는 것 같다. 화양구곡의 제6곡으로 첨성대의 건너편 방향에 있다.

76 환장암(煥章菴) : 의종의 어서를 운한각에 보관하던 암자였는데, 1907년 일본군이 의병을 토벌하기 위하여 운한각과 함께 불태워 없앴다. 지금은 이곳에 채운사(彩雲寺)가 있다. 163쪽 주72 참조.

77 서원 : 화양서원(華陽書院)을 말한다. 1695년(숙종21), 송시열을 제향하기 위해 권상하(權尙夏)·정호(鄭澔) 등 노론 인사가 주도해 설립한 서원으로 이듬해 사액을 받았다. 1716년에 숙종이 편액을 친히 써서 다시 내렸다.《肅宗實錄 42年 10月 14日》

78 우옹(尤翁)이……집 : 암서재(巖棲齋)를 말한다. 1666년 송시열이 바위 위에 암서재를 지어놓고 학문을 연마하고 후진을 양성하였다. 화양구곡의 제4곡 금사담(金沙潭)에 있다.

79 선왕 : 숙종(肅宗)을 가리킨다.

80 만동묘(萬東廟) : 임진왜란 때 우리나라를 도와준 명나라의 신종과 명나라의 마지막 황제 의종을 제사하기 위하여 세운 사당이다. 1689년(숙종15) 송시열이 사사되기 전에 제자인 권상하(權尙夏)에게 서면으로 유언하였고, 유언에 따라 권상하가 민정중(閔鼎重)·정호(鄭澔)·이선직(李先稷)과 함께 1703년(숙종29)에 화양동에 건립하였다. 《도암집》 권30 〈만동묘비〉에 낙양산(洛陽山) 아래 화양동의 만동묘는 "숭정 76년 가을에 비로소 이루어져서 우리 신종황제와 의종황제를 제사지냈다.〔崇禎七十六年秋始成, 以祀我神宗顯皇帝、毅宗烈皇帝.〕"라고 하였다. 선조의 어필인 '만절필동(萬折必東)'에서 처음과 끝 글자를 따서 권상하가 만동묘라고 이름하였다. 만절필동은 중국의 강물이 만 굽이를 돌더라도 동해로 들어간다는 뜻이다.

높은 언덕에 있었는데, 문의 편액에 星拱院(성공원)[81]이라고 적혀 있었다. 앞에는 바위 하나가 시내에 닿아 있었는데 '泣弓巖(읍궁암)'[82] 세 자가 새겨져 있었으니, 우재가 효묘(孝廟 효종)의 제삿날 곡하던 곳이라고 한다. 서원 서쪽에 있는 소양재(昭陽齋)[83]에 앉아 숭정의 친필 '비례부동'과 숭정이 쓰던 붓, 정축년 황력(皇曆)[84]과 제공이 읊은 시를

81 星拱院(성공원) : 성공문(星拱門)인 것 같다. 성공(星拱)은 《논어》 〈위정(爲政)〉에서 취하였다. 《華陽洞志》

82 읍궁암(泣弓巖) : 화양구곡의 제3곡에 있다. 운영담(雲影潭)의 남쪽이며, 시냇가에 있는 희고 둥글넓적한 바위이다. 《한수재집》 권22 〈읍궁암에 새긴 시의 뒤에 제함〔題刻泣弓巖詩後〕〉에서 이르기를, "선생께서 일찍이 효묘(孝廟)의 휘일(諱日)을 만나 새벽에 일어나서 바위 위에 올라가 통곡을 하고 인하여 절구(絶句) 한 수를 읊었는데, 후인들이 그 바위를 읍궁(泣弓)이라 호칭하였으니 대체로 형호(荊湖)의 고사를 취한 것이다. 정유년에 방백(方伯) 윤헌주(尹憲柱)가 '읍궁암' 세 글자를 대서(大書)하여 돌에 새겨 후인들이 보도록 하였다."라고 하였다. 형호(荊湖)의 고사는 임금의 죽음을 슬퍼함을 의미하는데, 형호는 형산(荊山) 아래의 정호(鼎湖)를 말한다. 황제(皇帝)가 여기서 솥을 주조하고는 용(龍)의 수염을 타고 하늘로 올라갔는데, 황제의 활〔弓〕만 땅에 떨어지므로 신하들이 그 활을 안고 통곡을 했다는 고사가 있다.

83 소양재(昭陽齋) : 소양(昭陽)은 주자(朱子)의 〈감흥시(感興詩)〉 구절인 "양의 덕이 깊은 샘 속에서 밝아온다.〔陽德昭窮泉〕"에서 취하였다. 서원의 임원이 거처하던 곳이다. 《華陽洞志》

84 정축년 황력(皇曆) : 정축년(1637, 인조15)에 중국 황제가 내린 책력(冊曆)을 말한다. 《한수재집》 권22 〈숭정의 대통력에 발함〔崇禎大統曆跋〕〉에 다음과 같이 기술되어 있다. 숭정 정축년에 우리나라에 반포되었던 황력을 인조가 김상헌(金尙憲)에게 하사하였고, 김상헌이 이를 간수해오다가 만년에 서손(庶孫) 김수징(金壽徵)에게 주면서 당부하기를, "후일 이 책을 사랑할 줄 아는 자가 있을 것이니, 그에게 주어라." 하였다. 그 후 화양동에 송시열의 제자들이 만동묘를 세우자 김수징이 이 책을 가져와 권상하(權尙夏)에게 주었다. 권상하가 이를 화양동으로 들여와서 의종황제의 어묵(御墨)과 함께 진중히 봉안하였다고 하였다. 정축년은 병자호란 이듬해로 우리나라가 청나라에

보고서 날이 어두워져서야 암자로 돌아왔다. 승려 밀엄(密嚴)은 나이가 71세였는데, 또한 옛일을 자못 자세히 말해주었다. 밤에 이 암자에서 잤는데, 암자의 당우(堂宇)는 매우 정결하였다.

4월 초하루 경술일. 아침에 일어나니 가랑비가 내렸다. 승려와 함께 밥을 먹고 암서재(巖棲齋)[85]에 이르렀다. 암서재는 절의 서쪽 백 보쯤 되는 바위 위에 있었는데, 수석이 맑고 기이하였다. 우옹이 지은 것을 근년에 중건하였다고 한다. 바위 위에는 후인이 새긴 '華陽水石大明乾坤(화양수석 대명건곤)'[86] 여덟 자가 있었다. 읍궁암에 한참 앉아 있다가 열천재(冽泉齋)[87]로 올라갔는데 열천재는 소양재 서쪽에 있었다. 장시간 비가 그치지 않았다.

동문(洞門)을 나오니 시내 왼편의 푸른 절벽이 매우 높고 거대하였는데 이름이 경천벽(擎天壁)[88]이었다. 5리를 가니 시내 왼편 언덕에

항복한 해이다. 《영조실록》 38년 5월 10일에, 명 태조 고황제(高皇帝)의 기일에 임금이 숭정전(崇政殿)에 나아가 망배례(望拜禮)를 행하고 말하기를, 정축년 남한산성에서 우리나라가 항복하자 의종이 우리나라 사신을 불러 황력을 반사(頒赦)하여 위로하였다고 하였다.

85 암서재(巖棲齋) : 우암 송시열이 서재 겸 별장으로 사용하던 곳으로, 화양구곡의 제4곡인 금사담(金沙潭) 바위 위에 있다.

86 華陽水石大明乾坤(화양수석 대명건곤) : 심정진(沈定鎭)의 《제헌집(霽軒集)》 권2 〈화양구곡기(華陽九曲記)〉에, "시냇가 바위에 '화양수석 대명건곤' 여덟 자를 새겼으니 윤헌주의 글씨이다.〔溪邊臥石, 刻華陽水石大明乾坤八字, 尹憲柱之書也.〕" 하였다. 윤헌주(尹憲柱, 1661~1729)는 숙종 43년(1717)에 충청 감사를 지냈다.

87 열천재(冽泉齋) : 화양서원 내의 당우로, 두 칸의 방과 한 칸의 마루로 이루어져 있으며 우암 송시열이 휴식하던 곳이라 한다. 《霽軒集 卷二 華陽書院記》

88 경천벽(擎天壁) : 화양구곡의 제1곡(曲)이다. 같은 이름의 절벽이 단양팔경의 상선암에도 있다.

후영정(後穎亭)[89] 터가 있었는데, 고(故) 이상국(李相國) 경억(慶億)[90]의 정자였다. 조금 높고 평평해서 살 만하였고 숲에 덮인 산봉우리도 아름다웠으며, 지금까지도 이씨 별장에 딸린 종이 살고 있었다.

이장(李丈)은 여기서 헤어져서 돌아갔다. 구불구불 20리 길을 돌아서 만경대(萬景臺)[91] 앞으로 나오니 비가 거세게 내렸다. 시내를 건너 빙 돌아서 또 20리를 가서, 정오에 사담(沙潭)[92]에 있는 이부솔(李副率) 하곤(夏坤)[93] 어른의 별장에 도착하였다. 시내 두 갈래가 별장의 오른편에서 합류하여 물굽이가 삼면을 돌면서 가운데에 한 작은 기슭

89 후영정(後穎亭) : 이시발(李時發, 1569~1626)의 《벽오유고(碧梧遺稿)》 권1에 시 〈후영정에서 익지의 운을 따라 짓다〔後穎亭, 次益之韻〕〉가 있는 것으로 보아, 이시발 때부터 있었던 정자인 것 같다. 《송자대전수차(宋子大全隨箚)》 권9에는 후영정에 대해 "이군미 경휘의 별장이다.〔李君美慶徽別莊.〕"라고 하였다. 이경휘(李慶徽, 1617~1669)는 이경억(李慶億)의 형으로 두 사람은 이시발의 아들이다.

90 고(故)……경억(慶億) : 이경억(李慶億, 1620~1673)은 조선 후기의 문신으로 본관은 경주(慶州), 자는 석이(錫爾), 호는 화곡(華谷)으로 판서 이시발(李時發)의 아들이다.

91 만경대(萬景臺) : 화양에서 남쪽으로 10여 리 거리에 있는 곳으로, 화양서원이 처음에 이곳에 세워졌다가 나중에 황묘(皇廟) 앞으로 옮겨졌다. 《고종실록》 11년(1874) 4월 15일에 의하면, 숙종 때 화양의 만경대에 서원을 세우고 사액을 하였는데 그 뒤 경인년에 황묘(皇廟)와 가까운 곳으로 옮겨 세웠다고 하였다.

92 사담(沙潭) : 화양구곡의 남쪽에 있다.

93 이부솔(李副率) 하곤(夏坤) : 이하곤(李夏坤, 1677~1724)이 부솔에 임명되었으므로 이른 것이다. 이하곤은 조선 후기의 문인화가로 본관은 경주(慶州), 자는 재대(載大), 호는 담헌(澹軒) 또는 계림(鷄林)이다. 좌의정 이경억(李慶億)의 손자이며, 당시 문형(文衡)이었던 이인엽(李寅燁)의 맏아들이다. 1708년(숙종34) 진사가 되어 세자익위사 세마(世子翊衛司洗馬)와 세자익위사 부솔(世子翊衛司副率)에 제수되었으나 나가지 않고 고향인 진천에 내려가 학문과 서화에 힘썼다.

을 이루었다. 집은 그 기슭을 뒤로하여 동북을 향해 있었는데, 새로 지어 밝고 환했다. 작은 누각에 앉아서 빙 둘러선 여러 봉우리를 바라보니 운무를 삼켰다 토해냈다 하는 것이 더욱 기이하였다. 집 동남쪽으로 10보쯤 되는 곳에 작은 누각이 바위 위에 지어져 맑은 못을 바로 내려다보고 있었다. 못가에는 석벽이 홀로 솟아 매우 험준하였는데, 이름이 비래봉(飛來峰)으로 또한 자못 아름다운 곳이었다.

저녁에 비를 무릅쓰고 공림사(空林寺)[94]에 올라갔는데 정자에서 3리도 되지 않았다. 뭇 봉우리가 구름 속에 푸르고 험준한 것이 실로 장관이었다. 골짜기로 들어가니 오래된 회화나무가 숲을 이루었는데, 큰 것은 더러 백 뼘이나 되어 울창하게 솟은 모습이 매우 장엄했다. 절은 오래된 큰 사찰이었으나, 근래에 화재를 겪어서 겨우 삼 분의 일밖에 남지 않았다. 여러 요사를 두루 보고 승려 신증(信澄)과 함께 이장(李丈)의 집으로 돌아가 잤다.

2일. 아침에 공림사 승려 홍혜(弘慧)를 데리고 속리산(俗離山)으로 향하였다. 시내를 따라 올라가니 마을이 아늑하고 고요하였으니, 바로 상주(尙州) 땅으로, 마을 이름은 용화(龍華)라고 하였다. 10리를 가서 고개를 하나 넘으니 보은(報恩) 경내였다. 아침 해가 여러 봉우리를 비추는데, 푸른빛과 흰빛이 서로 섞이어 웅장하게 빛나는 것이 가히 기뻐할 만하였다. 30리를 가서 골짝 입구에 들어갔다.

법주사(法住寺)에서 2, 3리 못 미쳐서 신천동(新川洞)이라는 마을이 나왔다. 길 왼편의 넓적한 바위에 큰 소나무가 갈라져 자라 있었는

94 공림사(空林寺) : 충북 괴산 낙영산에 있는 절이다. 화양계곡의 남쪽이며 속리산으로 가는 도중에 있다.

데, 수십 장(丈)이나 되는 키에 푸르른 그늘을 드리우고 있었다. 이곳에서 큰 시내를 건너 앞으로 가니 고목이 길 양쪽으로 푸르게 우거졌고, 절터는 평평하고 넓었다. 문[95] 밖에 있는 구리 돛대[96]는 높이가 백 길은 됨 직하였는데, "통화(統和) 24년(1006)[97]에 조성하였다."라고 새겨져 있었다. 문을 들어서자 구름을 찌를 듯한 5층 누각이 있었는데, 팔상전(捌相殿)[98]이라 하였다.

그 서쪽의 용화전(龍華殿)에는 장륙금불(丈六金佛)[99]이 안치되어 있

95 문 : 천왕문(天王門)을 말한다.

96 구리 돛대 : 구리 당간(幢竿)을 가리킨 것이다. 당간은 찰주(刹柱), 찰간(刹竿)이라고도 하며 사찰에 의식이 있을 때 기(旗)의 종류인 불당(佛幢)을 걸어놓는 것이다. 법주사의 구리 당간은 고려 목종 9년(1006)인 통화(統和) 24년에 조성된 것으로 16미터가 되었다고 하는데, 고종 3년(1866)에 경복궁 복원을 위해 징발되어 사라졌다. 그 후 순종 때 22미터로 다시 조성되었다.

97 통화(統和) 24년(1006) : 고려 목종 9년이다. 통화는 요나라 성종의 연호로 그 기간은 983~1012년이다. 고려는 거란의 재침입을 막기 위해서 국왕 책봉과 연호 사용을 하였다. 제6대 임금 성종 13년(994) 2월부터 거란의 연호인 통화를 처음으로 사용하기 시작하였고 동연 6월에 송나라와 국교를 단절하였다. 《고려사 권2, 권3》

98 팔상전(捌相殿) : 5층의 목탑으로 법주사의 전각들 중에서 가장 높다. 팔상전은 부처의 일생을 8개의 그림으로 그린 팔상도(八相圖)가 그 속에 있어서 붙여진 이름이다. 신라 의신대사(義信大師)가 초창하였고 진표율사(眞表律師)가 중창하였으나 정유재란 때 불타 없어진 것을 1602년부터 중창이 시작되어 인조 2년(1624)에 사명대사와 벽암대사에 의해 복원되었다.

99 장륙금불(丈六金佛) : 큰 불상은 주로 장륙불상으로 1장 6척이다. 용화전(龍華殿)은 미래불인 미륵불을 안치한 전각을 말한다. 미륵불이 출현하는 곳이 용화세계의 용화수(龍華樹) 아래이므로 이른 말이다. 법주사는 법상종이어서 미륵불을 주존으로 모신다. 조선 전기에 편찬된 《신증동국여지승람》 권16 〈충청도 보은현〉에는, "법주사 안 산호전(珊瑚殿)에는 금신장륙상(金身丈六像)이 있으며, 문 앞에는 구리로 부어 만든

었다. 그 뒤편 법당 다섯 곳은 극히 장엄하고 아름다웠는데, 가장 뒤에 있는 것이 바로 대웅전(大雄殿)이었다. 그 동쪽에 못을 파고 돌을 쌓은 것이 마치 우물 같았는데, 이름이 석옹(石甕)[100]이었다. 또 동쪽에는 철확(鐵鑊)[101]이 있었고, 그 북쪽에는 석조(石槽)[102]가 있었는데 모두 지극히 거대하였다. 옆에는 또 작은 석조 둘이 있었다.

점심을 먹고 나서 남여를 타고 복천사(福泉寺)[103]로 올라갔는데, 7리 길이 매우 험하였다. 절은 세조 대에 창건되었는데,[104] 법당이 지극히

당간〔幢〕이 있는데, 모양이 몹시 높고 그 한 쪽에 통화(統和) 24년(1006)에 세웠다고 새겨져 있다.〔寺中有珊瑚殿, 金身丈六像, 門前有鑄銅幢樣甚高, 其一面刻云"統和二十四年".〕"라고 하였다. 법주사의 용화전은 산호전(珊瑚殿)으로도 불렸는데, 전각 뒤쪽에 암벽 산호대가 있어서 붙여진 이름이라고 한다. 원래의 미륵장륙존상은 정유재란 때 소실되었고, 이후 법주사 중창 시에 금동미륵장륙상이 재건되었으나 대원군 때 징발되어 사라졌다. 지금의 청동미륵대불은 1990년에 조성한 것으로 33미터에 이른다.

100 석옹(石甕) : 속리산의 삼천 승려들의 김칫독으로 사용된 것이라고 전해진다. 땅에 묻혀 있다.

101 철확(鐵鑊) : 신라 성덕왕 때 주조되었다고 전해오며 높이 1.2미터 직경 2.87미터, 두께 10.8센티미터의 거대한 솥이다. 신도 3만 명이 먹을 장국을 끓이던 솥이라고 하기도 하고, 임진왜란 때 승병들이 이 솥을 이용하여 배식하였다고 전해온다.

102 석조(石槽) : 물을 저장하는 용기로 720년(성덕왕19)에 조성되어 법주사에 3천 명의 승려가 모여 살 때 사용된 것으로 추정하고 있다.

103 복천사(福泉寺) : 충북 보은 속리산에 위치한 사찰로, 법주사 동쪽 7리쯤 되는 곳에 있다. 절 동쪽에 샘물이 있어 돌 사이에서 쏟아져 나와 식수로 쓰기 때문에 이러한 이름이 지어졌다고 한다. 《신증동국여지승람 권16》

104 세조……창건되었는데 : 세조 대에 중건된 것이다. 복천사는 신라 시대의 암자로 720년(성덕왕19)에 창건된 법주사의 산내 암자이다. 조선 시대에 세조가 이 암자에서 신미(信眉)와 학조(學祖)의 두 고승과 함께 3일 동안 기도를 드린 뒤, 암자에 이르는 길목의 목욕소(沐浴沼)에서 목욕을 하고 피부병이 나았으므로 절을 중수하였고, 또

정교하였다. 승려 신미(信眉)[105]의 가사(袈裟) 역시 세조가 하사한 것이었다. 또한 어찰(御札) 두 개, 여러 왕자들의 모연문(募緣文), 김괴애(金乖崖)[106]가 기록한 임행시사(臨幸時事)[107]가 있었다.

'만년보력(萬年寶曆)'이라고 쓴 사각 옥판(四角玉板)을 하사하였다. 《문종실록》 즉위년 경오(1450) 6월 22일 기사에 의하면, 왕이 충청 감사 권극화(權克和)에게 유시하기를 "중〔僧〕 신미(信眉)가 보은현(報恩縣) 땅에 복천사(福泉寺)를 고쳐 지으니, 단청(丹靑)의 제구를 적당히 갖추어 주어라." 하였다.

105 신미(信眉) : 조선 전기의 승려로 본명은 김수성(金守省)이며 본관은 영동(永同)이다. 세조 때의 승려로 김수온(金守溫)의 형이다. 법주사에 출가하여 세종 말년에 왕을 도와 불사를 중흥시켰다. 세종을 도와 복천사를 중수하고 그곳에 아미타삼존불을 봉안하였다. 문종은 그를 선교도총섭(禪敎都摠攝)에 임명하였다. 세조 때는 왕사와 같은 역할을 하였다. 세조는 왕위에 오르자 불교의 중흥을 주관하게 하였다. 1458년(세조4)에 나라에서 해인사에 있던 대장경 50부를 간행하고자 했을 때 이를 감독하였고, 1461년에 왕명으로 간경도감을 설치하여 훈민정음을 널리 유통시키기 위해 불전(佛典)을 번역하고 간행했을 때도 이를 주관하였다. 그의 주관 아래 《법화경》·《반야심경》·《영가집(永嘉集)》 등이 언해되었으며, 함허(涵虛)의 《금강경오가해설의(金剛經五家解說誼)》도 교정하여 간행하는 등 불전의 국역과 유통을 위한 막중한 역할을 하였다. 세조는 혜각존자(慧覺尊者)라는 호를 내렸다.

106 김괴애(金乖崖) : 김수온(金守溫, 1410~1481). 본관은 영동(永同), 자는 문량(文良), 호는 괴애(乖崖)·식우(拭疣)이다. 세종 때 등과하여 집현전 학사가 되었고, 세조 대에 한성 부윤, 공조 판서 등을 거쳐 판중추부사에 올랐다. 성종 때 영산부원군(永山府院君)에 봉해졌으며, 영중추부사를 역임하였다. 고승 신미(信眉)의 동생으로 불경에 통달하고 제자백가(諸子百家)·육경(六經)에 해박하여 뒤에 세조의 총애를 받았다. 특히, 시문에 뛰어나 명나라 사신으로 왔던 한림 진감(陳鑑)과 〈희정부(喜晴賦)〉로써 화답한 내용은 명나라에 알려졌다. 불교 관련 글을 많이 남겼다. 문집 《식우집(拭疣集)》 권2에 〈복천사기(福泉寺記)〉가 실려 있다.

107 임행시사(臨幸時事) : 거동했을 때의 일을 말한다. 《신증동국여지승람》 권16 〈충청도 보은현〉의 '복천사'에서 "천순(天順) 갑신년에 우리 세조대왕(世祖大王)이 속리산에 거동했을 때 병풍연(屛風淵)에 잠시 들렀다가, 이튿날 법주사에서 이 절까지

걸어서 동대(東臺)로 올라갔다. 대는 매우 높았으나 지세가 좁고 막혀 있어서 보이는 것은 오로지 동북쪽 여러 봉우리들뿐이었다. 그중 이름을 얻은 것으로 천왕봉(天王峰)과 비로봉(毗盧峰)이 있는데, 비로봉은 자못 기이하고 가팔랐다. 동대 꼭대기에 쌍탑(雙塔)이 있었다.

돌아오는 길에 이른바 복천(福泉)을 보았다. 샘물은 법당 뒤 암벽 틈에서 나오는데 물맛이 맑고 차가웠으며 큰 가뭄에도 마르지 않는다고 하였다. 다시 고개 하나를 넘어 대략 6, 7리를 가니 중사자암(中獅子菴)이 나왔는데, 여기서부터가 외산(外山)이었다. 차지하고 있는 경계가 유달리 높고 아득하여 먼 산이 궤안에 들어와 있었고, 거대한 너럭바위가 뜰 앞에 펼쳐져 있었으며 그 옆에는 배꽃이 만발하였다.

또 서쪽으로 3, 4리 가니 대암암(大巖菴)이 나왔다. 대암암은 관음봉(觀音峰)에 있었는데, 그 앞에 우뚝 선 큰 바위가 높이가 백 길이나 되어 지극히 크고 웅장하였기에 암자 이름으로 삼았다. 문장대(文莊臺)는 산의 정상으로 중사자암과 대암암 사이에 있는데, 중사자암에서 조금 북쪽으로 6, 7리 위라고 하였다. 승려가 말하기를, 지난해에 영남의 승려가 올라갔다가 발을 헛디뎌 땅에 떨어져 죽었다고 하기에 올라가지 않았다.

해가 이미 기울어 돌아오는 길을 찾아 3, 4리를 가서 내문암(內門巖)을 나가고, 다시 3리를 가서 외문암(外門巖)을 나갔는데, 모두 바위틈으로 걸어갔다. 또 3, 4리를 가서 법주사로 돌아와 저녁에 연경전(蓮經殿)에서 잤다. 연경전은 대웅전 뒤에 있었는데 밤새도록 두견새 우는

두루 경치를 구경한 다음 호종(扈從)하는 문신(文臣) 김수온(金守溫)에게 명해서 이 일을 기록하게 했다." 하였다.

소리가 들렸다.

3일. 해가 뜨기 전에 일어나 수정봉(水晶峰)에 올라갔다. 수정봉은 용화전 서쪽에 있었는데 바위 봉우리가 깎아지른 듯 가팔랐다. 그 꼭대기에 귀암(龜巖)이 있었으니, 그 이야기는 우암이 지은 소갈(小碣)에 상세히 실려 있다.[108] 이내 가장 높은 석대에 오르니 험준한 산들이 모두 발아래 놓였다. 대개 산은 매우 웅장하게 뻗어있고, 봉우리는 바위가 많아 모두 험준하였으나 다만 골짜기가 궁색하고 좁은 편이었다.

큰 시내가 곳곳에서 요란하게 바위 골짜기를 울렸으나 전부가 어지러이 널린 돌과 가파른 바위여서 볼만한 게 없었다. 고목과 묵은 덩굴이 서로 휘감고 있었는데, 가을 깊어 단풍이 들어 그 경관이 절로 기이하였다. 산속에는 작은 암자가 또 대여섯 군데 있었는데, 버려져 황폐해진 곳은 이루 다 헤아릴 수 없다고 했다.

봉우리 밑으로 내려와 산호전(珊瑚殿)[109] 터에 올라갔다. 그 남쪽에

108 귀암(龜巖)이……있다 : 소갈(小碣)은 속리산 사실기비를 가리킨다. 이는 1666년(현종7)에 세운 것으로 우암 송시열이 짓고 동춘당 송준길이 글씨를 썼는데 속리산의 내력과 관련 사실을 기록하였다. 특히 수정봉 정상에 있는 거북 바위에 대한 이야기가 들어있는데 내용은 다음과 같다. 당나라 태종이 세수를 하려는데 세숫물에 큰 거북 그림자가 비쳤다. 이상히 여긴 태종이 도사를 불러 물으니 도사가 말하기를 동국 명산에 큰 거북의 형상이 당나라를 향하고 있어 많은 당나라 재물이 동국으로 들어가게 하고 있으니 거북 모습의 물형을 없애라 하였다. 사람을 파견하여 곳곳을 찾다가 마침내 속리산 수정봉의 돌 거북을 발견하고 그 목을 자르고 돌거북 등 위에 10층 석탑을 쌓아 정기를 눌렀다고 하였다. 1653년(효종4)에 옥천 군수 이두양이 다시 머리를 잇게 하였는데, 그 후 충청 병마절도사 민진익이 탑을 헐어버렸다고 한다.

109 산호전(珊瑚殿) : 170쪽 주99 참조.

벼랑을 파서 석비(石碑)를 박아 넣었는데,[110] 지정(至正) 임오년에 새긴 것으로 이숙기(李叔琪)[111]가 글을 짓고 전원발(全元發)[112]이 글씨를 썼다. 밝은 아침 햇빛이 얼굴을 비출 때 절에 가서 아침밥을 먹고 다시 만경대 앞을 경유하였는데, 맑은 내가 굽이져 휘감아 흐르고, 고목과 기이한 바위가 점철되어 있어 매우 기뻐할 만하였다. 무릇 50리를 가서 청천(青川)의 객점에서 점심을 먹으니, 곧 청주(淸州) 땅이었다. 40리를 가서 저녁에 청안(淸安)의 대송리(大松里)에서 잤는데, 벼룩과 빈대에 시달리느라 잠을 이루지 못하였다.

4일. 30리를 가서 진천(鎭川)의 석탄(石灘)에서 아침밥을 먹고, 40

110 벼랑을……넣었는데 : 법주사 내에 있는 자정국존비(慈淨國尊碑)를 가리킨다. 비는 자연 암반을 파내고 몸체를 박아 넣은 특이한 형태로 길쭉한 직사각형 모습이다. 자정국존(1240~1327)은 고려 말의 승려로 법호는 자안(子安)이었고, 자은종(慈恩宗) 종사(宗師)로서 승통(僧統)의 지위에 올라 오교양종(五教兩宗)의 승정(僧政)을 도맡았다. 웅신사(熊神寺)·법주사 등을 거쳐 대구 동화사(桐華寺) 주지였을 때 국존의 칭호를 받았고, 말년에 법주사에 머물다 입적하였다. 비는 고려 충혜왕 복위 3년(1342)에 세운 것으로 왕명을 받아 이숙기(李叔琪)가 비문을 짓고 전원발(全元發)이 글씨를 썼다. 시호는 자정(慈淨), 탑명(塔銘)은 보명(普明)이다.

111 이숙기(李叔琪) : 고려의 문신. 밀직사 좌부대언 판선공시사 진현관제학(密直司左副代言判轄工寺事進賢館提學)을 지냈다. 속리산(俗離山) 법주사(法住寺)에 남아 있는 자정국존보명탑비(慈淨國尊普明塔碑)의 비문을 지었다. 이 탑비는 1314년에 건립되었다.

112 전원발(全元發) : ?~1421. 고려 말의 문신으로 본관은 용궁(龍宮), 호는 국파(菊坡)이다. 고려 말기에 원나라에 가서 1315년(고려 충숙왕2) 문과에 장원급제하여, 영록대부병부상서 겸 집현전태학사(榮錄大夫兵部尙書兼集賢殿太學士)에 올랐다. 뒤에 귀국하여 조선 개국 후 축산부원군(竺山府院君)에 봉해졌다. 서예에 뛰어났으며, 용궁의 소천서원(蘇川書院)에 제향되었다. 법주사 자정국존보명탑비(法住寺慈淨國尊普明塔碑)의 글씨를 썼다. 용궁은 경상북도 예천이다.

리를 가서 안성(安城)의 옥정(玉井)에서 점심을 먹었다. 저녁에 양성(陽城)의 묘[113] 아래 40리 되는 곳에 이르렀는데, 말이 지쳐서 여러 번 자빠지는지라 하마터면 도달하지 못할 뻔하였다.

5일. 양성에 머물렀다.

6일. 진위(振威)의 청호(菁好)에서 점심을 먹었다. 저녁에 월곡(月谷)의 묘사(墓舍)에서 잤다.

7일. 과천(果川)의 냉정(冷井)에서 점심을 먹고 오후에 집에 돌아왔으니, 양성으로부터 150리였다. 이 유람은 20일 사이에 20개 군(郡)의 경계를 넘어 다녔으며, 노정을 계산하니 1100여 리였다.

113 양성(陽城)의 묘 : 양성은 경기도 안성시 서부 지역의 옛 이름이다. 오원의 조부인 오두인(吳斗寅, 1624~1689)의 고향이며 그를 제향하는 덕봉서원(德峰書院)이 있다. 덕봉서원 가까이 해주 오씨의 묘역이 있는데, 이곳에 오두인의 묘가 있다.

무언재기 정미년(1727, 영조3)

無言齋記 丁未

나의 벗 홍순보(洪純甫)[114]는 사람됨이 정결하고 명민하여 진취함에 민첩하였는데, 그 살고 있는 집을 무언재(無言齋)라고 이름하였다. 틈을 타서 나에게 말하기를 "나의 병폐는 침묵하지 못하는 것이라, 내가 이것으로써 나의 집을 명명한 것은 또한 고인이 가죽을 차고 다녔던〔佩韋〕 경계[115]이기도 하네. 그대는 그것을 글로 써서 면려해 주게."

114 홍순보(洪純甫) : 홍계희(洪啓禧, 1703~1771)의 자가 순보(純甫)이다. 본관은 남양(南陽), 자는 순보(純甫), 호는 담와(澹窩)로 이재(李縡)의 문인이다. 1737년(영조13) 별시문과에 장원급제하여 정언이 되고 1747년에 일본 막부의 제9대 장군 덕천가중(德川家重)의 승습을 축하하기 위한 통신상사(通信上使)로 뽑혀, 부사 남태기(南泰耆), 서장관 조명채(曺命采) 등 일행 500여 명을 이끌고 일본에 다녀왔다. 형조·병조·호조의 판서 및 예문관 대제학을 역임하였다. 그는 유학자로 자처했으나 그보다는 시무에 밝고 경세치용(經世致用)에 관심이 많았다. 이재의 문인들로부터 배척을 받았고 사림들로부터는 소인으로 지목되었다. 시호가 문간(文簡)이었으나, 두 손자가 정조 시해 미수 사건에 연루되어 그의 두 아들과 일가가 처형당하게 되자, 관작이 추탈되고 역안(逆案)에 이름이 올랐다. 글씨에 능했으며, 저서로는 《삼운성휘(三韻聲彙)》가 있다. 편저로는 《균역사실(均役事實)》 등 다수가 있다. 《월곡집》 권2의 시 〈화백 홍순보와 함께 꽃 핀 교외로 나갔다가 돌아오는 길에 함께 읊다〔同華伯洪純甫出花郊 歸路共賦〕〉에 그 이름이 나온다.

115 가죽을……경계 : 원문의 '佩韋'는 '가죽을 차다'는 말로 자신의 급한 성질을 누인다는 뜻이다. 전국 시대 위(魏)나라 서문표(西門豹)가 자신의 급한 성질을 누이기 위해 부드러운 가죽을 항상 몸에 지니고 다니면서 경계한 데에서 유래하였다. 《한비자(韓非子)》 〈관행(觀行)〉에 "서문표는 성질이 급한 까닭에 부드러운 가죽을 차고 다니며 자신의 급한 성질을 누였고, 동안우는 성질이 느린 까닭에 팽팽한 활시위를 차고 다니며

라고 하였다. 나는 알았다고 해놓고서 짓지 못하고 있었는데, 늦장을 부린 것이 아니라 순보의 뜻을 이해하지 못하였기 때문이었다.

대개 말이란 마음의 소리이다. 정신(精神)과 의사(意思)는 말이 아니면 통하지 않고, 선악과 시비는 말이 아니면 나타나지 않으며, 도덕과 인의는 말이 아니면 드러나지 않는다. 그러므로 숙손표(叔孫豹)[116]가 '세 가지 썩지 않는 것〔三不朽〕'[117]을 논하며, 이른바 '말을 세우는 것〔立言〕'을 공(功)·덕(德)과 함께 일컬은 것이다.

지금 사람의 입을 붙여놓고 혀를 묶어놓아 그저 몸뚱이를 꿈틀거리기만 할 뿐이라면, 이 사람을 또 어디다 쓰겠는가? 옛날 우리 부자께서 말하지 않으려고 한 것은,[118] 대개 성인이 지나간 곳마다 교화되고 계시

자신의 느린 성질을 다잡았다.〔西門豹之性急, 故佩韋以自緩, 董安于之性緩, 故帶弦以自急.〕" 하였다.

116 숙손표(叔孫豹) : ?~기원전 538. 춘추 시대 노(魯)나라의 대부이다. 시호가 목(穆)이라 숙손목자(叔孫穆子) 또는 목숙(穆叔)이라고도 한다. 형인 숙손교(叔孫僑)가 노성공(魯成公)의 어머니 목강(穆姜)과 사통하자 제(齊)나라로 달아났다가 후에 부름을 받고 돌아가서 양공(襄公)을 섬겼다. 노나라의 삼가(三家)가 자신들의 사병(私兵)을 없애자 이를 거두어 가신(家臣)으로 만들었다. 후에 제나라로 달아나 외처(外妻)의 아들 수우(豎牛)에게 잡혀 사흘 뒤에 굶어 죽었다.

117 세……것〔三不朽〕: 춘추 시대 노(魯)나라 대부 숙손표(叔孫豹)가 진(晉)나라에 갔을 때에 범선자(范宣子)가 죽어도 썩지 않는 것을 묻자, 그가 대답하기를, "가장 좋은 것으로는 덕을 세우는 것이요, 그 다음으로는 공을 세우는 것이요, 그 다음으로는 훌륭한 말을 남기는 것이라. 이 세 가지는 비록 세월이 오래되어도 없어지지 않으니, 이를 불후라고 하는 것이다.〔大上有立德, 其次有立功, 其次有立言. 雖久不廢, 此之謂不朽.〕"라고 한 데서 유래하였다. 《春秋左氏傳 襄公24年》

118 부자께서……것은 : 《논어》〈양화(陽貨)〉에 "공자께서 말씀하셨다. '나는 말을 하지 않으려고 한다.' 자공(子貢)이 말하기를, '선생님께서 만일 말씀하지 않으시면

는 곳마다 신묘해지는 덕[119]이란 말하지 않아도 행해져서, 마치 하늘이 고요해도 사시와 만물이 그 도를 얻는 것과 같기 때문이다. 이는 부자만이 할 수 있는 일인데, 순보는 까마득한 초학으로서 어찌 감히 이것을 논할 수 있겠는가.

고인(古人)이 말을 꺼렸던 것으로 말하자면, 금인(金人)의 삼함(三緘)[120]과 노씨(老氏)의 색태(塞兌)[121]처럼 간곡한 경계가 있다. 그러나 또한 몸을 온전히 하고 환란을 피하고자 하는 마음에서 나와 나만의

저희가 어떻게 도(道)를 전하겠습니까.'라고 하자 공자께서 말씀하셨다. '하늘이 무슨 말을 하더냐. 사시가 운행되고 온갖 만물이 생장하는데, 하늘이 무슨 말을 하더냐.'〔子曰, '予欲無言.' 子貢曰, '子如不言, 則小子何述焉?' 子曰, '天何言哉? 四時行焉, 百物生焉, 天何言哉?'〕"라고 하였다.

119 성인이……덕 : 《맹자》 〈진심 상(盡心上)〉에 "군자는 지나는 곳마다 교화가 되며 있는 데가 신묘하기 때문에 상하가 천지와 더불어 함께 유행하니 어찌 조금 보탬이 있다고 하겠는가.〔夫君子 所過者化 所存者神 上下與天地同流 豈曰小補之哉〕"라고 하였다. 《논어》 〈학이(學而)〉의 집주에 "성인이 지나가면 교화되고 계시는 곳은 신묘해지는 묘함을 엿보아 측량하기 어렵다.〔聖人過化存神之妙 未易窺測〕"라고 하였다.

120 금인(金人)의 삼함(三緘) : 삼함(三緘)은 입을 세 번 봉한다는 뜻으로, 말을 삼가라는 경계를 뜻한다. 공자가 주(周)나라 태조(太祖) 후직(后稷)의 사당에 갔을 때, 사당의 오른쪽 계단 앞에 입을 세 겹으로 봉한 금인(金人)의 상(像)을 보았다. 그 등 뒤에 새긴 명문(銘文)을 보고 제자들을 경계시켰다고 한다. 명문에 이르기를, "옛날에 말조심을 하던 사람이다. 경계하여 많은 말을 하지 말지어다. 말이 많으면 실패가 또한 많나니.〔古之愼言人也. 戒之哉, 無多言. 多言多敗.〕"라고 하였다는 고사가 전한다. 《孔子家語 觀周》

121 노씨(老氏)의 색태(塞兌) : 색태(塞兌)는 입을 막는 것으로, 욕망을 막는 것을 말한다. 《도덕경(道德經)》 52장에 "입을 막고 문을 닫으면 종신토록 피로하지 않게 된다.〔塞其兌, 閉其門, 終身不勤.〕"라고 하였다. 《주역》 〈설괘전(說卦傳)〉에서, "태(兌)는 입이 된다.〔兌爲口.〕" 하였다.

사사로움에 치우쳤으니, 성인의 대중지정(大中至正)한 법도는 아닌 것이다. 순보가 바야흐로 장차 관직에 나아가 세상에 쓰여서 나라를 위하여 충성과 계책을 다하려고 하는 마당에, 또 어찌 여기에서 뜻을 취하였단 말인가?

대저 순보의 뜻은 과연 어디에 있는가? 생각하고 난 뒤에 할 말을 얻어내는 것이니, 사람은 본디 말이 없을 수 없고, 또한 말을 삼가지 않을 수도 없다. 공자께서는 민자건(閔子騫)[122]을 칭찬하며 "저 사람은 말을 하지 않을지언정 말을 하면 꼭 도리에 맞게 한다."[123]라고 하였다. 공명가(公明賈)[124]는 공숙문자(公叔文子)[125]를 칭찬하며 "그분은 꼭 말해야 할 때가 된 뒤에야 말하기 때문에 남들이 그의 말을 듣기를 싫어하지 않는다."[126]라고 하였다.

122 민자건(閔子騫) : 기원전 536~기원전 487. 민손(閔損)의 자가 자건이다. 공자의 제자로 공문십철(孔門十哲)의 한 사람이며 효행과 덕행으로 일컬어졌다. 《논어》 〈선진(先進)〉에 "공자께서 말씀하셨다. '진(陳)나라와 채(蔡)나라에서 나를 따르던 제자들이 지금은 모두 문하에 있지 않구나. 덕행으로는 안연 · 민자건 · 염백우 · 중궁이요, 언어로는 재아와 자공이요, 정사로는 염유와 계로요, 문학으로는 자유와 자하니라.'〔子曰: 從我於陳蔡者, 皆不及門也. 德行, 顔淵 · 閔子騫 · 冉伯牛 · 仲弓, 言語, 宰我 · 子貢, 政事, 冉有 · 季路, 文學, 子游 · 子夏.〕"라는 말이 있다.

123 저……한다 : 《논어》 〈선진(先進)〉에 보인다. "노나라 사람이 장부(長府)라는 창고를 짓자 민자건(閔子騫)이 '옛것을 그대로 쓰면 어때서 하필 새로 지어야만 하는가?'라고 하니, 공자가 '저 사람은 말을 하지 않을지언정, 말을 하면 반드시 도리에 맞게 한다.'라고 하였다.〔魯人爲長府, 閔子騫曰: '仍舊貫如之何, 何必改作?' 子曰: '夫人不言, 言必有中.'〕"

124 공명가(公明賈) : 공숙문자(公叔文子)의 문하생이다.

125 공숙문자(公叔文子) : 위(衛)나라 대부(大夫)로 헌공(獻公)의 손자이다. 이름은 발(拔)이며 시호는 문(文)이다. 그러므로 공숙문자라고 말한 것이다.

지금 순보의 무언(無言)은 본디 말을 안 하려는 것이 아니라, 그 입이 가릴 말이 없게 하고자 함이다.[127] 이미 가릴 말이 없다면 하루에 천백 마디 말을 하더라도 또한 무엇이 무언에 해롭겠는가? 그런데 입이 싸움을 일으키면 사마(駟馬)도 혀를 따라잡지 못하니,[128] 말이란 도리에 맞는 경우는 적고 도리에 맞지 않는 경우는 많으며, 말해야 할 때 말하는 자는 적고 말해서는 안 될 때 말하는 자는 많아서, 마음으로 후회하고 몸에 해를 끼치는 것들은 종종 말이 빌미가 되곤 한다. 그래서 옛 성현께서 조심스럽게 주머니를 묶듯 입을 지키라고 사람들에게 가르쳤던 것이다. 내가 순보의 자질을 보건대 민첩하고 예리함은

126 그분은……않는다 : 공자가 공숙문자에 대해 묻기를, "정말로 공손대부(公孫大夫)는 말씀도 않고 웃지도 않고 취하지도 않습니까?" 하니, 공명가가 "말한 사람이 지나쳤습니다. 공손대부는 말할 때가 되어야 말하므로 사람들이 그의 말을 싫어하지 않고, 즐거운 뒤에야 웃으므로 사람들이 그의 웃음을 싫어하지 않으며, 의로운 뒤에야 취하므로 사람들이 그가 취하는 것을 싫어하지 않습니다."라고 대답하였는데, 공자는 그 말을 반신반의하였다. 《論語 憲問》

127 그……함이다 : 《효경(孝經)》 〈경대부장(卿大夫章)〉에 "입에는 가릴 말이 없고, 몸에는 가릴 행실이 없으면, 말이 천하에 가득하여도 잘못한 말이 없을 것이고, 행실이 천하에 가득하여도 원망과 증오가 없을 것이다.〔口無擇言, 身無擇行, 言滿天下, 無口過; 行滿天下, 無怨惡.〕"라고 하였다. 그 주석에, "말과 행실을 모두 선왕의 법과 도를 좇아서 하기 때문에 가릴 바가 없는 것이다.〔言行皆遵法道, 所以無可擇也.〕"라고 하였다.

128 사마(駟馬)도……못하니 : 원문은 '駟不及舌'로 《논어》 〈안연(顔淵)〉에 나오는 말이다. 옛날 극자성(棘子成)이 "군자는 질박하기만 하면 된다. 문식할 필요가 어디에 있는가.〔君子質而已矣. 何以文爲?〕"라고 하자, 자공(子貢)이 "애석하도다. 선생의 말씀이 군자다우나, 실수를 하는 그 혀는 사마도 따라잡지 못하겠도다.〔惜乎! 夫子之說, 君子也, 駟不及舌.〕"라고 말하였다.

넘치지만 진중함은 부족하다. 그런데 지금 장차 통렬히 스스로 깨우치고 반성하여 그 치우친 점을 극복하고자 차라리 무언(無言)을 약속할지언정 혹시라도 말이 많을까 그것을 두려워하고 있으니, 그 뜻이 또한 절실하지 않은가.

또한 내가 일찍이 이르기를, "마땅히 말하지 말아야 하는데 말하는 것이 참으로 입의 허물이지만, 마땅히 말해야 하는데 말하지 않는 것도 그 허물 됨은 마찬가지이다."라고 하였다. 이것이 곧 맹자가 사람을 꾀는 데 대한 경계를 둔 이유[129]이니, 나는 순보가 말이 없기〔無言〕를 원한다.

집에 있을 때는 화목하게 효자우제(孝慈友弟)를 말하고, 벗과 어울릴 때는 강직하게 충신도의(忠信道義)를 말하며, 나아가 조정에 설 때는 완강하게 임금 덕의 부족함과 조정의 득실을 말한다. 무릇 말은 반드시 행할 수 있도록 하고 행함은 반드시 말할 수 있도록 하며, 이 밖에 법도에 어긋난 무익한 말이 구설(口舌)에서 하나도 나옴이 없게 한다면, 장차 덕행과 공업이 환히 빛나는 것을 보게 될 것이며, 불후의 성대함은 또한 구구한 언어를 기다리지 않아도 될 것이다. 이와 같이 하고서 순보를 이름하여 '무언재(無言齋) 주인'이라고 한다면 어찌 불가하겠는가?

그러나 사람의 말은 마음의 소리이니, 구설은 능히 말할 수 없으며,

129 맹자가……이유 : 《맹자》 〈진심 하〉에 "선비가 말할 만하지 않은데도 말하는 것은 말로써 꾀는 것이고, 말할 만한데도 말하지 않는 것은 말하지 않음으로써 꾀는 것이다. 이는 모두 담에 구멍을 뚫거나 넘어가서 도둑질하는 것과 같은 부류이다.〔未可以言而言, 是以言餂之也; 可以言而不言, 是以不言餂之也. 是皆穿踰之類也.〕"라고 하였다.

말하는 주체는 마음이다. 지금 순보가 참으로 입의 허물을 없애고자 한다면 마땅히 먼저 마음의 허물을 없애는 것을 주로 삼아야 한다. 내 마음을 순정(純正)하고 안정되게 하여 모든 그릇되고 조급한 생각이 혹 그 사이에 끼어들지 못하게 한다면, 입에서 나와 말이 된 것들은 가리기를 기약하지 않아도 가릴 것이 없어질 것이다. 묵묵히 기억하며[130] 힘써 나아간다면, 이로 말미암아 위로 중니(仲尼)의 무언(無言)의 경지를 엿본들 누가 능히 막겠는가. 만약 그 마음을 먼저 다스리지 않고 억지로 뺨과 혀, 치아 사이에서 제재하기를 마치 '입을 막음〔塞兌〕'이나 '입을 세 번 봉함〔三緘〕'과 같이 한다면, 이는 그 근원을 휘저어 놓고서 그 흐름을 막으려는 것과 같을 터, 무슨 효과가 있겠는가? 속담에 이르기를, "백성의 입을 막는 것은 시내를 막는 것보다 심하다."[131]라고 하였는데, 나는 말하기를 "나의 입을 막는 것은 또한 시내를 막는 것보다 심하다."라고 하겠으니, 순보는 마땅히 이것을 살펴야

130 묵묵히 기억하며 : 원문의 '默識'는 《논어》 〈술이(述而)〉에, "공자가 "묵묵히 기억하며 배우고 싫어하지 않으며 사람 가르치기를 게을리 하지 않는 것, 이 중에 어느 것이 나에게 있겠는가.〔默而識之, 學而不厭, 誨人不倦, 何有於我哉?〕"라고 한 말에서 인용한 것이다.

131 백성의……심하다 : 주 이왕(周夷王)을 이어 그 아들인 여왕(厲王) 호(胡)가 즉위하였는데, 무도하면서 포악하고 사치스러웠다. 도성 백성들의 비방이 많아지자, 위나라 무당〔衛巫〕을 얻어서 비방하는 백성을 감시토록 하고 무당이 고발하면 즉시 처형하니, 이에 백성들이 말을 하지 못하고 눈짓만 할 뿐이었다. 그러자 여왕은 "내가 비로소 비방을 그치게 했다.〔吾能弭謗矣〕"라고 하니, 혹자가 "이것은 막은 것이다. 백성의 입을 막는 것은 시내를 막는 것보다 심하다. 물이 막혔다가 터지면 사람을 무수히 해칠 것이다. 백성 또한 마찬가지이다.〔是障也. 防民之口, 甚於防川. 水壅而潰, 傷人必多. 民亦如此.〕"라고 하였으나, 여왕은 끝내 듣지 않았다. 《史記 卷4 周本紀》

할 것이다.

순보는 이미 '무언'으로써 집의 이름을 지어놓고 내게 반드시 '유언(有言)'하라고 하니, 순보는 어찌하여 남을 대함과 스스로를 대함이 다른가? 만약 내가 행실을 닦지 않아 몸이 미치지 못하면서, 단지 언어·문자만 가지고 스스로 절시(切偲)의 도리[132]에 붙인다면 어찌 얼굴이 붉어지지 않을 수 있겠는가. 그러나 순보의 참된 마음을 저버릴 수 없어서 부끄러움을 잊고 억지로 이와 같이 말하는 것이니, 순보는 사람 때문에 말까지 없애지 말도록 하라.

정미년 봄에 오백옥(吳伯玉)이 쓰다.

132 절시(切偲)의 도리 : 벗 사이에 권면해 주는 것을 말한다. 《논어》〈자로(子路)〉에 "붕우 사이에는 간절하고 자상히 권면하고, 형제간에는 화락해야 한다.〔朋友切切偲偲, 兄弟怡怡.〕"라고 한 데서 나온 말이다.

풍악산을 유람한 일기

遊楓嶽日記

윤3월 17일. 맑음. 서울 집을 출발하였는데, 황진사(黃進士) 사량(士良)[133]과 종제 백형(伯衡)[134]이 함께 갔다. 누원(樓院)[135]에서 점심밥을 먹고 축석령(祝石嶺)[136]을 넘어가니 산마을은 후미지고 곳곳에 그윽한 꽃과 고운 숲이 모두 감상할 만하였다. 일찍이 기해년과 경자년에 내가 익성(益城)[137]으로 부모님을 찾아뵐 때[138] 재차 이 길을 경유하였는

133 황진사(黃進士) 사량(士良) : 황우석(黃遇石, 1666~?)의 자가 사량(士良)이다. 호는 낙수(洛叟), 본관은 평해(平海)이며, 1696(숙종22) 병자 식년시에 진사 합격하였다. 저서로 《낙수시집(洛叟詩集)》이 있다. 오재순(吳載純, 1727~1792)의 《순암집(醇庵集)》 권4에 〈낙수시집서〉가 수록되어 있는데 이에 의하면, 해서(海西)에 살았으며 시를 잘하였고, 낙수(洛水)의 위에 살았으므로 낙수로 자호하였다고 한다.

134 백형(伯衡) : 오원의 사촌 아우 오선(吳璿, 1704~?)의 자가 백형이다. 1729년(영조5)에 26세로 진사시에 합격하였다. 부친은 오정주(吳鼎周)로 오원의 백부이다.

135 누원(樓院) : 양주(楊州)에 속한 지명이다. 이곳은 서울로 물품이 들어가는 요지로 시장이 발달하였다.

136 축석령(祝石嶺) : 경기도 포천의 남쪽에 있는 고개로 양주(楊州)와의 통로였다. 현재 경기도 포천시 소흘읍과 의정부시 자일동의 경계에 위치해 있다.

137 익성(益城) : 강원도 김화(金化) 지역의 옛 지명으로, 금성(金城)과 같다.

138 일찍이……때 : 기해년(1719, 숙종45)에 오원의 생부 오진주(吳晉周, 1680~1724)가 금성(金城) 현감으로 있을 때 형제들이 모두 찾아가서 모신 적이 있었다. 《월곡집》 권1의 시 〈장연사에 노닐며 중제 공염과 함께 '송' 자 운으로 짓다〔遊長淵寺 同仲弟公琰 得松字〕〉에 그때의 일이 나와 있다. 이듬해인 경자년 가을에 또 금성으로 가서 생부를 모시고 춘천의 곡운(谷雲)에 있는 삼연(三淵) 김창흡(金昌翕)을 뵈러 갔다. 이때의 일은 《월곡집》 권9의 〈곡운행기(谷雲行記)〉에 나와 있다.

데 8, 9년 만에 지금 다시 이르렀다. 산길과 촌락은 참으로 여전하였으나 인사(人事)는 어느덧 변하였기에,[139] 지난날을 돌아보고 지금을 슬퍼하다 하마터면 눈물을 흘릴 뻔하였다. 저녁에 장가(場街)[140]의 발점(撥店)[141]에 투숙하였다.

18일. 맑음. 하늘이 밝아오려 할 때 지는 달빛 받으며 길을 떠났다. 기운은 맑고 마음은 상쾌하였으며, 좌우에 은은히 비치는 것들이 가경 아닌 것이 없었다. 백로주(白鷺洲)[142] 가까이 가니 시내 빛과 바위 색이 더욱 밝고 깨끗하여 기뻐할 만하였으나, 풍악산 가는 길이 바빠 거듭 노닐 여가가 없었기에 서글픔에 미련이 남았다.

양문역(梁文驛)[143]에서 아침을 먹었다. 역점 서쪽 수백 보에 깎아지른 푸른 절벽이 있고 그 위에 소나무가 울창하게 숲을 이루었는데, 멀리서 바라보니 지극히 고색창연하였으나 다만 시내가 그 아래를 지나가지 않는 것이 흠일 뿐이었다. 갈현(葛峴)을 넘어 점심을 먹었다. 장림촌(長林村) 앞에 이르렀을 때 해가 이미 졌으나 어둠을 무릅쓰고 10여 리를 갔다. 산은 깊고 골짜기는 굽이졌으며, 길에는 인가의 연기

139 인사(人事)는……변하였기에 : 작자의 생부 오진주(吳晉周, 1680~1724)가 3년 전에 이미 별세하였으므로 한 말이다.

140 장가(場街) : 경기도 포천에 있는 지명이다.

141 발점(撥店) : 발참(撥站)과 같다. 발군(撥軍)이 교대하거나 말을 갈아타는 역참을 말한다. 발군(撥軍)은 파발군(擺撥軍)으로 역참에 소속되어 중요한 공문서를 변방에 급히 전하던 군졸로 보발(步撥)과 기발(騎撥)이 있었다. 발막(撥幕), 발소(撥所)라고도 한다.

142 백로주(白鷺洲) : 영평팔경(永平八景) 중의 하나로 경관이 뛰어난 곳이다. 영평은 지금의 포천이다.

143 양문역(梁文驛) : 영평(永平)의 역 이름이다.

도 없어서 몹시 두려웠다. 생창(生昌)[144]의 객점에 이르렀을 때는 이미 캄캄했다.

19일. 맑음. 해가 뜨자 길을 나섰다. 백전(柏田)[145]의 전쟁터를 지나 정오가 되기 전에 금성에 도착하였다. 피금정(披襟亭)에 올라 정자의 편액과 미기(楣記)[146]를 두루 살펴보니, 모두 선군(先君)[147]의 필적(筆跡)이었다. 산천은 예와 같건만 인사는 홀연 변했으니, 하늘을 우러르고 땅을 굽어보매 비통하여 마음을 가눌 길이 없었다.

읍내에서 점심을 먹었다. 아전과 관아의 하인들이 모두 찾아와서 정중한 뜻을 보이니 더욱 다시금 서글퍼졌다. 그 시절 어린아이들이 모두 장성하여서 인간사 쉬이 바뀜을 자각할 수 있었다. 관노 원일(願一)과 봉술(奉戌)이 양식을 가지고 와서 전별하였고, 나머지는 혹 술병을 가지고 와서 가는 길에 보태기도 하였으니, 인정이 가히 어여삐 여길 만하였다.

창도(昌道)[148]를 지나 회양(淮陽)으로 가는 길을 버리고 동쪽으로 갔다. 기성촌(歧城村)[149]에 가까워지자 산천이 점점 그윽해져서 매우

144 생창(生昌) : 강원도 김화현에 있던 지명으로 이곳에 역(驛)이 있었다.

145 백전(柏田) : 김화에 있는 지명으로 임진왜란 때 전투가 벌어졌던 곳이다.

146 미기(楣記) : 문미(門楣)에 대한 기문을 말한다. 문미는 문 위쪽에 가로 댄 나무이다.

147 선군(先君) : 오원의 생부인 오진주(吳晉周, 1680~1724)를 가리킨다. 오진주가 금성 현감(金城縣監)을 지냈다.

148 창도(昌道) : 현재의 강원도 철원군, 예전 금성현(金城縣)에 속해 있던 창도역(昌道驛)을 가리킨다. 예전에는 웅양역(熊壤驛)이라고 하였으며, 현의 북쪽 31리에 있었다.《新增東國輿地勝覽 卷47 江原道》

149 기성촌(歧城村) : 강원도 금성현에 있던 지명으로 현재 강원도 창도군이다.

기뻐할 만하였다. 상기성(上歧城)을 지나자 푸른 벼랑을 따라 길이 나 있었는데, 천 길이나 가파르게 끊어져 아래로 맑은 시내를 굽어보고 있었다. 위에는 고송 몇 그루가 자라 있어서 붉은 빛과 고운 녹색이 어지러이 암벽에 어리비치어 흔들리는데, 맑고 상쾌하고 기이하고 수려한 모습은 가히 형용할 길이 없었다. 고개를 넘으니 하기성촌(下歧城村)으로, 마을 마을이 매우 그윽하였다. 송억(宋億)의 집에 투숙하였는데, 그의 부친은 86세이지만 나와서 우리를 만나보았다.

20일. 맑음. 해가 뜨자 길을 떠났다. 높은 벼랑으로 나 있는 길은 텅 빈 숲을 끼고 있었다. 큰 시내가 그 아래를 지나는데, 기이한 바위와 하얀 바위, 앉을 만한 곳이 많았고 경계가 극히 상쾌하였다. 통구창(通溝倉)[150]을 지나 고개 하나를 넘어 추정리(楸亭里)를 지나서 단발령(斷髮嶺)[151] 아래 마을에 들어가 점심을 먹고, 남여를 타고 길을 떠났다. 단발령을 넘어 무릇 10리를 가니 고개 위에 석단(石壇)이 있었는데, 석단 가 세조(世祖)께서 손수 심은 전나무는 모두 불에 타 죽어 있어 몹시 애석하였다.[152] 동쪽으로 금강산을 바라보니 운무 속에 어른거려

150 통구창(通溝倉) : 통구는 금성현에 속했던 곳으로 이곳에 창고가 있었다. 금강산 가는 길목이다.

151 단발령(斷髮嶺) : 현재 강원도 김화군 통구면과 회양군 내금강면 사이에 있는 고개 이름이다. 신라 말 마의태자(麻衣太子)가 아버지 경순왕(敬順王)을 하직하고 금강산으로 입산할 때 이 고개에서 멀리 금강산의 봉우리들을 바라보며 삭발하였다고 한다.

152 석단……애석하였다 : 《임하필기》 권37 〈봉래비서(蓬萊秘書) 단발령(斷髮嶺)〉에 의하면, "단발령 위에는 토단이 있는데 세조가 잠시 머물렀던 곳이며, 토단 아래에는 손수 심은 두 그루의 전나무가 있다고 한다.〔上有土壇, 我世祖駐蹕之所, 壇下有手植雙檜云.〕라고 하였다. 원문의 '光廟'는 세조(世祖)를 가리킨다. 세조의 능호(陵號)가 광릉

진면목을 시원스레 볼 수 없었으나, 아득히 날아 춤추는 듯한 모습이 벌써 사람 심신을 들뜨게 하였다. 평지로 내려가 큰 시내를 건너 골짜기 속으로 들어가니 철이현(鐵伊峴)이라는 이름의 고개가 하나 나왔는데, 고개에 올라 멀리 바라보니 눈 덮힌 봉우리가 삼엄하게 우뚝 솟아 있고 가까이 갈수록 더욱 기이하였으니, 참으로 이른바 "명성 아래에 헛된 선비가 없다."[153]였다.

장안사(長安寺)[154] 가까이 가니 수석이 매우 기이하였다. 골짝 입구에 들어서니 소나무와 전나무가 숲을 이루었으며, 지세는 넓고 평평하였다. 산영루(山映樓)[155]에 앉아 조촐하게 술을 마셨다. 너덧 개의 옥 같은 봉우리가 우뚝 빼어나 사람을 압도하고 물소리가 난간을 뒤흔드는지라, 날이 이미 어두워졌는데도 돌아가고 싶지가 않았다. 밤에 계수료(溪水寮)[156]에서 잤다. 산영루의 동북쪽은 석가봉(釋迦峰), 그 동쪽

(光陵)인 데서 비롯된 말이다.

153 명성……없다 : 명불허전(名不虛傳)과 같은 뜻이다.

154 장안사(長安寺) : 강원도 회양군 장양면 장연리 금강산 장경봉(長慶峯)에 있었던 절이다. 신라 법흥왕 때 창건되었다는 설과, 551년(양원왕7) 고구려의 승려 혜량(惠亮)이 신라에 귀화하면서 왕명으로 창건하였다는 설이 있다. 이 때 비로전을 짓고 비로자나 철불(鐵佛)을 봉안했으며, 대장경을 절에 보관했고 오층탑을 세웠다고 한다. 이후 773년(혜공왕9) 진표율사가 중수했으며, 970년(광종21) 화재로 소실된 것을 982년(성종1)에 회정이 중건했다. 1343년(충혜왕 복위4) 원나라 순제의 황후가 된 기황후가 황제와 태자를 위해 재물과 공인들을 보내어 대대적으로 중건하였다. 1483년(성종14)에는 일청이, 1671년(현종12)에는 윤사국이, 1842년(헌종8)에는 조만영이, 1869년(고종6)에는 진허와 연담이 각각 중수했다.

155 산영루(山映樓) : 대개 사찰 문 밖, 시내 위에 지은 누각을 말한다.

156 계수료(溪水寮) : 장안사의 요사(寮舍)로 시냇가에 있다. 요사는 절의 숙소이다.

은 지장봉(地藏峰), 또 그 동쪽은 관음봉(觀音峰), 또 그 동쪽은 장경봉(長慶峰)이다.

21일. 맑음. 아침밥을 먹고 산영루에 앉았는데, 아침 해가 산을 비추니 너무 밝아서 눈이 부셨고, 물소리가 누각을 흔드니 가슴속이 후련하였다. 남여로 수백 보를 가서 극락암(極樂菴)을 찾아갔는데 자못 높고 아득했다. 백천동(百川洞)에 이르니 물이 동쪽으로는 영원동(靈源洞)에서 흘러오고 서쪽으로는 만폭동(萬瀑洞)에서 흘러와 합류하였다. 천석(泉石)이 제법 웅장하였으나 그다지 기이하게 아름답지는 않았다.

동쪽 시내를 따라 위로 올라가서 지장암(地藏菴)에서 잠깐 쉬었다. 지장암은 지장봉에 있었는데 자못 정갈하였다. 암자를 내려와 시내를 거슬러 올라가니 산봉우리가 빙 둘러있고 길이 돌아 나 있었으며 수석이 더욱더 아름다워졌다. 수백 보를 가니 옥경담(玉鏡潭)이 나왔다. 옥경담은 지장봉과 석가봉 사이에 있었고, 시내 동쪽 큰 바위에 '玉鏡臺(옥경대)'라고 새겨져 있었다. 물은 맑고 못은 깊었으며, 앉을 만한 흰 바위들이 많았다. 시내 오른편에는 바위 봉우리가 우뚝 솟아 있었는데, 층층 바위 사이에 옥순(玉筍)[157]처럼 뾰족 솟아오른 것이 있었으니 그 이름이 명경대(明鏡臺)였다. 시내 왼편이 바로 신라 왕자가 은거한 곳이었다.[158]

157 옥순(玉筍) : 죽순의 미칭으로, 수려하게 우뚝 솟은 산봉우리를 비유한다.

158 신라……곳이었다 : 마의태자가 금강산에 들어가 은거했던 성(城)을 가리킨다. 김창협(金昌協)의 《농암집(聾巖集)》 권23 〈동유기(東遊記)〉에 "(장안사 지나 극락암(極樂菴)에서) 3, 4리쯤 가자 못 하나가 있었는데, 넓이가 수백 평이고 짙푸른 색을 띨 만큼 고인 물이 깊어 사람의 머리털까지도 비춰 볼 수 있었다. 못 옆에 있는 커다란 바윗돌은 평평하고 넓어 수십, 수백 명의 사람이 앉을 수 있을 정도였다. 그 위에 폐허가

바위 성문을 들어가자 봉우리는 더욱 휘감아 돌고 길은 더욱 꼬불꼬불해 그 근원을 끝까지 찾아갈 수 없었다. 그 위는 현불암(顯佛庵), 또 그 위는 영원암(靈源庵)이었으나 올라갈 겨를이 없었다. 못 가운데 하얀 바위에는 '玉鏡潭(옥경담)' 석 자가 새겨져 있었다. 굽이마다 바위 위에 앉았는데, 그윽하고 청아해서 오래도록 돌아가고 싶지 않았다. 걸어서 시내 입구를 나와 남여로 시내를 건넜다. 수백 보를 가서 청련암(靑蓮菴)을 지나고 다시 백여 보를 가서 안양암(安養菴)을 지났다. 그 위에 삼일암(三日菴)이 있었으나 지금은 터만 남아있었다. 남여에서 내려 시내를 따라 바위 옆으로 놓인 나무 잔도(棧道)를 타고 갔다. 그 옆에는 명운담(鳴韻潭)이 있었으니 바로 만폭(萬瀑)의 하류였다. 명운담 위 집채만 한 바위에 제명(題名)하고 잠깐 쉬었다가 시내를 따라 백 보를 가니 수석이 매우 아름다웠다. 견여(肩輿)를 타고 소나무와 전나무 사이를 지나 백화암(白華菴)[159]으로 올라가니 암자는 비었고

된 성(城)이 있는데, 사람들은 신라 왕자가 은신했던 곳이라 했다. 문이 휑하니 열려 있었는데, 몸을 숙여야 들어갈 수 있었다.〔凡行三四里得一潭, 廣可數畝, 渟泓深綠, 鑑人毛髮. 潭傍巨石平廣, 可坐數十百人. 其上有廢城, 世傳新羅王子避地處. 有門呀然, 俛而後可入.〕"라고 하였다.

159 백화암(白華菴) : 1366년(공민왕15)에 나옹조사(懶翁祖師)가 남쪽 바위에 매우 웅장한 불상 3구를 새긴 것으로 보아 고려 말 이전에 창건된 것으로 추정된다. 그 뒤 1632년(인조10)에는 청허(淸虛)의 부도비(浮屠碑)가 세워졌고, 1645년에도 편양(鞭羊)의 부도비가 세워졌다. 이 절은 조선 중기의 고승 서산대사 및 편양과 매우 깊은 인연을 지닌 사찰로서, 서산대사를 또한 백화도인(白華道人)이라고 하는 것은 이 절에 오래 머물렀기 때문이다. 1837년(헌종3)에는 허백(虛白)의 부도비가, 1843년에는 풍담(楓潭)의 부도비가 각각 건립되었다. 1845년에는 원섬(圓暹)이 시주하여 암자를 중건하였다. 1914년에 소실되어 중건하였다.

승려는 없었다. 암자 뒤쪽에는 여러 승려들의 부도(浮圖)[160]와 월사(月沙)[161]·백주(白洲)[162]·백헌(白軒)[163]·정관재(靜觀齋)[164]가 지은 비

160 여러……부도(浮圖) : 부도의 수에 대해서는 일정하지 않다. 윤휴(尹鑴)의 《백호전서(白湖全書)》 권34 〈풍악록(楓岳錄)〉에는 5개, 이의현(李宜顯)의 《도곡집(陶谷集)》 권25 〈금강산을 유람한 기록[遊金剛山記]〉에는 6개가 있다고 하였다. 《임하필기(林下筆記)》 권37 〈백천동, 명연, 백화암, 삼불암(百川洞 鳴淵 白華庵 三佛巖)〉에는, "암자 뒤에는 일곱 개의 부도와 네 개의 돌비석이 있다. 부도는 청허(淸虛), 제월당(霽月堂) 경헌(敬軒), 취진당(就進堂) 의영(義瑩), 편양당(鞭羊堂) 언기(彦起), 허백당(虛白堂) 명조(明照), 풍담(楓潭) 의심(義諶), 월송당(月松堂) 응상(應祥)의 것이고, 비는 이백헌(李白軒 이경석(李景奭)), 이월사(李月沙 이정귀(李廷龜)), 이백주(李白洲 이명한(李明漢)), 이정관재(李靜觀齋 이단상(李端相))의 글이고, 의창군(義昌君 이광(李珖)), 동양위(東陽尉 신익성(申翊聖)), 오죽남(吳竹南 오준(吳竣)), 낭선군(朗善君 이오(李俁))의 글씨이다."라고 하였다.

161 월사(月沙) : 이정귀(李廷龜, 1564~1635)의 호이다. 본관은 연안(延安), 자는 성징(聖徵)으로 한문사대가의 한 사람으로 일컬어지며 우의정·좌의정을 역임하였다. 백화암의 석비 중 청허 휴정(淸虛休靜, 1520~1604)의 비문을 지었다. 문집 《월사집(月沙集)》 권45에 휴정의 비명이 실려 있다. 휴정은 임진왜란 때 승군장(僧軍將)으로 활약한 고승이다. 제자가 1천여 명이 있었으며, 문집 《청허당집》과 《선교결(禪敎訣)》·《삼가귀감(三家龜鑑)》 등의 저서가 있다.

162 백주(白洲) : 이명한(李明漢, 1595~1645)의 호이다. 자는 천장(天章)으로 아버지는 월사 이정귀(李廷龜)이다. 대제학·이조 판서 등을 역임하였고, 조선 중기의 대표적인 시인이자 문신으로 일컬어진다. 백화암의 석비 중 편양당(鞭羊堂) 언기(彦機, 1581~1644)의 비문을 지었다. 《백주집(白洲集)》 권18에 〈편양당언기대사비(鞭羊堂彦機大師碑)〉가 실려 있다. 언기는 서산대사 문하 편양파(鞭羊派)의 개조(開祖)이다. 금강산 천덕사(天德寺) 등에서 선교(禪敎)를 가르쳐 명성을 얻었다. 수제자가 의심(義諶)이다.

163 백헌(白軒) : 이경석(李景奭, 1595~1671)의 호이다. 조선 중기의 문신으로 본관은 전주(全州), 자는 상보(尙輔)이며 종실 덕천군(德泉君) 이후생(李厚生)의 6대손이다. 이조 판서·영의정 등을 역임하였으며 시문에 뛰어났고 삼전도 비문을 지었다.

문(碑文)이 있었으므로[165] 남여에서 내려 둘러보았다.

한참 지나서 남여를 타고 2리쯤 가서 함영교(含映橋)를 건넜는데 여기가 바로 표훈사(表訓寺)[166] 앞이었고 누각 이름은 능파루(凌波樓)[167]였다. 앉아서 점심밥을 차리도록 시키고, 삼언(三彦)[168]을 불러 옛이야기를 한참 하노라니 밥이 나왔다. 남여를 타고 만폭동으로 올라

백화암의 석비 중 허백당(虛白堂) 명조(明照, 1593~1661)의 비문을 지었다. 명조는 유정(惟政)의 제자로 승병장을 지냈다. 1626년(인조4) 금나라가 국경을 침범하자 조정에서 팔도 의승병 대장으로 임명하니, 관서 지방에서 의승병 4천명을 모집하여 훈련시켜 이듬해에 적군의 침입에 대항하였다. 병자호란 때에도 의승병 대장이 되어 활약하였다. 선교(禪敎)에 두루 통달하였고 시문집 《허백당시집(虛白堂詩集)》과 《승가예의문(僧伽禮儀文)》이 있다.

164 정관재(靜觀齋) : 이단상(李端相, 1628~1669)의 호이다. 조선 후기의 학자·문신으로 본관은 연안(延安), 자는 유능(幼能), 호는 정관재(靜觀齋)·서호(西湖)이다. 할아버지는 좌의정 이정구(李廷龜)이며, 아버지는 대제학 이명한(李明漢)이다. 백화암 석비 중 풍담 의심(楓潭義諶, 1592~1665)의 비문을 지었다. 의심(義諶)은 묘향산으로 들어가 언기(彦機)의 문하에서 공부하여 깨치고 그의 법맥을 이었다. 제자가 5백명이 넘었다고 한다.

165 월사(月沙)……있었으므로 : 비는 4개로 청허(淸虛) 휴정(休靜), 편양당(鞭羊堂) 언기(彦機), 허백당(虛白堂) 명조(明照), 풍담(楓潭) 의심(義諶)의 것이다.

166 표훈사(表訓寺) : 금강산을 대표하는 4대 사찰의 하나였다. 598년(신라 진평왕20)에 관륵(觀勒)과 융운(隆雲)이 창건하였고, 675년(문무왕15)에 표훈(表訓)·능인(能仁)·신림(神琳) 등이 중창하였다.

167 능파루(凌波樓) : 표훈사 입구에 세워진 2층의 누각이다.

168 삼언(三彦) : 금강산 표훈사의 승려 이름이다. 이하곤(李夏坤, 1677~1724)의 《두타초(頭陀草)》 14책 〈동유록(東遊錄)〉에 "표훈사 승려 삼언〔表訓僧三彦〕"이라 하였다. 어유봉(魚有鳳, 1672~1744)이 1733년에 금강산을 유람한 기록인 〈유금강산기(遊金剛山記)〉에 "승려 삼언〔僧三彦〕"이 나온다. 어유봉은 농암 김창협(金昌協)의 제자이며, 삼연 김창흡(金昌翕)과도 친밀한 관계였다.

가 시내를 따라 1리쯤 가니 수석이 매우 기이하고 웅장한지라, 남여에서 내려 걸어서 수십 보 올라갔다.

물은 서쪽 원통동(圓通洞)으로부터 흘러나와 합류하여 폭포가 되고 못이 되었다. 그 서쪽 바위 위에는 봉래(蓬萊)의 글씨가 새겨져 있었다.[169] 노닐면서 올라가며 굽이굽이 자주 앉아 쉬었다. 무릇 백여 보를 올라가니 청룡담(靑龍潭)이었는데, 못은 깊고 바위는 하얀 것이 매우 기이하였다. 또 십여 보 올라가니 돌절구가 천연적으로 이루어져 마치 동이처럼 둥글고 매끄러웠는데, '洗頭盆(세두분)'[170] 석 자가 새겨져 있었다.

산봉우리가 빙 둘러 만나고 바위 빛은 반지르르하니 하얬으며, 세찬

169 봉래(蓬萊)의……있었다 : 봉래는 양사언(楊士彦, 1517~1584)의 호이다. 만폭동 바위 위에 새겨진 양사언의 필적은 '봉래풍악원화동천(蓬萊楓岳元和洞天)' 8자이다. 양사언은 조선 전기의 문신·서예가로 본관은 청주(淸州), 자는 응빙(應聘), 호는 봉래(蓬萊)·완구(完邱)·창해(滄海)·해객(海客)이다. 회양 군수를 지낼 때 금강산에 자주 가서 경치를 감상하였고, 만폭동 바위에 위의 글씨를 새겼다. 해서(楷書)와 초서(草書)에 뛰어났으며 안평대군(安平大君)·김구(金絿)·한호(韓濩)와 함께 조선 4대 서예가로 일컬어진다. 특히 큰 글자를 잘 썼다고 전한다. 문집으로《봉래집(蓬萊集)》이 있다.

170 세두분(洗頭盆) : '머리를 감는 동이'라는 뜻이다.《임하필기》권37 〈봉래비서(蓬萊秘書)〉에 의하면 "옥녀의 세두분이 있는데, 돌이 움푹 패여 마치 절구 같이 생겼으니, 보덕보살이 머리를 감던 곳이다.〔有玉女洗頭盆, 石凹如臼, 普德菩薩洗頭處也.〕"라고 하였다.《태평광기(太平廣記)》권59 〈집선록(集仙錄)〉에, 선녀인 명성옥녀(明星玉女)가 화산(華山)에서 옥장(玉漿)을 복용하고 백일승천(白日昇天)하였는데, 그녀가 화산 꼭대기에서 머리를 감던 웅덩이의 물이 가뭄이나 폭우에도 수위(水位)가 변하는 일이 없이 항상 푸르렀다는 전설이 있다. 옥녀 세두분이라는 이름은 이러한 전설에서 유래한 것으로 보인다.

물살의 기세는 매우 기이하고 뛰어났다. 시내 서쪽 바위 위에서 선군(先君)의 제명을 보니 눈물만 흐를 뿐이라, 한참 앉아서 몇 잔 술을 마셨다. 물을 거슬러 한 구비를 올라가니 거대한 바위가 포개져 있고 못과 폭포도 기이하였는데, 이름이 백룡담(白龍潭)이었다. 조금 앉았다가 다시 세두분으로 내려가 앉아서 조촐하게 술을 마셨다.

원통동 어귀에 이르러 시내를 거슬러 수백 보를 올라가니, 맑은 못과 걸린 폭포의 뛰어난 경치가 참으로 한 두 곳이 아니었다. 이 위에 옛날에는 향로암(香鑪菴)이 있었으나 지금은 없어졌다고 한다. 표훈사의 동쪽에 청학봉(靑鶴峰)과 오현봉(五賢峰)이 있고 만폭동이 두 봉우리 사이에 들어가 있었다. 청룡담 위는 대향로봉(大香鑪峰)과 소향로봉(小香鑪峰)이었다.

원통동은 청학봉과 소향로봉 사이를 경유하여 들어갔다. 못 가에 한참 앉았다가 내려와서 남여를 타고 표훈사로 돌아와 능파루에 앉았다. 날이 저물어 적묵당(寂默堂)으로 돌아왔으니 곧 절의 서료(西寮)였다. 능파루에서 저녁밥을 먹었다. 고성(高城) 군수 형제가 산을 보러[171] 왔기에 그들과 더불어 이야기하였다. 밤에 서료에 묵고 있을 때 심고령(沈高靈)[172]이 찾아왔다.

22일. 맑음. 아침밥을 먹고 남여를 타고 만폭동 하류를 거쳐서 원통동으로 들어가 걸어서 어제 앉았던 곳을 지나갔는데, 앞으로 갈수록 못과 폭포가 더 많았다. 남여를 타고 7, 8리를 가니 길이 더욱 그윽하였다. 내원통암(內圓通菴)[173]에 앉아서 조금 쉬면서 밥을 차리도록 시켰

171 산을 보러 : 원문의 '看山'은 묏자리를 잡기 위해 산을 살펴보는 것을 말한다.

172 심고령(沈高靈) : 미상. 고령(高靈) 현감을 지낸 심씨인 것 같다.

다. 암자에는 수좌(首座)[174] 20여 명이 가사를 입고 면벽참선(面壁參禪)하고 있었는데, 엄숙하여 볼만하였다. 암자는 매우 그윽하고 정갈하여 즐거울 만하였다.

또 남여를 타고 동북쪽으로 가서 진불동(眞佛洞)으로 들어갔다. 냇가 길이 남여로 갈 수 없어 걸어서 하얀 바위와 맑은 못을 자주 지나갔는데, 굽이마다 앉아서 쉬었다. 2, 3리쯤 가서 아름다운 곳을 만났는데, 모든 것이 《농암집(農巖集)》에서 기록한 바와 같았으나, 가파른 낭떠러지인즉 시내 서남쪽에 있었다.[175] 바위 봉우리가 사방을 둘러싸고 있어서 그윽하고 아득하기가 비할 데가 없었으며, 그 아래 고인 물은 못을 이루었다. 오래도록 앉아 쉬다가 수백 보 앞으로 나아가 남여에 올랐다. 시내를 따라 몇 리를 가다가 시내를 버리고 왼편으로 들어가 산에 올랐는데, 올라가 골짝 입구를 빙 둘러보니 놀랍게도 산봉우리들이 저 아래 있었다.

다시 2리 쯤 가니 진불암(眞佛菴)이 앞으로 수미봉(須彌峰)과 마주

173 내원통암(內圓通菴) : 금강산 표훈사에 딸린 암자이다. 외금강의 송림동에도 원통암(圓通菴)이 있으므로, 이것과 구별하기 위하여 부르는 이름이다.

174 수좌(首座) : 선방에서 참선하는 승려를 가리키는 말이다.

175 2, 3리……있었다 : 《농암집》 권23 〈동유기(東游記)〉에서 '정양사(正陽寺)에서 원통동(圓通洞)을 거쳐 표훈사(表訓寺)로 돌아오기까지의 여정에 대한 기문〔自正陽歷圓通洞 還表訓記〕'에 서술된 내용을 가리킨 것으로 보인다. 여기에는 진불동(眞佛洞)에 관한 언급은 없으나, 진불암(眞佛菴)에 이르기 전의 풍경 묘사가 그에 해당된다. 가파른 낭떠러지는 다음 구절에 관한 것이다. "시내 남쪽의 가파른 낭떠러지 백 길 위에는 소나무와 전나무가 많은데. 향기로운 등나무와 푸른 덩굴풀이 얼기설기 한데 얽히어 바람에 나부끼며 아래로 늘어져 있었다.〔溪南峭壁百尋, 上多松栝, 復有香藤翠蔓, 交綴蒙絡, 披拂下垂.〕"

하고 있었다. 암자에는 승려 혼자 있었고 암자 뜰에는 쌍바위가 기둥처럼 나란히 솟아 있었다. 수미봉으로부터 오른편으로 두세 개 작은 옥봉우리가 사람을 엿보고 있었는데, 매우 가파르고 정교했다. 암자 왼편 산기슭에서 바라보면 매우 기이한 반쪽 얼굴을 볼 수 있는데, 그 이름이 수미대(須彌臺)라고 하였다. 수미봉 왼편으로 5, 6리를 곧장 가면 수미탑이 있는데, 매우 기이하다고들 하였으나 고단하여 미처 올라가지 못했다.

암자 문미(門楣)에 제명하고 잠시 앉았다가 원통암으로 돌아와 밥을 먹은 뒤, 암자 뒤 법당의 동남쪽 기둥에 외왕고(外王考)께서 신해년에 제명해 놓으신 것[176]을 보고, 그 밑에 이어서 제명하였다. 남여를 타기도 하고 걷기도 하면서 5리 길을 가 천덕암(天德菴)과 묘덕암(妙德菴) 터를 지나 서쪽으로 보현재〔普賢岾〕에 올랐는데, 매우 가파르고 빼어났다. 보현재에서 서쪽으로 채 2리도 못 올라가 안심암(安心菴)이 나오기에 앉아서 한참을 쉬었는데, 시야가 훤히 트였다. 암자에는 승려 두 명이 있었다.

암자 서쪽으로 백여 보 가니 개심대(開心臺)였다. 북쪽은 수미봉과 가섭봉(迦葉峰), 동북은 영랑재〔永郎岾〕와 중향성(衆香城), 그 뒤는 비로봉(毗盧峰)이었다. 동쪽은 일출봉과 월출봉, 동남쪽은 혈망봉(穴望峰)·낙안봉(落鴈峰)·망고봉(望高峰), 남쪽은 차일봉(遮日峰)·

176 외왕고(外王考)께서……것 : 외왕고는 오원의 외조부 농암 김창협을 가리킨다. 신해년은 김창협이 21세 때인 1671년(현종12)으로 이해 가을에 금강산 일대를 유람하였다. 이때 남긴 기록이 《농암집》 권1의 〈동정부(東征賦)〉와 권23의 〈동유기(東游記)〉 등이다.

우두봉(牛頭峰)·마면봉(馬面峰)·백마봉(白馬峰), 그 아래는 시왕봉〔十王峰〕이었다. 서쪽은 방광대(放光臺)였는데, 세 봉우리가 제일 가까이 있었으나 오묘함이 다소 떨어졌다. 동쪽으로 대향로봉·소향로봉·석가봉·오현봉이 모두 눈 아래에 있었고, 청학봉(靑鶴峰)·지장봉(地藏峰)·관음봉(觀音峰)·장경봉(長慶峰) 등은 모두 작은 언덕이었으며, 서남쪽 골짜기와 산들은 모두 궤안(几案) 아래에 들어와 있었다.

오래 앉아 있다가 서쪽으로 백여 보 내려오니 양심암(養心菴)이 있었는데, 거기에도 승려 한 명이 있었고 높이는 안심암과 같았다. 조금 쉬다가 서남쪽으로 수십 보 올라가니 안심대(安心臺)였다. 보이는 것은 개심대와 같았으니, 두 대의 시원하게 트인 전망은 비할 데가 없었다. 여기서 서쪽에 정심암(淨心菴)과 정심대(淨心臺)가 있다고 하였다. 조금 앉아 있다가 내려왔다. 산세는 험하고 가팔랐으며 큰 바위가 들쭉날쭉 내려갈수록 더욱더 급해지니, 그저 머리를 숙이고 엉덩이를 치켜들었다는 것만 알 뿐이었다.

한참 지나 비로소 평지가 되면서 정양사(正陽寺)[177]에 도착했는데,

177 정양사(正陽寺) : 내금강의 표훈사 북쪽 방광대(放光臺) 중턱에 자리 잡고 있으며, 산의 정맥이 양지바른 곳에 놓였다고 하여 정양사라 이름 붙였다고 전한다. 600년(무왕1)에 백제의 고승 관륵(觀勒)과 강운(降雲)이 창건하였고, 661년(문무왕1)에 원효(元曉)가 중창하였으며, 고려 태조가 크게 중창하였다. 고려 태조가 이 절에 올라왔을 때 법기보살(法起菩薩)이 현신(現身)하여 석상(石上)에서 방광(放光)을 하였는데, 이 일을 잊지 못하여 빛이 나타났던 바위에 정례(頂禮)하고 절을 중창했다고 한다. 법기보살이 현신한 곳을 방광대라고 하고, 태조가 정례한 곳을 절재〔拜岾〕라고 한다. 그 뒤 1751년(영조27)에 중수하였다.

해는 이미 기울었다. 남여에서 내려 약사전(藥師殿)[178]을 보았는데, 약사전은 대들보 없이 6면으로 지어져 있었다. 절 서남쪽 헐성루(歇惺樓)[179]에 앉으니, 보이는 봉우리들은 개심대에서 본 것과 같았으되 방광대가 주산(主山)[180]이었다. 다만 수미봉은 보이지 않았다.

대개 개심대가 뭇 봉우리를 굽어보면 혹은 궤안 같기도 하고 혹은 자손 같기도 하고, 심지어 땅에 가득한 개밋둑 같기도 할 것이니, 그 시원하고 공활하기는 비할 데 없으나, 지나치게 넓게 트여서 텅 빈 것이 흠이었다. 헐성루인즉 지세는 비록 낮으나 높고 낮은 여러 봉우리들을 병풍 삼아, 수많은 옥 봉우리가 오로지 누각 하나를 위해 빙 둘러 옹위하는 듯, 가까이 둘러싸 조금도 비거나 어긋난 곳이 없으니, 이것이 가장 절묘하였다. 오래도록 앉아서 마주하자니 마치 몸이 백옥경(白玉京) 속에 있는 것 같았다.

이윽고 남여로 천일대(天一臺)에 이르렀다. 천일대는 정양사 동남쪽 기슭에 있는데 그 높이는 헐성루에 조금 못 미쳤다. 일출봉(日出峰)과 월출봉(月出峰)은 숨어서 보이지 않았고, 수미봉은 헐성루에서는 볼 수 없는 봉우리였다. 시야며 형세가 헐성루 만큼이나 뛰어났다. 한참 동안 앉아 있다가 헐성루로 돌아와 앉았는데, 석양이 마주 비추니

178 약사전(藥師殿) : 반야전 앞에 있는 약사전은 신라 시대 유물로 추정되는 석조약사여래상을 봉안하고 있다. 6각형 평면에 6모 기와지붕을 올린 다포식 건물로, 내부 바닥에는 전돌을 깔고 6각형 불대좌를 놓았다.

179 헐성루(歇惺樓) : 내금강의 표훈동 정양사(正陽寺)에 있던 누각으로 내금강의 42개 봉우리를 한눈에 조망할 수 있는 전망대 역할을 하던 곳이다. 그래서 예로부터 많은 시인과 묵객들이 이곳에 와서 시를 짓고 그림을 그렸다 한다.

180 주산(主山) : 여러 산들 중에서 가장 높거나 가장 큰 산을 말한다.

은옥(銀玉)의 광채가 밝게 빛나 눈이 부셔 거의 똑바로 볼 수 없었다. 해가 져서 헐성루 곁에 있는 방으로 돌아와 잤다.

23일. 맑음. 아침밥을 먹고 헐성루로 올라가 잠깐 쉬노라니, 뭇 봉우리 절반이 짙고 옅은 운무 속에 있는 것이 또한 하나의 뛰어난 경관이었다. 남여를 타고 다시 천일대에 올라갔는데, 아침 해가 운무 사이에 보였다 안 보였다 하면서 천태만상을 더하니, 그 끝을 알 수 없었다. 잠깐 앉았다가 표훈사 뒤쪽으로 내려와서 다시 만폭동으로 들어갔는데 삼언(三彦)이 따라왔다. 원화동(元化洞)에 이르러 남여에서 내려 걸었다. 청룡담·백룡담을 거쳐 세두분에 이르러 제명을 하고 잠깐 쉬었다. 또 1리쯤 올라가자 벼랑 아래에 못이 있었는데, 자못 깊고 길었으며, 그 위로 떨어지는 물은 바로 흑룡담(黑龍潭)이었다. 그 위에 있는 못 하나도 물이 매우 맑고 얕았으며, 못의 모양이 비파와 같았으니, 이곳이 바로 비파담(琵琶潭)이었다.

그 위에 못 하나는 자못 깊고 넓었는데, 폭포 길이가 8, 9장이 되어서 형세가 매우 기이하였으니, 이곳이 바로 벽하담(碧霞潭)이었다. 벽하담 앞에는 평평하게 펼쳐진 흰 바위가 있었는데, 바위 위에 운금(雲錦)[181] 같은 무늬가 있다 하여 그 이름이 채운석(綵雲石)으로 3, 40명이 앉을 만하였다. 한참 앉아 있다가 또 십여 보 올라가니 큰 바위가 집 처마 같이 덮고 있었고, 그 아래 커다랗고 구불구불한 바위가 보였는데 옆으로 기울고 굽어져 꺾인 곳이 많았다. 그 위로 폭포수가 떨어져 싸락눈이 흩날리는 듯 우레가 치는 듯하였는데, 승려가 말하기를, 이름이 응벽담(凝碧潭)이라 하였다. 집채만 한 바위 아래에 앉았는데 바위

181 운금(雲錦) : 구름무늬를 넣어 짠 화려한 비단이다.

위에 선군의 제명이 있었다. 한참 있다가 벽 사이에 제명하고 보덕굴(普德窟)[182]로 올라가니, 돌계단이 몹시 가팔랐다. 암자 북쪽에 굴이 있었고 굴과 나란히 지은 집이 있었으며, 그 아래로 왼쪽은 돌기둥, 오른편은 구리 기둥으로 무릇 19마디〔節〕로써 받치고 있었다. 그 아래 층층의 깎아지른 절벽은 천연으로 이루어졌다. 굴속에 들어가 옥판(屋板)에 제명하고, 마루 판자를 풀고 아래로 구리 기둥 있는 곳을 내려다보니 매우 아슬아슬하였다.

암자에 오래도록 앉아 쉬다가 내려가니 그 아래가 분설담(噴雪潭)이었는데, 못과 폭포 또한 기이하기에 응벽담에서 10보도 되지 않았음에도 다시 앉아서 잠깐 쉬었다. 위로 또 백 보 되는 곳이 진주담(眞珠潭)[183]이었는데, 폭포는 길이가 6, 7길〔丈〕로 모습이 매우 단정하였고, 못은 지극히 맑았으며 벽하담에 비해 더 넓었다. 바위는 매우 희고 평평하게 펼쳐져 있어서 모두 앉을 수 있었다. 좌우가 온통 바위 봉우리였으니, 여기 이르러 더욱 기이하고 뛰어났다.

동북쪽을 바라보니 중향성(衆香城)[184]이 매우 기이하였는데, 그 앞

182 보덕굴(普德窟) : 금강산 만폭동 법기봉(法起峰)의 중턱에 있는 절이며, 자연굴을 이용하여 지었다. 627년(고구려 영류왕10)에 보덕(普德)이 창건하였고 1115년(고려 의종10)에 회정(懷正)이 중창하였으며, 1540년(중종36)에는 왕실에서 중수하였고, 1808년(순조8)에 보수하였다. 깎아지른 벼랑의 돌출 부분에 판자를 얹고 쇠사슬로 엮어서 바위에 기대어 지었는데 그 밑을 구리 기둥으로 버티게 하였다. 본전인 관음전(觀音殿)에 들어서면 흔들거리는 마루와 그 밑으로 천 길 낭떠러지가 보인다.

183 진주담(眞珠潭) : 금강산 만폭동(萬瀑洞)의 못 중에서 가장 뛰어난 명승지로 꼽힌다.

184 중향성(衆香城) : 내금강의 영랑봉 동남쪽을 병풍처럼 둘러싸고 있는 하얀 바위성을 말한다. 중향은 《유마힐경(維摩詰經)》 권10 〈향적불품(香積佛品)〉에 "이름이 중

봉우리들을 껴안아 모은 모습이 참으로 뛰어난 경계였다. 바위마다 옮겨 앉아 손으로 맑은 물결을 희롱하다 보니 오래도록 돌아가기를 잊었다. 햇빛이 비치자 못 빛이 더욱 기이해졌다. 새겨진 세 글자 중 '眞(진)' 자 하나만 남아 있었다.[185] 못 아래 서쪽 바위에 '水簾(수렴)'[186] 두 자가 새겨져 있었는데, 우옹이 계해년에 쓰신 것이다.[187] 그 위로 10보 안 되는 곳이 구담(龜潭)으로, 하얀 바위가 머리를 들고 못을 향해 있는 것이 거북 같았고, 못 가운데 일대(一帶)의 바위는 청옥(靑玉) 같아서 마치 거북이 푸른 기운을 내뿜는 것과 같았다.

못 좌우의 바위 빛깔은 하얗고 매끄러운 것이 옥과 같았다. 시내 동쪽에는 "淸泉白石聊同趣, 霽月光風更別傳〔맑은 못과 흰 바위는 그 지취(志趣)를 같이하고, 갠 달 맑은 바람은 다시 따로 전하네.〕"[188]라는

향이란 나라가 있는데 불호(佛號)는 향적(香積)이라 한다."라고 한 데서 유래하였으니, 향적불(香積佛)이 머무는 국토의 이름이다.

185 새겨진……있었다 : 진주담 주위의 바위에 새겨진 것 같으나, 위치를 정확히 알 수 없다.

186 수렴(水簾) : 물주름, 즉 폭포를 뜻하는 말이다.

187 우옹이……것이다 : 계해년은 1683년(숙종9)으로 송시열이 77세 되던 해이다. 이 해 4월에 금강산을 유람하였다. 《宋子大全附錄 卷9 年譜8》

188 淸泉……전하네 : 주희의 시 〈백록서당 강회에서 복장(卜丈)의 시에 차운함〔白鹿講會次卜丈韻〕〉에 있는 구절이다. 《송자대전》 권96 〈이동보에게 답함〔答李同甫〕〉에, "일찍이 도봉(道峯) 산길에 남긴 나의 필적(筆跡)이 제현(諸賢)들의 배려에 의하여 새겨졌으나, 뒤에 윤휴와 허적의 무리가 나를 미워하여 이를 파 버렸다 하는데, 이번에 만폭동(萬瀑洞)에 새겨진 주자의 시가 그대로 남아 있다고 하니, 혹 오늘날 군자의 지론(持論)이 전날보다 약간 완화되었기 때문이 아닌지 모르겠네.〔曾於道峯路留筆跡, 而猥蒙諸賢鐫刻矣, 後聞鑴、積之徒惡而鑿去之矣. 今承萬瀑等宛然之示, 豈今日之君子持論差緩於昔時耶!〕"라고 하였다. 주희의 시 구절은 "靑雲白石聊同趣, 霽月光風更別

열네 글자가 새겨져 있었으니, 이 또한 우옹이 계해년에 쓰신 것이다. 한참 앉아 있다가 삼언이 하직하고 돌아갔다. 그 위는 선담(船潭)으로, 옆으로 넓고 길이가 짧아서 마치 가로놓인 배 같았다. 또 그 위로 10보 안 되는 곳에 넓은 석담(石潭)이 하나 있고 폭포도 아름다웠으나 이름은 모른다. 그 위는 화룡담(火龍潭)으로 못이 가장 깊고 넓었다. 못 앞에는 석현(石舷)이 막고 있었는데 용의 형상처럼 구불구불하였고, 그 위에 넓적한 바위가 있어 굽어볼 수 있었다. 그 북쪽은 사자석(獅子石)이었다. 대개 이 골짜기는 북쪽이 대향로봉·소향로봉이요, 앞쪽이 청학대요, 남쪽이 오현봉으로 온통 바위뿐이었다.

봉우리 뒤로 보이는 중향성 또한 바위였고, 봉우리 밑 역시 전부 바위였다. 이러한 수석에 이러한 봉우리들이 있으니 그 승경을 어찌 말로 할 수 있겠는가. 그 가운데서 바위가 희기로는 구담만한 것이 없고, 못이 깊고 넓기로는 화룡담만 한 것이 없으며, 폭포로는 응벽담만 한 것이 없었으나 진주담은 하얀 바위, 깊은 못, 긴 폭포의 승경을 겸하여 지니고 있으니, 요컨대 십일담(十一潭)[189] 중 제일이 되어 마땅했다.

이윽고 마하연(摩訶衍)[190]으로 향하였다. 점심을 먹고, 남여로 시내

傳."이다. 《朱子大全 卷7》

189 십일담(十一潭) : 《임하필기》 권37 〈봉래비서(蓬萊秘書)〉에 의하면 금강산 만폭동의 못 중에서, 흑룡담(黑龍潭), 비파담(琵琶潭), 벽하담(碧霞潭), 분설담(噴雪潭), 진주담(眞珠潭), 구담(龜潭), 선담(船潭), 화룡담(火龍潭)을 팔담(八潭)이라 칭하기도 하고, 여기에 청룡담(青龍潭), 백룡담(白龍潭)을 합하여 십담(十潭)이라 칭하기도 한다고 하였다. 위 본문에 의하면, 십일담은 앞의 십담에다 응벽담(凝碧潭)을 합한 것으로 보인다.

를 따라 만회암(萬灰菴)을 지나고, 걸어서 백운대(白雲臺)로 올라갔는데, 매우 위태롭고 가팔라서 덩굴을 더위잡으며 엎드려 기어갔다. 한참을 가서야 비로소 올라가니, 앞으로 혈망봉(穴望峰)을 마주하고 있었고, 뒤로 바라보이는 중향성에서부터 땅까지, 그 아래가 하도 아득하여 내려다 볼 수도 없었다. 한참 앉아 있다가 다시 부여잡으면서 내려갔다.

백운대는 마하연 동북쪽에 있었다. 걸어서 만회암을 향해 갔는데 만회암은 마하연 북쪽에 있었다. 잠깐 앉았다가 다시 남여를 타고 마하연으로 내려갔다. 해가 아직 몇 발쯤 남아 있으므로 다시 남여를 타고 화룡담으로 내려가 걸어서 진주담으로 향했다. 다시 보니 더욱 기이하여 한참을 앉았더니 어느새 해가 저물었다. 산바람이 싸늘하여 마침내 돌아와 선담(船潭)과 화룡담(火龍潭)에서 잠시 쉬다가 암자에 이르러 저녁밥을 먹었다. 암자 서쪽으로 괴석들이 대(臺)를 이루고 진달래가 만발하였는데, 그 위에 앉아 있다가 깜깜해져서야 내려왔다. 밤에 비가 약간 내렸다.

24일. 흐림. 아침밥을 먹고 나니 구름 연기가 산에 가득하였으나 남여를 메고 갈 승려가 이미 와 있으므로 다시 수고를 끼치고 싶지 않아 안개를 뚫고 갔다. 암자 앞으로 1리쯤 가니 미륵대(彌勒臺)였는

190 마하연(摩訶衍) : 사찰 이름이다. 금강산에서 이름난 절의 하나로 경관이 빼어난 곳이다. 신라의 승려 의상(義湘)이 676년(문무왕16)에 창건한 절로 화엄십찰(華嚴十刹) 중의 하나이다. '마하연'은 '대승(大乘)'이라는 뜻으로, 옛날에 의상이 중향성(衆香城)에서 법기보살이 머무는 곳을 경배하고 일만 이천 보살과 함께 마하반야(摩訶般若)를 강설하였으므로 마하연사라고 하였다 한다. 원통암(圓通庵)과 불지암(佛地庵)을 부속 암자로 두고 있다.

데, 바위 사이에 불상을 새겨 놓았고, 그 아래 수석이 매우 아름다웠다. 수십 보를 가니 묘길상(妙吉祥)[191]의 옛터였는데, 그 아래 하얀 바위와 맑은 시내가 지극히 기뻐할 만하여 그 위에 한참 동안 앉아 있었다. 앞으로 나아가니 수석이 매우 위태로워서 혹 걷다가 혹 남여를 탔다가 하였는데, 수석이 아름다운 곳을 매우 많이 만났다.

쉬다가 걷다가 하며 2리쯤 가니 이허대(李許臺)[192]였다. 암석이 대(臺)를 이루고, '李許臺' 세 자가 새겨져 있었으며, 그 아래 수석 또한 아름다웠다. 또 시내를 따라 수십 보를 가니 동북쪽으로부터 시내가 흘러와 안문재(鴈門岾)[193]의 물과 합하였는데, 이것이 바로 구룡담 뒤 비로담(毗盧潭)의 물이라고 하였다. 또 안문재 물을 따라갔는데, 여기서부터는 보행이 많아서 자주 쉬었다. 1, 2리쯤 되는 곳이 백헌담(百軒潭)이었는데, 못과 폭포 또한 승경이었다. 한참 앉아 있다 다시 7, 8리를 올라가니 물이 다한 뒤에 안문재가 나왔는데, 유점사 승려가 남여를 가지고 와서 기다렸다. 여기 오니 바위 아래에 눈 쌓이고 얼음 언 곳이 많아 깊고 높은 곳임을 알 수 있었다.

장시간 운무 속에 있다 보니 길을 가면서도 어느 산 어느 봉우리인지 분별할 수 없었다. 조금 쉬다가 갔는데, 여기서부터는 산에 바위가 없었다. 10리를 가서 점심청(點心廳)[194]에 이르러 점심을 먹고 은신대

191 묘길상(妙吉祥) : 암자 이름이다. 묘길상은 문수보살을 의역한 이름이다.

192 이허대(李許臺) : 잠와(潛窩) 이명준(李命俊, 1572～1630)이 강릉 부사가 되어 고성(高城)의 읍재인 허계(許啓, 1594～?)와 함께 유람하면서 새긴 것이라고 한다. 《陶谷集 25 遊金剛山記》

193 안문재(鴈門岾) : 고개의 이름으로, 안문봉(雁門峰)의 남쪽 줄기이다. 내금강과 외금강의 경계로 회양과 고성의 접점에 위치해 있다.

(隱身臺)를 향해 갔는데, 도중에 비가 내려 돌아갔다. 상암(裳巖)에서 잠깐 쉬었는데, 석담이 매우 깊고 넓었으며 하얀 바위가 옆에 늘어서 있었다. 승려가 말하기를, 유점사에 불상이 처음 왔을 때 아홉 용〔九龍〕이 피해 가서 여기서 하룻밤 자고 구룡연(九龍淵)으로 들어갔는데, 이 위아래 두세 개의 작은 못도 또한 모두 용이 묵었던 곳이라고 하였다.

유점사에 이르러 산영루(山映樓)에 앉았노라니 잠시 후 비가 그치기에 마침내 선담(船潭)을 향해 갔다. 선담은 유점사의 서북쪽으로 3리 되는 곳에 있는데, 시내를 따라 남여를 타고 가면서 폭포와 못의 승경을 많이 만났다. 이른바 선담이란 곳에 이르니 못의 크기가 화룡담만 하였고, 천연으로 이루어진 석담이 구유 같았으며, 앞 석현(石舷)에 작은 부리가 있어 물이 못에 가득 차면 앞 석현으로부터 떨어져서 또 폭포와 못이 되었다.

그 서쪽은 하나의 바위가 봉우리를 이루었는데, 걸어서 올라가 못 옆에 앉으니 구름이 개고 해가 비치었다. 앉아서 맑은 물결을 희롱하며 한참 있다가, 또 위태로운 벼랑을 따라 10여 보 올라가 석담 하나를 다시 만났는데, 비록 작았으나 깊어서 바닥이 보이지 않았고 쌍폭포가 좌우에서 떨어졌다. 그 위의 못에서 흘러내리는 것도 또한 한 쌍의 부리가 있었으니, 본 바가 매우 기이하여 사각담(四角潭)이라 이름 짓고 싶었다. 그 위 10보 쯤 되는 서쪽 바위 위에 '萬景洞(만경동)' 석 자가 새겨져 있었는데, 여기로부터 올라가면 만경대에 이를 수 있다고 하였다. 한참 앉았다가 돌아가는 길에 선담 아래에 이르러 시내

194 점심청(點心廳) : 《임하필기》 권37 〈봉래비서〉에서, 안문재 정상에서 15리를 내려오면 초막 두 개가 설치되어 있는데 이곳을 점심청이라 칭한다고 하였다.

가운데 바위에 앉아 잠깐 있다가 돌아갔다.

25일. 서리. 아침밥을 먹을 때 날씨가 흐리지 않기에 남여로 은신대에 올랐는데, 도중에 안개가 10여 리에 자욱했다. 은신대 아래에 이르자 안개가 더욱 심해졌으나 이미 왔으므로 남여에서 내려 걸어서 올라갔다. 벼랑을 더위잡고 오르기가 매우 어려웠는데, 올라오고 나니 다만 보이는 건 사방과 위아래가 오직 한 빛 운무뿐이었고, 오직 들리는 것은 동북쪽 사이에서 뿜어대는 물소리뿐이었으니, 이것이 곧 십이폭포〔十二瀑〕[195]였다. 바위에 제명하고 한참 앉아 있는데, 운무가 더욱 심해져서 거의 지척을 분별하지 못할 정도라 몸이 깊고 넓은 물결 속에 떠있는 듯하였으니, 또한 하나의 기이한 일이었다. 하는 수 없이 내려와 외원통암(外圓通菴)[196]을 향해 갔다. 10여 리 가서 불정대(佛頂臺)[197]를 지나갔으나 운무가 심해 올라가지 못했다.

또 한 고개에 올랐는데, 오르기는 그리 어렵지 않았으나 내려가자니 지극히 어려웠다. 10리를 내려오니 외원통암 승려가 남여를 가지고 와서 기다리고 있었는데, 이곳이 바로 박달곶(朴達串)[198]이라고 하였

195 십이폭포〔十二瀑〕 : 금강산에서 가장 높은 폭포이며, 금강산 4대 폭포 중의 하나이다. 채하봉(彩霞峰)과 소반덕 사이의 골짜기에서 흘러온 물이 채하봉 남쪽 벼랑을 타고 층층으로 떨어지는데, 이때 좁고 깊은 골짜기에서 폭포벽을 따라 12층의 계단을 이루면서 떨어진다고 하여 십이폭포라고 하였다.

196 외원통암(外圓通菴) : 외금강의 송림동(松林洞)에 있던 암자로, 쌍폭포의 서쪽 백천(百川) 기슭에 있었다. 내금강의 원통암과 구별하기 위하여 외원통암이라고 한다.

197 불정대(佛頂臺) : 불정암이라고도 한다. 높은 바위로 이곳에 올라 십이폭포를 바라보았다고 한다.

198 박달곶(朴達串) : 산마루 이름으로, 매우 높고 가파른 곳이다.

다. 험하고 가파르기가 손바닥 같아 발 디딜 곳이 없었고, 앞에 대해가 있으나 보지도 못한 채 다리 힘이 거의 바닥이 났으니, 실로 생전 처음 본 광경이었다. 지나온 학소대(鶴巢臺)는 길 왼편에 있었는데 고개로부터 2리쯤 되었다. 풍혈(風穴)[199]이 길 오른편에 있었는데, 학소대로부터 수백 보 되는 곳에 거대한 바위 구멍이 있고 한 길이나 되는 눈이 그 안에 쌓여 있을 뿐 다른 기이함은 없었다.

고개를 거의 다 내려오니 오송대(五松臺)가 있었다. 남여에서 내려 시내를 거슬러 오르는데 안개가 비로소 걷혔다. 위를 올려다보니 바위 봉우리가 깎은 듯 가팔랐는데, 그곳이 바로 송림(松林)의 뒤편 고개로 시내 뒤 석벽에 '第一松林泉石(제일송림천석)' 여섯 자가 새겨져 있었다. 길옆으로 하얀 바위와 맑은 못이 있었는데, 바위의 형세는 웅장하고 험준하였고 몇 줄기 폭포수가 서로 부딪치다가 이따금 멈추어서 하얀 모래 못〔白沙潭〕을 이루었으니, 본 바가 극히 장쾌하였다.

잠깐 앉아 있다가 다시 수백 보를 거슬러 올라가니 송림암(松林菴)이었다. 암자 앞에 석굴이 있었는데 왼편 굴은 작았으나 물이 그 사이에서 흘러나왔고, 오른편 굴은 제법 커서 불상을 안치해놓았다. 그 위에 제명하였다. 그 앞의 수석은 지극히 맑고도 그윽하였고, 한 덩어리 바위 봉우리 밑에 석담이 구불구불 매우 길게 펼쳐져 있어 몹시도 내려가서 희롱하고 싶었으나 비가 내리려 하여 하지 못하고 다시 시내를 따라 내려갔다.

원통암에 이르러 점심을 먹고 남여를 타고 효양곶(孝養串)[200]으로

199 풍혈(風穴) : 바람구멍으로, 찬바람이 불어 나오는 구멍을 말한다.

200 효양곶(孝養串) : 산마루 이름으로, 매우 험준한 곳이다.

올라갔는데, 고갯길이 매우 가팔랐고 바위 사이로 남여가 갈 수가 없었다. 오르고 나니 비록 운무가 있었어도 또한 능히 동해를 굽어볼 수 있었는데, 운무 가운데 크고 작은 섬들이 아스라한 것이 참으로 장관이었다. 발연사(鉢淵寺)[201]의 승려가 남여를 가지고 와서 기다리고 있었으나, 길이 깎아지른 듯하고 또 돌이 많아서 발 놓기 어려움이 앞의 고개보다도 심하였다. 겨우겨우 걸어서 고개를 내려왔는데, 뒷고개[202]는 7, 8리요 앞고개[203]는 5리쯤 되었다.

고개를 내려와 수백 보 되는 곳에 시내가 있었는데, 맑은 시내와 하얀 돌이 매우 아름다워서 앉아서 조금 쉬었다. 시내 오른편 바위에 봉래의 글씨로 "朝玄圃, 暮蓬萊. 明月鉢淵洞, 淸風桂樹臺. 俯臨東海揖麻姑, 六六壺天歸去來〔아침에는 현포(玄圃)요 저녁에는 봉래(蓬萊)라. 밝은 달 뜬 발연동이요 맑은 바람 부는 계수대(桂樹臺)라. 동해를 굽어보며 마고에게 읍하고, 삼십육 호천으로 돌아가네.〕"[204]가 새겨져 있었다. 왼편에는 '滄海(창해)'[205] 두 자가, 오른편에는 '紫洞(자동)' 두 자가 쓰여 있었는데, 자동은 차식(車軾)[206]의 호이지만 무엇 때문에 썼는지

201 발연사(鉢淵寺) : 강원도 고성군 외금강면 용강리 금강산 미륵봉에 있었던 절이다. 신라 시대에 진표율사(眞表律師)가 지극한 참회를 통하여 미륵보살로부터 친히 간자(簡子)를 전수받았던 곳으로, 770년(혜공왕6)에 진표가 창건하였다. 미륵봉 동쪽 계곡 아래 발연이라는 못이 있는데, 이는 주위의 바위 모양이 발우(鉢盂) 같다고 하여 붙여진 이름이며, 절 이름도 여기에서 비롯되었다.

202 뒷고개 : 효양곶(孝養串)을 가리킨다.

203 앞고개 : 박달곶(朴達串)을 가리킨다.

204 朝玄圃……돌아가네 : 《성소부부고》 권26 〈학산초담〉에, 이 시는 차식(車軾)의 시이며 양봉래의 시 〈풍악에서〔在楓岳〕〉를 모방하여 지은 것이라고 하였다.

205 창해(滄海) : 양사언(楊士彦, 1517~1584)의 호 중 하나이다.

는 알 수 없었다.

그 위 절벽에 '蓬萊島(봉래도)'[207] 석 자가 새겨져 있으니, 이 또한 봉래의 글씨였다. 계수대는 곧 시내 뒤 봉우리로, 바위 봉우리가 이어서 뻗쳐 있어 매우 기이하고 가팔랐다. 시내를 건너 백여 보 올라가니 폭포암(瀑布菴)이 있기에 조금 앉아 있다가 남여를 타고 내려갔다. 봉래도를 지나 백 보를 가니 폭포가 나왔다.

하얀 바위는 넓적하니 층진 데가 없었고 가운데에 물길이 나 있었다. 무릇 수십 보가량 비스듬히 매끄럽게 물길이 나있고, 그 아래는 깊지 않은 못이 이루어져 있었다. 두 승려를 시켜 고사(故事)와 같이 여러 번 폭포를 따라 내려가게 하였는데,[208] 습관이 되어 동작이 무척 재빨랐으니, 이 또한 하나의 기이한 경관이었다. 잠시 앉아 있는데 하늘이

206 차식(車軾) : 1517~1575. 조선 중기의 문신으로 본관은 연안(延安), 자는 경숙(敬叔), 호는 이재(頤齋)이며 차천로(車天輅)와 차운로(車雲輅)의 아버지이다. 서경덕의 문인으로 경사와 문장에 능하였다고 한다. 1543년(중종38) 급제한 후 내외 관직을 두루 지냈다. 지방관직으로 경북 평해 군수(平海郡守)·강원도 고성 군수(高城郡守) 등을 역임하였으니, 산수 좋은 곳에 부임하여 한가롭게 즐겼다고 한다. 금강산이 있는 고성에서는 경관이 좋은 곳에 해산정(海山亭)을 지었다고 한다.

207 봉래도(蓬萊島) : 동해(東海)에 있다고 하는 삼신산(三神山)의 하나로, 선경(仙境)을 말한다.

208 고사(故事)와……하였는데 : 《추강집(秋江集)》 권5 〈유금강산기(遊金剛山記)〉에 이 놀이에 대한 설명이 나와 있다. "발연의 고사(故事)에 불자(佛子)의 유희(遊戱)라는 것이 있다. 이는 곧 폭포 위에서 나무를 갈라 그 위에 앉고 물 위로 띄워서 물길을 따라 내려가는 것이다. 재주 있는 자는 순조롭게 내려가고 재주 없는 자는 거꾸러져 내려간다. 거꾸러져 내려가면 머리와 눈이 물에 빠졌다가 한참 뒤에 도로 나오게 되니, 곁의 사람들이 모두 깔깔대고 웃는다. 그러나 바위가 매끄럽고 반질반질해 비록 거꾸러져 내려가더라도 몸이 손상되지 않기 때문에 사람들이 장난하기를 싫어하지 않았다."

비를 내리려 하므로 마침내 돌아갔다. 폭포로부터 절까지 1리쯤이었는데, 막 문에 들어서자 비가 내렸고, 날도 저물었다. 멀리 효양곶을 바라보니 눈이 산꼭대기에 가득하였다. 비는 조금 오다가 밤에 그쳤다.

26일. 맑음. 아침을 먹고 절 왼편의 석대(石臺)에 올랐다. 석대와 절은 붙어 있는데, 바로 진표율사(眞表律師)[209]가 좌화(坐化)한 곳이라고 한다. 두 그루 소나무가 누차 시들었다가 누차 되살아났다 하여 이름을 영고대(榮枯臺)라고 하였다. 중간에 불이 나서 소나무도 탔으나 타고 남은 나무가 다시 살아났는데, 지금 보니 잎이 어지러이 흩어진 것이 또 한 번 시들 것 같았다. 승려가 말하기를, 작년에 고사했지만 머지않아 분명 다시 살아날 것이라고 하였다. 작은 비석은 중간이 잘려 나가고 하반신만 있었는데, 고려 승려 영잠(瑩岑)이 비문을 지었다고 한다.[210]

영고대를 내려와 남여로 폭포에 이르렀다. 막 갠 아침 해가 바위

209 진표율사(眞表律師) : 신라 중기의 승려이다. 성은 정씨(井氏)로, 금산사(金山寺)를 중창(重創)하여 대가람으로 발전시켰으며, 점찰법회를 정착시킴으로써 불교의 대중화에 기여하였다. 12세에 출가하여 금산사의 순제(順濟)에게 사미계법(沙彌戒法)을 받았고, 참회 끝에 지장보살과 미륵보살로부터 계본(戒本)과 '제9간자(簡子)'와 '제8간자'라고 쓰여 있는 목간(木簡)을 받았다. 금산사를 중창하고 사방을 다니며 교화하다가 금강산에 들어가 발연사를 창건하고 7년간 머물면서 점찰법회를 열었다. 말년에 발연사 동쪽 큰 바위 위에 앉아 입적하였다. 《삼국유사》 권4 〈관동 풍악산의 발연수석기(關東楓岳鉢淵藪石記)〉 조에 진표의 발연사 창건 연기 설화와 그 역사가 기록되어 있다.

210 작은……한다 : 비는 진표율사 장골탑비(眞表律師藏骨塔碑)이다. 고려 시대 승려 영잠(瑩岑)이 1199년(신종2) 발연사(鉢淵寺)의 주지로 있으면서 비문을 써서 비를 세웠다. 발연사의 뒤뜰에 진표율사의 뼈를 묻고 세운 비로, 비문에 건립 시기는 승안(承安) 4년 기미년(1199) 5월이라고 하였다. 승안은 금(金)나라 장종(章宗)의 연호이다.

면과 시내 골짜기를 비추니 투명하게 반짝거리는 것이 기뻐할 만하였다. 안개 걷힌 계수대도 매우 찬란하였다. 한참 앉아 있다가 남여를 타고 시내 왼편으로 수백 보를 가니, 길 왼편에 종(鐘)처럼 생긴 바위가 서 있고 '鉢淵(발연)' 두 글자가 새겨져 있었다.

다시 1리쯤 가서 아름다운 곳을 만났다. 폭포가 바위 위로 떨어져서 위 아래로 네 개의 석담을 이루었는데, 두 번째 담이 가장 크고 발우 모양처럼 둥글었으니, 발연사는 이로 인해 그런 이름을 얻은 것이다. 이곳이 절 골짜기 입구라 사람과 말이 와서 기다리고 있었으나, 앉아 맑은 물결을 희롱하다보니 섭섭하여 차마 떠날 수 없었다. 잠시 후 말에 올라 길을 갔는데 얼마 안 가서 평지가 나왔다. 외산(外山)[211]을 돌아보니 역시나 웅장하고 기이한 것이 매우 특별하였으며, 그 나머지 지엽의 봉우리와 산도 많았는데, 족히 삼각산(三角山)[212] 전체를 감당할 만하였다.

30리를 가서 몽천사(夢泉寺)[213] 뒷고개를 넘으니 삼일포(三日浦)[214]였는데, 멀리 사선정(四仙亭)[215]을 바라보니 아득하였다. 절에 앉아 조

211 외산(外山) : 외금강(外金剛)을 가리킨다.

212 삼각산(三角山) : 서울의 북한산을 말한다.

213 몽천사(夢泉寺) : 삼일포 북쪽 언덕에 있던 절로, 송림 속에 맑은 샘물이 솟아오르는 몽천 샘터가 있고 그 옆에 있었다. 신라 때 이곳에 절을 지으려 하니 우물이 없어 걱정했는데 꿈에 백발노인이 나타나 샘터를 알려주었으므로 몽천이라 하였다고 한다.

214 삼일포(三日浦) : 관동팔경의 하나로 고성에 있는 바다의 호수인데, 옛날에 포구였던 것이 오랜 세월이 지나 호수가 되었다. 석호(潟湖)로 북서쪽에 거암이 솟아 있고, 남쪽 호안에는 기암이 많은 구릉이 있다. 신라 시대에 영랑(永郎)・술랑(述郎)・남석랑(南石郎)・안상랑(安祥郎) 등 사국선(四國仙)이 뱃놀이를 하다가 절경에 매료되어 3일 동안 돌아가는 것을 잊었기 때문에 삼일포라는 이름을 얻었다고 한다.

금 쉬고서 배를 불러 호수로 들어갔다. 절은 호수 서북쪽 200여 보 되는 곳에 있었다. 삼일포의 생김새는 거울같이 둥글고, 10여 리를 빙 둘러 기이한 봉우리들이 빙 둘러쳐져 있었으니, 이것이 곧 세상에서 일컫는 '삼십육봉(三十六峯)'[216]이었다.

물은 바다 동쪽으로부터 흘러오는데, 물길의 끝도 보이지 않고 바다도 보이지 않았다. 봉우리들 사이를 호수가 굽이굽이 휘감고 있었으나, 노를 저어 그 가운데로 들어가야만 볼 수 있었다. 봉우리 위에 울창한 푸른 소나무가 거울 같은 수면에 비치었다. 호숫가의 바위와 호수 가운데의 바위들은 모두 기이할 만큼 정결하여 생기가 있었다. 호수 가운데 있는 바위섬에 날아갈 듯 지어진 건물은 사선정(四仙亭)

215 사선정(四仙亭) : 강원도 고성 삼일포(三日浦) 안의 섬에 있는 정자 이름으로, 신라 때의 사선(四仙)인 영랑(永郎)·술랑(述郎)·남석랑(南石郎)·안상랑(安祥郎)이 여기서 놀다가 사흘 동안이나 돌아가지 않았다 하여 붙여진 이름이다. 《농암집(農巖集)》 권23 〈동유기(東游記)〉에 "삼일포는 둘레가 10여 리쯤 되는데, 밖으로는 36개의 봉우리가 둘러싸고 있고, 안에는 작은 섬 하나가 있다. 붉은 누각이 그 위에 높이 세워져 있으니, 사선정이라고 한다. 사선에 대해 세상에 전해 오는 말에 의하면, 이들은 신라 시대 사람으로 일찍이 관동의 여러 명승지를 두루 유람하다가 이곳에 이르러 3일 동안 돌아갈 줄을 몰랐다. 포와 정자가 모두 이 때문에 그러한 이름을 얻게 된 것이라고 한다.〔三日浦，周遭可十餘里，外有三十六峰環之，中則小島兀然．朱甍出其上，曰四仙亭．四仙者，世傳新羅時人，嘗徧游關東諸名勝，至此三日忘歸，浦與亭，皆以是得名云．〕"라고 하였다.

216 삼십육봉(三十六峯) : 삼일포를 둘러싼 36개의 산을 말한다. 봉우리들이 수면에 비쳐 절경인데 도가에서 신선이 산다는 삼십육동천(三十六洞天)과 관련지어 지은 명칭이다. 고려 시대 문인 안축(安軸)의 〈삼일포시(三日浦詩)〉의 서(序)에, "삼일포는 고성 북쪽으로 7, 8리쯤에 있는데, 밖으로는 겹겹의 산봉들이 둘러싸고 있고, 안으로는 서른여섯 봉우리가 빙 둘러 나열해 있다.〔浦在高城北七八里 外有重峯疊嶂合抱 而內有三十六峯周列〕"라고 하였다. 《謹齋集 卷1》

이었다. 정자에 올라 동쪽으로 바다 굽이를 바라보며 앉아서 한참 동안 쉬었다. 정자 위에는 북창(北窗)[217] · 간이(簡易)[218] · 봉래(蓬萊)[219] 이하 여러 명공(名公)들의 시판(詩板)이 있었고 천파공(天坡公)[220]의 시도 있었다.

배를 띄워가다 단서석(丹書石)[221]에 이르렀다. 단서석은 정자 남쪽

217 북창(北窗) : 정렴(鄭磏, 1506~1549)의 호이다. 정렴은 조선 중종, 명종 대의 학자로 본관은 온양(溫陽), 자는 사결(士潔)이다. 유불선에 능통했고 다방면에 두루 뛰어났으며 김시습(金時習), 이지함(李之菡)과 더불어 조선의 3대 기인으로 꼽힌다. 조선 시대의 도가(道家) 단학(丹學)의 대표적 인물로서 《북창비결》·《용호비결(龍虎秘訣)》을 저술하였고, 문집으로 《북창집(北窗集)》이 있다.

218 간이(簡易) : 최립(崔岦, 1539~1612)의 호이다. 최립은 조선 명종, 선조 대의 문신으로 본관은 통천(通川), 자는 입지(立之)이다. 당대 일류의 문장가로 인정받아 중국과의 외교 문서를 많이 작성하였고, 중국에 갔을 때 그곳의 학자들로부터 명문장가라는 칭찬을 받았다. 시학서 《십가근체시(十家近體詩)》 등과 문집 《간이집(簡易集)》이 있다.

219 봉래(蓬萊) : 양사언(楊士彦, 1517~1584)의 호이다. 193쪽 주169 참조.

220 천파공(天坡公) : 오운의 조부인 오숙(吳䎘, 1592~1634)으로, 그의 호가 천파이다. 《농암집》 권28에 실린 오두인(吳斗寅, 1624~1689)의 비문 〈형조 판서 증 영의정 시호 충정공 오공의 신도비명〉에 "천파공(天坡公)은 휘 숙(䎘)으로, 벼슬이 경상감사에 이르렀고 좌찬성에 추증되었는데, 문장과 정사로 이름이 났으나 젊은 나이에 별세하여 재능이 다 쓰이지 못하였다.……공은 사실 천파공의 아우 사복시 주부(司僕寺主簿) 증 이조 판서 휘 상(翔)의 아들인데, 이 부인(李夫人)이 아들이 없어 데려다가 후사로 삼은 것이다.〔天坡公諱䎘, 官至慶尙監司, 贈左贊成, 以文章政事顯, 早世不盡用……公實天坡公弟司僕主簿贈吏曹判書諱翔之子也, 李夫人無子, 取以爲後.〕"라고 하였다.

221 단서석(丹書石) : 붉은 글씨가 쓰여 있는 바위를 말한다. 《가정집》 권5 〈동유기(東遊記)〉에 의하면, '述郎徒南石行(술랑도남석행)'이 세 글자씩 두 줄로 써져 있는데 '도(徒)'와 '행(行)' 두 자는 희미해서 알아보지 못한 것에 대해 "옛날에 그 고을 사람이

물 가운데 있었는데, "述郎徒南石行〔술랑 일행이 남쪽 바위에 다녀가다.〕" 여섯 자 중에서 '郎徒(낭도)' 두 자는 알아볼 수 없었고, 나머지는 알아볼 수 있었으나 근래에 필획을 덧칠한 것 같았다. 단서석 깊숙한 곳에 제명하였다.

그 꼭대기에 '미륵매향비(彌勒埋香碑)'[222]가 있었는데, 원(元)나라 지대(至大)[223] 2년(1309, 고려 충선왕 복위1) 기유년 8월에 세운 것이다. 비석은 몸체가 매우 작았는데, 돌은 벽돌을 구워 만든 것이었고 자획은 대략 알아볼 수 있었다. 내려와서 배를 돌려 절에 이르러 점심을 먹고 다시 호수에 배를 띄워 정자를 네 바퀴 돌았다. 정자 동쪽에 새겨진 "四僊亭爲申玉爾書〔사선정에서 신옥이[224]를 위하여 쓰다〕" 여덟 자는 우옹의 필적이었다.

유람 온 자들을 접대하기가 괴로워서 이 글씨를 깎아 내려고 하였지만, 5촌 가량이나 깊이 새겨져 있었던 까닭에 자획을 없애지 못했다고 하는데, 지금 이 두 글자가 분명하지 못한 것은 어쩌면 이 때문인지도 모르겠다."라고 하였다.

222 미륵매향비(彌勒埋香碑) : 미륵불(彌勒佛)의 용화회(龍華會)에 공양할 침향(沈香)을 마련하기 위하여 매향(埋香)한 것을 기록한 비(碑)이다. 매향은 향목(香木) 등을 갯벌에 묻는 것인데, 《성호사설》 권12 〈향도(香徒)〉에 의하면, "매향은 '상수리나무가 물에 들어가 천 년을 지나면 향이 된다.'라고 하여 백성들이 나무를 베어서 물에 넣고 그곳에 비석을 세워 증거를 남겨 둔다."라고 하였다. 《신증동국여지승람(新增東國輿地勝覽)》 권45 〈강원도(江原道)〉에 "삼일포 남쪽에 있는 비이다. 존무사(存撫使) 김천호(金天皓) 등이 산승 지여(志如)와 함께 향나무를 바닷가의 각 마을에 묻고, 그 묻은 위치와 가지 수효를 적어서 단서 곁에 세웠다."라고 하였다.

223 지대(至大) : 원나라 무종(武宗)의 연호로 그 기간은 1308~1311년이다.

224 신옥이 : 신여식(申汝栻 1627~?)을 가리킨다. 그의 자는 옥이(玉爾)로, 혹은 옥보(玉甫)로 되어 있는 곳도 있다. 신립(申砬) 장군의 증손자로 본관은 평산(平山), 호는 석호(石湖)이다. 신여식은 1682년(숙종8) 고성 군수(高城郡守)에 제수되었다.

무선석(舞仙石)은 정자 서쪽 산기슭에 있었는데, 암석이 기이하고 수려했으며 바위 면에 세 글자가 새겨져 있었다. 위에 있는 작은 비석은 홍귀달(洪貴達)[225] 및 제공이 놀러 와서 그 자취를 기록한 것이다. 양봉래의 "鏡裏芙蓉三十六, 雲邊鬟髻萬二千, 中間一片滄洲石, 合著東來海客眠〔거울 속의 부용꽃은 서른여섯 송이요, 구름가의 쪽진 머린 일만 이천 개라네. 그 가운데 솟아 있는 한 덩이 창주석은, 동쪽에 온 바다 나그네들이 앉아 졸기에 딱 알맞네.〕"[226] 절구 한 수가 호수 서남쪽 바위에 새겨져 있었다. 사자석(獅子石)은 호수 북쪽 물 가운데 있었는데, 형상이 사자가 새끼를 업고 엎드려 있는 것 같았다.

호수 동쪽의 솔숲이 호수 가운데로 비스듬히 들어가 울창하게 어리비치었다. 호숫가에 있는 커다란 바위에는 '第一湖山(제일호산)'이라 새겨져 있었고, 그 뒷면에는 '三日湖(삼일호)'라고 새겨져 있었다. 장시간 배를 끌고 물길 따라 다니다 배에서 내려 솔숲을 걸었다. 또 배에

225 홍귀달(洪貴達) : 1438~1504. 조선 전기 문신으로 본관은 부계(缶溪), 자는 겸선(兼善), 호는 허백당(虛白堂)·함허정(涵虛亭)이다. 1469년(예종1) 장령으로 춘추관 편수관이 되어 《세조실록》 편찬에 참여하였다. 1483년《국조오례의주(國朝五禮儀註)》를 개정하였다. 그 뒤 대제학·호조판서 겸 동지경연춘추관사 등을 역임한 뒤 좌참찬이 되었다. 1498년(연산군4) 좌참찬으로서 왕의 난정(亂政) 10여 조목을 들어 간(諫)하다가 무오사화가 일어나자 좌천되었다. 1500년 왕명으로《속국조보감(續國朝寶鑑)》·《역대명감(歷代名鑑)》을 편찬하고, 경기도 관찰사가 되었다. 1504년 손녀(홍언국(洪彥國)의 딸)를 궁중에 들이라는 왕명을 거역해 장형(杖刑)을 받고 경원(慶源)으로 유배 가던 도중 교살(絞殺)되었다. 중종반정 후 신원(伸寃)되었다. 함창의 임호서원(臨湖書院)과 의흥의 양산서원(陽山書院)에 제향되었고, 저서로는《허백정문집(虛白亭文集)》이 있다. 시호는 문광(文匡)이다.

226 거울……알맞네 : 《성소부부고》 권26 〈학산초담(鶴山樵談)〉에, 위의 시는 양사언이 선종암(仙鍾巖)에 쓴 시라고 하였다.

말을 실어 건너보내고 한참 동안 앉아 있다가 고성(高城)으로 향하였는데, 채 4, 5리도 되지 않아 성 서문으로 들어가 해산정(海山亭)에 올라갔다.

해산정은 관아 서쪽의 작은 구릉에 있었는데 지세가 시원하게 트여 있었다. 남강(南江)이 그 서쪽을 두르고 푸른 바다가 그 동쪽에 있어 맑은 모래와 깨끗한 물, 눈빛 물결과 은빛 파도를 이미 겸한데다, 칠성석(七星石)[227] 옥 봉우리들이 바다 가운데 서있고 금강산이 서북쪽에 솟았으며, 동서로 구암(龜巖)이 서로 바라보고 있었으니, 참으로 해산(海山)의 명승지였다. 벽 위에 시판도 매우 많았는데 천파공의 시도 있었다.

저물녘까지 앉아 있다가 내려와서 성을 나갔다. 남쪽으로 또한 2리를 가서 대호정(帶湖亭)에 올랐는데, 앞으로는 남강이 둘러 있고 뒤로는 작은 언덕을 등지고 있었으며, 동쪽으로는 해문(海門)으로 통하고 서쪽으로는 금강산을 끼고 있었다. 시야에 펼쳐진 경치가 너무도 기묘하여 해산정에 비해서도 더 뛰어났다. 바람이 심해 오래 앉아 있을 수가 없어서 내려와 숙소에 이르러 유숙하였는데, 고을 원 형제가 산에서 나와 찾아왔다.[228] 고령(高靈)[229]이 삼일포에서 다시 노닐기를 매우

227 칠성석(七星石) : 해산정 동쪽 바다에 솟아 있는 일곱 개의 바위를 말한다. 《포음집》 권6의 〈동유기〉 가운데, 해산정에서 "동쪽으로 대해를 보니 바다 가운데 바위 봉우리 7개가 있었는데 이름을 칠성석이라 하였다.〔東見大海, 海中有石峰七, 名七星石.〕" 라고 하였다. 《백호전서》 권34 〈풍악록〉 가운데, 해산정에 올라 바라본 경치를 서술하며 "바다 입구에는 포구산(浦口山)·석범산(石帆山)·칠성석(七星石) 등이 줄지어 눈안에 들어오고 있어 참으로 경치가 좋았는데 정자 이름을 해산(海山)이라고 한 것도 아마 그래서 붙여진 것이 아닌가 싶었다."라고 하였다.

간절히 원하므로 허락하였다.

27일. 흐림. 동틀 녘에 동구암(東龜巖)에 올랐다. 관아 동쪽 향교 뒤편에 있었으며, 바위 모양이 거북 같다 하여 이름한 것이다. 동해를 굽어보니 마치 궤안처럼 가까이 있었으나, 다만 운무가 바다에 잔뜩 끼어있어 일출을 볼 수 없었다. 날이 밝은 지 또한 이미 오래된지라 장차 내려가려고 하던 차에, 갑자기 큰 구리 쟁반 같은 붉은 바퀴가 바다 위로 나와 한참을 배회하다가 점점 떠오르더니 올라간 다음 차츰 운무 속으로 들어갔다. 해가 돋아난 그 일대에만 구름이 없어서 일출을 보았을 뿐, 그 광채가 비추는 것은 볼 길이 없었고, 뜨고 난 뒤에도 이내 구름속으로 들어가 버렸다. 동행자들은 모두 기뻐하며 은신대보다도 오히려 더 낫다고 하였다.

관아에서 아침밥을 먹고 유숙했던 곳으로 갔다. 고령이 그곳으로 왔기에 더불어 삼일포로 갔다. 포천에 사는 이상린(李祥麟)[230]의 친족이 마침 이 군(郡)에 왔기에 그도 동행했다.

태수가 가기(歌妓)와 금(琴)과 퉁소 연주하는 악사들을 보내주고, 술에다 성찬(盛饌)까지 갖추어 실어 보내왔다. 수면을 따라 오르내리

228 고을……찾아왔다 : 앞서 작자가 표훈사에 묵을 때, 고을 원 형제가 찾아왔는데 그들은 간산(看山), 즉 묏자리를 보러 산에 왔다고 하였다.

229 고령(高靈) : 앞에 나온 '심고령(沈高靈)'을 가리킨다. 이후로 함께 유람을 다닌 사람으로 보인다.

230 이상린(李祥麟) : 본관은 전주이며 아버지는 이만종(李萬鍾), 동생은 진도 군수·칠곡 부사를 지낸 이경린(李慶麟)이다. 김창협의 문인 조상경(趙尚絅, 1681~1746)의 《학당유고(鶴塘遺稿)》 권12 〈일기(日記)〉에 함께 어울린 사람으로 그 이름이 나와 있다.

며 굽이굽이 모두 들렀는데, 날씨는 비록 흐렸으나 바람이 잠잠해 호수가 평탄하였기에 오르내리기에 매우 좋았다. 모래톱에는 갈매기와 해오라기가 날아와 모였는데, 퉁소 소리며 노랫소리를 듣고도 놀라지 않는 것이 무척 한가로워 보였다. 정오에 정자 아래에 배를 대니, 안주와 술을 내와서 흠뻑 취하였다. 다시 느긋하게 노를 저어 여유만만하게 서쪽 언덕에 배를 대었다.

말에 올라 절 뒤 고개를 넘어 40리를 갔을 때 보슬비가 가늘게 흩날렸는데, 저물녘에 비가 점차 거세어져서 산 아래 작은 마을로 들어갔다. 마을 이름은 장전(長田)이었다. 한 집에 투숙했는데, 앞서 이미 다른 사람이 들어와 있었으나 마침내 들어가 앉았다. 대개 서울의 여항인(閭巷人)이었는데, 스스로 말하기를, 우연히 흡곡(歙谷)[231]에 와서 시중대(侍中臺)[232]・총석정・금란굴・삼일포를 두루 둘러보고 장차 산에 들어가려 한다고 하였다. 보니 그 앞에 당시(唐詩)가 있기에 시를 할 줄 아나보다 싶어 물어보니 시 몇 편을 읊는데, 또한 여항에서 쉽게 볼 수 없는 것이었다. 그와 함께 잠을 잤는데, 성은 송(宋)가요 이름은 규빈(奎斌)이라고 하였다. 떠날 때 절구 2수를 지어서 전별하기에 차

231 흡곡(歙谷) : 강원도 동해안에 있던 현 이름이다. 남쪽은 통천군(通川郡), 서쪽과 북쪽은 함경도 안변부(安邊府)에 닿아 있다.

232 시중대(侍中臺) : 강원도 흡곡현(歙谷縣)에 있는 대(臺)의 이름이다. 3면이 모두 큰 호수이며 밖으로는 바다가 둘러 있다. 바다에는 작은 섬 일곱 개가 있고, 바다와 호수 사이에 푸른 소나무들이 길을 끼고 있다. 대 이름은 원래 칠보대(七寶臺)였는데, 순찰사 한명회(韓明澮)가 이곳을 구경할 때에 마침 우의정으로 임명한다는 왕명이 이르렀기 때문에 시중대라고 고쳤다고 한다. 경치가 경포대와 필적할 만하다고 한다. 《新增東國輿地勝覽 卷45 江原道》

운하여 주고 갔다. 밤에 비가 왔다.

28일. 아침이 되어도 비가 그치지 않아 떠나기를 잠깐 멈추고 있는데, 조금 있다가 비가 그치기에 밥을 재촉해 먹고 출발하였다. 10를 가서 옹천(甕遷)[233]에 이르러, 걸어서 잔도(棧道)에 올라 바다를 구경하였다. 때마침 구름이 잠깐 흩어지고 햇빛이 은은히 비쳐 바다 빛이 찬란하였다. 해가 따스하고 바람이 없었으나 파도는 오히려 거세게 몰아쳐, 잔도 아래가 매우 웅장하였다. 섬들은 점점이 흩어져 있고, 저 멀리로 일대의 운무가 하늘과 이어져 있을 뿐이었다. 오래 앉아 있다가 걸어서 내려왔다. 여기서부터 10여 리를 간 뒤 바다를 버리고 골짜기로 들어갔는데, 고개 하나를 넘어서자 다시 바다가 나왔다. 여기서부터는 산골짝이 옆이 바로 바다였으나 솔숲에 가려져 있었고, 이따금 보이는 시골 마을은 한가로워 보였다.

다시 8, 9리를 가니 운암역(雲巖驛)이었다. 또 20리를 가니 바다 물결이 자못 고요한 중에 고깃배가 출몰하고, 흰 갈매기가 무리지어 날다가 목욕하다가 하였는데, 보고 있노라니 너무도 한가로워서 바닷가에 있다는 사실을 깨닫지 못하였다. 문암(門巖)을 나와 장림(長林)의 염촌(塩村)에서 점심밥을 먹고 통천(通川)[234]을 향해 출발하였다.

233 옹천(甕遷) : 강원도 통천군 남쪽 65리에 있는 지명이다. 《농암집》 권23 〈동유기〉에, "옹천은 동쪽 지방에서는 잔도(棧道)를 천(遷)이라 부르는 까닭에 붙여진 이름이다. 산의 바위를 뚫어 만든 이 길은 겨우 말 한 마리가 통행할 수 있고 길이는 수백 보에 달하며, 아래로는 파도가 절벽을 거세게 때리는데 그 소리가 마치 우레와 같았다. 말이 조심조심 걸어도 혹시 밑으로 떨어지지나 않을까 두려웠다."

234 통천(通川) : 강원도의 군이름으로 남쪽은 고성군(高城郡), 서쪽은 회양부(淮陽府), 북쪽은 흡곡현(歙谷縣)에 닿아 있다. 이곳에 금란굴(金幱窟)과 총석정(叢石亭)이

여기서부터 솔숲은 더욱 울창해지고 산촌은 더욱 유심해졌으며, 길은 대개가 천맥(阡陌) 사이로 나 있었다. 멀리 바닷가 모래를 보니 어린 소나무가 마치 짜놓은 듯 숲을 이루어 5, 6리에 뻗쳐 있었는데, 이것이 곧 《농암집(農巖集)》에서 일컬은 풍경이었다.[235] 대저 바닷가 모래는 눈처럼 희었고, 그 위로 철쭉 아니면 해당화가 피어 있었다. 이따금 솔숲이 있었는데, 비록 크게 자라지는 못했어도 모두 짜놓은 듯 푸르게 우거졌고, 말들이 그 사이를 지나다녔다. 저녁에 통천읍 아래에 있는 이문세(李文世)의 집에 투숙하였다.

29일. 흐림. 아침밥을 먹고 금란굴(金幱窟)[236]로 향하였다. 군에서 동북쪽으로 7, 8리 가서 해변에 이르렀는데, 파도가 잠잠하지는 않으나 바람은 없어서 선부(船夫)가 갈 수 있다고 하기에 마침내 작은 고깃

있다.

235 이것이……풍경이었다 : 《농암집》 권23 〈동유기〉의 '고성에서 통천까지의 여정에 대한 기문' 가운데 이르기를, "총 60리를 가서 십수 리에 걸쳐 있는 솔밭 하나를 만났는데, 그 푸른빛이 바다 빛과 접하고 있었다. 다만 소나무가 모두 작달막하고 어린 것이 흠이었다. 앞으로 크고 높이 자라서 이것들이 모두 구불구불 서린 가지에 철갑 같은 줄기를 지니는 날에는 어찌 서호(西湖)의 구리송(九里松)보다 못할쏘냐."라고 하였다. 서호는 중국 절강(浙江) 항주(杭州)의 지명이다. 당(唐)나라 때 항주 자사(杭州刺史) 원인경(袁仁敬)이 서호 북쪽의 행춘교(行春橋)에서부터 영은(靈隱)과 삼천축(三天竺)에 이르는 9리의 길 좌우에 각각 세 줄씩 소나무를 심어 푸른빛이 장관을 이루었다고 한다. 《武林舊事 湖山勝槪》

236 금란굴(金幱窟) : 강원도 통천군 통천면 금란리 해안절벽에 형성된 동굴이다. 연대봉의 해안절벽에 있으며, 현무암이 해식 작용을 받아 형성된 것이다. 굴 안의 돌기둥이 빛을 내는 모양이 마치 중이 가사 위에 걸치는 금란의 줄무늬와 같다 하여 '금란굴'이라고 불렀다고도 하고, 굴 안 천정의 바위짬에 불로초(일명 금란초)가 자라므로 '금란굴'이라고 불렀다고도 한다.

배에 올랐다. 황공(黃公)[237]만은 오르지 않았는데, 파도가 세차게 일어 매우 불안했기 때문이었다. 금란굴 가까이 있는 바닷가에 석벽이 가파르게 치솟아 수백 보에 걸쳐 뻗어있었는데, 모두 사람의 교묘한 솜씨로 조각한 것 같았다. 가운데에는 바위가 깊이 패여 동굴을 이루었는데, 뱃사람이 일컫기를 선인이 목욕하던 곳이라고 하였다.

이곳을 지나니 천 길 절벽이 마치 수십 첩의 병풍을 펼쳐놓은 듯 가파르게 서 있었는데 그 빛이 창백하였으며, 첩첩마다 마치 옥굴(屋窟)과 같은 형상을 이루고 있었는데 그중 금란굴이 가장 깊고 그윽하였다. 배를 그 아래에 대고 안을 살펴보니 너무도 깊어서 겨우 작은 배 하나 들어갈 정도였다. 배를 돌려 그 안으로 들어가니 붉은 암벽과 비취색 벼랑이 있었으나 물살이 너무 거세 들어갈 수 없었기에 배를 돌려 멀리서 바라보았다.

총석(叢石)은 북쪽에 있었다. 파도가 일긴 했으나 바람이 잔잔해 마음이 매우 쾌적하였고, 큰 바다에 배를 띄운다는 것 또한 하나의 장쾌한 일이었다. 돌아와서 배를 대고 보니 황공이 앉아 기다리고 있었으므로 마침내 함께 말에 올라 길에 갔다. 여러 번 길을 잃어 20리를 우회하고서야 겨우 총석에 이르렀다. 긴 산마루가 구불구불 뻗어 바닷속으로 들어갔다가 1리 쯤 가서 다시 불쑥 솟아올랐는데, 걸어서 그 바위를 따라 올라가니 총석정(叢石亭)[238]이 있었다. 앞에는 떨어져 서

237 황공(黃公) : 황우석(黃遇石)을 가리킨다. 서울에서 함께 출발하였다. 184쪽 주 133 참조.

238 총석정(叢石亭) : 총석은 강원도(江原道) 통천의 바다 가운데 수십 개의 돌기둥이 모여 서 있는 것을 가리킨다. 이 돌기둥들은 주상절리로 6각형, 8각형 등 여러 가지 모양을 하고 있고, 돌기둥 위의 소나무가 신비스러운 경관을 이루고 있다. 이 돌무더기

있는 돌기둥이 네 개 있고,[239] 제일 앞에는 작은 정자가 있었으며,[240] 동쪽에는 글자가 없는 작은 비갈(碑碣)이 있었다.[241]

긴 산마루의 좌우에는 모두 6면의 바위가 뒤죽박죽 어지러이 널려 있어 마치 성을 축조한 것 같았다. 앉아서 몇 잔 술을 마셨는데, 바람이 너무 거세어 솟구친 파도가 거의 돌기둥 키의 반을 넘어설 정도였으나, 떨려서 머물 수도 없고 그렇다고 배를 탈 수도 없어 마침내 산마루를 따라 내려왔다.

석주 옆으로 가까이 가서 보니 더욱 기이하였다. 벼랑 왼편을 따라 내려와 걸어서 환선정(喚仙亭)에 이르렀다. 환선정은 총석정의 서쪽에 있었는데, 육지와 정면으로 서로 마주하고 있었다. 멀리 정자 아래

를 굽어보며 절벽 위에 서 있는 정자를 총석정이라 부르며, 이는 관동팔경 중에서도 으뜸으로 꼽히는데 특히 해돋이가 절경이라고 한다.

239 앞에는……있고 : 총석정 앞의 바다 가운데 서 있는 이 네 개의 돌기둥을 사선봉(四仙峰)이라고 한다. 신라의 술랑(述郞)·영랑(永郞)·안상랑(安詳郞)·남랑(南郞)의 네 선도(仙徒)가 이곳에서 놀며 경관을 감상하였다는 데서 유래하였다.

240 제일……있었으며 : 절벽 끝에서 바다의 돌기둥을 마주하고 있는 정자인 총석정을 말한 것이다.

241 동쪽에는……있었다 : 《가정집》 권5 〈동유기〉의 총석정에 대한 기록 중에, "또 동쪽 봉우리에 오래된 비갈(碑碣)이 있는데, 비면(碑面)이 떨어져 나가고 닳아 없어져서 한 글자도 알아볼 수가 없으니, 어느 시대에 세워진 것인지 확인할 수가 없다. 사람들의 말에 의하면, 신라 시대에 영랑(永郞)·술랑(述郞)·도(徒)·남(南) 등 네 명의 선동(仙童)이 그 무리 3000인과 함께 해상에서 노닐었다고 한다. 그렇다면 이 비갈은 그들 무리가 세운 것일지도 모르겠는데, 이 또한 상고해 볼 길이 없다. 사선봉에 임하여 자그마한 정자가 있기에 그 위에서 술자리를 베풀었다.〔又於東峯有古碣, 剝落磨滅, 無一字可識, 不知何代所立也. 人言新羅時有永郞述郞徒南四仙童者, 與其徒三千人遊於海上. 此碑碣豈其徒所立者耶, 亦不可得考也. 臨四仙峰有小亭, 置酒其上.〕"라고 하였다.

석주와 깎아지른 듯한 절벽을 바라보니 비록 멀리 뻗어 이어져 하나가 되어있었으나, 창백하게 우뚝 서 있는 모습이 매우 기이하였고, 또한 한눈에 모두 담을 수 있었으니, 정자는 이것을 위해 지은 듯하였다. 정자가 무너지고 헐어서 앉아 있기 어려웠으며 비까지 내렸으므로 정자 앞에 잠깐 앉았다가 돌아왔다.

산마루를 넘어 어촌에 이르니 들보 기둥만 한 커다란 뼈가 이따금 모래와 바위 사이에 있었다. 물어보니 큰 고래가 봄에 해변에서 죽었는데, 이것이 그 뼈라고 하였다. 점심을 먹고 조금 기다리니 비가 그쳐서 통천읍 이씨 집으로 돌아왔다. 통천 군수가 우리를 보러 왔다.

30일. 아침에 일어나니 비가 내려 출발하지 못하고 고을 수령을 찾아가 만났다. 밥을 먹은 후 비가 그치기에 출발하였는데, 수령이 노자를 도와주었다. 중대(中臺)의 객점에서 점심을 먹었으니, 바로 추지령(楸池嶺)[242] 아래였다. 고갯길은 그윽하고 깊었으며 고목이 숲을 이루어 길에 사람이라곤 보이지 않았으니 대낮에도 무서울 법하였다. 보슬비가 흩날리는 속에 앞길을 향하여 출발하였는데, 길이 매우 가파르고 구절양장처럼 꼬불꼬불했다. 오르고 올랐으나 하필 안개가 사방에 가득 끼어 앞길을 구분할 수 없었다. 다시 10리를 오르니 고개 꼭대기였는데, 비도 그쳤기에 잠시 쉬었다. 여기서부터는 길이 평탄하였다. 화천(和川)[243] 마을에 투숙하였다.

4월 1일. 이른 아침에 보슬비가 내렸으나 아침밥을 먹고 출발하자

242 추지령(楸池嶺) : 강원도 통천군에 있는 고개로 회양부(淮陽府)와의 경계에 있다.

243 화천(和川) : 강원도 회양부 동쪽 30리에 있는 화천현(和川縣)을 말한다. 통천군의 서쪽에 있으며 금강산으로 가는 주요 길목이다.

비도 그쳤다. 가기를 또 50리, 빗속에 연송교(蓮松橋)를 건너니 그곳이 곧 금성(金城) 땅이었다. 맥판(麥坂)[244]은 매우 가팔랐고, 돌부리 때문에 걷기 힘들었다. 고개 넘어 회현(灰峴) 객점에 들어가서 점심을 먹었는데, 비가 더욱 심하게 내려 나아갈 수가 없어서 유숙하였다. 비는 밤새도록 그치지 않았다.

2일. 아침에 일어나 보니 산 위에 눈이 하얗게 내려 있었으니, 물후(物候)가 기이하다 할 만하였다. 조반 후 비가 그쳐서 출발하였는데, 금성으로 이르던 도중 보슬비를 만났다. 고을 수령이 사람을 보내어 안부를 묻고 술과 안주, 식량과 노자까지 보내주었다.

3일. 갰다 흐렸다 함. 해가 뜨자 출발하여 김화(金化)의 생창(生昌) 객점에서 점심을 먹고, 원충장(元忠壯)[245]의 사당을 찾아뵈었다. 저녁에 서재일(西才日)[246]의 객점에 투숙하였다.

244 맥판(麥坂) : 강원도 금성현(金城縣)의 맥판진(麥坂津)을 말한다.

245 원충장(元忠壯) : 원호(元豪, 1533~1592)의 시호가 충장이다. 원호의 본관은 원주(原州), 자는 중영(仲英)이다. 김덕수(金德秀)의 문인으로 경사(經史)에 통달하였으며, 1567년(명종22) 무과에 급제하였고, 경원 부사로 있을 때 이탕개(尼湯介)의 침입을 격퇴하였다. 임진왜란이 일어나자 강원도 조방장(助防將)이 되어, 패잔병과 의병을 모아 여주(驪州) 신륵사(神勒寺)에서 왜적을 크게 무찌르고, 구미포(龜尾浦)에서 패주하는 잔적을 섬멸하였다. 이 공로로 여주목사 겸 경기·강원방어사(防禦使)가 되었다. 얼마 뒤 강원 감사 유영길(柳永吉)의 격문을 보고 군대를 이끌고 가던 중, 김화(金化)에서 적의 복병을 만나 분전 끝에 전사하였다. 병조 판서, 좌의정에 추증되었다. 김화의 충장사(忠壯祠)·충렬사(忠烈祠)에 제향되었다.

246 서재일(西才日) : 화적연(禾積淵)이 위치한 포천시 자일리(自逸里)의 서자일 마을을 가리킨다. 1914년 행정구역 개편 때 동자일리(東自逸里)와 서자일리(西自逸里)를 합병하여 자일리라 하였다.

4일. 갰다 흐렸다 함. 객점 주인이, 화적연(禾積淵)[247]의 승경을 극구 칭송하기에 마침내 찾아가 보았다. 객점에서 서북쪽으로 5리를 가서, 깊은 솔숲으로 들어갔다가 산기슭 하나를 내려가니 바로 긴 시내였는데, 좌우에 푸르른 절벽이 둘러싸고 있는 모습이 자못 기이하였다. 소나무와 온갖 꽃들이 서로를 비추었고, 울퉁불퉁 거대한 바위가 시내로 들어갔다가 갑자기 다시 치솟아 선 것이 마치 벼를 쌓아놓은 것 같았다.

그 아래 시내가 가장 깊었고, 바위 가운데도 움푹 파여 바닥이 보이지 않을 만큼 깊은 못을 이루고 있었다. 바위 위에 기(旗)를 꽂았던 흔적이 있었으나 무슨 기였는지는 알 수 없었다. 다만 땅이 그다지 깊숙하거나 외지지 않아 시내가 맑지 못하고 바위가 투명하지 않았을 뿐이다. 다시 지난번 길을 찾아서 객점의 서쪽 마을 뒤로 나와 다시 30리를 간 다음 영평현(永平縣) 앞길을 경유해 흰 모래와 맑은 시내가 있는 길을 10리 가니 푸른 숲이 지극히 맑고 드넓었다.

또 서쪽으로 4, 5리를 가니 금수정(金水亭)[248]이 나왔다. 근처의 시냇물은 활처럼 굽이져 돌아 흐르다가 정자 아래에 이르러 다시 띠처럼 길게 휘감아 안았다. 정자는 푸른 절벽 위에 세워졌는데 절벽이 매우 깎아지른 듯하였다. 정자 북쪽에 문처럼 생긴 두 개의 바위를 통해 안으로 들어가니 석봉(石峰)[249]의 글씨로 '洞天石門(동천석문)' 글자가

247 화적연(禾積淵) : 영평팔경의 하나로, 경기도 포천시 한탄강 상류에 위치한 연못과 화강암으로 이루어진 명승지이다. 연못 위로 13미터에 달하는 화강암이 솟아 있는데, 그 모양이 연못 한가운데 볏 짚단을 쌓아 올린 듯하여 이러한 이름이 지어진 것이다.

248 금수정(金水亭) : 경기도 포천군 창수면(蒼水面) 오가리(伍佳里) 영평천(永平川) 기슭에 있는 정자이다.

새겨져 있었다. 그 옆으로 강가에 서 있는 커다란 바위에 '廻瀾石(회란석)'[250] 글자가 새겨져 있었는데, 중국 사신 허학사(許學士)[251]의 글씨를 본뜬 것이라고 하였다. 정자의 편액은 봉래의 글씨였다. 정자 옆에는 오래된 전나무와 늙은 소나무가 드높이 서 있고, 정자에 오르니 맑고도 앞이 탁 트였기에 앉아서 조촐하게 술을 마셨다. 정자의 서북쪽 100여 보 되는 곳에는 모래사장이 넓게 펼쳐져 있고 매우 기이해 보이는 하얀 바위가 있었는데, 가운데가 움푹 파인 곳이 바로 '와준(窪尊)'

249 석봉(石峰) : 한호(韓濩, 1543~1605)의 자가 석봉이다. 조선 중기의 서예가로 본관은 삼화(三和), 자는 경홍(景洪), 호는 석봉・청사(淸沙)이다. 사자관(寫字官)으로 국가의 문서와 명나라에 보내는 외교문서를 도맡아 썼고, 중국에 사절이 갈 때도 서사관(書寫官)으로 파견되었다. 벼슬은 흡곡 현령(歙谷縣令)과 가평 군수(加平郡守)를 지냈다. 경기도 고양의 〈권도원수대첩비전면(權都元帥大捷碑前面)〉, 개성의 〈서화담경덕비(徐花潭敬德碑)〉, 평양의 〈기자묘비(箕子廟碑)〉 등의 글씨를 썼다.

250 회란석(廻瀾石) : 《해동역사(海東繹史)》 권51 〈예문지(藝文志) 10〉에 의하면, 허국(許國)의 문집인 《허문목집(許文穆集)》 〈회란석(廻瀾石)〉 시 서문(序文)에는 다음과 같이 되어있다고 하였다. "오조천(吾助川) 가에 병풍처럼 생긴 돌이 있어서 오조천의 동쪽을 가로막고 있는데, 예전에는 이 돌의 이름이 없었다. 이에 내가 그 돌을 명명하여 '회란석(廻瀾石)'이라 하였다."

251 허학사(許學士) : 허국(許國, 1527~1596)을 가리킨다. 허국의 자는 유정(維楨)으로, 명나라 세종(世宗)・목종(穆宗)・신종(神宗) 3대에 걸쳐서 벼슬하였다. 국자감 좨주, 예부상서 겸 동각대학사 등을 거쳐 진태자 태보(晉太子太保), 무영전 대학사(武英殿大學士)를 지냈다. 시호는 문목(文穆)이며, 저서에 《허문목공집(許文穆公集)》이 있다. 1567년(명종22) 정묘년에 명나라 목종의 등극을 반포하러 우리나라에 사신으로 왔다. 《대동야승》 〈갑진만록〉에, "내가 본 사람으로는, 정묘년에 온 사신 허국과 위시량(魏時亮)이 재주가 있고 기품이 맑고 근신하여 출중하게 뛰어나 봉황새처럼 우러러보아 중국 사신이 나온 이래로 가장 뛰어난 사람이라고 지금까지도 일컬어진다.〔余所目覩者, 丁卯天使許國魏時亮, 才華淸愼, 逈出等夷, 人皆望若麟鳳, 自有天使, 始有此人, 至今稱之不衰.〕"라고 하였다.

으로, '尊巖(준암)' 두 자가 새겨져 있었고, 그 옆에는 봉래의 절구 한 수[252]가 새겨져 있었다. 와준은 모래가 채워져 있는 것이 흠이었다.

거기서 서쪽으로 10여 보 되는 곳에 작은 바위에는 봉래의 3, 5, 7언[253]이 새겨져 있었다. 정자가 있는 벼랑으로부터 시내 옆길을 따라가서 보고, 한참 앉았다가 정자에 올라가 잠시 눈을 붙이고 나서 점심을 먹었다. 정자는 김윤복(金胤福)이 이름난 사람이 거처한 곳이라 하여 봉래에게 주었는데 봉래가 김가(金家)의 적실(嫡室)에게 돌려주었다고 한다. 위치한 땅이 이미 승경인데다가 비장하고 점유한 지 또한 오래여서 숲과 모래와 돌이 서로 비쳐 두른 것이 매우 아름다웠다. 다시 준암의 옆에서부터 말에 올라 시내를 따라 북쪽으로 창옥병(蒼玉屛)[254]을 향해 갔다. 창옥병 아래에 이르니 창옥병의 뿌리가 강에 꽂혀 매우 가파르고 높게 뻗어있었고, 위에는 숲의 나무가 우거져 있었다.

252 봉래의……수 : 정기안(鄭基安, 1695~1775)의 《만모유고(晩慕遺稿)》 권6 〈잡저(雜著) 유풍악록(遊楓岳錄)〉에, 봉래의 필적으로 준암의 옆에 새긴 절구에 이르기를 "비단물 은모래는 한결같이 평온하고, 골짝 구름 강비 속에 흰 갈매기 산뜻해라. 진인 찾아 도화원길 우연히 들었거니, 고깃배를 동구 밖으로 쫓아내진 마시오.〔錦水銀沙一樣平, 峽雲江雨白鷗明. 尋眞偶入桃源路, 莫遣漁舟出洞行.〕"라고 하였다.

253 봉래의……7언 : 《봉래시집(蓬萊詩集)》 권1에 〈금옹에게 주다〔贈琴翁〕〉 제목으로 실려 있다. 시는 다음과 같다. "녹기금 타는 소리, 백아의 마음이라. 종자기는 지음이니, 한 곡조 타면 다시 한 수 읊조리네. 청량한 허뢰는 먼 봉우리서 일어나고, 강달은 곱디곱고 강물은 깊어라.〔綠綺琴, 伯牙心. 鍾子是知音, 一鼓復一吟. 冷冷虛籟起遙岑, 江月娟娟江水深.〕"

254 창옥병(蒼玉屛) : 경기도 영평(永平) 백운산(白雲山)에 있는 봉우리이다. 선조 때 정승을 지낸 박순(朴淳, 1523~1589)이 은거하였던 곳으로, 그의 위패를 모신 옥병서원(玉屛書院)이 있다.

사암서원(思菴書院)[255]이 시내 왼편에 있었는데, 또한 암벽과 숲의 나무가 창옥병을 마주하였으나, 시내가 깊고 배가 없어서 서원에 참배할 수가 없었으므로 섭섭해하며 돌아왔다.

돌아와 영평현 앞에 이르러 모래 언덕에 앉아 한참 동안 배를 기다린 후에야 내를 건넜다. 30리를 가서 장가리(場街里)를 나와 다시 10리를 가니 파발막(擺撥幕)이 나왔는데, 날이 이미 어두워졌으므로 유숙하였다.

5일. 맑음. 해가 뜨자 출발하여 누원(樓院)[256]에서 점심을 먹었다. 동정(東亭)[257]에 도착하여 앉아서 쉬는데, 녹음은 산에 가득하고 폭포수는 맑게 울리며 흘렀으니, "나도 나의 집을 사랑하노라."[258] 한 것은 참으로 실제에 맞는 말이다.

255 사암서원(思菴書院) : 옥병서원(玉屛書院)을 가리킨다. 사암(思菴) 박순(朴淳)의 학문과 덕행을 추모하기 위해 세운 서원이다. 1658년(효종9)에 지방유림의 공의로 창건하였고 1698년(숙종24)에 이의건(李義健)과 김수항(金壽恒)을 추가 배향하였으며, 1713년에 '옥병(玉屛)'이라고 사액되었다. 경기도 포천시 창수면 주원리에 있다.

256 누원(樓院) : 양주(楊州)에 속한 지명이다. 이곳은 서울로 물품이 들어가는 요지로 시장이 발달하였다.

257 동정(東亭) : 오원의 별장에 있었던 정자 이름으로, 서울 종암(鐘巖)에 있었다. 이곳에서 남유용, 이천보, 황경원 등을 비롯한 여러 문사들이 모여 자주 시주회(詩酒會)를 가졌다.

258 나도……사랑하노라 : 도연명의 시 〈산해경을 읽고〔讀山海經〕〉에, "초여름에 풀과 나무 자라나서, 집을 빙 둘러 나뭇가지 우거졌네. 뭇 새들도 깃들 곳이 있어 즐겁고, 나 또한 나의 집을 사랑하노라.〔孟夏草木長, 繞屋樹扶疎. 衆鳥欣有托, 吾亦愛吾廬.〕"라고 하였다. 《陶淵明集 卷4》

금양(衿陽)[259]유기

衿陽遊記

무신년(戊申年)[260] 5월 초하루에 월곡(月谷)[261]으로 가기로 하여 족형 국보(國寶)씨[262]와 서제(庶弟) 무(珷)[263]가 함께 갔다. 노량(露梁)을 건너 박정재(朴定齋) 선생[264]의 사우(祠宇)[265]에 참배하였으니, 선생이

259 금양(衿陽) : 금천(衿川)으로, 지금의 경기도 광명, 안양, 서울의 일부 지역에 해당된다.

260 무신년(戊申年) : 1728년(영조4)으로 오원이 29세 때로, 5월에 문과 급제하여 등용되었다. 《영조실록》 4년 5월 29일에, 임금이 춘당대(春塘臺)에서 유생을 시험하여 오원(吳瑗) 등 세 사람을 뽑았다고 하였다.

261 월곡(月谷) : 오원의 선영과 초당이 있는 경기도 광주(廣州)에 있는 지명이다. 오원이 31세인 1730년(영조6)에 월곡에 초당을 지었다.

262 국보(國寶)씨 : 국보는 오박(吳璞)의 자이다. 오박은 오원의 6촌 형으로 좌승지를 지냈다고 한다. 그 아들 오재희(吳載熙, 1727~1813)는 무과 출신으로 황해도 병마절도사, 오위도총부 도총관 등을 지냈다. 이재(李縡)의 《도암선생문집》 권14에 〈답오국보(答吳國寶璞)〉가 실려 있다.

263 서제(庶弟) 무(珷) : 오무(吳珷)로 미상이다. 1729년(영조5) 오원이 그와 함께 송경(松京)을 유람하고 〈서유일기(西遊日記)〉를 남겼다.

264 박정재(朴定齋) 선생 : 박태보(朴泰輔, 1654~1689)의 호가 정재(定齋)이다. 본관은 반남(潘南), 자는 사원(士元)으로 아버지는 판중추부사(判中樞府事) 박세당(朴世堂)이다. 1677년(숙종3) 알성 문과에 장원하였고, 예조 좌랑 때 시관(試官)으로 출제를 잘못했다는 남인들의 탄핵을 받아 선천(宣川)에 유배되었다가 이듬해 풀려났다. 서인들의 요청으로 1682년 홍문관의 사가독서(賜暇讀書)에 선발되었고 이후 이천 현감(伊川縣監)·이조 좌랑·호남 암행어사 등을 역임하였다. 1689년 기사환국 때 인현왕후(仁顯王后)의 폐위를 강력히 반대하여 주동적으로 소를 올렸다가 심한 고문을 받고

세상을 버리신 곳이요, 5월 5일이 선생의 휘일이다. 그래서 사람들은 이곳을 굴자(屈子)의 멱라(汨羅)[266]에 견준다. 우리가 온 날이 마침 이달이었으니 더욱 슬프도다. 우리 조고(祖考)[267]께서 자손을 버리신 것은 선생보다 이틀 뒤이다. 오호라. 기사년의 일[268]은 천년이 흘러도

진도(珍島)로 유배 가던 도중, 5월 5일 노량진에서 죽었다. 그가 죽은 뒤 충절을 기리는 정려문이 세워졌으며 영의정에 추증되고 풍계사(豐溪祠)에 제향되었다. 시호는 문열(文烈)이다. 저서로 《정재집》이 있다.

265 박정재(朴定齋)……사우(祠宇) : 노량진의 노강서원(鷺江書院)을 말한다. 숙종 21년(1695)에 지방 유림의 공의로 세운 이 서원은 숙종 27년(1701)에 국가에서 인정한 사액서원으로 '노강(鷺江)'이라는 이름을 받았다. 홍선대원군의 서원철폐령에도 폐쇄되지 않은 47개 서원 중 하나이다. 원래 서울 노량진에 세워졌으나 한국전쟁으로 소실되었고 1968년 경기도 의정부로 옮겨 복원되었다.

266 굴자(屈子)의 멱라(汨羅) : 굴원(屈原, 기원전 343~기원전 277)이 몸을 던져 죽은 멱라수(汨羅水)로, 충신의 죽음을 뜻한다. 굴원은 중국의 전국 시대 초(楚)나라의 시인·정치가로 귀족 출신이며 이름은 평(平)이다. 회왕(懷王)을 곁에서 모시며 충성을 바쳤으나 그 아들 경양왕(頃襄王)이 즉위한 이후 참소를 받아서 추방되어 동정호(洞庭湖) 남쪽으로 쫓겨나 늪지대에서 방황하다가 5월 5일 멱라수에 몸을 던져 죽었다. 굴원의 작품은 〈이소(離騷)〉·〈어부(漁父)〉 등으로 《초사(楚辭)》에 실려 있다. 후세 사람들은 굴원의 충절을 기리기 위해 5월 5일을 제일(祭日)로 정하여 각종 행사를 하게 되었다.

267 우리 조고(祖考) : 오두인(吳斗寅, 1624~1689)으로 자는 원징(元徵), 호는 양곡(陽谷)이다. 1648년(인조26)에 진사시에 1등으로 합격하고, 이듬해 별시문과에 장원으로 급제하였다. 공조 참판·경기도 관찰사·형조 판서 등을 지냈으며 인현왕후(仁顯王后)가 폐위되자 이세화(李世華)·박태보(朴泰輔)와 함께 이에 반대하는 소를 올려 국문을 받고 의주로 유배 도중 파주에서 죽었으며, 그해에 복관되었다. 1694년 영의정에 추증되었으며, 파주의 풍계사(豊溪祠), 광주(光州)의 의열사(義烈祠) 등에 제향되었다. 저서로는 《양곡집》이 있다. 시호는 충정(忠貞)이다.

268 기사년의 일 : 1689년(숙종15)의 기사환국(己巳換局)으로, 서인이 남인에게 정

반드시 그 때문에 눈물 흘리리니, 하물며 소자의 마음에 있어서랴.

서원은 강가에 있고 전망이 유달리 빼어났으나, 다만 당우가 심하게 황폐하여 무너졌으니, 이는 사림(士林)의 수치이다. 그 서쪽은 육신사(六臣祠)[269]로, 새로 수리하여 지극히 밝고 깨끗하였다. 멀리서 우러르며 절을 하였다. 또 무덤 세 개가 길옆에 옹기종기 있는 것을 보니 울컥하여 강개함을 그칠 수 없었다. 예전에는 짧은 돌이 있어 '成氏之墓〔성씨의 묘〕', '李氏之墓〔이씨의 묘〕'라고만 쓰여있었는데, 지금은 그 또한 볼 수 없었다. 대개 허목(許穆)[270]과 남구만(南九萬)[271]이 지은

권을 빼앗기고 축출 당한 정국을 말한다. 숙종이 노론계의 반대에도 불구하고 소의 장씨의 소생 이균을 원자로 삼고 장씨를 희빈으로 삼았으며, 송시열을 유배하고 영의정 김수흥을 파직시키는 등 노론계는 축출되고 남인계가 대거 등용되었다. 이어 송시열에게 사약을 내리고 김만중 등을 유배하였으며, 중전 민씨를 폐비하려고 하자 재야의 서인 오두인(吳斗寅) 등 86명이 이를 저지하기 위해 상소하였고, 숙종은 주동자인 박태보·오두인 등을 신문한 뒤 유배했다.

269 육신사(六臣祠) : 노량의 육신사(六臣祠)로, 민절사(愍絶祠)라고도 한다. 1681년(숙종7) 사육신을 제향하기 위한 사당으로 건립되었다. 이후 1691년 민절사라고 사액되었다가 이듬해에 서원으로 고치고 복관 고유제를 거행하였다. 이후 정조나 고종 등이 치제문을 내렸던 조선 후기 사육신을 배향한 대표적인 서원이었다. 지금은 그 터만 남아 있다.

270 허목(許穆) : 1595~1682. 본관은 양천(陽川), 자는 문보(文甫)·화보(和甫), 호는 미수(眉叟)이다. 영남 남인의 거두 정구(鄭逑)에게 학문을 배웠다. 효종(孝宗)의 사후 조대비(趙大妃)의 복상 문제와, 효종의 비가 별세한 후 조대비의 복제에 대하여 서인 송시열 등과 예학 논쟁을 벌였다. 이조 판서 등을 거치고 우의정에 임명됨으로써 과거를 거치지 않고 진출한 산림(山林) 중에서 정승까지 승진한 흔하지 않은 인물이 되었다. 미강서원(湄江書院) 등에 제향되었다. 저서에 편집한 문집《기언(記言)》, 역사서인《동사(東事)》등이 있다.

271 남구만(南九萬) : 1629~1711. 송준길(宋浚吉)의 문인으로 효종, 현종, 숙종 대

비문이 있으나, 허목의 글[272]은 제선생(諸先生)[273]이 설원(雪寃)되기 이전에 지은 것이라 감히 명백히 드러내지 못하고 의총비(疑塚碑)라고 이름하였으니, 그 사람도 글도 족히 쓸 만하지 못하고, 남구만은 또 장릉(莊陵)에 대한 의론을 가로막은 자인데[274] 제선생이 그의 글을 받으려고 하겠는가?

선친 정랑공(正郎公)[275]이 일찍이 사원(祠院)의 일을 관리하였는데, 선배에게 글을 구하여 그 일을 매듭짓고자 의논하였으나, 글이 나오기도 전에 선친께서 임직을 떠나게 되었고, 또 얼마 되지 않아 세상을 떠나시는 바람에 일이 마침내 멈추어버렸다. 아! 지금의 군자들 중에

에 걸쳐 벼슬하였다. 숙종 대에는 우의정, 좌의정을 거쳐 영의정에 올랐으며 소론의 영수로 지목되었다. 1707년 관직에서 물러나 봉조하(奉朝賀)가 되었다가 기로소에 들어갔다. 《약천집(藥泉集)》 권19에 〈노량진에 있는 육신묘비〔露梁六臣墓碑〕〉가 실려 있다. 이는 1708년(숙종34) 무자년에 썼다.

272 허목의 글 : 허목의 《미수기언》 권17에 〈육신 의총비(六臣疑塚碑)〉가 수록되어 있다. 이 글은 1651년(효종2)에 쓴 것으로 박팽년의 6세손이자 당시 동궁의 좌익찬(左翊贊)이었던 박숭고(朴崇古)가 묘소를 수축하고 그곳에 비석을 세우고 허목에게 부탁하여 쓴 것이다. 그러나 남구만의 〈노량진에 있는 육신묘비〔露梁六臣墓碑〕〉에 의하면, 허목의 비문은 미처 비석에 새기지 못하였다고 하였다

273 제선생(諸先生) : 사육신을 가리킨다.

274 남구만은……자인데 : 장릉(莊陵)은 단종의 능호(陵號)이다. 숙종 24년에 단종과 신비(愼妃)에 대하여 위호(位號)를 추복(追復)하는 문제가 제기되어 논의가 있었는데, 이 논의의 과정에서 남구만은 영중추부사(領中樞府事)로서 추복을 반대하는 의견을 개진하였다. 종친과 문무백관들의 의견을 수렴하여 숙종 24년(1698) 10월 24일에 왕이 비망기(備忘記)를 내려 단종만 추복하기로 하였다. 《肅宗實錄 24年 10月 24日》

275 선친 정랑공(正郎公) : 작자 오원의 생부(生父)인 오진주(吳晉周, 1680~1724)를 가리킨다.

서 이것을 생각하는 자가 아직도 있을 것인가?

장차 자하동(紫霞洞)[276]을 찾아보고 삼막사(三幕寺)[277]에서 유숙하려 길에서 만난 사람에게 절로 올라가는 길을 물으니, 길 왼편 한 골짜기를 가리키며 말하기를, "여기가 바로 절로 올라가는 길입니다만 험하고 비탈져서 가기 어려우니, 금천읍(衿川邑)을 거쳐서 송현(松峴)을 넘어 나아가면 길이 자못 평탄하여 말을 타고 갈 수 있습니다."라고 하기에 그 말대로 금현(衿縣) 길을 취하였다.

이때 오랜 가뭄으로 보리조차 말라가고 있었는데, 산꼭대기를 돌아보니 먹구름이 끼어있었다. 내가 말하기를, "우리들이 만약 비에 젖을 수 있다면, 오늘 비는 매우 다행스러운 비인 셈이다." 하니 국보가 말하

276 자하동(紫霞洞) : 관악산 계곡으로 경치가 뛰어난 곳으로 이름난 곳이다. 《일성록》 정조 19년(1795) 윤2월 16일 기사에, 정조가 "관악산이 저기 있구나. 바라보니 인가가 있는 듯한데 자하동이라는 곳인가?〔鸛嶽在彼, 望之略有人烟, 是所稱紫霞洞者乎?〕" 하니 이시수(李時秀)가 아뢰기를, "관악산의 동서남북에 모두 자하동이 있는데 경관이 수려합니다. 저기 산줄기 따라 집이 있는 곳이 바로 남자하입니다.〔鸛嶽之東西南北皆有紫霞, 而泉石絶勝. 彼依山而屋者, 卽南紫霞也.〕"라고 대답하였다. 당시 관악산의 동서남북 네 곳에 자하동이 있었는데 남자하(南紫霞)는 지금의 안양 쪽, 서자하(西紫霞)는 삼성산(三聖山) 삼막사(三幕寺) 일대, 북자하(北紫霞)는 서울대학교 쪽, 동자하(東紫霞)는 과천 쪽이라고 한다.

277 삼막사(三幕寺) : 경기도 안양시 석수동(石水洞) 삼성산(三聖山) 중턱에 있는 사찰이다. 삼성산은 서울 신림동과 안양 석수동에 걸쳐 위치해 있는데 금천현의 진산이며 가까이에 관악산이 있다. 용주사(龍珠寺)의 말사로, 677년(문무왕7) 원효(元曉)와 의상(義湘), 윤필(潤筆) 등 세 대사가 관악산에 들어가서 막(幕)을 치고 수도하다가 그곳에 절을 짓고 삼막사라 했다. 1348년(충숙왕4)에는 나옹(懶翁)이 머물면서 수도했고, 1394년(태조3)에는 무학(無學)이 국운(國運)의 융성을 기원했는데, 이런 인연으로 1398년 왕명에 의하여 중건되었고 그 뒤 몇 차례의 중건과 중수를 거쳤다.

기를, “비록 온몸이 모두 젖더라도 무엇을 꺼리겠는가?”라고 하였다. 말이 끝나기도 전에 비가 내리니 사방의 산이 몽롱하여 마치 수묵화 같았고, 숲의 나무에는 벌써 울창한 빛이 감돌았다. 내가 말하기를, “비단 농가의 단비일 뿐 아니라 우리들의 유람 흥취도 크게 돋우는구나.” 하였다. 조금 있으니 비가 점차 거세져 일행이 모두 유의(油衣)[278]를 걸쳤다. 국보도 유의를 걸치면서, “온몸이 젖겠다고 말한 것은 거의 허언이었구나.”라고 말하였다. 서로 바라보며 크게 웃었다.

정오가 지났으므로 배가 출출할까 자못 걱정되어 급히 채찍질하여 읍의 객점에 들어갔다. 국보가 말하기를, “방금 지나온 숲과 골짜기가 은은한 것이 이취(異趣)가 있는 것 같았는데, 내 생각엔 자하동을 이미 놓쳤는가 싶다.”라고 하므로 객점 사람에게 물으니 과연 그러하였다. 대개 우리들은 자하동이 절로 올라가는 길에 있다는 것만 알았지, 험한 길을 따라 들어오면 바로 자하동이라는 사실은 알지 못하였다. 점심을 먹고 길을 떠났다. 비는 내리다 그쳤다 하였고, 산은 들어갈수록 아름다워졌다. 내가 말하기를, “배부른 뒤에 경물을 보아야 좋은 곳임을 알 수 있다지. 지금부터는 꼭 말을 타고 유람을 나갈 것이 아니라 다만 집에 있으면서 배부르게 밥이나 먹으면 그곳이 응당 경치 좋은 곳이 될 터이다.”라고 하니 모두 입을 벌리고 크게 웃었다.

송현을 넘자 점차 바위와 시내의 승경이 나타났으나 산중이라 길을 물어볼 사람이 없던 차에, 멀리 산등성이를 바라보니 숲이 울창하기에 그 아래에 반드시 절이 있을 것임을 알았다. 그래서 오로지 한 길을

278 유의(油衣) : 비옷으로, 눈비에 젖지 않도록 기름을 흠씬 배게 하여 지은 옷을 말한다.

따라 오르고 오르니 과연 절이었다. 앞 누각에서 서해를 굽어보니 마치 못이나 늪 같았는데, 만약 맑은 날을 만났더라면 장관이었을 것이다. 노목(老木)이 그 앞을 어지러이 가리고 있어 마음 같아서는 베어버리고 싶었다.

동료(東寮)에서 잤는데 밤새 비가 내렸다. 아침밥을 먹고 산을 내려오는 도중 비가 조금 그치자 계곡물이 콸콸 다투어 흘렀다. 말에서 내려서 자주 쉬었으나 옷이 젖은 괴로움도 느끼지 못하였다. 안양(安陽)으로 가는 길을 취하여 월곡(月谷)에 도착하니 날이 이미 저물었다.

서유일기 기유년(1729, 영조5)[279]

西遊日記 己酉

기유년 4월 2일 병자일. 아우 무(珷)[280]와 함께 송경(松京) 유람을 하였다. 재종형 국보(國寶)씨[281]가 처가의 장례에 참석하기 위해 하루 먼저 장단(長湍)의 세곡(細谷)으로 향했기에 3일에 송도(松都)에서 만나기로 약속하고, 벗 김성지(金誠之)[282]가 우거하고 있는 파주(坡州) 시곡(柴谷)에 미리 서신을 보내 만날 약속을 하였다.

이날 새벽에 돈의문(敦義門)을 나갔는데, 가랑비가 이따금 흩뿌리고 구름이 점철되어 있어 기뻐할 만하였다. 오래 가물어 단비가 적셔주기를 바라던 때라, 내가 동행에게 말하였다.

"하늘이 만약 비를 내린다면 비록 우리들이 비에 젖어 고생하더라도 농가에는 참으로 큰 다행일 것이요, 또한 폭포를 구경하는 데 있어서도 큰 도움이 될 걸세. 다만 유의(油衣)가 없어 걱정일 뿐이지."

279 기유년(1729, 영조5) : 작자 오원이 30세 때이다. 오원은 이해 3월에, 정언으로서 이광좌(李光佐)의 죄를 논하는 상소를 올려 특명으로 삭직되었다.

280 아우 무(珷) : 오원의 서제(庶弟)이다.

281 국보(國寶)씨 : 국보는 오박(吳璞)의 자이다. 오박은 오원의 6촌 형으로 좌승지를 지냈다고 한다. 229쪽 주262 참조.

282 김성지(金誠之) : 김치일(金致一)의 자가 성지인 것 같다. 김재로(金在魯)의 장자로 인천 부사(仁川府使)와 장악원 정(掌樂院正), 제조를 역임하였다. 이천보(李天輔)의 《진암집(晉菴集)》 권1 시에 〈연경으로 가는 김성지 치일을 보내며 전겸익의 목재집을 사오기를 부탁하다〔送金誠之 致一 燕行 乞購錢牧齋集〕〉에 그 이름이 나온다.

그러나 비는 결국 내리지 않았다.

벽제(碧蹄)에서 점심을 먹고 25리를 가니 시곡(柴谷)이었다. 큰길에서 몇 마장(馬場)[283] 떨어져 있는 김지돈녕(金知敦寧)[284] 어른댁에 들어가 찾아뵈었는데, 이민(而敏)[285]도 있어서 앉아 한참 이야기를 나누었다. 성지도 이미 행장을 꾸렸으므로 마침내 함께 말을 타고 30리를 가서 화석정(花石亭)[286]을 방문하였다. 화석정은 강 언덕에 임하여 매우 높고 상쾌하였으며, 진달래가 언덕을 끼고 숲을 이루었는데 시들었어도 아직 볼만하였다. 사이에 배나무와 능금나무가 섞여 있었고, 철쭉도 바야흐로 활짝 피기 시작하였으며, 소나무, 전나무가 푸른빛을 보태

283 마장(馬場) : '리(里)'와 같은 뜻으로 10리가 못 되는 거리를 이를 때 쓴다.

284 김지돈녕(金知敦寧) : 김재로(金在魯, 1682~1759)를 가리킨다. 본관은 청풍(淸風), 자는 중례(仲禮), 호는 청사(淸沙) 또는 허주자(虛舟子)이다. 김극형(金克亨)의 증손으로, 할아버지는 김징(金澄), 아버지는 우의정 김구(金構)이다. 지돈녕(知敦寧)은 지돈녕부사(知敦寧府事)로 돈녕부(敦寧府)의 정이품 벼슬이다. 조선 시대 때, 종친부에 속하지 않은 왕과 왕비의 친인척을 관리하던 관청이다. 수장은 영돈녕부사(領敦寧府事)로 정일품의 명예직이며 주로 국구(國舅)나 왕비의 형제들이 맡았다.

285 이민(而敏) : 김약로(金若魯, 1694~1753)의 자이다. 본관은 청풍(淸風). 호는 만휴당(晩休堂)으로 할아버지는 김징(金澄), 아버지는 대제학 김유(金楺)이며 동생이 김상로(金相魯)이다. 김재로와 사촌간이다.

286 화석정(花石亭) : 지금의 파주시 파평면(坡平面) 율곡리(栗谷里)의 임진강변에 위치한 정자이다. 1443년(세종25)에 율곡의 5대조인 강평공(康平公) 이명신(李明晨)이 건립하였는데, 기화요초와 소나무와 괴석들을 많이 갖추었다고 한다. 세월이 지나 피폐해졌는데 뒤에 율곡이 중수하고 벼슬에서 물러났을 때 이곳에서 시를 짓고 학문을 논하였다. 임진왜란 때 의주(義州)로 피란 가던 선조(宣祖)가 한밤중에 강을 건너기 위해 이 정자를 태워 불을 밝혔는데, 그 후 80여 년간 빈터로 남아 있다가 1673년(현종14)에 율곡의 종증손(從曾孫)인 이후지(李厚址)·이후방(李厚芳)이 중건하였다.《宋子大全 卷145 坡州花石亭記》

어 꾸며주니 자못 그윽하고 고아하였다.

강은 북쪽에서 흘러와 정자 아래에 이르러 휘어서 다시 남쪽으로 흘러갔는데, 흘러온 곳과 가는 곳을 모두 내려다볼 수 있었고, 흰 모래는 강굽이에 평평하게 펼쳐져 있었다. 눈앞 멀리까지 바라다보여서 천마산(天磨山)[287]의 여러 봉우리까지 다 볼 수 있었다. 주인인 이환(李綄)[288] 노인이 나와 보았다. 그의 아들 순익(舜翼)은 바로 진사 족숙(族叔)[289]의 사위였으므로 족자(族姊)[290]를 찾아가 만났다. 성지가 술병을 가지고 와서 조촐하게 한 잔 마셨다. 해가 지자 배를 타고 임진(臨津)으로 내려가 마을의 집에 투숙하였다.

3일. 날이 밝아서 나루를 건넜다. 안개가 강에 가득하여 하늘과 물이 서로 닿았으니, 또한 기이한 볼거리였다. 배 안에서 술을 조금 마셨다. 강을 건너 20리 가서 오목(梧木)의 객점에서 아침밥을 먹고 20리를 갔다. 판적교(板積橋)에서부터는 송경 땅이었는데, 산천이 밝고 곱기로는 한경(漢京)[291]과 막상막하였다. 천수원(天壽院)[292]의 옛 터를 지나

287 천마산(天磨山) : 송도(松都)의 진산(鎭山)인 송악산(松嶽山) 북쪽에 있는데, 여러 봉우리가 높이 하늘에 솟아 멀리서 바라보면 푸른 기운이 엉겼기 때문에 천마(天磨)라 이른다고 한다.

288 이환(李綄) : 화석정(花石亭)의 주인으로 율곡의 후손이다. 《국역 국조인물고》 제51권 〈우계·율곡 종유 친자인〔牛栗從游親炙人〕〉의 '이경진(李景震)'에 의하면, 율곡 이이의 종증손(從曾孫)인 이후방(李厚芳)의 아들로 백부인 이후지(李厚址)에게 입양되었다고 한다.

289 족숙(族叔) : 유복친에 들지 않는, 같은 일가의 아저씨뻘이 되는 남자를 말한다.

290 족자(族姊) : 족숙(族叔)의 딸로서 작자 오원보다 손위 누이가 되므로 이른 것이다.

291 한경(漢京) : 한강이 있는 도읍으로 서울을 가리킨다.

292 천수원(天壽院) : 경기도 장단군 진서면에 있는 지명으로, 천수사(天壽寺)가 있

갔는데 계단의 주춧돌이 지금까지도 선명히 남아 있었다. 취적교(吹笛橋)[293]와 남조원(南朝院)[294]의 옛터를 지나서 탁타교(橐駝橋)[295]를 거쳐 동현(銅峴)에 이르렀으니, 여기가 바로 부(府)의 남쪽으로, 국보씨와 여기서 만나기로 약속했기 때문이었다. 형의 종을 만나 형이 이미 도착한 것을 알고 마침내 숙소로 들어가 만나니, 서로 매우 기뻐했다.

점심을 먹고 남쪽으로 1리를 가서 경덕궁(敬德宮)[296]에 들어가 숙묘어제비(肅廟御製碑)[297]를 우러렀는데, 경덕궁은 땅이 평평하고 반듯하

었던 곳이다. 천수사는 고려 숙종 때 지은 숙종의 원찰로 예종 때 크게 중창되었다. 고려의 왕들이 자주 행차하였고, 주변의 풍치가 아름다워 놀이터나 사신을 맞이하고 전송하는 곳으로 이용되었는데 고려의 패망과 함께 폐허가 되었다. 이곳은 개성에서 남쪽으로 내려가는 교통의 요지였으므로, 조선 시대에는 역원(驛院)을 만들어 천수원이라 하였다.

293 취적교(吹笛橋) : 취적봉 기슭으로 흐르는 용둔개울에 있는 다리로, 천수사 서쪽에 있다. 전설에 따르면, 김진사라는 사람이 피리를 잘 불어 달 밝은 밤에 뱀 모양의 두건을 쓰고 피리를 불다가 뱀으로 변하여 물속으로 들어갔다고 한다.

294 남조원(南朝院) : 미상.

295 탁타교(橐駝橋) : 개성 보정문(保定門) 안에 있는 다리이다. 본래의 이름은 만부교(萬夫橋)였는데, 고려 태조 25년(942)에 거란이 고려와 수교하기 위해 사신과 낙타 50필을 보내자, 태조가 발해를 멸망시킨 거란과는 교린을 할 수 없다고 하여 사신 30명을 섬으로 귀양 보내고 낙타를 이 다리 밑에 매어 놓아 굶겨 죽인 데서 이름이 유래하였다. 《新增東國輿地勝覽 卷4 開城府上》

296 경덕궁(敬德宮) : 개성에 있는 태조 이성계의 잠저(潛邸)로, 즉위 전에 살았던 사저(私邸)이다. 개성 중부 남계방(南溪坊), 속칭 추동(楸洞)에 위치하며 이성계가 왕위에 오르고 나서 경덕궁이라 하였다. 태종도 이곳에서 살았다. 임진왜란 때 소실되었다.

297 숙묘 어제비(肅廟御製碑) : 1693년(숙종19)에 숙종이 송도에 행차하여 직접 비문을 짓고 이를 구궁(舊宮)에 세우도록 명하였다. 《林下筆記 卷13 文獻指掌編》

였고, 산줄기가 빙 둘러싸고 있었으니, 참으로 하늘이 낸 땅이었다. 뒷산 기슭에 올라가서 멀리 부내(府內)를 바라보니, 누대가 조밀하게 이어져서 작은 틈도 없었다. 저지교(猪支橋)[298]를 지나 남문루(南門樓)에 올라 사방 시골 마을을 바라보니, 경덕궁에 비교해서 보이는 것이 배나 많았다. 누각에는 숙묘의 어제[299]가 있고 옆에는 큰 종이 있었는데, 가정(稼亭)[300]이 명(銘)을 지었다.[301]

한참을 바라보고서 연경궁(延慶宮)[302] 옛 터로 향했는데, 무너진 담

298 저지교(猪支橋) : 저우교(猪友橋)인 것 같다. 《동국여지승람》 권4 〈개성부 상〉에 저우교(猪友橋)로 나와 있는데, 남대문 밖에 있고 물은 흑천(黑川)이라고 하였다. 또한 풍우교(楓友橋)는 남대문 밖에 있는데, 물은 백천(白川)이라 한다고 하였다.

299 숙묘(肅廟)의 어제(御製) : 남문루의 어제(御製) 현판(懸板)을 말한다.

300 가정(稼亭) : 이곡(李穀, 1298~1351)의 호이다. 고려 말엽의 학자로 본관은 한산(韓山), 자는 중보(仲父)이며, 이색(李穡)의 아버지이다. 원나라에 들어가 1332년(충숙왕 복위1) 정동성(征東省) 향시에 수석으로 선발되고 다시 전시(殿試)에 차석으로 급제하여, 한림국사원 검열관(翰林國史院檢閱官)이 되어 그때부터 원나라 문사들과 교유하였다. 원나라에서 문명을 떨치고 벼슬을 역임하였으며 고려에 돌아와 정당문학(政堂文學) 등을 지내고 한산군(韓山君)에 봉해졌다. 한산의 문헌서원(文獻書院), 영해의 단산서원(丹山書院) 등에 배향되었다. 저서로는 《가정집》이 전한다. 시호는 문효(文孝)이다.

301 누각에……지었다 : 《해동역사(海東繹史)》 권32 〈석지(釋志)〉에 의하면, 송도 남문루의 종은 연복사(演福寺)에 있던 종으로 언제 옮겨졌는지는 모르며, 종의 윗부분에 가정(稼亭) 이곡(李穀)의 명이 새겨져 있는데 자획이 뚜렷하여 판독할 수 있다고 하였다.

302 연경궁(延慶宮) : 개성 송악산(松岳山) 아래에 있었던 고려 시대의 정궁(正宮)으로, 명당으로 널리 알려진 곳이다. 정전(正殿)인 건덕전(乾德殿)을 비롯하여 중광전(重光殿)·천복전(天福殿) 등의 전각과 구정(毬庭)으로 불리는 넓은 뜰이 있었다. 1171년(명종1) 화재로 소실되었고 몽고의 침입으로 재차 소실되었다가 충선왕 때 중수

과 부서진 주춧돌이 어지러이 널려 있고, 황폐한 옛터가 몇 리에 이어져 있어서 당시 건축 구조의 거대함을 상상할 수 있었다. 동쪽 못은 비록 논이 되었으나 지금도 알아볼 수 있었고, 서쪽에 치우쳐 있는 석대(石臺) 하나는 바로 이른바 간의대(簡儀臺)[303]였다. 궁전 터는 저절로 매우 거대한 하나의 동부(洞府)[304]를 이루고 있었고, 좌우에서 옹위하는 것들도 평온하게 둘러있었으며, 이 동부 밖에 보이는 것이라곤 없고, 송악(松岳)[305]의 웅장하고 빼어남이며 용수(龍峀)[306]의 밝고 수려함이며, 참으로 이른바 천연의 요새였다.

오래도록 배회하며 감개하다가 가장 높은 궁전터에 올라갔다. 부중(府中)의 노인 최군 수화(秀華)·수태(秀泰) 형제가 그 아들과 조카인 창복(昌福)·창조(昌祚)·창우(昌祐)를 거느리고 술을 가지고 와서 몇 잔 권하였다. 궁전 뒤의 언덕에 오르니 언덕 뒤가 높고 가파른 것이 천연의 요새 같아서 매우 기이하였다. 해가 이미 기울어진 가운데 동남쪽으로 가서 관덕정(觀德亭)[307]에 올랐다. 관덕정은 바로 부의 사람들

되었으나, 공민왕 때 홍건적의 침입으로 다시 소실되었다.

303 간의대(簡儀臺) : 천문관측기구의 하나인 간의(簡儀)를 설치한 관측대를 말한다. 간의는 천체의 위치를 측정하는 동양의 전통적인 천문 기구이다.

304 동부(洞府) : 신선들이 사는 곳으로 선경(仙境), 별천지를 뜻한다.

305 송악(松岳) : 고려의 옛 도읍인 송도(松都)의 진산(鎭山)이다. 산 남쪽 기슭에 고려의 왕궁터인 만월대(滿月臺)가 있다.

306 용수(龍峀) : 용수산(龍首山)이라고도 한다. 개성부 남쪽 2리에 있는데 외성(外城) 터가 있다.

307 관덕정(觀德亭) : 사정(射亭)으로 활터에 세운 정자 이름이다. 관덕(觀德)은 활쏘기를 뜻하는 말이다. 《예기(禮記)》 〈사의(射義)〉에 '활쏘기는 진퇴(進退)와 주선(周旋)이 반드시 예(禮)에 맞아야 한다. 마음이 바르고 자세가 곧아야 활과 화살을 잡을

이 활 쏘는 곳으로, 지대가 매우 높고 상쾌하였는데, 온 마을[308]을 내려다보니 남문루에 비해 보이는 것이 또한 배나 되었다. 꽃 피고 버들 늘어진 누대는 그 경관이 매우 웅장하였다. 부의 사람 김첨지(金僉知)[309] 여채(麗彩)가 술과 안주를 가지고 와서 성지에게 권하고 아울러 나에게도 권하였다. 정자 동남쪽의 산기슭은 '잠두(蠶頭)'라고 부르는데, 마을 위에 높이 군림하고 있어 그 경관이 정자보다 훌륭하였다.

여기서부터 동쪽으로 1리를 내려가서 숭양서원(崧陽書院)[310]을 찾아보았다. 서원은 바로 문충공(文忠公)[311]의 옛 집터로, 화담(花潭)[312]·

때 안정되고 든든하며, 이런 다음에야 과녁을 맞힐 수 있다. 이래서 덕행을 보게 되는 것이다.' 하였다.

308 온 마을 : 원문의 '萬井'은 만리(萬里)로, 넓은 땅을 말하는데, 고대에 지방 1리(里)의 땅을 1정(井)이라 하였던 데에 유래하였다.

309 김첨지(金僉知) : 첨지(僉知)는 노인을 일컫는 말이다.

310 숭양서원(崧陽書院) : 정몽주(鄭夢周)를 제향하는 서원이다. 1573년(선조6) 개성 유수 남응운(南應雲)이 정몽주(鄭夢周)와 서경덕(徐敬德)을 기리기 위해 개성(開城) 선죽교 위 정몽주의 집터에 서원을 세우고 문충당(文忠堂)이라 하였다. 1575년에 숭양(崧陽)이라는 사액을 받았고, 1668년(현종9) 김상헌(金尙憲), 1681년 김육(金堉)과 조익(趙翼), 1784년 우현보(禹玄寶)를 추가 배향하여 선현 배향과 지방 교육에 공헌했다. 흥선대원군의 서원철폐령 때 훼철되지 않고 존속한 47개 서원 중 하나로, 개성을 대표하는 서원이었다.

311 문충공(文忠公) : 정몽주(鄭夢周, 1337~1392)의 시호이다. 고려 후기의 문신·학자로 본관은 영일(迎日), 자는 달가(達可), 호는 포은(圃隱)이며 추밀원 지주사(樞密院知奏事) 정습명(鄭襲明)의 후손이다. 이색(李穡)의 문인으로 이성계와 함께 왜구를 토벌하였고 명나라와의 국교를 회복하는 데 공을 세웠다. 예문관 대제학, 문하시중을 역임하였다. 선죽교(善竹橋)에서 이방원의 문객 조영규(趙英珪) 등에게 살해되었다.

312 화담(花潭) : 서경덕(徐敬德, 1489~1546)의 호이다. 개성 출신으로, 본관은 당성(唐城), 자는 가구(可久)이며, 호는 화담 외에 복재(復齋)가 있다. 1519년 조광조(趙

청음(淸陰)[313] · 잠곡(潛谷)[314] · 포저(浦渚)[315]가 배향되어 있다. 잠시 배회하다가 남문 안 설선달(薛先達)[316] 창후(昌垕)의 집에 가서 잠을

光祖)에 의해 채택된 현량과(賢良科)에 수석으로 추천을 받았으나 사양하고, 개성의 화담(花潭)에 서재를 세우고 연구와 교육에 힘썼다. 1531년 생원시에 장원으로 급제하였으나 벼슬을 단념하고 성리학 연구에 힘썼다. 송대의 주돈이(周敦頤) · 소옹(邵雍) 및 장재(張載)의 철학사상을 조화시켜 독자적인 기일원론(氣一元論)의 학설을 제창하였다. 저서로는 《화담집》있다. 1575년(선조8) 우의정에 추증되었으며, 1585년 신도비가 세워졌다. 개성의 숭양서원(崧陽書院) · 화곡서원(花谷書院)에 제향되었다. 시호는 문강(文康)이다.

313 청음(淸陰) : 김상헌(金尙憲, 1570~1652)의 호이다. 본관은 안동(安東), 자는 숙도(叔度), 호는 청음 외에 석실산인(石室山人) · 서간노인(西磵老人)이 있다. 우의정 김상용(金尙容)의 동생이다. 1596년(선조29) 과거급제하였고, 1611년(광해군4) 동부승지로 정인홍(鄭仁弘)을 탄핵했다가 광주 부사(廣州府使)로 좌천되었다. 1613년 칠서지옥(七庶之獄) 때 파직되어 안동 풍산으로 이사하였다. 인조반정 이후 이조 참의에 발탁되어 서인 청서파(淸西派)의 영수가 되었다. 병자호란 때 주전론을 폈고, 1639년 청나라에 압송되어 6년간 억류되었다가 귀국하였다. 1653년 영의정에 추증되었으며, 1661년(현종2) 효종 묘정에 배향되었다. 양주 석실서원(石室書院) 등에 제향되었고, 저서에 《청음전집(淸陰全集)》이 있다. 시호는 문정(文正)이다.

314 잠곡(潛谷) : 김육(金堉, 1580~1658)의 호이다. 본관은 청풍(淸風), 자는 백후(伯厚)이며, 호는 잠곡 외에 회정당(晦靜堂)이 있다. 기묘팔현(己卯八賢)의 한 사람인 김식(金湜)의 4대손이다. 1609년(광해군1)에 동료 태학생들과 함께 청종사오현소(請從祀五賢疏)를 올린 것 때문에 문과 응시 자격을 박탈당하자, 경기도 가평의 잠곡 청덕동에 은거하며 학문을 닦았다. 이때부터 호를 잠곡이라 하였다. 서인의 반정 후에 등용되어 대동법의 시행을 건의하였고 수차(水車)를 만들어 보급하였다. 영의정을 지냈다. 저서에 《잠곡유고(潛谷遺稿)》 등이 있다. 양근(楊根) 미원서원(迷源書院) 등에 제향되었고, 시호는 문정(文貞)이다.

315 포저(浦渚) : 조익(趙翼, 1579~1655)의 호이다. 본관은 풍양(豐壤), 자는 비경(飛卿), 호는 포저 외에 존재(存齋)가 있다.

316 설선달(薛先達) : 선달(先達)은 조선 시대 문무과(文武科)에 급제하고 아직 벼

잤는데 대접이 매우 극진했다. 그 아들 보신(寶臣)은 업유(業儒)[317]로, 더불어 얘기할 만하였다.

홍교수(洪敎授)[318] 하제(夏濟)가 동현(銅峴)으로 보러 와서 낮에 머물다가 저녁에 다시 와서 만났다. 배천 군수(白川郡守) 이병연(李秉淵)[319] 어른이 마침 이곳에 들르셨기에 우리가 사람을 보내 안부를 물었더니, 또한 사람을 보내어 술과 게를 보내주시고 반드시 영통사를 보라고 권하셨다.

4일. 해가 뜨자 길을 떠났다. 주인 설보신과 최생 수태, 그리고 그의 조카 창우와 김군 여채가 함께했다. 남문을 나가 동쪽으로 선죽교에 들러 말에서 내려 한참 방황하며 강개하여 충렬을 생각하다 나도 모르게 눈물을 흘렸다. 다리 옆 작은 비석에 쓰인 '善竹橋(선죽교)' 석 자는 한호(韓濩)[320]의 글씨였고, 성인비석(成仁碑石)[321]이라고 적힌 작은 글

슬에 나아가지 않은 사람을 말한다.

317 업유(業儒) : 유학을 닦는 사람들은 신분에 따라 적자(嫡子)는 유학(幼學), 서자(庶子)는 업유로 구별하였다. 업유는 손자나 증손 대에 와서야 유학(幼學)이라 불리게 된다. 숙종 22년(1696)에 정하였다.

318 홍교수(洪敎授) : 교수(敎授)는 조선 시대에 한성(漢城)의 사학(四學)과 지방의 향교(鄕校)에 파견되어 유생(儒生)들을 가르치던 종6품(從六品)의 관직을 말한다.

319 배천 군수(白川郡守) 이병연(李秉淵) : 배천은 황해도 배천군을 말한다. 이병연(李秉淵, 1671~1751)은 본관은 한산(韓山), 자는 일원(一源)이며, 호는 사천(槎川) 또는 백악하(白嶽下)이다. 시에 뛰어나 영조 시대 최고의 시인으로 일컬어졌다. 김창흡(金昌翕)의 문인이며 김창흡, 정선(鄭敾), 조영석(趙榮祏) 등과 함께 진경시(眞景詩) 문학 운동을 전개하였다. 배천 군수, 삼척 부사 등을 지내고 한성 우윤으로 별세하였다. 저서로는 《사천시초(槎川詩抄)》가 있다.

320 한호(韓濩) : 1543~1605. 조선 중기의 서예가로 본관은 삼화(三和), 자는 경홍(景洪), 호는 석봉(石峰)·청사(淸沙)이다. 226쪽 주249 참조.

씨는 매우 졸렬하였다. 성균관(成均館)[322]을 지나 탄현(炭峴)을 넘었다. 여기서부터 장단(長湍)[323] 땅에 속한다고 하였다.

귀법사(歸法寺)[324] 옛터 앞으로 샘과 바위가 매우 맑고 상쾌하였다. 하얀 너럭바위와 평평한 못이 굽이굽이 앉을 만하였고, 물을 따라서 올라가니 나아갈수록 더욱 아름다워졌다. 다만 수목이 무성하지 않고 바위 봉우리가 빙 둘러싼 듯한 모습이 적은 것이 흠일 뿐이었다. 가장 아름다운 곳을 골라, 늘어 앉아 유상(流觴)[325]의 음주를 하면서 "귀법사 냇가에서 술잔을 보내던 일이라네〔歸法川邊踞送巵〕"[326] 시를 읊으며 오

321 성인비석(成仁碑石) : 선죽교에 세워진 비석으로, '고려 시중 정선생 성인비(高麗侍中鄭先生成仁碑)'라고 씌어 있다.

322 성균관(成均館) : 탄현문(炭峴門) 안에 있다. 대성전(大聖殿)에는 오성 십철(五聖十哲)의 소상(塑像)을 봉안하였다. 전 앞에 명륜당(明倫堂)이 있다. 《동국여지승람》

323 장단(長湍) : 경기도의 장단도호부(長湍都護府)로 개성의 동쪽, 파주의 북쪽에 위치한다. 《신증동국여지승람 卷12》

324 귀법사(歸法寺) : 963년(광종14)에 왕이 대원(大願)을 발하여 창건한 국찰로, 송악산 아래에 이 절을 짓고 친히 승려들을 공양했으며, 균여(均如)를 초대주지로 삼았다. 당시의 실력자 최충(崔冲)은 이곳에서 예비 등용문인 하과(夏課)를 베풀었으니, 매년 여름에 벼슬을 하지 못하고 집안이 가난한 선비들을 모아서 구경삼사(九經三史)를 강의하는 한편, 시로써 서로의 실력을 겨루게 하였다. 이 절은 광종 이후 목종·선종·의종 등 여러 왕의 행차가 잦았으며, 중요한 법회의식이 거행되어 당시로서는 최대의 국찰이었다.

325 유상(流觴) : 유상곡수(流觴曲水)로, 흐르는 물에 술잔을 띄워 술을 마시는 것을 말한다.

326 귀법사……일이라네 : 이규보의 《동국이상국후집》 권1 〈옛 서울을 생각하며 세 수를 읊다〔憶舊京三詠〕〉 4수 중 '귀법사의 냇가〔歸法寺川邊〕' 시의 구절이다. "황량한 옛 서울 차마 생각할 수 있으랴? 차라리 잊어 바보 되는 것만 못하리. 오직 한 가지 마음에 걸리는 것은, 귀법사 냇가에서 술잔을 보내던 일이라네.〔故國荒凉忍可思? 不如

래도록 돌아가기를 잊었다.

절에는 황폐한 터만 있었을 뿐인데, 시냇가에 한 쌍의 석당(石幢)과 그 동쪽의 탑 하나만은 아직 남아 있었다. 이곳은 부내(府內)에서 10리 떨어져 있고, 동쪽으로 화곡서원(花谷書院)[327]까지 채 몇 리 되지 않는다. 화곡서원은 바로 화담(花潭)[328]의 옛집으로, 사암(思菴)[329]·초당(草堂)[330]·습정(習靜)[331]을 배향하였다. 자리한 곳이 극히 그윽하고

忘却故憨癡. 唯餘一段關情處, 歸法川邊踞送卮.]"라고 하였다. 주에 의하면, 귀법사는 매년 학자들이 여름 공부를 익히던 곳으로, 여러 유생들이 자주 냇가에 모여 물에 발을 담그고 술을 마셨다고 하였다.

327 화곡서원(花谷書院) : 경기도(현재의 개성직할시) 개풍군 영남면 현화리에 있었던 서원이다. 1609년(광해군1)에 지방유림의 공의로 서경덕(徐敬德)·박순(朴淳)·민순(閔純)·허엽(許曄)의 학문과 덕행을 추모하기 위해 창건하여 위패를 모셨다. 같은 해에 '화곡(花谷)'이라 사액되었으며, 선현배향과 지방교육의 일익을 담당하여왔다. 1693년(숙종19)에는 숙종이 친히 행행(行幸)하여 치제(致祭)하였고, 1740년(영조16)에는 영조가 행행하여 친림(親臨) 치제하였다. 1871년(고종8)에 대원군의 서원 철폐령에 의해 훼철되었다.

328 화담(花潭) : 서경덕(徐敬德, 1489~1546)의 호이다. 242쪽 주312 참조.

329 사암(思菴) : 박순(朴淳, 1523~1589)의 호이다. 본관은 충주(忠州), 자는 화숙(和叔)으로 기묘명현(己卯名賢) 목사(牧使) 박상(朴祥)의 조카이며 서경덕(徐敬德)의 문인이다. 1553년(명종8) 정시 문과에 장원한 뒤 1565년 대사간이 되어 대사헌 이탁(李鐸)과 함께 윤원형을 탄핵하여 제거하였다. 그 뒤 대사헌·우의정·좌의정을 거쳐, 1579년에는 영의정에 임용되어 약 15년간 재직하였다. 이이(李珥)가 탄핵되었을 때 옹호하다가 도리어 양사(兩司)의 탄핵을 받고 스스로 관직에서 물러나 영평(永平) 백운산(白雲山)에 암자를 짓고 은거하였다. 개성의 화곡서원(花谷書院), 영평(永平)의 옥병서원(玉屛書院) 등에 제향되었고, 저서로는 《사암집(思菴集)》이 있다. 시호는 문충(文忠)이다.

330 초당(草堂) : 허엽(許曄, 1517~1580)의 호이다. 본관은 양천(陽川), 자는 태휘(太輝)이며 허봉(許篈)·허균(許筠)의 아버지이다. 서경덕의 문인으로 1546년(명종

고요하였으며 빙 둘러 안은 산봉우리들이 점철되어 매우 생기가 있었으니, 실로 하늘이 큰 사람을 위하여 고반(考槃)[332]의 땅을 만들어준 것이었다.

서원의 뒤 바위에는 선생의 의관을 보관한 곳이 있었고, 약간 서쪽으로 수십 보 되는 곳에 서사정(逝斯亭)이 있었다. 정자 아래가 곧 화담(花潭)이었으니, 시냇가에서 발을 씻으면서 술을 가져오라 하여 서로 권하였다. 시내와 못은 굽이지고 꺾여서 자못 그윽하고 오묘하였으며 너럭바위는 매우 기이하였으며, 시내 남쪽 푸른 절벽은 꿈틀거리는

1) 급제하였다. 1562년 동부승지로 경연(經筵)에 참석해 조광조(趙光祖)의 신원(伸冤)을 청하고 허자(許磁)·구수담(具壽聃)의 무죄를 논한 사건으로 파직되었다. 1568년 진하사(進賀使)로 명나라에 다녀와서 향약의 설치와 시행을 건의하였다. 1575년 부제학을 거쳐 동지중추부사(同知中樞府事)의 한직에 전임되었다가 상주의 객관에서 객사하였다. 1575년 동서인(東西人)의 대립 시 김효원(金孝元)과 함께 동인의 영수가 되었다. 청백리(淸白吏)에 녹선(錄選)되었고, 개성의 화곡서원(花谷書院)에 제향되었다. 저서로 《초당집(草堂集)》, 《전언왕행록(前言往行錄)》 등이 있다.

331 습정(習靜) : 민순(閔純, 1519~1591)의 호이다. 본관은 여흥(驪興), 자는 경초(景初), 호는 행촌(杏村)·습정(習靜)이다. 어려서는 신광한(申光漢)의 문하에서, 장성한 뒤는 서경덕(徐敬德)의 문하에서 수학하였다. 서경덕으로부터 주정(主靜)의 설을 듣고 크게 감화되어 처하던 재(齋)의 이름을 습정(習靜)이라 하였다 한다. 1568년(선조1) 효행으로 천거되어 효릉 참봉(孝陵參奉)에 임명되었고, 곧 학행이 알려져 전생서 주부(典牲署主簿)로 승진되었다. 토산 현감(兎山縣監)·사헌부 지평·청풍 군수(淸風郡守) 등을 지낸 뒤 향리인 고양에서 후진 교육에 힘을 기울였다. 저서로는 《행촌집(杏村集)》이 있다. 개성의 화곡서원, 고양의 문봉서원(文峯書院)에 제향되었다.

332 고반(考槃) : 《시경》의 편명이다. 고(考)는 이룬다는 뜻이고 반(槃)은 한가히 노닌다는 뜻으로 은거(隱居)를 말한다. 시에서는 "고반이 시냇가에 있으니 훌륭한 분이 태연히 거처하네. 홀로 잠을 자고 깨어 길이 잊지 않으려 맹세하네.〔考槃在澗, 碩人之寬. 獨寐寤言, 永矢弗諼.〕"라고 하여, 현자의 은거를 찬미하였다.

듯하여 완상할 만하였다. 초목이 우거졌어도 아직 남은 꽃이 있었으나 가뭄 끝이라 물이 적은 것이 흠일 뿐이었다.

날이 정오가 되어 말을 타고 시내를 따라 올라갔다. 한 굽이를 돌아서 짧은 폭포를 만났는데 매우 아름다웠고, 옆에는 너럭바위가 매우 맑고 깨끗하여 앉을 만하였으므로 말에서 내려와 앉아 폭포를 즐겼다. 위의 못에서 물이 떨어져서 아래 못이 되었는데 제법 깊었다. 바위는 하얗고 물은 맑았으며, 폭포 바닥엔 모래며 자갈조차 없어 부딪히며 흐르는 모습이 마치 구슬을 흩고 눈을 뿌리는 듯 매우 기이하여 이를 즐기느라 떠날 줄을 잊었다. 또 술을 조금 마시며 최생 등 여럿에게 물었는데, 말하기를 여기에는 붙여진 이름이 없다고 하기에 매우 애석히 여겨 이름을 지어주기를 '수옥담(漱玉潭)'이라고 하였다.

길 동쪽 봉우리 정상에 두 바위가 서로 겹쳐 있었는데, 그 위의 것은 위태롭게 붙어 있는 것이 마치 북을 걸어놓은 것 같았으니 이것이 이른바 고암(鼓巖)이었다. 여기서부터는 산길이 자못 그윽하고 깊었는데, 몇 리를 가자 영통동(靈通洞) 어귀가 나왔다. 너럭바위가 가지런하여 계단과 같았으며 표면이 네모반듯하였는데, 폭포수가 그것을 덮으며 떨어져서 못이 되었다. 사면 바위에 앉을 만한 곳이 많았으므로 말에서 내려 잠시 쉬었다.

서로 이르기를, "여기가 참으로 아름답고 묘하기는 하나 바위가 그다지 희지 않은 것이 흠이구나. 생각건대 이 상류에 반드시 진경(眞境)[333]이 있을 것이다."라고 하였다. 1리 쯤 가니 과연 바위가 점차 깨끗해지고 물이 점차 맑아지며, 산봉우리가 더욱 그윽하고 깊어졌다. 성지가

333 진경(眞境) : 선경(仙境)을 말한다.

앞에서 이르기를 "진경이 과연 여기에 있도다."라고 하자 사람들도 마침내 말에서 내려 시내를 따라가 보니, 물이 바위 위로 흘러가며 부딪쳐서 도지개[334]를 이루었고 구불구불 격하게 쏟아져서 몇 길의 와폭(臥瀑)[335]이 되었다. 형세가 이미 기이한데, 물이 떨어지는 곳에 배 모양의 석담(石潭)이 이루어져 물이 가득 고인 뒤에야 바야흐로 흘렀다.

그 남쪽 너럭바위는 매우 평평하고 맑고 반지르르해서 앉을 만했다. 바위 병풍이 그 뒤를 지켜 서 있었는데 네모반듯한 것이 마치 먹줄을 사용한 것 같았다. 높이는 몇 자 됨 직하고, 그 위도 평평하고 드넓어서 수십 명이 앉을 만하였으며 빛깔은 또한 매우 희었다. 무릇 그 상하좌우에 널린 암석 중 단정하고 깨끗하여 앉을 만한 것과, 물 중 맑고 소리가 영롱하여 즐길 만한 것들이 이루 다 쓸 수 없을 정도였다. 서로 쳐다보며 매우 기뻐하며 말하기를, "이배천이 참으로 사람을 속이지 않았구나." 하였다. 바위 위에 앉아 잔을 씻어 함께 술을 마시다 여기에도 이름이 없는 것을 애석히 여겨 못은 옥병(玉屛), 폭포는 와룡(臥龍)이라 이름 짓고자 하였다.

사람들이 영통사(靈通寺)[336]가 앞에 있다면서 우리 보고 어서 가라고

334 도지개 : 뒤틀린 활을 바로잡는 틀로 완만하고 둥그스름하게 구부러진 모양이다.

335 와폭(臥瀑) : 누운 폭포라는 뜻으로, 경사가 완만한 폭포를 말한다.

336 영통사(靈通寺) : 고려 왕실에서 중요시한 절로, 재(齋)나 기신도량(忌晨道場)을 많이 베풀었던 곳이다. 고려 현종(顯宗) 18년(1027)에 창건되었으며 정종 2년(1036)에는 왕자가 4명 있을 경우 한 명의 출가를 허락하는 법을 제정하여, 이 절에 계단(戒壇)을 설치하고 공부하여 시험을 치르는 곳으로 삼았다. 이곳에서 대각국사(大覺國師) 의천(義天)이 출가하였고, 대각국사비(大覺國師碑)와 동서삼층석탑(東西三層石塔)이 있다. 1901년 화재로 전소된 것을 복원하였는데, 현재 경기도 개풍군 영남면

재촉하기에, 내가 웃으며 말하기를, “영통사에 올라가도 여기보다 나은 곳은 없을 것이다.” 하였다. 한참 있다가 말에 올랐는데 몇 리 안 못 가서 영통사가 나왔다. 영통사에 백 무(武)쯤 못 미쳐서 한 굽이의 수석(水石)을 만났기에 내려가 앉으니, 또한 맑고 상쾌하여 기뻐할 만하였다. 생각건대 이곳이 바로 ‘흙다리〔土橋〕’이며 시내 서쪽에 있는 오래된 섬돌은 필시 채수(蔡壽)[337]의 기(記)에 나오는 ‘서편의 누각’일 것 같아서,[338] 절의 승려에게 물으니 과연 그러하였다. 조금 있다가 절로 들어갔다. 뜰 앞에는 세 개의 탑이 있고, 그 동쪽으로 대각국사비(大覺國師碑)[339]가 있었는데, 비록 전란을 겪으면서 벗겨지고 파손되었

용흥리 오관산 기슭의 영통동에 있다.

337 채수(蔡壽) : 1449~1515. 조선 중기의 문신으로 중종반정 공신이다. 본관은 인천(仁川), 자는 기지(耆之), 호는 나재(懶齋)이다. 1469년(예종1)에 장원급제한 후 대사헌, 충청도 관찰사 등을 지냈고 중종반정 후 분의 정국 공신(奮義靖國功臣) 4등에 녹훈되고 인천군(仁川君)에 봉해졌다. 이후 벼슬을 버리고 경상도 함창(咸昌), 즉 지금의 경상북도 상주에 쾌재정(快哉亭)을 짓고 은거하며 독서와 풍류로 여생을 보냈다. 김종직(金宗直)과 종유(從遊)하였으며, 특히 성현(成俔)과 교제가 깊었다. 1703년(숙종29) 함창에 임호서원(臨湖書院)이 건립되어 표연말(表沿沫)·홍귀달(洪貴達) 등과 함께 제향되었다. 저서로 《나재집》이 있다. 좌찬성에 추증되고, 시호는 양정(襄靖)이다.

338 이곳이……같아서 : 채수(蔡壽)의 기(記)는 《유송도록(遊松都錄)》을 가리킨다. 《유송도록》에, “절 앞에 흙다리의 유지가 있는데, 고려 시대에 술가(術家)의 말을 존중하여 지맥(遲脈)을 연결시키고자 하여 시냇물 위로 쌓아 올린 것이다. 서편에 누각이 있는데 돌을 쌓아 올려 기초를 만들었다.〔寺前有土橋遺址, 高麗時崇信術家言, 欲連地脉, 故跨澗築之也. 西偏有樓, 累石爲基.〕”라고 하였다. 《續東文選 卷21》

339 대각국사비(大覺國師碑) : 고려 천태종의 개조인 대각국사 의천(義天, 1055~1101)의 사적을 기록한 비이다. 의천은 고려 문종의 넷째 아들로 11세에 출가하여 송나라에 유학하였고, 천태종을 세워 교단의 통일과 국가 발전을 도모하였다. 의천의 입적

으나 파손되지 않은 곳은 자획과 돌의 결〔石理〕이 새것 같았다.

절에 들어가 점심을 먹고, 절의 승려 탄기(坦璣)와 더불어 옥병담(玉屛潭)의 승경을 이야기하다가 아직까지 아름다운 이름이 없는 것을 애석해하자 탄기가 말하기를, "이곳 이름은 백석담(白石潭)으로, 바위 위에 글씨가 새겨져 있는데, 못 보셨습니까?" 하였다. 우리들이 깜짝 놀라 말하기를, "아까 한참 동안 즐기며 놀았는데, 만약 글자가 새겨져 있었다면 어찌 보지 못했겠는가?" 하였다. 마침내 그곳에 빠뜨린 승경이 있지 않을까 싶어 돌아오는 길에 성지와 더불어 다시 못가로 향하였다. 사람들은 곧장 백화담(百花潭) 가는 길로 향하였고, 오직 최군 창우만이 따라왔다. 못 가까운 곳에서 말을 내려 시냇가 길을 따라 내려가노라니 구경하지 못했던 곳을 찾아낼 수 있었다. 다시 폭포 위에서 옥병담을 보니 과연 '白石潭(백석담)' 석 자가 새겨져 있었는데, 비바람에 닳고 씻기어져 분명치 않은 탓에 처음에 보지 못했을 뿐이었다.

또 잠시 시내를 따라가며 희롱하다가 동북쪽으로 백화담 길을 따라갔는데 백화담은 여기서 겨우 3리 떨어져 있었다. 길에서 바라보니 숲과 바위가 수려한데 사람들이 시냇가에 흩어져 앉아 있었으므로 그곳이 백화담인 것을 알았다. 얼른 내려가 보았더니, 바위 형세가 자못 웅장하였고 경사진 데가 많았다.

폭포 위는 유달리 빼어났으나 다만 휘감아 안은 그윽하고 오묘한 정취가 없었다. 폭포 위 너럭바위에는 뚫은 흔적이 예닐곱 개 있었는데 기둥을 세웠던 흔적 같았으나 알 수 없다. 붙들고 잡아당기며 한 층을

후 1125년(고려 인종3)에 건립되었는데, 김부식(金富軾)이 글을 짓고 오언후(吳彦侯)가 썼다.

내려가니 바위 형세가 들쭉날쭉하고 여러 갈래 물길이 그 사이로 흘러서 참으로 유상(流觴)에 합당하였으므로 마침내 다시 술잔을 흘려보내며 술을 마셨다. 옆에는 자못 숲이 우거지고 주위가 평온하여 상류보다 훨씬 나았다.

여기서부터 시내를 따라 내려가다가 다시 시내를 버리고 나무꾼들의 길로 내려갔는데, 길이 험난하여서 걷다가 말을 타다가 한 2리쯤 가서 구동현(嫗洞峴)에 올라가서야 비로소 대흥동(大興洞)[340]의 큰길을 만났다. 여기서부터 두 산이 길 양편에 서 있었는데, 숲의 나무가 자못 무성하고, 옆에 오래된 석벽과 층층의 바위가 많아서 볼만하였다. 그늘진 곳에 핀 진달래는 아직 시들지 않아서 여린 잎과 사이사이 섞여 있었는데, 선명하고 고와서 보는 눈이 즐거웠다. 말에서 내려 괴정(槐亭)에서 쉬었다. 기이한 바위들이 길 왼편으로 우뚝하고, 꽃나무가 그것을 덮고 있는 광경이 기뻐할 만하였다. 김군이 오매차(烏梅茶)[341]를 권하였다. 무릇 7, 8리를 가서 남문(南門)에 올랐다.

앞서 큰길에서 남문을 바라보았을 때 매우 위태롭고 가팔라서 부여잡고라도 따라갈 만한 지름길조차 없고, 길을 한참 우회해 올라가야 할 것 같기에 마침내 말을 탔다. 남문루에 올라가서 내려다보니 창해는 끝이 없었고 운무는 드넓고 아득했다. 동쪽에 있는 인달봉(仁達峰)과 금신봉(金神峰)은 성거산(聖居山)에 속하고, 서쪽에 있는 자라봉(者羅

340 대흥동(大興洞) : 개성의 천마산과 성거산 사이에 있는 골짜기로 이름난 명승지이다. 박연폭포, 관음굴, 귀담, 마담, 대흥사(大興寺) 터 등이 있다.

341 오매차(烏梅茶) : 말린 매실로 만든 차이다. 매실을 짚불 연기에 그을려서 말린 다음 그 과육을 끓여서 설탕, 계핏가루, 생강가루, 정향가루를 넣어 달인 차이다.

峰)[342]은 천마산에 속하는데, 모두 더위잡아 오를 수 있을 것 같았으니, 그 높이를 가히 알 수 있었다. 성지가 이르기를, "어제 인달봉을 보았을 때 마치 하늘에 있는 것 같았는데, 지금 어느새 이 가운데 앉아있으니, 사람의 힘이란 참으로 이르지 못할 곳이 없다." 하였다. 내가 말하기를, "이것이 덕을 증진시키고 학문을 하는 데 보탬이 되기에 어찌 부족하겠는가." 하였다. 북쪽으로 성안의 봉우리들을 바라보니 오직 동장대(東將臺)[343]와 정광봉(淨光峰)만이 마주하여 우뚝 서 있었는데, 그 사이에 박연폭포가 있다고 하였다.

처음엔 그길로 박연폭포에 가보려고 했는데, 대흥동에 이르러 대다수의 사람들이 날도 저물고 말도 지쳐서 가기 어렵다고 하기에 절 앞의 기담(妓潭 일명 석문담(石門潭))에 앉았다가 이윽고 또 한 굽이를 내려와서 청심담(淸心潭) 가에 앉아 조촐하게 술을 마셨다. 해 진 후 돌아와 대승당(大乘堂)에 잠시 앉았다가 약사전(藥師殿)에서 잤다.

영통사에 수백 보 못 미쳐 있는 시냇가에 커다란 바위들이 쌓여 있었는데, 마치 독〔甕〕을 늘어세워 포개놓은 것 같았다. 물이 그 사이로 흘러 혹은 폭포를 이루고 못을 이루었는데 그 소리가 요란하게 울리는 것이 매우 웅장하였다. 폭포 아래 바위 사이로 10여 자나 되는 틈이 있어 물이 자못 깊이 고여 있었다. 승려가 말하기를, "여긴 용이 누웠던 곳이라 용암(龍巖)이라고 이름하였다."라고 했으나 믿을 수는 없었다. 돌아오는 길에 말을 내려 내려다보니 오싹하게 사람을 두렵게 하였다.

342 자라봉(者羅峰) : 미상.

343 동장대(東將臺) : 산성이나 성곽의 동쪽에 만들어 놓은 누대로, 장수가 지휘하던 곳이다.

탄기는 영통사에서부터 따라와 대흥동의 숙소에 이르렀다가 다음 날 새벽에 하직하고 돌아갔다.

5일. 새벽에 일어나 보니 하늘빛이 어두컴컴하여 비올 기미가 있었는데, 동행자들도 모두 분명 비가 내릴 것이라고 말하였다. 우리가 서울을 출발한 뒤로 여정 내내 말한 것이 모두 비를 바라는 말이었으나, 가뭄이 너무 심해 끝내 감히 바라지는 않았다. 어제 성지와 말하기를, "우리들 중에 만약 한이부(韓吏部)[344]와 같은 자가 있다면 어찌 천마산(天磨山)의 신령을 감동시켜 한 차례 비를 청해 얻지 못하겠는가?"[345] 하였는데, 오늘 아침 보슬비가 내렸어도 또한 가문 하늘의 예삿일로 여기었다.

시종을 시켜서 관음사(觀音寺)[346]에 아침밥을 차리도록 하고, 술을 조금 마시고 철쭉 지팡이를 들고 걸어서 석문담(石門潭)과 청심담(淸

344 한이부(韓吏部) : 당나라 때 이부 시랑(吏部侍郎)을 지낸 한유(韓愈, 768~824)를 말한다. 자는 퇴지(退之)이며, 선조가 창려(昌黎) 출신이므로 한창려(韓昌黎)라고도 한다. 고문(古文)을 창도하였으며 중국 문학사에 큰 업적을 이루었다. 시호는 문(文)이다. 문집으로 《창려선생집(昌黎先生集)》이 전한다.

345 우리들……못하겠는가 : 한유(韓愈)가 영정(永貞) 원년(805) 가을에 형주(衡州)의 남악(南嶽), 즉 형산(衡山)을 지나가는데, 구름이 잔뜩 끼어 형산의 진면목을 볼 수 없게 되자 묵묵히 기도하니 구름이 걷혔다고 한다. 이 일은 그의 시 〈형악묘를 찾아보고 형악의 절에서 자며 문루에 쓰다〔謁衡嶽廟遂宿嶽寺題門樓〕〉에, "내가 찾아온 날 마침 가을비 내리는 때라, 어둔 기운 컴컴한 채 맑은 바람 불지 않네. 마음 차분히 묵도하니 감응이 있는 듯, 이찌 정직한 마음이 능히 감통함 아니랴. 잠깐 사이 운무 걷혀 뭇 봉우리 드러나니, 바라보매 우뚝 푸른 하늘 버티고 섰구나.〔我來正逢秋雨節, 陰氣晦昧無淸風. 潛心默禱若有應, 豈非正直能感通? 須臾靜掃衆峯出, 仰見突兀撑靑空.〕"라고 하였다. 《韓昌黎集 卷3》

346 관음사(觀音寺) : 태조 이성계의 잠저 시절의 원찰(願刹)로 목은(牧隱) 이색(李穡)이 기(記)를 지었다고 한다. 《東文選 卷21 遊松都錄》

心潭)을 지나갔다. 청심담에서부터 아래로 백여 보 되는 곳에 마담(馬潭)이 있었다. 폭포가 거의 몇 길이나 됨 직한 석벽에서 떨어져 석담(石潭)이 되었는데 자못 깊고 푸르렀으며, 쌓인 모래며 자갈도 없었다.

승려가 말하기를, "용마(龍馬)가 여기에서 나왔는데, 지금도 신물(神物)이 있을지 모른다."라고 하였다. 바위에 앉아서 폭포를 보니 매우 상쾌하고 바위도 평평하기에, 잠시 앉았다가 말에 올라 다시 2리쯤 갔다. 길 왼편으로 낚시터처럼 생긴 거대한 바위가 물가에 있었는데, 너무 미끄러워 발을 딛기가 어려웠으니, 여기가 바로 태종대(太宗臺)[347]였다. 바위 좌우로 작은 돌들이 우뚝 솟아 있었다. 왼편 바위에는 소나무 한 그루가 있었는데, 그리 오래된 것 같지는 않았다. 오른편 바위 위에는 진달래가 한창이라 또한 볼 만하였다.

관음사와 구담(龜潭)을 스쳐 지나 곧장 박연폭포로 달려가니 겨우 1리 밖에 되지 않았다. 상담(上潭)[348]에 잠시 앉아 있다가 북문을 나와 범사정(泛槎亭)[349]에 이르렀다. 가뭄 뒤라 폭포가 아직 공중에서 떨어지지는 않았으나, 빗줄기가 점점 거세지는 것을 보고 서로 돌아보고

347 태종대(太宗臺) : 태종이 와서 놀았던 곳이라 하여 일컫는 이름이다. 《월사집》의 〈유박연기(遊朴淵記)〉에 의하면, 태종대는 관음굴 위에 있는 반석으로 백 명이 앉을 수 있을 만큼 넓다고 하였다.

348 상담(上潭) : 박연폭포 위에 있는 못을 말한다. 옛적에 박씨 성을 가진 선비가 못 위에서 젓대를 불다가 용녀(龍女)에게 끌리어 못 속으로 들어가 돌아오지 아니하니, 그 아내가 부르짖으며 울다가 언덕에 떨어져 죽었다. 그 때문에 위는 박연(朴淵)이라 하고 아래는 고모담(姑母潭)이라 한다고 한다. 《續東文選 卷21 遊松都錄》

349 범사정(泛槎亭) : 박연폭포 아래에 있는 정자이다. 《중경지(中京誌)》에 의하면 1700년(숙종26)에 건물을 짓고 현판을 달았다고 한다.

매우 기뻐하면서 술을 가져오게 하여 함께 마셨다. 한참 앉아 있다가 유의를 걸치고 돌아왔다.

관음사에서 아침밥을 먹고 관음굴[350]을 구경하였다. 바위 봉우리 밑이 움푹 패여 마치 집 같았고, 처마를 덮어서 세 석불(石佛)을 안치하였다. 옆에는 여러 나한(羅漢)들이 새겨져 있었고, 굴 위에는 진달래가 한창 만발해 있었다. 비가 퍼붓듯 내리므로 내가 동반자들에게 말하기를, "오늘의 비는 진실로 산신령이 지각이 있음이니, 한이부가 형산(衡山)의 구름을 걷히게 하였다는 말도 참으로 빈말이 아닐세." 하였다. 빗줄기가 종일토록 거세어지기에 저녁밥 들이기를 재촉하여 비를 무릅쓰고 박연폭포를 구경하려고 하였으나, 승려들이 말하기를, "비가 지나간 후에 폭포의 기세가 바야흐로 웅장하니, 잠시 기다리는 게 좋겠습니다." 하였다. 우리는 "그럴 리가 있겠나. 산의 물은 쉬이 빠지니, 비가 그치기 전에 가야 한다."라고 말하고서, 마침내 유의를 걸치고 말에 올라 북문을 나섰다.

물이 없던 시내가 지금 모두 크게 불어나니, 온 골짜기가 시끌벅적 요란하여 마치 사방에서 뇌성벽력이 일어나는 것 같았다. 내가 국보 형에게 소리쳐 말하기를, "박연폭포는 안 봐도 상상할 수 있을 것 같습니다." 하였다. 진흙탕 길을 넘고 건너 폭포 아래에 이르자 국보 형과 무(珷)가 먼저 말에서 내려 크게 외쳤다. 나 또한 뒤따라 이르러서는 다른 말이 나올 겨를이 없이 다만 연이어 외치기를, "이 무슨 장관인가!

350 관음굴 : 관음사 뒤에 있는 바위굴로 관음보살 석상(石像)이 안치되어 있다. 《신증동국여지승람》 권4 〈개성부 상〉에 의하면, 관음굴 안에 관음불 두 석상이 있으므로 그대로 이름으로 삼았다고 하였다.

이 무슨 장관인가!"라고 할 뿐이었다. 대개 폭포는 -몇 줄 결락- 빗줄기가 더욱 거세어졌으므로 술을 가져오게 하여 함께 마시며 저녁때까지 앉아 있었다.

사람들이 시냇물이 불어 다리가 무너질까 염려하여 마침내 돌아오는데, 말에 오르기 전에 서너 번이나 돌아보니, 잠깐 새 그 웅장함이 점점 더해지고 있었다. 돌아왔을 때는 이미 날이 어두웠다. 밤에 들어도 빗소리는 한결같더니 한밤중이 지나서야 비로소 그쳤다. 다들 폭포 구경한 일을 떠들어대며 천하제일의 기이한 일로 여겼다. 사람들이 말하기를, 이 지역의 사람들도 이와 같은 때를 보기란 쉽지 않다고 하였다.

이날 식후에 교영(喬營)[351]에서 서찰이 왔는데, 일행으로 하여금 후서강(後西江)[352]을 따라와서 만나고 가라는 것이었다. 대개 송도는 교영에서 하루 여정을 넘지 않으나, 나는 기제사(忌祭祀)가 있어 장차 헤어져야 했기에 매우 섭섭했다. 당숙이 술과 꿩을 보내주어서 꿩고기를 굽고 술을 가져오게 하여 함께 마셨다. 북문을 나가 동쪽을 바라보니 산 위에 낭떠러지가 손바닥처럼 가팔랐는데, 그 아래로 곧장 떨어지는 물은 마치 수백 자의 하얀 비단 폭을 걸어놓은 것 같았다. 이 또한

351 교영(喬營) : 강화도 교동(喬桐)에 설치되어 있었던 삼도수군통어영(三道水軍統禦營)을 말한다. 삼도수군통어영은 경기도, 황해도, 충청도의 삼도 수군(水軍)을 통솔하였다. 본문의 문맥으로 보아 당시 오원(吳瑗)의 당숙이 이곳에 임직하고 있었던 것으로 보인다.

352 후서강(後西江) : 예성강(禮成江)으로 개성 서쪽 30리에 있다. 예성강은 고려에서 송나라에 조회할 때 이곳에서 배를 띄우기 때문에 예성(禮成)이라 하였다. 《新增東國輿地勝覽 卷4 開城府上》

아침에는 보지 못하다가 비 갠 후에야 보게 된 것이다.

6일. 새벽에 일어나니 비가 오다 그치다 하였다. 급히 말을 타고 박연폭포로 가니, 어제에 비해서 다소 줄었으나 폭포는 하얗고 못은 맑아서 어제보다 훨씬 뛰어났다. 가랑비가 부슬부슬 내리니 바위와 나무의 기색이 더욱 싱그러웠다. 한참 있다가 말에 올라 돌아오자니 마음이 망연하여 돌아보며 차마 작별하지 못하였다. 상담 가에서 잠시 쉬면서 아래를 내려다보니 더욱 오싹하였다. 돌아오는 길에 걸어서 구담을 찾아갔다. 구담은 관음사 앞에 있었으니, 바로 박연폭포의 상류였다. 시냇물이 구불구불 흘러 내려와서 못을 이루었는데 자못 깊고 넓었다. 못 아래에는 거북과 매우 흡사한 모습의 바위가 있었는데, 머리가 담을 향해 있으므로 이로써 이름한 것이다.

관음사에서 아침밥을 먹고 드디어 산을 나왔다. 안개비가 부슬부슬 내려 거의 지척도 구별할 수 없었고, 시내 다리가 물에 잠겨 매우 위태로웠으므로 여러 번 말에서 내려 걸어서 지나갔다. 마담에 이르니 맹렬하게 뿜어내는 폭포의 기세가 매우 웅장했는데, 바위를 온통 뒤덮으며 물거품을 날리고, 부딪쳐 튀어 오르며 온 못이 다 용솟음쳤기에 그곳이 못인 줄 거의 알지 못할 정도였다. 못 아래 폭포와도 서로 접해 있어 그 기세가 더욱 기이하고 웅장하였다. 나와 사람들이 큰소리로 통쾌하다 외치며 말을 멈추고는 차마 떠나지 못하였다. 길 가는 내내 물소리가 우레 치듯 울려 속이 무척이나 후련하였다.

석문담(石門潭)에 이르니, 폭포가 가로로 뻗어 흐르며 거대한 바위 위를 내달리는데, 그 웅장함은 마담보다도 더하였으나, 다만 기세의 빼어남이 다소 덜할 뿐이었다. 안개가 짙게 끼어 말 위에서 술을 가져오게 하여 마셨다. 남문에 이르니 뿌연 안개가 시야에 가득하여 천지가 아득히 하나가 되었다. 내가 웃으며 사람들에게 이르기를, "어제의 비는 대해(大海)가 불어난 것이 아니겠는가." 하였다. 관음사의 승려 준찬(俊贊)과 정택(貞澤)이 중영(中營)[353] 앞에 이르러 하직하고 돌아갔다. 오도현(吾道峴)에 이르렀는데, 여기서부터 구동(嫗洞)이 대로와 만난다. 대로를 따라 내려가니 길 양편으로 돌을 깎아 만든 길이 매우 가지런하였고, 시내를 가로질러 이따금 돌다리가 놓여 있었다. 이런 길이 몇 리 되었으니, 이곳은 분명 전조(前朝)[354]의 연로(輦路)[355]였을 것이다. 인력의 극심한 수고로움을 함께 개탄하고, 사치와 황음의 무도함을 탄식하였다. 성지를 돌아보며 이르기를, "이것은 틀림없이 전조가 망하려 할 때 만든 것일 게다." 하였다.

여기서부터 백화담(百花潭) 동구를 지나 멀리 영통동 어귀를 바라보니 모두 길 왼편에 있었다. 오도현에서부터 수옥담(漱玉潭)까지는 겨우 10리 길이었다. 수옥담에 못 미쳐 길 왼편의 석벽은 평평하게 깎이어 가히 수백 보는 됨 직하였는데, 모두 갈라진 틈이 있어서 마치 층지어 배치하고 줄지어 세운 것 같기에 이것이 바로 추암(皺巖)[356]일 것이라 생각되었다. 전에 영통동에 들어갈 때 또한 여기를 지나간 적이 있었다.

353 중영(中營) : 중군(中軍)의 영문(營門)이나 진영을 말한다.

354 전조(前朝) : 고려를 말한 것이다.

355 연로(輦路) : 임금이 거둥하는 길을 말한다.

356 추암(皺巖) : 주름 바위라는 뜻이다. 송경 도성의 동북쪽 2, 3리 되는 곳에 있는데 바위가 시냇가에 서 있어 병풍 같고, 모두 가로 결이 있기 때문에 추암이라 이름하였다. 고려 때 최당(崔讜)이 항상 소를 타고 와서 여러 노인들과 여기서 놀았다고 한다. 《新增東國輿地勝覽 卷12 長湍都護府》

수옥담에서 비를 만났다. 옥 같은 물이 온 바위를 뒤덮으며 흘러내리는 모습이 수옥(漱玉)[357] 아님이 없었으므로 도리어 그리 기이하게 느껴지지 않았지만, 말을 멈추고 한참 있었더니 마음이 매우 상쾌하였다. 서사정(逝斯亭)[358]에 이르니 시냇물이 온갖 바위들을 다 덮어 흐르고 있었으며 낚시터 아래 맑은 못은 평평하고 넓었으니, 웅덩이를 가득 채운 승경은 앞에 본 것보다 몇 배 이상 더 뛰어났다. 바위 위에 한참 앉아서 술을 몇 잔 마셨다.

귀법천(歸法川)을 지나가는데 물이 평평한 못에 가득 차고 폭포는 하얀 너럭바위를 덮어서, 경색이 그 경계에 걸맞았다. 말에서 내려 전날 유상(流觴)했던 못 옆에 앉았는데, 늘어앉아 유상하던 바위는 이미 큰 물결 속에 잠겨 있었다. 바위에 앉아 조촐하게 술을 마셨다. 평야를 지나가면서 최변(崔弁)에게 앞으로 가서 말을 달리게 하니, 이 또한 멋진 볼거리였다.

성균관(成均館)으로 돌아와 말에서 내려 명륜당(明倫堂)으로 들어가니, 건물의 밝고 고움과 뜰의 숙연하고 통창함은 태학(太學)[359]에 크게 뒤지지 않았다. 돌아오는 길에 동부(東部)[360]에 있는 김첨지의 집에 들어갔는데 골짜기 이름이 어은동(於隱洞)이라 하였다. 점심을

357 수옥(漱玉) : 샘물이 돌에 부딪혀 마치 옥이 부딪치는 듯 맑은 소리가 나는 것을 말한다.

358 서사정(逝斯亭) : 서경덕이 세운 정자로 화담(花潭) 못가의 바위 위에 있다.

359 태학(太學) : 여기서는 국가의 중앙교육기관인 서울의 성균관을 말한 것으로 보인다.

360 동부(東部) : 개성의 행정 구역을 다섯으로 나눈 오부(五部) 중의 하나이다. 오부는 동부(東部)·서부(西部)·중부(中部)·남부(南部)·북부(北部)이다.

먹고 길을 떠나 남문 밖에 이르러, 국보 형 및 아우 무와 헤어졌다. 판적교에 못 미쳐서 이슬비를 만나 유의를 걸치고 몇 리를 갔다. 점현(拈峴)의 발막(撥幕)[361]을 지나 15리를 가니 오목점(梧木店)[362]이 있었는데 들어갔을 때는 해가 이미 진 뒤였다.

이날 송도 사람 김광심(金光琛)과 최창우 등이 화장사(華藏寺)[363]로 가려고 술과 안주를 가지고 왔다. 우리가 애초에 박연폭포에서 화장사로 가서 패엽(貝葉)과 전단(旃檀)[364]을 보기로 계획하였기 때문이었으

361 발막(撥幕) : 발군(撥軍)이 교대하거나 말을 갈아타는 역참을 말한다. 발군(撥軍)은 파발군(擺撥軍)으로 역참에 소속되어 중요한 공문서를 변방에 급히 전하던 군졸로 보발(步撥)과 기발(騎撥)이 있었다. 발점(撥店), 발참(撥站), 발소(撥所)라고도 한다.

362 오목점(梧木店) : 오목(梧木)의 객점이다. 오목은 장단(長湍)에 있는 지명이다.

363 화장사(華藏寺) : 경기도 장단의 보봉산(寶鳳山)에 있는 절로, 명승지로 이름난 곳이다. 고려 중기 이전에 창건된 것으로 추정되며, 1373년(공민왕22) 옛날 계조암(繼祖庵) 터에 중건하였다. 중요 문화재로는 7층탑을 비롯하여 지공화상탑, 각종 불보살상과 탱화, 금자법화경(金字法華經), 지공이 가지고 온 우두전단(牛頭栴檀) 및 패엽(貝葉)이 있었다고 하나 현재의 상황은 알 수 없다. 《기언》 권27 하편 〈산천 상(山川上) 성거산과 천마산 고사〉에, "오관산 동쪽은 봉악(鳳嶽 보봉산(寶鳳山))이며 그 아래는 화장사(華藏寺)이다. 화장사에는 공민왕(恭愍王)의 도상(圖像)이 있다. 고려의 유민(遺民)이 비용을 모아 진전(眞殿)에 제사한 것이 수백 년이나 이어졌으니, 유민의 풍속이 오히려 대국의 유풍(遺風)이 있다. 승려가 전하여 지켜오는 인도 산스크리트어로 된 패엽경(貝葉經)이 있는데, 지공(指空)이 쓴 것이라고 전하기도 한다. 또 지공의 등신불(等身佛)이 있다." 하였다.

364 패엽(貝葉)과 전단(旃檀) : 서역승 지공선사(指空禪師)가 서역에서 가져온 것으로 화장사에 보관되어 있었다. 패엽은 패엽경으로, 인도에서 패다라수(貝多羅樹) 잎에 쓴 불경을 말한다. 전단은 우두전단(牛頭栴檀)으로 인도에서 나는 향나무로 만든 향이다. 《농암집》 권23 〈송경유람기〉에, "절의 중이 함(函) 하나를 꺼내어 보여 주었는데,

나, 아침 비가 개지 않자 김첨지 등이 길이 험하고 시내가 깊다며 만류하는 탓에 가지 못하였다. 성지가 이를 자못 한스러워하기에 내가 풀어주며 말하기를, "무릇 천하의 일이란 원만하기가 매우 어렵다네. 우리들의 오늘 유람은 설령 우리에게 그 땅을 직접 만들어보게 했더라도 이처럼 되었다는 법은 없을 것이네. 원컨대, 화장사 하나쯤은 보류하여 하나의 결점으로 남김으로써 조물주의 질투를 풀어준다고 해서 해될 것이 또 어디 있겠는가." 하였다. 성지가 웃으며 말하기를, "그대 말이 옳다만, 이제 와 이런 말을 들으니 더욱더 못 본 것이 한스럽네. 또 여러 사람이 우리들 때문에 괜히 오가게 된 것도 한탄스럽다네." 하였다.

김여채(金麗彩)의 집에서 점심을 먹고 저녁에 오목점에 투숙하였는데, 가는 길에 이슬비를 만났다.

7일. 흐림. 새벽에 출발하여 임진강을 건너 화석정에 올랐다. 비 온 뒤의 강산은 더욱 아름다웠으니 철쭉이 만개하였고 녹음이 이미 우거져 있었다. 주인[365]이 술을 준비해서 대접하였다. 풍계사(豐溪祠)[366]에 들러 배알하였다. 풍계사는 파주 향교 옆에 있는데, 바로 돌아

거기에는 패엽서(貝葉書)와 전단향(栴檀香)이 들어 있었다. 글은 모두 범자(梵字)라 알아볼 수가 없었지만, 향은 《능엄경(楞嚴經)》에서 말한, 한 대만 태워도 40리까지 일시에 향기가 퍼진다는 것이었다. 지공이 서역에서 가져온 것을 지금까지 보관한 것이라고 하였다."라고 하였다.

365 주인 : 화석정(花石亭)의 주인 이환(李綄)으로 율곡의 후손이다. 238쪽 주288 참조.

366 풍계사(豐溪祠) : 작자의 조부인 오두인(吳斗寅, 1624~1689)과 박태보(朴泰輔, 1654~1689), 이세화(李世華)를 함께 제향하는 사당으로 파주에 있다. 230쪽 주

가신 조부[367] 및 이공(李公)[368]과 박공(朴公)[369]을 함께 제향하는 곳이라, 그날[370]을 생각하니 나도 모르게 눈물이 옷소매를 적시었다.

정오에 시곡(柴谷) 김장(金丈)[371] 댁에 들어가 점심을 먹고, 성지와 작별하였다. 창릉점(昌陵店)에서 말을 먹이고, 도성 서쪽의 종갓집에 돌아오니 해가 막 진 때였다.

268 참조.

367 돌아가신 조부 : 오두인(吳斗寅, 1624~1689)이다. 230쪽 주267 참조.

368 이공(李公) : 이세화(李世華, 1630~1701)를 가리킨다. 조선 후기의 문신으로 본관은 부평(富平), 자는 군실(君實), 호는 쌍백당(雙栢堂)·칠정(七井)이다. 황해도·평안도·전라도 관찰사를 역임하고, 1689년(숙종15) 경상도 관찰사를 지내고 서호(西湖)의 향리로 돌아갔다. 그해 인현왕후(仁顯王后) 폐비설을 듣고 반대소를 올렸다. 소에 판서 오두인(吳斗寅)과 이세화의 이름이 전면에 올라 있는지라, 숙종은 분노하여 밤중에 친국하였다. 다음 날 정주로 유배가다 풀려나와 파산(坡山)의 선영 아래로 돌아왔다. 갑술환국 후 대사간·호조 판서에 제수되었으나 고사하고 나아가지 않다가 인현왕후 복위도감제조로 차정한다는 말을 듣고 곧 상경하였다. 그 뒤 의금부사 겸 지경연사·세자 빈객에 오르고, 청백리로 선정되었다. 그 후에 이조판서 등을 역임하고, 지중추부사에 이르렀으며, 풍계(豊溪)의 충렬사(忠烈祠)에 향사되었다. 시호는 충숙(忠肅)이다. 저서로는 《쌍백당집(雙栢堂集)》이 있다.

369 박공(朴公) : 박태보(朴泰輔, 1654~1689)를 가리킨다. 229쪽 주264 참조.

370 그날 : 1689년(숙종15)의 기사환국(己巳換局) 때 오두인과 박태보 등이 친국을 받고 유배 가던 도중에 죽은 그때를 말한 것이다. 230쪽 주268 참조.

371 김장(金丈) : 김재로(金在魯, 1682~1759)를 가리킨다.

향일재기 계축년[372]

向日齋記 癸丑

내가 관성(觀城)[373]에 온 다음날 관아 북쪽 뜰에 작은 재실이 있는 것을 보았는데 땅이 시원하게 트이고 높아서 조망하기에 좋았다. 아마 태수의 연실(燕室)[374]인가 본데 청소하지 않은 지 오래되었는지라, 내가 깨끗이 청소하고 벽을 새로 칠한 다음 공무 여가에 거처하려고 하였다.

나를 따라온 객이 내게 이름 짓기를 청하므로 내가 이르기를, "이는 '향일(向日)'이라고 이름 붙이는 것이 적당하겠습니다."라고 하니, 객이 "무엇 때문입니까? 이 고을이 비록 멀리 외져있지만 그래도 바다와 산의 승경이 있고, 이 재실 역시도 그것을 가지고 있습니다. 그대가 여기서 아침저녁으로 지내면서 떠도는 타향살이의 고달픔을 잊게 해줄 것은 오직 이것뿐일 텐데, 지금 이름을 지음에 어찌 여기서 취하지 않습니까?"라고 하였다. 내가 이르기를, "그렇습니다. 바다와 산을 구경하는 것은 참으로 나의 즐거움입니다. 그러나 내가 불초하여 죄를 범하였는데도 성주께서 관대하게 용서해 주시어 이민(吏民)을 다스리게 하셨으니, 나는 오직 직무에 부지런하고 백성들의 괴로움을 불쌍히

372 계축년 : 1733년(영조9)으로 당시 오원은 34세였다. 이해 7월에, 유배된 수찬 민형수(閔亨洙)를 구호하는 소차를 올린 일로 함경도 이성 현감(利城縣監)에 출보(黜補)되었다. 이때 〈이성지(利城志)〉를 지었다. 10월에, 수찬에 제수되었으나 상소하여 사직하고 〈북로사의(北路事宜)〉를 올렸다.

373 관성(觀城) : 함경남도 이원(利原), 즉 이성현(利城縣)의 옛 이름이다.

374 연실(燕室) : 편안히 쉬는 방을 말한다.

여겨 조금이나마 그 잘못된 점을 메울 수 있기를 바랄 뿐입니다. 그러니 지금 올라가 조망하면서 구경하고 즐기기에 적합하다고 하여 오만하게 스스로 과시하는 것은 자못 사치스럽고 방탕한 일이 될 터이니, 나는 감히 그렇게 할 수가 없습니다." 하였다.

객이 말하기를 "그러나 《시경》에서 말하지 않았습니까. '너무 편안하지 않은가. 직분에 맡은 것을 생각해야지.'[375]라고. 이 재실은 태수의 연실이니 가만히 앉아 멀리 보며 마음을 맑게 하고 생각을 응집하여, 새벽부터 밤까지 수양하며 나의 이민(吏民)을 저버리지 않을 생각을 하는 것이 그대의 직책인데, 지금 이름 지음에 어찌 여기서 취하지 않습니까?" 하였다. 내가 말하기를, "그렇군요. 그대의 말도 옳습니다만 오히려 족히 내 마음을 다하지는 못하였습니다. 내가 재주도 없이 경연(經筵)에서 모시다가 하루아침에 변방 고을로 나왔으니, 마음만은 궁궐을 그리워하여 감히 밥 한술 뜨는 사이에도 잊지 못하고 있습니다. 이것이 내가 이 집을 명명한 까닭이며 임금을 그리워하는 마음을 담은 것입니다." 하였다.

객이 이에 한숨을 쉬며 탄식하여 이르기를, "아! 《시경》에서 이르지 않았습니까. '저 해와 달을 보니, 아득하고 아득한 내 그리움이로다.'[376] 이는 그대를 말한 것입니다. 사람이 임금을 사랑하지 못할까

375 너무……생각해야지 : 《시경》 〈실솔(蟋蟀)〉에 있다. "귀뚜라미가 당에 있으니 이 해가 드디어 저물었도다. 지금 우리가 즐거워하지 않으면 일월이 가버리리라. 그러나 너무 편안하지 않은가. 직분에 맡은 것을 생각하여, 낙(樂)을 좋아하되 너무 지나침이 없게 함이 양사(良士)가 돌아보고 돌아보는 바이니라.〔蟋蟀在堂, 歲聿其莫. 今我不樂, 日月其除. 無已大康? 職思其居, 好樂無荒, 良士瞿瞿.〕" 이 시는 당풍(唐風)에 있는데, 당나라 풍속의 부지런하고 검소함을 나타내었다.

걱정한다는 것은 진실로 임금을 사랑할 줄 안다는 것이니, 임금의 직책을 지키고 임금의 백성을 다스림에 무슨 어려울 것이 있겠습니까? 좀 전에 내가 그대를 권면한 말 또한 소견이 얕았습니다. 청컨대 글로 써서 걸어서 후인들이 알게 하십시오."라고 하였다. 내가 이르기를, "그런 짓은 하지 않겠습니다. 신하가 그 임금을 연모하는 것은 또한 그 본성일 뿐인데 어찌 감히 사람들이 알아주기를 바라겠습니까." 하였다.

객이 이르기를, "그대의 말이 옳은 것 같긴 합니다만, 또한 넓지 못한 점이 있지 않겠습니까. 그대 이후에 이 재실에 거할 자, 그 누군들 우리 임금이 명한 관리가 아니겠습니까? 참으로 이름을 돌아보고 뜻을 생각하여 한 번 기거함에 감히 임금을 잊지 않을 수 있다면 반드시 그 직무를 추락시킴이 없을 것이며, 이 고을의 백성들은 이에 편안해질 수 있을 터인데, 그대는 어찌 감히 사사로이 여기십니까?" 하였다. 내가 이르기를, "아닙니다. 사람들이 임금을 사랑함이 누군들 저만 못하겠습니까. 제가 어찌 족히 뒤의 군자들을 권면할 수 있겠습니까. 그러나 저는 우매하여 이 마음이 오래되면 태만해질까 두려워, 그대 말을 따르겠습니다." 하였다. 객이 말하기를, "《시경》에서 이르지 않았습니까. '밤낮으로 게을리하지 아니하여 한 사람을 섬기도다.'[377] 훗날

376 저……그리움이로다 : 《시경》 〈웅치(雄雉)〉에 있다. 〈웅치〉는 부인이 부역 나간 남편을 그리워하는 내용이다. 이 구절은 해와 달이 왕래함을 보고는 군자(君子)가 부역을 나간 지 오래되었음을 생각한 것이다. 위 문장에서는 멀리 떨어져 있어도 임금을 그리워하는 마음을 의탁하여 나타낸 것이다.

377 밤낮으로……섬기도다 : 《시경》 〈증민(烝民)〉에 있다. "엄숙한 왕명을 중산보가 받들어 행하여, 나라의 좋고 나쁨을 중산보가 밝히도다. 이미 도리에 밝고 또 일을

그대가 돌아가서 조정에서 임금을 모시게 되면 이 재실을 잊지 마십시오." 하였다.

내가 절하고 말하기를, "삼가 가르침을 받겠습니다." 하고 마침내 기(記)를 지었다.

살펴서 그 몸을 보호하며, 밤낮으로 게을리 하지 아니하여 한 사람을 섬기도다.〔肅肅王命, 仲山甫將之. 邦國若否, 仲山甫明之. 旣明且哲, 以保其身. 夙夜匪懈, 以事一人.〕" 하였다. 중산보는 주나라 선왕 때의 명신이며, 한 사람은 천자를 가리킨다.

순해일기 경신년[378]

巡海日記 庚申

4월 12일 임오에, 연해의 성과 돈대(墩臺)를 순시하였다. 아침 일찍 부중(府中)을 나왔는데 치보(治甫)와 순아(純兒)가 따라왔다. 10리를 가서 제물진성(濟物鎭城)을 관통하여 지나서 가리산돈(加里山墩)에 올랐는데 바다로부터 거리가 50보 가량 되었다. 정축년에 장신(張紳)[379]이 배를 타고 달아나자 천총(千摠) 구원일(具元一)[380]이 분개해서 꾸짖고 물에 몸을 던져 죽었으니, 바로 이곳이다.

저인(邸人)[381]이 달려와서 제목(除目)[382]을 전하였는데, 어제 문형

378 경신년 : 1740년(영조16)으로 당시 오원은 41세였다. 이해 2월에 강화 유수가 되었고, 10월에 별세하였다.

379 장신(張紳) : ?~1637. 본관은 덕수(德水), 자는 현국(顯國), 호는 취애(翠崖)이다. 계곡(谿谷) 장유(張維)의 아우이며, 병자호란 당시 강화도 유수였다. 주사대장(舟師大將)에 임명되어 강도 방위를 맡았으나, 검찰사 김경징(金慶徵)과 함께 방비를 소홀히 하고 음주로 세월을 보내다가 방어에 실패하고 성이 함락되자 왕실과 노모를 버리고 도망하였다. 종전 후 사헌부의 탄핵을 받았는데 이전의 공로를 생각하여 자진(自盡)하게 하였다.

380 천총(千摠) 구원일(具元一) : 1582~1637. 본관은 능성(綾城), 자는 여선(汝先)으로 선조 때에 무과에 급제하였다. 1637년(인조15) 병자호란 때 강화좌부 천총(江華左部千摠)으로서 휘하 수십 명을 거느리고 갑곶나루(甲串津)로 나아갔으나, 강화 유수 장신(張紳)이 싸울 뜻이 없음을 보고 항의하다 바다에 빠져 자결하였다. 1642년 강화도 사람들이 세운 사당에 김상용(金尙容) 등의 순절인과 함께 제향되었고, 그 사당은 1657년(효종8)에 충렬사(忠烈祠)로 사액되었다. 표충단(表忠壇)에도 배향되었으며, 병조참의에 증직되었다.

(文衡)의 명이 있었다는 것이었다.[383] 4리를 가서 좌강돈(左岡墩)을 거쳐 또 4리를 가서 용진진(龍津鎭)에서 잠시 쉬고, 동쪽으로 2리를 가니 용당사(龍堂寺)였다. 용당사는 매우 초라하고 낡았으나, 앞에 있는 참경루(斬鯨樓)[384]라는 이름의 누각은 지난해에 고쳐지었다고 하였다. 누각에 올라 술을 몇 잔 마셨다. 누각은 큰 물결에 임해 있어, 몸을 구부려 침을 뱉을 수 있을 정도였다. 진해루(鎭海樓)[385]와 복파루(伏波樓)[386] 등 여러 성가퀴에 올라가 노닐었는데, 건너편 언덕의 문수성(文殊城)[387]은 산과 바다 사이에 구불구불 둘러있어 볼 만하였다.

용당돈(龍堂墩)을 지나자 길 왼편으로 방죽의 못이 지극히 깊고 넓었으니 바로 대청포(大靑浦)였다. 조판서(趙判書) 복양(復陽)[388]이 유

381 저인(邸人) : 경저인(京邸人) 또는 영저인(營邸人)의 약칭이다. 경저인은 지방 관청과 중앙 관청의 연락 사무를 맡아 보게 하기 위하여 각 지방에서 서울에 파견한 향리(鄕吏)이다. 이들은 그 지방의 공물(貢物)·입역(立役) 등의 일을 임시로 책임지고 대행(代行)하였다.

382 제목(除目) : 벼슬을 제수한 목록을 말한다. 즉 관원의 인사이동 명단이다.

383 문형(文衡)의……것이었다 : 홍문관 대제학에 임명된 것을 말한 것이다.

384 참경루(斬鯨樓) : 용진진(龍津鎭)의 문루이다. 1656년(효종7)에 축조되어 가리산돈대, 좌강돈대, 용담돈대를 관할하였다.

385 진해루(鎭海樓) : 강화도의 외성(外城)의 정문이다. 강화대교 북쪽 100미터 지점에 있었다.

386 복파루(伏波樓) : 강화도 외성 남쪽의 문루(門樓)이다.

387 문수성(文殊城) : 김포 최북단의 문수산에 쌓은 산성으로 강화도 동쪽 해안의 건너편에 있다. 1694년(숙종20)에 강화도를 방어하기 위해 쌓았으며, 병인양요 때의 격전지이다. 문수산의 험준한 산줄기에서부터 해안지대를 연결하여 빙 둘러 쌓았다.

388 조판서(趙判書) 복양(復陽) : 조복양(趙復陽, 1609~1671)으로 본관은 풍양(豐壤), 자는 중초(仲初), 호는 송곡(松谷)이며 김상헌(金尙憲)의 문인이다. 1638년(인조

수(留守)로 있을 때 이 둑을 쌓아서 백성을 이롭게 했다고 한다.[389] 하나의 거대한 언덕이 우뚝 솟아 성가퀴에 임해 있었는데, 자못 전망이 탁 트이어서 사람의 마음을 시원하게 하였으니 이름이 사망곶(四望串)이었다. 잠시 앉아 쉬고서 화도돈(花島墩)을 지났는데 용당으로부터 4리쯤 되었다. 또 2리를 가서 오두돈(鰲頭墩)에 올랐는데, 절벽이 바다 가운데 솟아 있어서 높은 데서 바라보니 더욱 웅장하였다.

6, 7리를 가서 광성진(廣城津)[390]에서 점심을 먹었다. 진헌(鎭軒)[391]은 왼쪽으로 바다를 끼었는데 경치가 매우 뛰어났다. 언덕 위에는 복숭아꽃이 한창 피어있었고, 버드나무는 실처럼 늘어져 짙은 초록빛을 띠고 있어서 매우 기뻐할 만하였다. 헌(軒)의 이름은 진수(鎭陲)로, 벽에는 서문(序文)이 있고 뒤에 시가 이어져 있었으니, 작고한 진사 현복태(玄復泰)가 지은 것이었다.

16)에 정시문과에 급제한 후 효종, 현종 대에 걸쳐 벼슬하였다. 1663년(현종4)에 강화 유수에 임명되어 이듬해까지 재임하면서 강화의 방위를 공고히 하기에 노력했고 대동계를 설치하였으며 여씨향약(呂氏鄕約)을 모방하여 그 교조를 백성들에게 가르쳤다. 이후 대제학, 이조 판서 등을 역임하였다. 광주(廣州)의 명고서원(明皐書院)에 제향되었고, 저서로 《송곡집》이 있다. 시호는 문간(文簡)이다.

389 조판서(趙判書)……한다 : 조복양이 강화 유수로 부임한 이듬해인 1664년(현종5)에 대청포(大菁浦), 승천포(昇天浦), 가릉포(加陵浦)의 삼포(三浦)에 긴 제방을 쌓고 간척사업을 벌여 천여 마지기의 옥토를 개간하였으며, 어장을 개발하여 어민에게 돌려주었다고 한다.

390 광성진(廣城津) : 광성나루로, 이곳의 요새 광성보(廣城堡)는 광성진(廣城鎭)이라고도 하며 강화 12진보(鎭堡)의 하나이다. 1658년(효종9)에 설치되었으며, 1871년(고종8) 신미양요 때 치열한 격전지로 어재연(魚在淵) 장군 등이 결사 항전하다 전사하였다.

391 진헌(鎭軒) : 진(鎭)의 관아 건물을 말한다.

불은(佛恩)[392]의 유생 신홍우(申興佑)가 찾아와서 보았다. 성루에 올라가 잠시 쉬고 나서, 채 1리도 안 가 손석돈(孫石墩)[393]에 오르니 땅이 또한 높고 시원하였다. 물 가운데 어지러이 널린 바위가 많은 데다가 파도가 매우 험하고 급하므로, 삼남(三南)[394]의 조선(漕船)은 여기를 지나야 바야흐로 근심이 없어진다. 5리쯤 가서 덕진진(德津鎭)[395] 앞 성루에 올랐다. 성 바깥에는 창사(倉舍)가 있고 수십 채의 마을 집들이 둘러싸고 있었다. 갯가에는 비록 바위는 많았으나 조수가 가득 차면 배를 대기에 편리하다고 하였다. 여기서부터 물이 더욱 넓어졌다.

또 정오에 조수가 바야흐로 밀려오니 자못 파도를 구경하는 흥취가 있었다. 또 5리를 가서 초지진(草芝鎭)[396]에 이르렀다. 진헌(鎭軒)은

392 불은(佛恩) : 강화도의 지명으로 불은면(佛恩面)을 말한다.

393 손석돈(孫石墩) : 손돌목 돈대〔孫乭項 墩臺〕를 말한다. 광성보(廣城堡)가 있는 해안에서 가장 높은 언덕에 위치해 있고 규모가 크다. 그 아래에 물살이 아주 빠른 손돌목이 있다. 손돌목은 뱃사공 손돌의 전설에서 유래한 이름이다. 1679년(숙종5)에 축조된 돈대로 현재 인천시 강화군 불은면 덕성리에 있다. 신미양요 때 미국 해군과 치열한 전투가 벌어졌던 곳이다.

394 삼남(三南) : 충청도, 전라도, 경상도 세 지방을 통틀어 이르는 말이다.

395 덕진진(德津鎭) : 고려 시대부터 강화 해협을 지켜 온 요충지이다. 병자호란 뒤 설치한 강화 12진보 중에서 가장 요충지에 있는 진이다. 1866년 병인양요 때 양헌수(梁憲洙)가 이곳을 거쳐 정족산성(鼎足山城)으로 들어가 프랑스 군대를 물리쳤고, 신미양요 때 치열한 전투가 벌어졌던 곳이다.

396 초지진(草芝鎭) : 1656년(효종7)에 강화도와 강화 해협의 수로 방비를 위해 처음 구축하였고, 숙종 때 성으로 지었다. 1866년(고종3) 병인양요 때 프랑스 함대와의 전투가 있었고, 1871년 신미양요 때에는 미국 해군이 이곳에 상륙하여 전투가 벌어졌으나 화력의 열세로 아군이 패배하여 점령되었던 곳이다. 그 후 1875년에는 이곳에서 일본

바다를 등지고 있었고 진헌 뒤에 있는 식파정(息波亭)은 바로 바닷물에 임해 있었다. 이곳은 대양(大洋)으로부터 20여 리 떨어진 곳으로 크고 작은 섬들이 서로 섞여 그림 같았으나 바람이 거세게 불어와서 오래 앉아있지 못했다. 3리를 가서 장자평돈(長者坪墩)를 지나는데 바람이 더욱 심해지고 비가 내렸으므로 길 왼편의 초사(草舍)에 들어갔다. 마을 이름은 율동(栗洞)이라고 하였다. 비가 조금 그치기를 기다렸다 길을 떠났는데, 정족산(鼎足山) 아래에 이르러 비가 또 내렸으므로 가마를 재촉하여 산성의 남문으로 들어갔다. 문에는 작은 누각이 있었는데 이름이 종해루(宗海樓)였고, 또한 새로 지었다고 하였다.

성(城)에 들어가니 전등사(傳燈寺)[397]가 있었다. 절이 언제 창건되었는지는 알 수 없었지만 지정(至正)[398] 연간에 세 번 고쳐지었다고 하였다. 지금은 선원각(璿源閣)[399]과 장사각(藏史閣)[400]을 보호하기 위

함대와 포격전을 벌인 운양호(雲揚號) 사건이 발생하였다.

397 전등사(傳燈寺) : 강화도 정족산성(鼎足山城) 내에 있으며 강화에서 가장 큰 절로 381년(소수림왕11)에 아도화상(阿道和尙)이 창건하였다. 그 후 고려 충숙왕(忠肅王)・충혜왕(忠惠王)・충정왕(忠定王) 때에 수축하였고, 1625년(인조3)에도 중수하였다. '전등사'라는 이름은 충렬왕(忠烈王, 재위 1274~1308)의 비 정화궁주(貞和宮主)가 이 절에 옥등(玉燈)을 시주한 데서 비롯되었으나 옥등은 전하지 않는다. 1678년(숙종4) 조정에서 실록을 이곳에 보관하기 시작하면서 사고(史庫)를 지키는 사찰로서 조선 왕실의 비호를 받게 되었으며, 1707년 유수(留守) 황흠(黃欽)이 사각(史閣)을 고쳐 짓고, 다시 별관을 지어 취향당(翠香堂)이라 이름하고 보사권봉소(譜史權奉所)로 정하였다. 1719년 이 절의 최고 승려에게 도총섭(都摠攝)이라는 직위를 부여했는데, 이는 1910년까지 계속되었다.

398 지정(至正) : 원(元)나라 순제(順帝) 때의 연호이다. 고려 충혜왕 후(後) 2년(1341)~공민왕 16년(1367)에 해당된다.

399 선원각(璿源閣) : 왕실의 족보인 《선원록(璿源錄)》을 보관하던 건물이다. 《선

하여 총섭(摠攝)을 두어서 지키고 있다. 성은 바로 옛날의 삼랑성(三郎城)이다. 대개 이 산에는 세 봉우리가 있는데, 세상에서 전하기를 단군이 세 아들로 하여금 이곳에 성을 나누어 짓도록 하였으나 지금은 합해져 하나의 성이 되었다고 한다. 산중의 숲은 한창 푸르렀고 산살구꽃이 만발하였다. 절은 초지진으로부터 10리쯤 떨어져 있다고 하였다. 승려 상훈(霜勳)[401]은 예전에 삼연(三淵)[402]을 따라 노닐던 자여서 시첩을 가져와 열람하고는 서료(西寮)에서 잤다. 비는 밤이 되어도 그치지 않았다.

계미일(13일). 안개. 심형(沈兄) 백윤(伯潤)이 부중(府中)으로부터 이르렀다. 관법당(觀法堂)에서 아침을 먹었다. 불전(佛殿)에는 옛날 옥등(玉燈)이 있었는데, 승려가 말하기를, 정화공주(貞和公主)[403]가

원록》은 식년(式年)마다 개수하여 서울의 본청(本廳) 및 오대산(五臺山), 태백산(太白山), 무주(茂朱) 적상산성(赤裳山城), 강화(江華) 정족산성(鼎足山城)에 분산하여 보관하였다. 지방의 경우 근처 사찰의 승려로 하여금 수호의 책임을 맡게 하였으며, 실록을 보관하는 사고(史庫)의 주위에 따로 건물을 세워 보관하였다.

400 장사각(藏史閣) : 실록을 보관하던 정족산성(鼎足山城)의 사고(史庫)를 말한다. 병자호란 때 마니산 사고에 불이 난 후 이곳으로 옮겨 보관하였다. 인조 이후에는 《실록》을 4부씩 인쇄하여 태백산, 적상산, 오대산, 정족산에 1부씩 보관하였다.

401 상훈(霜勳) : 성대중(成大中)의 《청성잡기(靑城雜記)》 권4 〈성언(醒言)〉에 승려 상훈에 관한 이야기가 실려 있다. 이에 의하면, 삼연(三淵) 김창흡이 금강산 승려 치웅(致雄)과 세속을 초탈하여 교유하였는데, 치웅의 도제(徒弟)인 상훈도 시를 잘하여 삼연이 그에게 시를 써 주었고 그의 시첩에 시구를 쓴 일 등, 그의 시첩에 관하여 기록되어 있다.

402 삼연(三淵) : 김창흡(金昌翕, 1653~1722)의 호이다. 작자 오원의 외조부인 농암(農巖) 김창협(金昌協)의 동생이다.

403 정화공주(貞和公主) : 고려 말 충렬왕의 원비인 정화궁주(貞和宮主, ?~1319)

보시한 것이라고 하였다. 절 앞에는 대조루(對潮樓)가 있었으니, 그 이름은 낙빈왕(駱賓王)[404]의 시구에서 취해온 것이다.[405] 벽에는 목은(牧隱)[406]의 율시 한 수가 쓰여 있었다.

를 가리킨다. 전등사는 정화궁주의 원찰이었다. 정화궁주는 충렬왕이 태자였을 때 태자비가 되었으나, 충렬왕이 원나라 공주 제국대장공주와 결혼하자 정화궁주로 책봉되어 별궁에 거처하였다. 충렬왕 8년(1282)에 승려 인기(印奇)에게 부탁하여 송나라에서 대장경을 인출(印出)하여 이 절에 봉안하도록 하고 옥등을 시주하였다. 이로 인해 절 이름이 진종사(眞宗寺)에서 전등사(傳燈寺)로 고쳐 부르게 되었다고 한다.

404 낙빈왕(駱賓王) : 중국 당나라의 시인으로 초당사걸(初唐四傑)의 한 사람으로 불린다. 자는 관광(觀光)이고, 한미한 출신으로 7세 때 시를 지어 신동이라 불리었다. 고종 용삭(龍朔) 원년(661)에 도왕(道王) 이원경(李元慶)의 부하로 일했고, 벼슬은 무공(武功), 장안(長安) 주부, 시어사, 임해현(臨海縣) 현승(縣丞) 등을 지냈다. 당 예종 때인 684년 서경업이 측천무후(則天武后)를 토벌하기 위해 군대를 일으켰을 때 낙빈왕은 그의 막료로서 모든 격문을 맡아서 작성했다. 서경업의 반란은 실패했고 낙빈왕은 행방불명이 되었다. 대표작으로 〈대이경업전격천하문(代李敬業傳檄天下文)〉, 〈재옥영탄병서(在獄詠蟬並序)〉 등이 있다.

405 대조루(對潮樓)가……것이다 : 대조루는 전등사 절 입구에 세워진 누각으로, 남동쪽으로 강화해협이 내려다보인다. 낙빈왕의 시구 중 "누각은 창해에 뜬 해를 바라보고, 문은 절강의 조수를 대하네.〔樓觀滄海日, 門對浙江潮.〕"를 가리킨 것 같다. 이 시구는 5언고시 〈영은사(靈隱寺)〉의 구절로 《전당시(全唐詩)》에는 송지문(宋之問)의 작으로 되어 있는데, 《고금문선(古今文選)》에는 낙빈왕의 작으로 되어 있다. 《당기사(唐紀事)》에는 다음과 같은 이야기가 전한다. 송지문이 좌천되어 강남에 이르러 항주의 영은사에 와서, 달 밝은 밤에 시를 짓기를, "취령은 울창하게 우뚝 솟았고, 용궁은 문 닫힌 채 적막하구나.〔鷲嶺鬱岧嶢, 龍宮鎖寂寥.〕" 하고 나서 뒤를 이을 구절이 생각나지 않아 고심하고 있는데, 한 노승이 나타나 "樓觀滄海日, 門對浙江潮."를 일러 주었다. 이 노승이 바로 낙빈왕이었다고 한다.

406 목은(牧隱) : 고려 말의 문신·학자였던 이색(李穡, 1328~1396)의 호이다.

납극 신고 산에 노니 흥취 절로 청정한데　　蠟屐遊山興自淸
전등사의 늙은 스님 나의 길을 인도하네　　傳燈老釋導吾行
창문 새로 먼 산들은 하늘가에 늘어섰고　　窗間遠岫際天列
누각 아래 먼 바람은 물결 불어 일으키네　　樓下長風吹浪生
천문역법 통달했던 오태사는 아득하고　　星曆蒼茫伍太史
구름 연기 자욱한 삼랑성은 아스라하여라　　雲煙縹緲三郞城
정화공주 원당은 지금 누가 세우려나　　貞和願幢今誰植
벽상 기문 먼지 가득 나그네 맘 슬프게 하네　　壁記塵昏傷客情

오태사(伍太史)는 바로 오윤부(伍允孚)[407]가 아닌가 싶다.

절 서쪽으로 백여 보에 선원보각(璿源寶閣)이 있고, 장사각(藏史閣)[408]은 그 오른편에 있는데 모두 동쪽을 향해 있었다. 숙배를 마치고 한참동안 조망하노라니 흐렸던 날이 또한 점차 맑아져서 초지(草芝)의 여러 포구들이 마치 발 앞에 있는 듯하였고, 김포(金浦)의 여러 나루 또한 그 바깥에 구불구불 이어져 있었으며, 삼각산이며 송악산도 모두 바라볼 수 있었다.

서문을 나와 가파른 비탈을 내려가 선두포진(船頭浦鎭)에서 쉬었는

407 오윤부(伍允孚) : ?~1304. 고려 후기의 점술가로 복흥(復興) 오씨(伍氏)의 시조(始祖)이다. 대대로 태사국(太史局)의 벼슬을 하는 집에서 태어났고, 충렬왕(忠烈王) 때 판관후서사(判觀候署事)가 되었다. 천문을 보고 길흉을 점치는 일에 정통하여 밤새도록 천문을 관측하였는데 점을 치면 반드시 맞아 임금의 신임을 받았다. 성품이 올곧아 괴이한 일이 생길 때마다 직언을 하였고 간언을 잘 하였다. 그 뒤 도첨의찬성사(都僉議贊成事)로 치사(致仕)하였다.

408 장사각(藏史閣) : 《실록》을 보관하던 정족산의 사고(史庫)이다.

데, 전등사로부터 겨우 3리였다. 서남쪽으로 3리를 가서 큰 저수지를 구경하였다. 저수지는 바로 병술년에 민상국(閔相國) 진원(鎭遠)[409]이 유수(留守) 때 축조한 것으로, 바다 어귀를 가로 끊어서 동쪽은 길상산 비탈에서부터 서쪽은 촉피봉(矗陂峰) 아래에 이르기까지 5백여 보는 됨 직하였으며, 공사비용만도 수만 냥이 들었다. 그 안쪽 진흙으로 양전(良田)을 이룬 것이 수천 이랑이었고, 이어서 밭을 갈 수 있는 곳도 또한 그와 같았으니 부의 백성들에게는 만세의 이로움이 되어주었다.

포구 동쪽에는 양암돈(陽巖墩)이, 서쪽에는 갈곶돈(葛串墩)이 있었는데 모두 바다로부터 멀리 떨어져 있었고 지금은 없어졌다. 처음에 마니산(摩尼山) 꼭대기에 올라가려고 하였으나, 서쪽으로 산마루를 바라보니 먹구름이 자욱이 덮여있어 바라볼 수조차 없기에 마침내 곧바로 돌아왔다. 30리를 가니 대문현(大門峴)이 나왔는데, 산 위에 토성(土城)의 터가 있었으니 고려조에 축성한 것으로 이것이 곧 남대문이라고 하였다. 산 위에 앉아 술을 조금 마시며 성안을 굽어보았더니 궁궐과 누대가 자못 웅장하였으며, 동북쪽으로 갑진(甲津)과 연미(燕尾) 등 여러 승경들도 모두 바라다보였다. 오후에 부(府)의 관아로 돌아왔는데 7리쯤 되었다.

409 민상국(閔相國) 진원(鎭遠) : 민진원(閔鎭遠, 1664~1736)으로 본관은 여흥(驪興), 자는 성유(聖猷), 호는 단암(丹巖)·세심(洗心)이다. 좌찬성 송준길(宋浚吉)의 외손이며, 숙종비 인현왕후의 오빠이자 우참찬 민진후(閔鎭厚)의 동생이다. 송시열의 문인이다. 1706년 강화부 유수를 지내는 동안 석성을 수축했고 선두포 둑을 쌓았다. 우의정·좌의정·중추부 판사를 역임하였다. 영조의 묘정에 배향되었으며, 시호는 문충(文忠)이다.

월곡집

제11권

서書

묘지명墓誌銘

서書

홍군소 박[1]에게 준 편지 정유년[2]

與洪君素 樸○丁酉

요즈음 부모님 모시고 잘 있다고 하니 슬픈 마음[3] 다소 위안이 되네. 일전의 편지는 외람됨이 두려웠는데, 보내준 답장을 받고 보니 죄를 주지 않을 뿐 아니라 정성스럽게 깨우쳐 준 뜻이 더함만 있고 쇠함이 없었으니 몽매한 사람에게 계도하고 일깨워 준 것이 참으로 많네그려.

내 비록 매우 어리석지만 후의를 입은 것을 어찌 모르며 또 죄 지은 것을 스스로 반성할 줄 어찌 모르는 자이겠나? 내가 전에 말한 것은 다른 뜻이 있는 것이 아니라, 대개 《상서(尙書)》 50편의 뜻은 정일심법(精一心法)[4]과 치평대경(治平大經)[5]을 벗어나지 않으니, 이것을 놓아

1 홍군소(洪君素) : 홍박(洪樸)이다. 홍봉조(洪鳳祚)의 맏아들로, 오원과는 15세 때부터 함께 노닐던 친구이다. 19세에 요절하였고 오원이 지은 〈홍군소애사(洪君素哀辭)〉가 《월곡집》 권14에 있다.

2 정유년 : 숙종 43년(1717), 오원의 나이 18세이다.

3 슬픈 마음 : 한 해 전 1716년 부친 해창위(海昌尉)의 상을 당하여 상중에 있던 상태였기 때문에 이렇게 말한 것이다.

4 정일심법(精一心法) : 《서경》 〈대우모(大禹謨)〉에 "인심은 위태롭고 도심은 은미하니, 오직 정밀하게 살피고 오직 전일하게 지켜야 진실로 중도를 잡을 수 있다.〔人心惟

두고는 다른 것을 구하려 해도 될 수 없다는 것과 독서 공부는 진실로 의심이 스르르 풀리고 뜻이 꼭 들어맞는 것이 있지 않으면 끝내 어두워서 얻는 것이 없게 되므로 읽었다고 할 수 없다는 것이었네. 나는 그대에게 진실로 감히 장구나 표절하는 학문을 가지고 서로 기약하자 할 수 없기 때문에 우러러 바라는 것이 자연히 이와 같을 수밖에 없었네. 만일 진심이 아닌 과분한 칭찬으로 나의 죄를 짓는다면 그것은 진정 아닐세.

지금 보내준 편지에 "내 자신이 들어와서는 효도하고 나가서는 공경하는 것[6]이나 사물의 이치를 궁구하고 깊이 체득하는[7] 것 어느 하나

危, 道心惟微, 惟精惟一, 允執厥中.〕"라고 한 데서 나온 것으로 정(精)으로 도심(道心)을 존양(存養)하고, 일(一)로 인심(人心)을 성찰(省察)하는 법이다. 형기(形氣)에서 나오는 인심은 사(私)로 빠지기 쉽고, 의리(義理)에서 나오는 도심은 어두워지기 쉽기 때문에 정밀(精密)하게 살펴 형기에서 나오는 사사로운 마음을 배제하고, 전일(專一)하게 지켜 의리에서 나오는 바른 마음을 보존하라는 것으로, 송유(宋儒)는 이를 요(堯)·순(舜)·우(禹)가 서로 전수한 심법(心法)이라고 하였다.

5 치평대경(治平大經) : 《대학장구》 경 1장에서 이른 "사물의 이치가 이른 뒤에 앎이 지극해지고, 앎이 지극해진 뒤에 뜻이 성실해지고, 뜻이 성실해진 뒤에 마음이 바루어지고, 마음이 바루어진 뒤에 몸이 닦이고, 몸이 닦인 뒤에 집안이 가지런해지고, 집안이 가지런해진 뒤에 나라가 다스려지고, 나라가 다스려진 뒤에 천하가 고르게 된다.〔物格而后知至, 知至而后意誠, 意誠而后心正, 心正而后身修, 身修而后家齊, 家齊而后國治, 國治而后天下平.〕"라는 큰 법칙을 말한다.

6 들어와서는……공경하는 것 : 《소학(小學)》 〈제사(題辭)〉에 "소학의 교육 방법으로 말하면, 물 뿌리고 쓸며 응하고 대답하며, 들어와서는 효도하고 나가서는 공손하여, 동작이 혹시라도 어긋남이 없게 하는 것이다. 이것을 행하고 나서 여력이 있으면, 시(詩)를 외우고 서(書)를 읽으며, 읊고 노래하며 춤추고 뛰어, 생각이 혹시라도 지나침이 없게 하는 것이다.〔小學之方, 灑掃應對, 入孝出恭, 動罔或悖, 行有餘力, 誦詩讀書, 詠歌舞蹈, 思罔或逾.〕"라는 말이 나온다.

능한 것이 없는데 어찌 감히 이것을 바랄 수 있겠나?"라는 말이 있는데, 이 말을 깊이 음미하면 절실하게 묻고 가까이 생각하는 뜻[8]과 등급을 뛰어넘고[9] 절차를 무시하는 병폐를 깊이 경계하는 것을 볼 수 있는지라, 마음속으로 탄복함은 이미 말할 수 없고 나의 죄까지도 스스로 알게 되네.

일찍이 듣기로는 독서하여 학문을 하는 방법은 반드시 먼저 《소학(小學)》을 읽어 놓아버린 마음을 거두어 큰 근본을 확립한 다음[10], 사서

7 사물의……체득하는 : '窮'은 거경궁리(居敬窮理)를 뜻하고, '格'은 격물치지(格物致知)를 뜻하는데, 거경궁리는 잠시도 쉬지 않고 마음을 집중하여 원리를 규명한다는 뜻이고, 격물치지는 실제적인 사물을 통하여 이치를 궁구함으로써 온전한 지식에 도달하는 것을 말한다. '涵泳'은 우유함영(優遊涵泳), 즉 조용히 탐구하여 깊이 체득함을 이른다.

8 절실하게……뜻 : 원문의 '切問近思'는 자기 내면의 맨 밑바닥까지 깊이 파고들어 정밀하게 분석하고 연구하는 것을 말한다. 《근사록(近思錄)》〈위학(爲學)〉에 "학문이란 단지 채찍질하여 내면으로 접근해서 자기 몸에 붙게 하는 것일 뿐이다. 그러므로 간절히 묻고 가까이 생각하면 인이 그 가운데에 있다.〔學只要鞭辟近裏, 著己而已. 故切問而近思, 則仁在其中矣.〕"라는 정명도(程明道)의 말이 나온다.

9 등급을 뛰어넘고 :《예기》〈학기(學記)〉에 "절차를 뛰어넘지 않고 가르치는 것을 손이라 하고, 학자들끼리 서로 장점을 보고 배워 선해지게 하는 것을 마라 한다.〔不陵節而施之謂孫, 相觀而善之謂摩.〕" 하였다. 또 주희는 《논어》〈위정(爲政)〉의 "나는 15세에 학문에 뜻을 두고……70세에는 하고 싶은 대로 해도 법도에 어긋나지 않았다.〔吾十有五而志于學……七十而從心所欲, 不踰矩.〕"에 대한 집주(集註)에서 호씨(胡氏)의 말을 인용하여 "첫째, 배우는 사람이 충분히 침잠하고 음미해야지 등급을 뛰어넘어 나아가서는 안 됨을 보이고, 둘째, 배우는 사람이 나날이 나아가고 다달이 진보해야지 중도에 그만두어서는 안 됨을 보인 것이다.〔一以示學者當優游涵泳, 不可躐等而進, 二以示學者當日就月將, 不可半途而廢也.〕"라고 하였다.

10 소학을……다음 :《소학집주》 총론에서 진씨(陳氏)가 "정자는 주경(主敬)하는 공

(四書)로 나아가고, 그 다음 삼경(三經)으로 미쳐가, 궁리(窮理)와 치지(致知)의 공을 이루어야 한다고 하니, 이는 그 차례를 어지럽힐 수 없는 것이네. 자네는 《소학》과 사서에 대해서는 진실로 이미 숙독하였을 테지. 그러나 정밀하게 생각하고 힘써 실천하는 공부[11]는 아마도 꼭 다했다고 할 수 없을 것인데, 지금 갑자기 한 권의 《상서》에만 힘을 기울이고자 하니, 공부의 과정이 진실로 순서를 잃어버려 의미가 분명하지 못하게 될 수도 있네. 그렇게 되면 내가 앞에 한 말도 단계를 뛰어넘는 것을 면치 못할 터이고, 실은 자네의 공부 또한 먼저 이러한 문제점에 가깝지 않겠나?

그러나 만일 자네가 내가 순서에 따라 공부해가는 것으로 권면하지 않고 갑자기 극치(極致)의 공효를 바란다고 하여 그 유망(謬妄)함을 책망한다면 나는 진실로 남을 위하여 일을 도모하면서 충성스럽지 않은[12] 죄를 지은 것이니 어찌 감히 도피할 수 있겠나? 어찌 감히 도피할 수 있겠나? 그러나 자네가 혹 내 말을 통해 성찰을 더 하고, 마음을

부가 소학의 빠진 것을 보충할 수 있다고 하였으니, 주경하면 방심을 거두어 큰 근본을 세울 수 있다.〔程子說主敬工夫, 可以補小學之闕 蓋主敬, 可以收放心而立大本.〕"라고 하였다.

11 정밀하게……공부 : 송유(宋儒) 장재는 밤에 자리에 누워 있다가도 의리에 대해서 새로 깨달은 점이 있으면 바로 일어나서 붓으로 얼른 기록하곤 했다고 한다. 주희는 〈횡거선생찬(橫渠先生贊)〉에서 "정밀하게 사색하고 힘껏 실천하며, 묘하게 계합할 때마다 얼른 기록하였다네.〔精思力踐, 妙契疾書.〕"라고 칭송하였다. 《晦庵集 卷6》

12 남을……않은 :《논어》〈학이(學而)〉에, "나는 하루에 세 가지로 자신을 반성하노니, '남을 위해 도모함에 충성스럽지 않았던가? 벗과 사귐에 신의가 있지 않았던가? 전수받은 것을 복습하지 않았던가?'이다.〔吾日三省吾身, 爲人謀不忠乎? 與朋友交而不信乎? 傳不習乎?〕"라는 말이 있다.

돌이켜 《소학》에 종사하여 반드시 몇 달 공부를 하고,[13] 그 다음으로 《대학》·《논어》·《중용》으로 나아간 다음에 《상서》와 여러 경전으로 미쳐 간다면 그 근본이 더욱 굳건해지고 궁격(窮格)까지 순서가 있게 될 것이니 내가 기대하는 바에 나아가는 것이 무엇이 어렵겠나? 그러하다면 나 또한 다행일 터이지만 그게 아니면 나는 자네가 나를 대하는 점에 대해서 끝내 석연치 못하게 여길 것이네.

나는 앞 편지에서 공부의 과정이 엄격하지 않아 식견이 이르지 못하는 것을 매우 근심하였네. 그런데 자네는 이 말을 보자마자 근심할 만한 일은 아니라고 하여, 가르침을 주지 않았을 뿐 아니라 끝내 조금도 염려하는 뜻이 없었네. 이는 나를 걱정하는 것이 범범한 것이 아니고 무엇이겠나? 이것을 또한 권면하고 기대하는 것이라고 말할 수 있겠나? 이는 실로 내가 자네에게 앙망할 바가 아니고 내가 석연치 못하게 여기는 까닭이기도 하네. 이것이 어찌 미혹되고 막힌 견해가 깨달음을 주지 못해서이겠나? 자네가 사람을 가르친 것이 결국 미진함이 있어서 그런 것이 아니겠나? 다시 가르침을 주기 바라네.

또 보내준 편지에 대해 답장을 보내려 하는데 이것이 혹 자네에게 도움을 주어 앞서 저지른 잘못이 조금 속죄될 수 있을지 모르겠네. 듣자니 놓아버린 마음을 찾는 것은 학자가 먼저 힘써야 할 것이라는데, 이것은 정일의 심법[14]과 별개의 것이 아니네. 일상의 언행을 모두 일심

13 소학에……하고 : 어떤 이가 주자에게 《소학》 공부를 제대로 하지 않고서 《대학》을 보고 싶다고 여쭙자, "반드시 《소학》에서 시작해야 하니, 몇 개월의 공부를 하라.〔須從小學始, 只消旬月工夫.〕"라고 대답한 바 있다. 여기서 '消'는 '須'의 의미로 쓰였다.

14 정일(精一)의 심법(心法) : 279쪽 주4 참조.

(一心)이 관장하는 바이니 비록 치평(治平)의 대경(大經)이라 해도 이를 벗어나지 않는다네. 지금 만일 이 마음을 애친(愛親)・경장(敬長)・시청언동(視聽言動) 사이에 두어 아래에서 배워 위로 통달한다면[15] 정일심법(精一心法)이 바로 나의 마음이 되고 치평대경(治平大經)이 바로 나의 일이 될 것이니 어찌 고원하여 미치기 어려운 것이 있겠으며 또 어찌 거칠고 정밀하고 크고 작다 말할 것이 있겠나? 이것이 진실로 내가 배우기를 원하지만 능할 수 없는 것이고, 또한 자네가 뜻은 있지만 이루지 못한 것이기도 하네. 나처럼 용렬하고 나약하고 보잘 것 없는 자는 진실로 크게 분발하고 진작시키지 않고서는 끝내 성인의 길에 들어갈 방법이 없을 것이지만, 자네처럼 과단성 있고 예리한 자질을 가진 사람이라면 진보하는 데 있어서 의당 어려움이 없을 것인데 끝내 시원스레 이루어내지 못하는 것은 왜인가? 아마도 밖을 향하는 어수선한 병통이 다 제거되지 않고 독실하게 침잠하는 재미가 부족해서 그런 것이 아니겠나?

대개 덕을 진보시키는 요체는 기질을 바로잡는 데 있고, 극기(克己)의 공효는 치우친 곳부터 먼저 시작하는 것이니 위현(韋弦)의 경계[16]가

15 아래에서……통달한다면 :《논어》〈헌문(憲問)〉에 "하늘을 원망하지 않으며 사람을 탓하지 않고, 아래로 인사(人事)를 배우면서 위로 천리(天理)를 통달하나니, 나를 알아주는 것은 하늘일 것이다.〔不怨天, 不尤人, 下學而上達, 知我者其天乎!〕"라는 구절이 있다.

16 위현(韋弦)의 경계 : 위현(韋弦)은 스스로 몸가짐을 중도에 맞도록 경계하는 것을 이른다. 옛날에 성질이 매우 급했던 서문표(西門豹)는 부드러운 가죽을 몸에 지녀서 성질을 느슨하게 하고, 마음이 매우 느슨했던 동안우(董安于)는 팽팽한 활시위를 몸에 지녀서 마음을 조금 급하게 하여, 각각 그 부족한 것을 보충했다는 고사가 있다.《韓非子 觀行》

나와 자네가 마땅히 힘써야 하는 것이 아니겠나? 이것은 내가 평소 담아두었던 생각인데 지금 자네를 위해 말하는 것은 감히 자네가 이것을 알지 못한다고 여겨서가 아니라 나 또한 진실로 할 수 없는 일이기 때문이라네. 자네가 살펴주게.

나로 말하자면 자신은 하지 못하면서 남에게 바라기만 하고, 실행은 없으면서 말만 하는 사람이네. 비록 입이 닳도록 말을 한들 일에 무슨 보탬이 되겠나? 진실로 자네에게 인정을 받는 후대를 입었기 때문에 감히 외면할 수 없어서 번번이 우견을 제공하지만 마음속으로 반성해 보면 나도 모르게 얼굴이 벌게지고 땀이 난다네. 말한 내용은 실로 진실과 정성에서 나온 것이니 자네는 허망한 말이라고 하여 버리지 말아주시게. 가르칠만한 것은 가르치고 채택할만한 것은 채택해 준다면 나는 매우 다행으로 여기겠네.

일전에 김형 문보께서 장문의 편지를 보내와 간곡히 권면해 주셨는데 그 뜻이 참으로 두터워 매우 감탄을 하였네. 나는 한 해가 다 저무는 때를 맞아 성품이 완고하고 사나운 것을 더욱 깨달았네. 내일은 부모님 산소에 가서 살필 생각인데 어린아이처럼 그리는 마음[17] 또 다시 더욱 망극할 테지. 그 밖에 신년을 맞이하여 더욱더 복 많이 받으시기를 축원하네. 굽어 살펴주기를 두루 바라며 이만 줄이네.

17 어린아이처럼……마음 : 원문의 '孺慕'는 어린아이가 부모를 그리워하듯 어버이의 죽음을 슬퍼하며 사모하는 것을 말한다.

김문보[18]에게 답한 편지

答金文甫

일전에 왕림하셨을 때 자못 권장함을 얻어 감사함을 이루 말할 수 없었는데, 이어서 또 보내주신 긴 편지를 받으니 말씀의 취지가 자상하여, 힘써 가르치고 경계해주시는 도리와 마음을 비우고 유익함을 구하시는 뜻이 문장 사이에 넘쳐흘렀습니다. 내 평생 고루하여 일찍이 남들에게 이러한 것을 얻은 것이 없었는데 지금 그대에게서 홀연 이러한 말을 듣고 보니 감격스럽고 다행한 마음 또 어떠하겠습니까? 비록 그 가운데 간혹 요구하고 기대함이 과분한 곳이 있기는 하지만 또 어찌 내가 감히 감당하지 못할 일을 해명하겠습니까?

제가 이 학문에 뜻이 없는 것이 아니로되, 끝내 실제로 조금의 힘도 쓰지 못하는 것은 아마도 성의(誠意)가 확립되지 않아 모든 일이 다 무너졌기에, 심지(心志)와 정신(精神)이 게으르고 어수선해져 동정(動靜)과 위의(威儀)가 통섭받을 데가 없고, 송독(誦讀)과 사색(思索)이 도처에서 꽉 막혀서일 것입니다. 그런데도 우매한 저는 끝내 이것이 근심이 된다는 것을 알아차려 고칠 방법을 생각하지 못합니다.

지금 보내주신 편지를 받아보니 병통을 지목하여 말씀하시고 약방

18 김문보(金文甫) : 김성재(金聖梓, 1698~1767)로, 본관은 청풍(淸風), 자는 문보이다. 증조는 김우명(金佑明)이고, 부친은 김도협(金道浹)이다. 1719년(숙종45)에 증광시 진사시에 합격하였고, 호조 정랑 · 파주 목사(坡州牧使) · 청주 목사(淸州牧使) · 한성부 서윤(漢城府庶尹) · 선공감 부정(繕工監副正) 등을 역임하였다.

을 열어 보여주심이 명백하고도 적절하여 띠풀에 가려졌던 마음[19]이 황연히 크게 깨달음을 얻었으니, 마치 고황에 든 폐질(廢疾)을 다시 회복시켜 사람을 만들어 주신 것 같습니다. 그 중한 은혜를 어찌 갚아야 좋을는지요? 그러나 이는 단지 그대가 밖에 나타난 것만을 보시고 그렇게 말씀하신 것일 뿐, 그 마음 속 은미한 틈이라면 비록 그대라 할지라도 어떻게 다 살피실 수 있겠습니까?

보내주신 편지를 통해 제 스스로를 반성해 보니 본심(本心)의 양지(良知)가 이미 오래전에 없어져 나쁜 생각과 사사로운 욕심이 뱃속을 막고 있는지라, 하루가 가고 한 달이 가는 사이에 천리를 보존하는 것이 한 순간도 가능하지 않습니다. 그러니 비록 사람의 모습을 하고 있다고는 하지만 실제로는 금수와 무엇이 다르겠습니까? 비록 성인의 책을 읽는다고는 하지만 도리어 책을 읽지 않는 자가 남을 속이지 않느니만 못하니 이 또한 부끄럽고 진실로 안타까울 따름입니다.

그러나 이는 모두 근원이 있으니 심술(心術)이 성실하지 못하고, 기질이 강하기 어려워서입니다. 무릇 사람들이 악을 마땅히 제거해야 한다는 것을 모르는 바는 아니로되 끝내 제거하지 못하는 것은 대개 남들이 볼 수 없는 은미한 혼자만의 생각이 대중이 다 같이 알 수 있는 드러난 현저한 행위와는 다르기 때문입니다. 그러므로 우선 구차하게 가리고 덮어서 자신도 속이고 남도 속이려고 하는 것이지요.

19 띠풀에……마음 : 마음이 물욕에 가려짐을 비유한 말이다. 맹자(孟子)가 고자(高子)에게 이르기를, "산중의 오솔길이 잠깐 사람이 이용하면 길이 되고, 한참 동안만 이용하지 않으면 띠풀이 나서 막아 버리나니, 지금 띠풀이 그대의 마음을 막아 버렸도다.〔山徑之蹊間, 介然用之而成路, 爲間不用則茅塞之矣, 今茅塞子之心矣.〕"라고 한 데서 온 말이다.《孟子 盡心下》

지금 제가 늘 하는 일이 비록 대단한 과오는 없다 해도, 언어와 강론은 참으로 높은 뜻과 원대한 생각을 가진 것 같지만 돌이켜 마음에서 구해보면 속이고 과장되게 꾸며서 남의 이목을 덮는 게 아닌 것이 없습니다. 소인이 속으로는 악을 행하면서 겉으로만 선한 척하는 것과 무엇이 다르겠습니까? 진실로 이러한 마음을 채운다면 무엇인들 하지 못하겠습니까?

이 때문에 때로는 혹 처연히 스스로 슬퍼하면서 마음을 고치고 생각을 바꿀 것을 생각하지만 번번이 옛 습관에 빼앗기고 외물이 또 따라서 흔듭니다. 진실로 기질이 강하여 과연 스스로 이겨내면서 중단 없이 용감하게 갈 수 있고 우뚝이 서서 움직이지 않을 수 있는 자가 아니라면 어떻게 혈전을 하여 승리를 취할 수 있겠습니까?

스스로 생각하기에 저의 기질은 나약하고 용렬한 데 치우쳐져 있어서 능히 분발하여 확고히 지키지를 못합니다. 그래서 늘 어렵게 애쓰는 것을 괴로워하고, 옛날의 간편한 것에 안주하며, 매번 사욕의 유혹에 이끌리면서 마음을 놓친 것조차 잊어버립니다. 한 가지 선한 생각을 했다가도 문득 막는 것이 있고, 한 순간 보존했다가도 문득 다시 잃어버리니 비록 스스로 노력하려 해도 어떻게 할 도리가 없습니다. 이와 같은데 무슨 큰일을 하기를 바라겠습니까? 주신 편지에서 "용감하게 나아가는 공부가 부족하다"라고 말씀하신 것은 아마 이것을 살피셨기 때문일 것입니다. 이것이 다 병의 근원이니 진실로 이를 고치지 못한다면 아무리 세월을 쌓는다 해도 다만 오늘과 같을 뿐일 터, 장차 어찌 조금이라도 진익(進益)하는 것이 있겠습니까?

아! 사람이 사람이 되는 까닭이 어찌 이목구비가 엄연히 얼굴에 있는 것을 말하는 것이겠습니까? 성인이 책을 지으신 이유가 어찌 다만 사람들로 하여금 장구(章句)나 외고 익히게 하여, 듣고 말하는 자료로 삼으려 한 것일 뿐이겠습니까? 이런 이유로 한밤중에 하나의 생각이 발동할 때면 부끄럽고 두려워 속에서 얼음과 숯덩이가 뒤섞이는 것도 느끼지 못합니다.

아! 시간은 흘러가서 세월이 기다려주지 않으니,[20] 젊어서 힘쓰지 않아 늙어서도 성취한 것이 없으면 비록 아침에 도를 듣고 저녁에 죽는 귀신[21]이 되고 싶어도 될 수 있겠습니까? 이것이 진실로 제가 크게 걱정하는 것입니다. 그러나 일찍이 듣건대 주자께서 "이것이 병인 줄 알았다면 이렇게 하지 않는 것이 곧 약이다."[22]라고 말씀하셨다고 합니다. 지금 제가 기왕에 걱정할 만한 일이라는 것을 알았으니 마땅히 힘써야 할 것을 알지 못해서야 되겠습니까?

진실로 오늘부터 "경(敬)" 한 글자에 힘을 쏟아, 집에 들어와서 효도하고 나가서 공경을 하는 것과 일상 생활하는 사이에 있는 모든 것에 있어서 이것〔敬〕으로 주를 삼지 않음이 없도록 하고, 그 흐트러진 마음을 거두어 강해지기 어려운 기질과 성실하지 못한 심술(心術)에 더욱

20 세월은……않으니 : 노(魯)나라 계씨(季氏)의 가신(家臣)인 양화(陽貨)가 일찍이 길에서 공자를 만나서 "도덕을 속에 품고 어지러운 나라를 그대로 두는 것이 인하다고 이를 수 있겠는가?……시간은 흘러가니 세월이 나를 기다려 주지 않느니라.〔懷其寶而迷其邦, 可謂仁乎?……日月逝矣, 歲不我與.〕"라고 말한 바 있다. 《論語 陽貨》

21 아침에……귀신 : 《논어》〈이인(里仁)〉에 나오는 "아침에 도(道)를 들으면 저녁에 죽어도 좋다.〔朝聞道, 夕死可矣.〕"라는 말을 원용한 표현이다.

22 이것이……약이다 : 주희(朱熹)의 〈혹인(或人)에게 답한 편지〉에, "이와 같음이 병이 됨을 알면 이처럼 하지 않는 것이 약이 된다.〔如此是病, 卽便不如此是藥.〕"라는 말이 있다. 《朱子大全 卷64》

성찰을 가함으로써 병의 근원을 제거하여 허령한 마음을 항상 뱃속에 있게 한다면, 보고 듣고 말하고 행동하는 것이 명령을 듣는 바가 있어 독서하고 궁리하는 데 자연히 총명과 예지가 생길 것입니다. 이것은 진실로 덕을 이룬 군자의 일이어서 실로 저와 같은 우매한 사람이 감히 앙망할 바가 아니나, 그 뜻만은 감히 스스로 힘써 보려고 하지 않은 것이 아닙니다. 용렬하고 비루하다고 끝내 해내지는 못한다면, 또한 다만 빈 말이 될 뿐일 테니 말입니다.

지금 그대는 자신의 병통을 가지고 저에게 물으시면서, 마치 도움을 구하는 자처럼 하고 계십니다. 비록 선한 말 듣기를 좋아하고[23] 아랫사람에게 묻기를 부끄러워하지 않는 뜻[24]이 매우 적극적이기로서니 제가 어찌 적격자이겠습니까? 적격자이겠습니까? 그러나 제가 그대에게 받은 은혜가 지극히 깊고 두텁거늘, 하물며 그대가 오늘날 우도(友道)가 상실된 것을 개탄하시면서 이것으로 자처하고 또 이것으로 저를 책망하시는 데야 어쩌겠습니까? 제가 지금 만일 끝내 입을 다물 뿐이라면

23 선한……좋아하고 : 송나라 때 소강절(邵康節)이 "선한 사람 보기를 즐겨하며, 선한 일 듣기를 즐겨 하며, 선한 말 말하기를 즐겨하며, 선한 뜻 행하기를 즐겨 하며, 남의 악한 점을 듣거든 가시를 몸에 진 것 같이 여기고, 남의 선한 점을 듣거든 난초를 몸에 지닌 것 같이 여기라.〔樂見善人, 樂聞善事, 樂道善言, 樂行善意, 聞人之惡, 如負芒刺, 聞人之善, 如佩蘭蕙.〕"라고 말한 바 있다.《性理大全 皇極經世書 觀物外篇 無名公傳》

24 아랫사람에게……뜻 : 위(衛)나라 대부(大夫)인 공어(孔圉)의 시호(諡號)가 문(文)인 까닭을 자공(子貢)이 묻자, 공자가 "명민하면서도 배우기를 좋아하고, 지위가 높은데도 아랫사람에게 묻는 일을 부끄러워하지 않았으므로 시호를 문이라고 한 것이다.〔敏而好學 不恥下問 是以謂之文也〕"라고 대답한 말이《논어》〈공야장(公冶長)〉에 나온다.

이는 다만 그대가 베풀어준 은혜를 버리는 것일 뿐 아니라, 그대가 저를 세상에 순종하고 면전에서 아첨이나 하는 사람과 같은 부류로 싸잡아 보지 않으시겠습니까? 이렇게 되면 제가 그대에서 무겁게 죄를 얻는 일이 될 것입니다. 그러나 만일 말을 하려고 할진댄 무지한 제가 장차 무슨 말로 그대의 부족한 바를 돕겠습니까? 알지 못하는 것을 이왕에 억지로 말할 수 없을 바에는 우선 제가 힘쓰고자 하였으나 되지 않는 것을 가지고 그대를 위해 한번 일러드려서, 애오라지 그대에게 가르침을 구하고, 또한 그대가 덕을 진취시키는 공부에 행여 만에 하나라도 도움이 되기를 바랄 터이니 그대는 살펴주소서. 제가 이렇게 하는 것은 감히 그대가 꼭 저와 같은 병통과 저와 같은 걱정을 가지고 있다고 여겨서가 아닙니다.

대개 좁은 소견[25]으로 말씀드리자면 그대는 경건한 마음을 지녀 지켜 나가고 흐트러진 마음을 거두어들이는 공부에 있어서 여전히 착실하지 못한 것이 있는 것 같습니다. 심술(心術)의 은미함 같은 것은 비록 감히 잘 알지 못한다손 치더라도, 언행과 사려는 혹 표리가 한결같지 못한 듯싶고, 기질의 아름다움은 이미 도에 가깝지만, 온화하고 부드러운 것은 남음이 있고 굳세고 과감한 것은 부족함이 있는 것 같습니다. 일찍이 그대가 개연히 자책하면서 "순 임금은 어떤 사람이고 나는 어떤 사람인가."[26]라고 하시는 것을 본 적이 있기 때문에 문득 이 말을 그대

25 좁은 소견 : 원문의 '管中之窺'는 붓 대롱을 통하여 하늘을 본다는 뜻으로, 전체를 보지 못하고 어느 일부분만을 보아 견식(見識)이 아주 협착한 것을 의미한다. 《장자》 〈추수(秋水)〉에 "이는 곧 가느다란 대롱 구멍으로 하늘을 보고 송곳으로 땅을 가리키는 격이니, 또한 작지 아니한가.〔是直用管窺天, 用錐指地也, 不亦小乎?〕"라고 하였다.

26 순 임금은……근심 : 누구나 노력하면 순 임금과 같은 성인이 될 수 있는데 그렇게

에게 올리는 것이니 그대는 망언이라 여기지 마시고 살펴주시기 바랍니다.

저의 병통으로 그대가 병통이 있는 듯 여기시고 저의 근심으로 그대가 근심을 가진 듯 여기면서 제가 힘쓰고자 하는 것에 힘을 쓴다면, 참으로 스스로 다스림이 매우 용맹스럽고 생각을 씀이 매우 깊을 것입니다. 그러나 몸을 닦는 방법은 귀함이 엄밀함에 있고, 도가 행해지지 못할까 근심하는 뜻[27]은 간절함을 싫어하지 않는 법이니, 그렇게 한다면 덕의 진취에 반드시 장차 날로 새로워지는 점이 있을 것입니다. 하물며 근본을 북돋아 주는 것이 더욱 깊고 두텁다면 지엽의 병통은 절로 가벼워지지 않겠습니까. 그대가 병통으로 여기는 것은 일상생활에서의 동정이 마땅함을 잃어서 서책에서 그 뜻을 찾아도 통하기 어려운 것이니 약방을 별도로 구할 필요가 없습니다. 그러한즉 이는 나에게 있어서는 진실로 공언이 되어 도움이 없지만 그대가 이를 수용한다면 또한 보탬이 없다고 할 수 없을 것입니다. 간혹 "글 뜻이 통하지 못하니 감히 학문을 바랄 수 없다."라는 것으로 말씀하시고 지금 또 이것을 반복해서 물어오셨는데 제가 지경수심(持敬收心)의 설로 누누이 진언

하지 못하는 근심을 의미한다. 안연이 말하기를 "순 임금은 어떠한 분이며, 나는 어떠한 사람인가? 훌륭한 일을 하는 자는 또한 이 순 임금과 같다.〔舜何人也? 予何人也? 有爲者亦若是.〕"라고 하였다. 《孟子 滕文公上》

27 도가……근심하는 뜻 : 《논어》〈위령공(衛靈公)〉에 "군자는 도를 도모해야지 먹을 것을 도모해서는 안 된다. 농사를 지어도 그중에 굶주림이 있는 법이요, 학문을 하여도 먹을 녹이 그 속에 있는 것이다. 그래서 군자는 도가 행해지지 못할까 근심하고 가난할까 근심하지 않는 것이다.〔君子謀道不謀食. 耕也, 餒在其中矣, 學也, 祿在其中矣. 君子憂道不憂貧.〕"라고 한 말이 나온다.

한 것이 혹 허망한 말은 아닐 터이니 그대는 다시 더 살펴주시기 바랍니다.

지난번 편지에서 그대는 《맹자》를 읽고 있는 중이라고 말씀하셨지요. 인욕을 막고 천리를 보존하는 공효는 진실로 이 책에서 벗어나지 못할 터이지만, 내가 듣기에 독서의 순서는 반드시 《대학》을 먼저 읽고 그 다음 《논어》《맹자》로 미쳐가야 한다고 합니다. 《소학》의 경우는 더욱더 처음부터 힘을 기울여야 하는 책이지요. 그대도 이 책은 이미 익히셨으리라 생각하지만 아마도 꼭 정밀하고 적절하게 공부하지는 않았을 듯싶은데, 혹 다시 이 순서에 의거하여 공부를 하시지 않겠습니까?

일찍이 《격몽요결(擊蒙要訣)》을 보니 이것에 대해 논한 것이 매우 자세히 갖추어져 있던데,[28] 이미 검토해 보셨으리라 생각됩니다. 만약

28 일찍이……있던 : 《격몽요결(擊蒙要訣)》은 이이(李珥)가 일반 학도들에게 도학(道學)의 입문을 지시하기 위해서 저술한 책으로, 제4장 <독서>에서 독서의 순서를 제시하고 있다. 먼저 《소학(小學)》을 읽어 부모를 섬기고 형을 공경하며, 임금에게 충성하고 웃어른에게 순종하며, 스승을 높이고 벗과 친해지는 도리를 음미하여, 힘써 행할 것을 강조하였고 그 다음에는 《대학》 및 《혹문(或問)》을 읽어서 마음을 바르게 하고, 몸을 닦는 이치와 사람을 다스리는 도리를 배우며, 《논어》를 읽어서 인(仁)을 구하고 자신을 위한 학문의 본원(本原)을 함양하는 공부를 익히라고 하였다. 다음에는 《맹자》를 읽어서 의리를 밝게 분별하여 인욕을 막고 천리(天理)를 보존하는 설(說)을 밝게 살피며, 《중용》을 읽어서 성정의 덕과 위육(位育)의 묘를 음미할 것을 권하였다. 다음으로는 《시경》을 읽어서 성정의 그릇됨과 올바름, 선악을 가려 표창할 것과 경계할 것을 분명히 하며, 《예경(禮經)》을 읽어서 하늘의 이치 가운데 사람이 갖추어야 할 것과 지켜야 할 것을 연구하여 분명히 뜻을 간직하고, 다음에는 《서경(書經)》을 읽어 요·순과 우왕·탕왕·문왕이 천하를 다스린 경륜과 대법의 요령을 얻고 그 근본을 소급해서 구할 것을 가르쳤다. 다음에는 《주역(周易)》을 읽어서 길흉·존망·진퇴·

《맹자》를 다 읽지 못했고 중도에 그만두고 싶지 않다면 《소학》을 겸해서 보시는 것도 괜찮지 않겠습니까? 듣건대 이 책의 대의(大義)는 진실로 애친(愛親)·경형(敬兄)·쇄소(灑掃)·응대(應對)의 사이에서 벗어나지 않고, 기타의 것, 이를테면 "말이 충성스럽고 미더우며" "행동이 독실하고 공경스러워야 한다." "거처할 때는 공경스러워야 하고" "일을 맡아서 할 때에는 공경히 해야 한다."[29] 등의 말 또한 대부분은 그 속에 있다고 합니다. 이는 진실로 성현의 본바탕[30]이요 지경수심(持敬收心)의 요결입니다. 학문을 하는 초기에는 이것을 버리고 다른 것을 구하면 안 될 듯한데 그대는 어떻게 생각하시는지 모르겠습니다.

제가 어떤 사람이기에 감히 이러한 일을 망령되이 논하겠습니까? 차마 끝내 후의를 져버릴 수 없기에 저의 마음을 다 드러내어 밝은 가르침을 청하는 것인데 생각해보면 그대가 귀머거리에게 듣기를 구하시는 것은 이미 마땅함을 잃은 것입니다. 우매한 나는 남의 밭을 갈고

성쇠의 기미를 관찰, 음미할 것과 《춘추(春秋)》를 읽어서 착한 것은 상을 주고 악한 것은 벌하며, 어떤 이는 억누르고 어떤 이는 높여주는 화법과 심오한 뜻의 깨달음을 가르쳤다. 이 밖에도 선현들이 지은 《근사록(近思錄)》·《가례》·《이정전서(二程全書)》·《주자대전》·《주자어류(朱子語類)》와 성리학설을 정독할 것을 강조하였다.

29 말이……해야한다 :《논어》〈위령공(衛靈公)〉에 "말이 충성스럽고 미더우며 행동이 독실하고 공경스러우면 오랑캐의 나라에서도 행할 수 있다.〔言忠信, 行篤敬, 雖蠻貊之邦行矣.〕"라는 공자의 말이 있다. 또 《논어》〈자로(子路)〉에 "거처함에 공손하며 일을 맡아서 할 때는 공경히 하며 사람을 대함이 충성스러운 것을 비록 오랑캐의 나라에 가더라도 버려서는 안 된다.〔居處恭, 執事敬, 與人忠, 雖之夷狄, 不可棄也.〕"라는 말이 나온다.

30 본바탕: 원문은 '坯樸'이다. 불에 굽기 전의 질그릇을 배(坯)라 하고, 거칠게 만든 나무 그릇을 박(樸)이라 한다.

있는 꼴인데[31] 어찌 옳은 일이겠습니까? 그러나 말에는 사람을 가지고 버릴 수 없는 것이 있으니 그대는 자세히 살펴보고 자상하게 가르쳐 주십시오. 이것이 곧 나의 바람입니다. 혹 그대가 이를 취해서 좌우명으로 삼아준다면 더욱 저의 큰 바람을 이루는 셈이겠지만 어찌 감히 바랄 수 있겠습니까?

일전에 군소(君素)[32]가 보낸 답서를 보고서야 나의 말에 과연 실수가 없지 않았음을 깨달았습니다. 그런데 그가 제게 다시 말해주기를 요구하니 불가피하게 다시 편지 한 통을 써서 깊이 사죄하는 뜻을 보여주고 겸하여 권면과 경계하려는 것이 있었음을 전해야 할 것 같습니다. 그 답서는 지시하신 대로 부쳐 드리오니 보시고 돌려주심이 어떠실는지요. 제가 모레 성묘하러 가려고 하는데 부르짖을 듯한 통곡이 더욱 다시 망극할 것입니다. 이해는 며칠밖에 남지 않았으니 부모님 모시며 학문에 정진하는 체후가 내년[33]에는 더욱 더 좋아지시기를 바랍니다. 이만 줄입니다.

31 남의……꼴인데 :《맹자》〈진심 하(盡心下)〉에 "사람들의 병통은 자기 밭을 버려두고 남의 밭을 김매는 데에 있으니, 남에게 요구하는 것은 중하고 스스로 책임지는 것은 가볍다.〔人病, 舍其田而芸人之田, 所求於人者重, 而所以自任者輕.〕"라는 말이 있다.

32 군소(君素) : 홍박(洪樸)이다. 279쪽 주1 참조.

33 내년 : 원문의 '履端'은 정월 초하루의 이칭(異稱)이다. '처음을 밟는다'는 뜻으로 하늘의 운행을 사람의 행보(行步)에 비긴 것인데 한 해의 책력(冊曆)이 정월 초하루에서 시작하기 때문에 이렇게 부른다.《춘추좌씨전》문공(文公) 원년에 "선왕이 시령(時令)을 바로잡을 적에 매년의 최초 날짜에 정월이 시작되게 하였다.〔先王之正時也, 履端於始.〕"라는 말이 나온다.

김문보에게 답한 편지 무술년[34]

答金文甫 戊戌

지난번 답서를 받았을 때 마침 매우 소란스러운 일을 만난 바람에 피치 못하게 보내온 심부름꾼을 헛되이 돌려보냈고, 이내 전팽(專伻)[35]을 통해 서신을 보내려고 하였으나 또 묘려(墓廬)를 왔다 갔다 하느라 그 사이에 연락이 끊겼으니 죄송한 마음 항상 간절합니다.

이제 새해가 밝았습니다. 부모님을 모시고 계시는 체후와 학문하시는 근황에 있어서 복을 많이 받으시기를 바랍니다. 저는 죄를 짓고도 죽지 못한 채 어느덧 두 해를 보냈습니다.[36] 어린아이가 어버이를 그리워 하지만 미치지 못하는 아픔은 천지와 같이 끝이 없는지라, 선영을 살피고 어제 집으로 돌아왔으나 몹시 아프고 원통하여 오장이 문드러질 지경입니다.[37]

앞서 올린 편지는 대체로 제가 그대에게 저 자신을 책망하는 내용을 보낸 것이었습니다. 진실로 꼭 사리에 들어맞는다고는 할 수 없지만 아마 한두 개는 근사한 것이 있지 않을까 싶어서 문득 올리어 조금이라

34 무술년 : 1718년(숙종44년), 오원의 나이 19세이다.

35 전팽(專伻) : 어떤 일을 전담해서 처리하기 위해 보내는 사람이다.

36 죄를……보냈습니다 : 상을 당한 것을 의미한다. 오원은 2년 전인 1716년 부친 오태주의 상을 당한 바 있다.

37 몹시……지경입니다 : 제문 등에서 극심한 슬픔을 표현하기 위해 상투적으로 쓰는 말이다. 《가례》 권6 〈졸곡(卒哭)〉에 "세월의 흐름이 멈추지 않아 어느덧 졸곡이 되었습니다. 땅을 치고 하늘에 부르짖으매 오장이 문드러집니다.〔日月不居, 奄及卒哭. 叩地號天, 五情糜潰.〕"라는 축문의 예가 나와 있다.

도 도움이 될 수 있기를 바란 것인데 과분하게도 살펴서 들어주실 것을 어찌 생각했겠습니까?

말씀하신 모든 것은 받아들이지 않을 수 없거니와 "지경(持敬 경건한 마음을 항상 지니고 지켜 나가는 것)" 한 가지 설에 이르러서는 의견을 내어 반복 권장하고 면려해 주시는 은혜를 특별히 입었으니, 진실로 족하처럼 명철한 식견으로 제대로 전달 못한 말을 통해서 미진한 뜻을 이해할 줄 아는 분이 아니라면 누가 능히 이처럼 할 수 있겠습니까? 게다가 스스로 한계를 짓는 것에 대한 경계[38]는 더욱 분명하고 절실하여, 게으르고 회피하는 병통을 바로 맞추셨으니 진실로 지극한 논의라고 이를 만합니다. 불민한 저로서는 진실로 성대한 은혜에 부응하기에 부족한데 또 어찌 감히 뼈에 새겨 스스로 노력하지 않겠습니까.

아! 붕우 사이에 간절히 권면하는 의리[39]가 끊어진 지 이미 오래되었는데 지금 그대가 이것을 자임하여 성심으로 힘써 가르쳐 주시기를 갈수록 더욱 간절히 하시니 누가 고도(古道)를 지금 다시 볼 수 없다고 하겠습니까? 다만 그대가 제게 다시는 '배울 학〔學〕'자로써 서로 가하지 말자고 하니 저는 속으로 의혹이 생깁니다. 대저 사람이 사람답게

38 스스로……경계 :《논어》〈옹야(雍也)〉에, 공자의 제자 염구(冉求)가 부자(夫子)의 도를 좋아하지 않는 것은 아니나 힘이 부족하다고 하자, 공자가 "힘이 부족한 자는 중도에 그만두나니, 지금 너는 스스로 한계를 긋고 있다.〔力不足者, 中道而廢, 今女畫.〕"라고 하였다.

39 붕우……의리 : 원문의 '切偲'는 절절시시(切切偲偲)의 준말로 벗 사이에 서로 간절히 충고하고 자상히 권면하는 것을 말한다. 공자의 제자 자로(子路)가 선비의 조건을 묻는 말에, 공자가 "붕우에겐 간곡하고 상세히 권면할 것이고, 형제에게는 화목하고 즐거워할 것이다.〔朋友切切偲偲, 兄弟怡怡.〕"라고 하였다.《論語 子路》

되는 것은 다만 이 한 글자 때문입니다. 제가 비록 유능하지 못하지만 들은 바 또한 다만 이 한 글자일 뿐인데 지금 제게 말을 하지 말라고 하면 그만이거니와, 만일 말을 한다면 그대에게 권면하기 위한 것으로 이 한 글자를 놓아두고자 한들 어떻게 될 수 있겠습니까? 그대의 겸손한 덕 때문에 의당 이것으로 자처하려 하시지는 않겠으나 그렇다고 어찌 이것으로 스스로를 면려하지 않을 수 있겠습니까?

그대는 송독을 부지런히 하지 않은 것을 가지고 "감히 학문을 바랄 수 없다."고 말씀하셨습니다. 전에도 이런 말을 들은 적이 여러 번 있었고 저는 그때마다 "지경수심(持敬收心)"의 설로 말씀드렸으니 벌써 살펴서 받아들였어야 할 것인데, 지금 하신 말씀이 또 이와 같은 것은 어째서입니까?

대저 강학을 실천함에 있어서 진실로 어느 하나만 폐해서는 안 됩니다. 그러나 공자님의 말씀으로 보면, "들어가서는 효도하고 나가서는 공손하며, 삼가고 미덥게 하고, 어진 이를 가까이해야 한다."라는 것은 제자의 직분이지만 "글을 배운다"는 것에 이르면 여사일 따름이니[40] 여기에서 본말과 선후를 알 수 있습니다. 맹자는 "학문(學問)의 도는 놓쳐버린 마음을 찾는 것"이라고 했고[41] 주자는 《대학》의 순서를 논하

40 공자님의……따름이니 : 《논어》 〈학이〉에 "제자가 들어가서는 효도하고 나와서는 공손하며, 삼가고 미덥게 하며, 널리 사람들을 사랑하되 어진 이를 친히 해야 하니, 이것을 행하고 여력이 있으면 글을 배워야 한다.〔弟子入則孝, 出則弟, 謹而信, 汎愛衆而親仁, 行有餘力, 則以學文.〕"라는 말이 나온다.

41 맹자는……했고 : 《맹자(孟子)》 〈고자 상(告子上)〉에 "학문의 길은 다른 것이 없다. 놓쳐 버린 그 마음을 다시 찾아오는 것일 뿐이다.〔學文之道, 無他, 求其放心而已矣.〕"라는 말이 나온다.

면서 "경(敬)"을 위주로 하였으니 이것이 어찌 전적으로 문자를 쓰고 외고 강설하는 사이에만 있는 것이겠습니까? 근본으로 돌아가는 것일 따름입니다.

진실로 먼저 그 근본을 세울 수 있다면 비록 글을 읽어서 글자 하나 말 한마디를 얻는다 해도 내 소유가 아닌 바 없으니 백 권 천 권 두루 책을 읽지만 실천의 공이 없는 것과 어찌 동일선상에서 논할 수 있겠습니까? 하물며 그대가 강습을 부지런히 하지 못한 것은 아마 병과 우환으로 마음이 흔들렸기 때문일 터, 지금 그러한 요인이 이미 제거되었는데 어찌 때맞추어 부지런히 노력하지 않으십니까?

내가 드린 말씀은 모두 나도 능치 못하는 것들이어서 진실로 공자님께서 말에 어눌하라고 하신 교훈[42]에 위배되는 것이 있습니다. 그러나 이미 그대가 정성스럽게 나를 버리지 않으셨는데 나만이 어떻게 감히 그대를 저버릴 수 있겠습니까? 그대는 살펴주시기 바랍니다. 군소(君素)[43]에게 면계(勉戒)한 것도 대개 내가 배우고 싶어 하지만 능하지 못한 것인데 필시 묵묵히 이해할 것입니다. 《소학》을 요즘 겸하여 본다면 의미가 전일보다 훨씬 더 분명해질 테지요.

소식을 듣지 못해 답답하였습니다. 보내주신 편지에도 생각해 볼만한 곳이 없지 않지만 그다지 중요한 것은 아니고, 또 답장을 쓰기에 급해서 고달픈 몸을 억지로 부지하고 대략 쓰느라 마음속의 회포를 다하지 못합니다.

42 공자님께서……교훈 :《논어》〈이인(里仁)〉에 "군자는 말에 어눌하고 행실에 민첩하고자 한다.〔君子欲訥於言而敏於行.〕"라는 공자의 말이 있다.

43 군소(君素) : 홍박(洪樸)이다. 279쪽 주1 참조.

김문보에게 준 편지

與金文甫

며칠 동안 매우 추웠는데 부모님을 모시고 잘 계시는지요? 우러러 흠모하는 마음 언제나 한결같습니다. 《맹자》 명성장(明誠章)[44]의 뜻을 봄 무렵에 변론하였는바, 거의 충분한 결론에 이르렀으나 유독 일단의 의논이 아직도 서로 받아들여지지 못하였기로, 지난번 면대하여 가르침을 받을 때에 여러 설명을 동원하여 온축한 지식을 남김없이 기울여주셨습니다. 비록 변변치 못하기로서니 감격하지 않을 수 있겠습니까? 그러나 띠풀이 꽉 차듯 막혀서[45] 끝내 깨우치지 못하였으니 이는 진실로 어리석은 이 아우의 죄책이지만 그대가 사람을 가르치신 방법 또한 진선진미(盡善盡美)하지는 못한 듯합니다. 그러므로 전에 말씀드린 주장을 다시 펼쳐 가부간에 결단해 주시기를 구할 수밖에 없습니다. 운제(雲梯)로 아홉 번 공격하는 기술[46]이 이미 촛불 아래

44 맹자 명성장(明誠章) : 《맹자(孟子)》 〈이루 상(離婁上)〉에 "몸을 성실히 하는 데 방도가 있으니, 선에 밝지 못하면 몸을 성실히 하지 못할 것이다.〔誠身有道, 不明乎善, 不誠其身矣.〕", "정성은 천도(天道)요, 정성스럽기를 생각하는 것〔思誠〕은 인도(人道)이다.〔誠者, 天之道也, 思誠者, 人之道也.〕"라고 한 부분을 가리킨다.

45 띠풀이……막혀서 : 287쪽 주19 참조.

46 운제(雲梯)로……기술 : 초(楚)나라가 교공(巧工) 공수반(公輸般)이 제작한 운제(雲梯) 등의 기구를 가지고 송(宋)나라를 공격하려고 하였을 때, 묵자(墨子)가 초왕(楚王)을 찾아가 자신의 수성(守城) 실력으로 공수반의 공격을 막아 보겠다면서 그 기량을 겨뤘는데, 이때 공수반의 아홉 차례 공격을 묵자가 모두 막아 내자, 초왕이 결국 송나라 침략의 계획을 취소했다는 고사가 있다. 《世說新語 文學》 여기에서는 온갖

한바탕 이야기에 다 소진되었으니 지금 비록 온갖 말로 끝까지 논란을 벌인다 해도 여기서 벗어나지는 못할 테지만 말입니다. 그러나 필찰에 적은 것은 한때 말하고 지나가버리는 것 같은 것이 아니니 혹 그대가 이에 대해서 마음을 비우고 기운을 화평하게 해서 반복하여 살펴보신다면 반드시 퍼뜩 크게 깨닫고 시원스레 깊이 교감하는 것이 있을 것입니다. 그대는 유의해 주소서.

대개 그대의 논의는 "몸을 성실히 하는 것이 제가(齊家)·치국(治國)·평천하(平天下)의 근본이니 이 몸이 성실해지고 나면 집·국가·천하로 미루어나가는 것이 안 될 것이 없다."라는 것입니다. 저의 말 또한 여기에서 다르지 않으니 서로 뜻이 꼭 맞아야 마땅할 것 같습니다. 그러나 그대는 몸을 성실히 한 뒤에는 다시 공부가 없는 것으로 여기시니 이는 서로 어긋남이 창과 방패의 관계 정도가 아닙니다. 저는 참으로 몽매한지라 처음에는 매우 의혹스러워 하면서도 그 까닭을 깨닫지 못했다가 지난밤에 가르침을 받은 뒤로 비로소 그대가 가리키는 뜻의 소재를 모두 알게 되어 두 사람의 차이점에 대해 말해야 될 것이 있게 되었습니다. 저는 성신을 근본으로 생각하고 제가와 치국, 평천하는 성신에 대하여 말단이라고 생각하는데 그대는 성신을 근본으로 삼고 제가와 치국, 평천하가 모두 성신 속에 있다고 여기시니 이것이 같지 않은 이유입니다.

대저 성(誠)의 도(道) 됨은 진실로 큽니다. 그러나 성신은 다만 자기 한 몸을 성실히 하는 것일 뿐, 가(家)·국(國)·천하(天下)의 큰 것에 이르기까지 어찌 그 속에 다 포함시킬 수 있단 말입니까? 또 이미 근본

지식을 동원하여 공격하며 논란을 펼쳤다는 의미이다.

이 있으면 반드시 말단이 있는 법. 지금 이미 성신으로 근본을 삼았다면 천하・국가는 저절로 그 말단이 되어야 마땅합니다. 이것이 바로 이른바 "안팎에서 서로 대응한다"[47]는 것입니다. 그러므로 그 근본을 우선 확립한 다음, 또 그 말단을 반드시 다스려야 합니다. 그런데 지금 그대는 꼭 가(家)・국(國)・천하(天下)를 성신(誠身) 속에 섞어 넣고, 이 몸이 한 번 성실해 지면 다시 힘쓸 곳이 없다 여기려 드시니 이는 본만 있고 말이 없는 것입니다. 어찌 이러한 이치가 있겠습니까?

대저 《대학(大學)》의 "명명덕(明明德)"은 곧 성신(誠身)의 지위이고, "신민(新民)"은 제가(齊家)・치평(治平)의 강령이니 이는 본말의 공부라 하나도 빠트릴 수 없는 것입니다. 그리고 팔조목(八條目)[48]의 "수신(修身)"은 곧 성신(誠身)의 일이고, "제가(齊家)"・"치국(治國)"・"평천하(平天下)"의 마디마디 공부가 또한 그 뒤에 있는 것입니다. 만일 그대의 논리대로라면 《대학》에서 당초에 "신민(新民)"을 말하지 않고 "제가"와 "치평"을 말할 필요도 없이 단지 "명덕(明德)" "수신(修身)"만 말하여도 또한 절로 갖추어지지 않은 바가 없게 될 것입니다. 이와 같은 의리는 비록 보통 사람이라 하더라도 그렇지 않다는 것을 알 터인데 더구나 고명한 그대가 어찌 이에 대해 시비를 가리지 못할 수 있습니까? 저는 그것이 의혹입니다.

47 안팎에서……대응한다 : 주자의 《대학혹문(大學或問)》에 "물에는 본말이 있어 선유께서는 명덕을 본으로 삼고 신민을 말로 삼았으니 두 가지 일로써 안팎에서 서로 대응한다.〔物有本末, 先儒以明德爲本, 新民爲末, 兩物而內外相對也.〕"라는 말이 있다.

48 팔조목(八條目) :《대학》의 기본이 되는 여덟 가지 조목으로, 격물(格物)・치지(致知)・성의(誠意)・정심(正心)・수신(修身)・제가(齊家)・치국(治國)・평천하(平天下)이다.

그러나 저는 그대의 생각을 망령되이 억측하기를, 단지 천하와 국(國)·가(家)는 한 몸에 근본하고, 성(誠)의 도(道)됨이 만물을 관통한다고만 알았기 때문에, 성신(誠身)을 궁극적인 사업으로 인식하고 제가(齊家) 치평(治平)의 허다한 공부는 몰각하였던 것이고, 그래서 천하(天下)와 국(國)·가(家)는 일신이 겸할 수 있는 것이 아니고, '성신(誠身)' 두 글자는 성(誠)자의 큰 의미를 모두 포괄하기에는 부족하다는 것을 자못 모르는 것이라고 여겼습니다. 이러한 생각은 성현의 본지에 크게 어긋남이 있을까 염려되니, 지난번에 제가 노불(老佛)에 가깝다고 말한 것 또한 지나친 말이 아닐 것입니다.

선유(先儒)의 설에는 성신(誠身) 뒤에 다시 이른바 미루어 나가는 일이 있는데 이것이 바로 공부입니다. 그런데 그대는 '추(推)' 자를 공효(功效)로 삼고 있습니다. 대저 '추(推)' 자는 하는 바가 있는 것이고, '효(效)'라는 것은 그 징험입니다. '추(推)'는 나에게 있고 '효(效)'는 저기에 있으니 지금 장차 그것을 미루어 나가는 것을 공부로 삼아야 합니까? 아니면 공효로 삼아야 합니까? 이러한 글자의 뜻은 본래 알기 어려운 것이 아닌데 그대가 어찌 알지 못하겠습니까? 다만 소견이 한 번 어긋났기 때문에 궁극에 이와 같이 막힌 것입니다. 또 당초에 '공부' 두 글자를 파악한 것이 너무도 얕아서 처음 학습한 것만 가지고 해당시키고, 미루어 행하여 확충시키는 것 또한 공부 아님이 없다는 것을 도무지 몰라서 그런 것이니 이러한 견해는 너무도 거친 것이 아닌가 싶습니다.

그대는 번번이 "사람이 진실로 그 몸을 성실히 한다면 제가·치국·평천하를 못할 사람이 없은즉 이는 어찌 성신 뒤에는 다시 공부할 것이 없다는 분명한 징험이 아니겠는가?"라고 하시는데, 이는 실로 그렇지 않은 점이 있습니다. 사람이 비록 이미 그 몸을 성실히 하였어도 전적으로 힘을 기울임 없이 나라가 저절로 다스려지고 천하가 저절로 태평해지기를 기다릴 수는 없는 일입니다. 다만 미루어 행한다면 저절로 이룹지 않은 것이 없을 것입니다. 또 사물의 이치가 이른 뒤에 아는 것이 지극해지면[49] 실천으로 옮김에 어려울 바가 없을 것인데 또한 어찌 이것이 공부함이 전혀 없이 뜻이 저절로 성실해지고 마음이 저절로 바르게 되기를 기다리는 것이겠습니까? 미루어 실천하는 방법이 바로 공부입니다. 지금 만일 미루어 행하여 이룹지 않음이 없는 것을 공부가 아니라고 한다면 지지(知至)이후의 성의(誠意) 정심(正心)의 일 또한 공부가 될 수 없는 것이니 이것이 과연 이치에 가까운 것이겠습니까?

또 그대는 번번이 "맹자와 같은 분은 그 몸을 성실히 한 사람이다. 그로 하여금 뜻을 얻어 도를 행하게 하였다면 치국·평천하에 대하여 별도로 공부하기를 기다릴 필요가 있겠는가?"라고 말씀하십니다. 이는 진실로 그렇습니다. 그러나 맹자가 세상에서 아성(亞聖)으로 명명(命名)되는 이유는 바로 일생의 공부가 단지 성신에만 있지 않고 제가(齊家)·치평(治平)의 모든 도에 있어서 마음을 쓰지 않음이 없었기 때문입니다. 그러므로 비록 실제로 시행하지는 못했다 하더라도 시행

49 사물의……지극해지면 : 《대학장구》의 '물격이후지지(物格而后知至)'의 경문에 대하여 "물격이라는 것은 사물의 이치의 극처에 이르지 않은 것이 없게 된 것이요, 지지라는 것은 내가 마음속으로 알게 된 것이 지극하지 않음이 없게 된 것이다. 알게 된 것이 이미 지극해졌으면 뜻이 성실해질 수가 있고, 뜻이 이미 성실해졌으면 마음이 바르게 될 수가 있는 것이다.〔物格者, 物理之極處無不到也, 知至者, 吾心之所知無不盡也. 知旣盡則意可得而實矣, 意旣實則心可得而正矣.〕"라는 주희(朱熹)의 주석이 나온다.

을 할 수 있는 것이 일찍이 자신에게 있지 않음이 없었습니다. 만일 맹자가 오롯이 자신의 몸만 성실히 하려하고 제가와 치국, 평천하의 일에 다시 마음을 쓰지 않았다면 이것이 바로 노불(佛老)의 학문이니, 설령 당세에 뜻을 얻었다 하더라도 도를 행할 수는 없었을 것입니다. 그러니 이는 어불성설(語不成說)인 듯싶습니다.

그대는 매번 《집주(集註)》의 유씨(游氏) 말[50]과 《소주(小註)》 요씨(饒氏)의 설[51]로 자기의 설을 삼으시는데 이 또한 그렇지 않은 점이

50 집주(集註)의 유씨(游氏) 말 : 《맹자집주》에서 성(誠)과 관련하여 한 유씨의 말을 가리킨다. 즉 "그 뜻을 성실히 하려고 할진댄 먼저 그 지식을 지극히 하여야 하니 선을 밝게 알지 못하면 그 몸을 성실히 하지 못할 것이다. 학문이 몸을 성실히 함에 이르면 어디 간들 그 지극함을 다하지 못하겠는가?〔欲誠其意, 先致其知, 不明乎善, 不誠乎身矣. 學至於誠身, 則安往而不致其極哉?〕"라고 하였다. 유씨는 유작(游酢, 1053~1123)으로 북송 때의 경학자이다. 자는 정부(定夫) 또는 자통(子通)이고, 호는 녹산(鹿山) 또는 광평(廣平)이며, 시호는 문숙(文肅)이고, 복건성 건양(建陽) 사람이다. 태학박사(太學博士), 감찰어사(監察御史) 등을 지냈다. 정호(程顥), 정이(程頤)를 사사하여 사량좌(謝良佐), 양시(楊時), 여대림(呂大臨)과 함께 정문사선생(程門四先生)으로 불리었다.

51 소주(小註) 요씨(饒氏)의 설 : 《대학장구(大學章句)》의 '물격이후지지운운(物格而後知至云云)'에 대한 소주(小註)에, "'위의 한 구절은 팔조목(八條目)을 역행해서 밀고 나아가는 공부이고, 뒤의 한 구절은 팔조목을 순리적으로 추진해 나아갈 때 얻어지는 공효이다.〔上一節就八目逆推工夫, 後一節就八目順推功效.〕"라는 요씨의 말이 나온다. 위의 한 구절이란 《대학장구》의 '고지욕명명덕어천하자(古之欲明明德於天下者)'에서부터 '치지재격물(致知在格物)'까지를 말하고, 뒤의 한 구절이란 '물격이후지지(物格而後知至)'에서부터 '국치이후천하평(國治而後天下平)'까지를 말한다. 요씨는 남송의 요로(饒魯)를 가리킨다. 여간(餘干) 사람으로, 자는 백여(伯輿) 또는 중원(仲元), 호는 쌍봉(雙峯)이며, 시호는 문원(文元)이다. 어릴 때 황간(黃幹)에게 배운 뒤 여러 차례 관직에 천거되었지만 나가지 않고 오직 학문에만 전념했다. 저서에 《오경강의(五經講義)》와 《어맹기문(語孟紀聞)》, 《학용찬술(學庸纂述)》 등이 있다.

있습니다. 유씨의 이 말은 다만 응험이 있는 곳을 두고 말한 것일 뿐이 밖에는 또 공부할 것이 없다는 말이 아닙니다. 맹자가 "정치를 하기가 어렵지 않으니, 거실(巨室)에 죄를 짓지 말아야 한다."라고 한 것은 그 공효를 극대화하여 말한 것이고, "패연한 덕교(德敎)가 사해에 넘친다."에 이르면 이 또한 응험이 나타난 곳으로 말한 것이기 때문에 그 말이 이와 같았던 것입니다.[52] 그대의 논리대로라면 위정(爲政)의 도가 다만 거실에 죄를 짓지 않는 것일 뿐, 다시 일삼는 바가 없어도 족히 요순 시대의 정치를 이룰 수 있다는 것이니 어찌 그릇된 것이 아니겠습니까? 또 요씨의 설은 간혹 분명치 못한 점이 있으니 취할 만한 것이 못될 듯합니다.

대개 저와 그대가 논쟁하는 바 같고 다름의 차이는 비록 많이 떨어져 있는 것 같지 않아도 그 말의 현격한 거리[53]가 이와 같은 데에 이르렀으니 이것이 바로 고인이 이른바 "털끝만큼 같은 차이가 천리나 어긋난다."[54]라는 것입니다. 늦추지 말고 서둘러 같은 곳으로 돌아가야 하겠기에 문득 감히 장황한 말을 늘어놓았으니, 자르고 선택할 겨를이 없었는

52 맹자가……같았습니다 : 《맹자》 〈이루 상(離婁上)〉에 "정치를 하기가 어렵지 않으니, 거실에 죄를 짓지 말아야 한다. 거실이 사모하는 바를 온 나라가 사모하고, 온 나라가 사모하는 바를 천하가 사모한다. 그러므로 패연한 덕교(德敎)가 사해에 넘치는 것이다.〔爲政不難, 不得罪於巨室. 巨室之所慕, 一國慕之, 一國之所慕, 天下慕之. 故沛然德敎, 溢乎四海.〕"라고 한 맹자의 말이 있다.

53 현격한 거리 ; 원문의 '參商'은 서로 멀리 떨어져 있는 것을 뜻하는 말이다. 삼성(參星)은 동쪽 하늘에 있고 상성(商星)은 서쪽 하늘에 있어서, 각각 뜨고 지는 시각이 다른 관계로 영원히 서로 만날 수가 없는 데에서 유래된 것이다. 《春秋左傳 昭公元年》

54 털끝만큼……어긋난다 : 《예기》 〈경해(經解)〉에 "군자는 처음을 삼가니 털끝만큼 같은 차이가 천리나 어긋난다.〔君子愼始, 差若毫釐, 繆以千里.〕"라고 하였다.

지라 주제넘고 공손치 못한 죄는 그대가 헤아려 용서해 주시기 바랍니다. 잘못되고 망령된 것을 일깨워 주시고 어리석고 몽매한 것을 계발시켜 주시는 것 또한 그대의 은혜를 바라겠으니 살펴주시기 바랍니다.

김문보에게 준 편지
與金文甫

밤사이에 부모님 모시고 잘 지내셨는지요? 이 아우는 모친의 병환이 나아가지만 아직 빨리 회복되시지를 못하여 근심이 풀리지 않고 있습니다. 겨우 죽은 아내의 연사(練事 소상)를 지냈는데 지금 와서 지난 일을 되새겨보니 애통한 마음 새롭습니다. 어제의 답변은 황망해서 소상치 못하였는지라, 지극한 마음 이기지 못해 다시 우러러 말씀드립니다.

생각건대 의리를 강론하고 이치를 설명할 때에는 늘 갈림길이 많은 것이 걱정거리입니다. 처음에는 생각이 갈라져 있다가 종국에 합치되는 것이 가장 어려운 일이니 이는 옛날부터 그러하였습니다. 지금 우리가 비록 유학(幼學)[55]에 있고 논쟁하는 바가 비록 "글의 뜻"이라고는 하지만 의론이 도달하는 곳으로 말하자면 점차 도학의 강령으로 가는 것일 터인데, 우리 둘은 이에 대해서 이미 하나의 정해진 견해를 가지고 논란을 반복하면서 서로 굽히려들지 않습니다. 말도 할 수 있는 만큼 다하였고 생각도 이미 다 고갈되었는데 여전히 생각이 떨어져 있기가 연월(燕越)[56]과 같으니 어떻게 또 언어나 문자로 갑자기 완전히 부합하여 하나로 돌아오기를 구할 수 있겠습니까? 그런데도 저는 스스

55 유학(幼學) : 벼슬을 하지 않은 유생(儒生)을 칭하는 말이다.

56 연월(燕越) : 연(燕)과 월(越)은 모두 중국 춘추 시대 나라 이름이다. 연(燕)은 그 영토가 황하의 북쪽, 지금의 북경(北京) 근처였고 월(越)은 남쪽에 있어, 서로 멀리 떨어진 것을 이르는 말로 쓰였다.

로 역량을 헤아리지 못하고 편지를 장황하게 써서 가부를 단정지어 말하였으니 뜻은 비록 충고를 간절히 바란 것이었다 해도 너무도 참람하고 망령된 죄를 지은 셈입니다.

어제 좋은 가르침을 받들고 지난날이 잘못되었음을 크게 깨달았습니다. 어리석은 사람에게서 취함이 있는 것[57]은 고인들도 어려워했던 바인데 그대는 쉽게 하시니 비록 제가 평소에 그대의 속 깊음에 감복하고는 있었지만 깨닫는 것이 이처럼 빠르시리라고 생각지 못했습니다. 저는 실로 그대가 이처럼 하실 수 있음을 기뻐하고, 또 그대와 어울리면서 장차 선을 행하도록 권면하여, 우물 안에서 세상을 보는 구구한 나의 시각 또한 그다지 어긋남 없이 보전하게 될 것을 다행으로 여겼습니다.

그러나 하나같이 찬탄만 하는 것은 그대에게 보탬이 될 것 없기에 지금 우선은 이를 놓아두고 한 마디 설을 개진하여 그대에게 도움이 되고자 합니다.

대저 허물을 고치는 것이 비록 좋은 것이긴 하지만 허물이 없는 것만은 못합니다. 그대가 책을 보고 이치를 강구할 적에는, 침잠해서 연구하되, 얻지 못하거든 놓지 말아서[58] 반드시 소견이 명백하고 확고하여

57 어리석은……있는 것 : 《사기(史記)》 〈회음후열전(淮陰侯列傳)〉에 "지혜로운 자도 천 가지 생각 중에 하나의 잘못은 있게 마련이고, 어리석은 자도 천 가지 생각 중에 한 가지쯤 좋은 꾀를 낼 수도 있는 법이다. 그러므로 광부의 말이라도 성인은 채택한다고 하는 것이다.〔智者千慮, 必有一失, 愚者千慮, 必有一得. 故曰狂夫之言, 聖人擇焉.〕"라는 말이 있다.

58 침잠해서……말아서 : 《중용장구(中庸章句)》 제20장에, "배우지 않음이 있을지언정 배울진댄 능하지 못하거든 놓지 말며, 묻지 않음이 있을지언정 물을진댄 알지

바꿀래야 바꿀 수 없게 된 연후에 강론과 언어로 표출하십시오. 그렇게 한다면 시원스레 여유가 있어서 군색하게 빠져나가려 하거나 억지로 끌어다 꾸며대는 근심이 없을 것입니다. 이와 같지 않다면 빈복(頻復)[59]의 아름다움은 있으나 미복(迷復)[60]으로 귀결됨을 면치 못할까 염려가 됩니다.

또 이른 바 "자신의 아집을 버리고 남을 따른다."[61]라는 것은 구차하게 함께 하는 것을 말하는 것이 아닙니다. 반드시 남과 나의 옳고 그름, 얻고 잃음 사이에서 참으로 보는 것이 있었기 때문에 자신을 믿지 않고 남을 믿은 것이 이와 같았던 것입니다. 만일 한낱 비슷하고 그럴 듯한

못하거든 놓지 말며, 생각하지 않음이 있을지언정 생각할진댄 알지 못하거든 놓지 말며, 분변하지 않음이 있을지언정 분변할진댄 분명하지 못하거든 놓지 말며, 행하지 않음이 있을지언정 행할진댄 독실하지 못하거든 놓지 말아, 남이 한 번에 능하거든 나는 백 번을 하며, 남이 열 번에 능하거든 나는 천 번을 하여야 한다.〔有弗學, 學之弗能弗措也, 有弗問, 問之弗知弗措也, 有弗思, 思之弗得弗措也, 有弗辨, 辨之弗明弗措也, 有弗行, 行之弗篤弗措也, 人一能之己百之, 人十能之己千之.〕"라고 한 내용이 보인다.

59 빈복(頻復) : 자주 되돌아온다는 뜻으로, 실수를 반복하면서도 끊임없이 개과천선하려고 노력하는 것을 말한다. 《주역》 〈복괘(復卦) 육삼(六三)〉에 "자주 회복하는 것이니 위태로우나 화(禍)는 없을 것이다.〔頻復厲无咎.〕"라는 말에서 유래하였다.

60 미복(迷復) : 돌아옴에 혼미하다는 뜻으로, 끝내 깨닫지 못하고 헤매기만 할 뿐 개과천선하지 못하는 것을 말한다. 《주역》 〈복괘(復卦) 상육(上六)〉에 "돌아옴에 혼미하므로 흉하니 재생이 있어서 군사를 동원하는 데에 쓰면 끝내 크게 패하고, 나라를 다스림에 쓰면 군주가 흉하여 10년에 이르도록 능히 가지 못하리라.〔迷復凶, 有災眚, 用行師, 終有大敗, 以其國, 君凶, 至于十年, 不克征.〕"라고 하였다.

61 자신을……따른다 : 맹자의 말에 "우 임금은 훌륭한 말을 들으면 절하였다. 순 임금은 이보다 더한 점이 있었으니 선을 남과 더불어 함께하여 자기를 버리고 남을 따랐다.〔禹聞善言則拜. 大舜有大焉, 善與人同, 舍己從人.〕"라고 한 것이 있다. 《孟子 公孫丑上》

정도에서 갑자기 시비를 정해 버린다면 장차 남도 이루 다 따를 수 없는 것이 있을 것이고, 자기의 아집도 이루 다 버릴 수 없는 것이 있을 것입니다.

오늘의 시비는 진실로 이미 그대의 마음속에서는 옳고 그름을 분명히 하였을 테지만 그 미세한 구분에 있어서 참으로 어지럽힐 수 없고 바꿀 수 없는 것을 파악하셨는지는 알지 못하겠습니다. 무릇 이것은 족히 그대에게는 염려할 것이 못되겠지만 나의 마음은 지나치게 근심이 되어 말이 자세하고 수다스러움을 면치 못하고 있으니 그 어리석음도 살피실 것이라 생각됩니다.

강론하고 질문하는 것에 이르면 정말로 초학자들의 급선무이고, 접때 쟁론한 것 같은 것도 반드시 서로에게 도움이 없다고 하지 못할 것입니다. 그런데 그대가 이 일로 인해 입을 닫으시고는 다시는 말씀을 하려 들지 않으시니 이는 아마도 한 번 목이 메었다고 밥을 먹지 않는 것[62]보다 심한 일일 것입니다. 만일 혹시라도 자랑하고 뽐내는 주장을 하거나 이기기에만 힘쓰고 외물을 좇는 뜻이 있었다면 그 자신도 속이고 남도 속이는 것이 진실로 보내주신 편지의 내용과 같을 것입니다.

《주자학적(朱子學的)》[63]을 한번 보고 싶은데 만일 책상 위에 있다면

62 한 번……않는 것 : 유향(劉向)의 《설원(說苑)》 〈담총(談叢)〉에 "한 번 밥을 먹다 목이 메었다 해서 곡식을 끊고 먹지 않으며 한 번 넘어졌다 해서 후퇴하고 가지 않는다. 〔一噎之故, 絶穀不食, 一蹶之故, 却足不行.〕"라는 말이 있다.

63 주자학적(朱子學的) : 명나라 구준(丘濬, 1420~1495)이 《논어》의 체제를 본떠서 학문의 요체가 될 만한 주희의 언행을 집록한 책으로 2권으로 되어 있다. 구준의 자(字)는 중심(仲深), 호(號)는 심암(深菴) 또는 경산(瓊山)이며, 시호(諡號)는 문장

빌려서 볼 수 있게 해주시겠습니까? 친구 군소(君素)64의 장례는 잘 치뤘는지 모르겠습니다. 소식을 들을 수 없어 슬프고 답답한 마음 이기지 못합니다.

(文莊)이다. 저서로는 《주자학적(朱子學的)》 외에 《대학연의보(大學衍義補)》, 《오륜전비충효기(五倫全備忠孝記)》, 《가례의절(家禮儀節)》 등이 있다.

64 군소(君素) : 홍박(洪樸)이다. 279쪽 주1 참조.

김백춘[65]에게 준 편지

與金伯春

요즈음 부모님을 모시고 잘 지내시는가? 하고 있는 공부는 무엇이고? 몹시 답답하네. 근래 다시 《대학》을 읽어 반쯤 이르렀는데, 의견은 조금 자랐으나 끝내 빈껍데기만 읽으니[66] 또 무슨 소용이 있겠는가? 그러나 어리석은 나는 차마 포기할 수 없어 제자의 직분[67]을 닦아 점차 큰 곳으로 나아가려 하였네. 돌아보면 나약하고 게을러서 끝내 스스로

65 김백춘(金伯春) : 김원행(金元行, 1702~1772)으로, 본관은 안동, 백춘(伯春)은 자이고, 호는 미호(渼湖) 혹은 운루(雲樓), 시호는 문경(文敬)이다. 김창협(金昌協)의 손자로 입양되었으며, 이재(李縡)의 문인이다. 1719년 진사시에 합격하였으나 신임사화 때 할아버지 김창집(金昌集) 및 아버지와 형들이 죽음을 당하자 벼슬을 포기하고 학문에 전념하였다. 할아버지 김창협의 학설을 이어받아 낙론을 지지하였고, 산림(山林)으로 추앙받으면서 박윤원(朴胤源)·오윤상(吳允常)·홍대용(洪大容) 등 많은 학자를 길러냈다. 저서에 《미호집(渼湖集)》이 있다.

66 빈껍데기만 읽으니 : 〈대학장구서〉에 "대학(大學)은 하나의 빈칸이니, 지금에 이것을 메꾸어 꽉 차게 하여야 한다. 예컨대 저 격물(格物)을 말한 것에는 자신이 모름지기 격물(格物)한 뒤에 메꾸어 꽉 차게 하여야 하고, 성의(誠意)를 할 때에도 또한 이렇게 하여야 한다. 만일 빈껍데기만을 읽는다면 또한 유익함이 없다.〔大學是一箇腔子, 而今却要塡教他實. 如他說格物, 自家須是去格物後塡教他實著, 誠意亦然. 若只讀得空殼子, 亦無益也.〕"라고 하였다.

67 제자의 직분 :《논어》〈학이(學而)〉에 "제자가 들어가서는 효도하고 나와서는 공손하며, 행실을 삼가고 말을 성실하게 하며, 널리 사람들을 사랑하되 어진이를 친히 해야 하니, 이것을 행하고 여력이 있으면 글을 배워야 한다.〔弟子入則孝, 出則弟, 謹而信, 汎愛衆, 而親仁, 行有餘力, 則以學文.〕"라는 말이 있다.

설 수 없는지라 일깨우고 인도해 주시는 은혜를 제군자들께 깊이 바랐지. 그런데 불행히 군소(君素)[68]가 죽어 내 양 손을 잃었으니 애통한 마음이 갈수록 깊어지네그려.

이 친구의 뛰어난 재주와 원대한 뜻이 큰일을 할 만 하였는데도 끝내 이루지 못한 것은 몇몇 동지들이 함께 애석해 하는 바였네만 나는 유독 그의 굳세고 예리한 성질과 세속을 초탈한 기질이 내가 나약하고 게으를 때 반드시 쑥대를 붙잡아주는 삼[69]의 역할을 할 것이라 여겼지. 그런데 지금 잃었으니 깊이 슬퍼하고 길이 한탄하며 그 기구하고 궁벽함을 상심해 하지 않을 수 없네. 우리 아우님도 이를 안타깝게 여기시고 때때로 꾸짖으면서 치료해 주시게나.

이어 생각건대 우리 아우님은 도에 나아가는 자질과 도를 받아들일 수 있는 기국이 있어 옛 가업[70]을 계승하고 있으니 그 책임 또한 막중하네. 그러나 우리 아우님이 스스로를 어떻게 바라보는지 스스로 무엇을 기약하는지는 알 수 없으니 다른 사람의 눈으로 볼 때는 세속의 멋진 선비일 따름이네. 이는 드러나지 않게 수양하여[71] 실로 남들은 미처

68 군소(君素) : 홍박(洪樸)이다. 279쪽 주1 참조.

69 쑥대를…… 삼 : 곧은 삼대 덕분에 쑥이 곧게 자란다는 것으로, 인품이나 학식이 훌륭한 사람과 함께 지냄으로써 자신도 향상됨을 뜻한다. 《순자(荀子)》 〈권학(勸學)〉에 "쑥대가 삼밭에서 자라면 붙잡아 주지 않아도 곧게 자라고, 흰 모래가 검은 진흙 속에 있으면 함께 검어진다.〔蓬生麻中, 不扶而直, 白沙在涅, 與之俱黑.〕"라는 말이 있다.

70 옛 가업 : 원문의 '弓箕'는 조상의 세업(世業)을 계승하는 일, 또는 가학을 가리킨다. 《예기(禮記)》 〈학기(學記)〉에 "활을 잘 다루는 자의 아들은 키를 잘 만들게 되고, 쇠를 잘 불리는 자의 아들은 갖옷을 잘 만들게 된다.〔良弓之子, 善爲箕, 良冶之子, 善爲裘.〕"라고 한 말에서 나왔다.

71 드러나지……수양하여 : 주희(朱熹)의 〈서화상자경(書畫象自警)〉에 "선사의 가

알지 못하는 것이 있어서 그런 것이 아니겠는가? 우리 아우님은 이러한 점에 있어서 마땅히 스스로 반성하고 스스로 힘써야 할 것이네.

아. 우리들은 아주 장성한 나이가 되지는 않았으나 태학에서 처음 가르침을 받을 때가 된 사람들도 많은데 나는 더욱 때를 넘겼네. 비루하고 더러운 것을 편히 여기고 배부르고 따스한 것이나 즐기면서 다시 해야 할 일을 구하지 않는다면 그만이거니와 그렇지 않다면 바로 이른바 "7년 된 병에 3년 묵은 쑥을 구하는" 격[72]이라, 그럭저럭 세월만 보내서는[73] 안 될 것이네. 하물며 올해도 다 가서 새해가 되었으니[74] 바로 지사가 시간을 아끼는 때요[75] 천도가 제자리로 돌아오는 때임에랴.

르침을 명심하고 전현(前賢)의 법규를 받들어 드러나지 않는 가운데 날마다 닦는 것은 어쩌면 거의 할 수가 있으리라.〔佩先師之格言, 奉前烈之餘矩, 惟闇然而日脩, 或庶幾乎斯語.〕"라는 말이 있다. 《朱子大全 卷85 》

72 7년……구하는 격 : 미리 대비해 두지 않고 위기를 만나서야 갑자기 방책을 강구해서는 안 된다는 뜻이다. 맹자(孟子)가 이르기를 "지금에 왕 노릇을 하려는 자는 마치 7년 묵은 병에 3년 묵은 쑥을 구하기와 같으니, 진실로 미리 저장해 두지 않으면 종신토록 얻지 못하리라.〔今之欲王者, 猶七年之病, 求三年之艾也, 苟爲不畜, 終身不得.〕"라고 하였다. 《孟子 離婁上》

73 그럭저럭……보내서는 : 원문의 '玩愒'는 '완세게일(玩歲愒日)'의 준말로 안락을 도모하면서 세월만을 보낸다는 의미이다. 송이강(宋李綱)의 《정강전신록(靖康傳信錄)》 권하에 "마땅히 정사를 일신(一新)하여 천하 백성들의 소망에 부응하셔야 하는데, 조정의 완게(玩愒)는 날마다 반복되기만 할 뿐 변혁되었다는 말을 듣지 못했습니다.〔宜一新政事, 以慰天下之望, 而朝廷玩愒, 日復一日, 未聞有所變革.〕"라는 말이 있다.

74 새해가 되었으니 : 원문의 '三陽載回'는 원래 양효(陽爻)가 셋인 《주역》의 태괘(泰卦)를 가리킨다. 동짓달인 11월부터 양효가 아래에서 하나씩 생겨 올라와서 1월에 이르면 양효가 셋이 되므로 새해 1월이 되었음을 뜻한다.

75 지사가……때요 : 지사는 세월이 빨리 흐르는 것을 안타까워한다는 말이다. 진(晉)나라 부현(傅玄)의 〈잡시(雜詩)〉에 "뜻을 지닌 사람은 날이 짧은 것을 아쉬워하고,

내 마음 감격하여 스스로 그만둘 수 없으니 우리 아우님과 함께 이번 기회에 함께 권면하기를 바라네. 좋은 벗이 나를 버리고 세월이 사람을 속이니 외롭고 쓸쓸하게 쇠락해가는 것은 날이 갈수록 더 심하겠지. 이것이 내가 슬피 탄식하고 두려워하면서 우리 아우님이 더욱 절실하기를 바라는 이유라네. 만일 멀리해 버리지 않는다면 이끌어 주시기를 부탁하네. 우리 아우님 역시 스스로 도모하여, 위로는 집안 대래로 내려온 가학[76]을 전하고 아래로는 붕우들과 서로 본받는 도움[77]을 주신다면 매우 다행이겠네.

서로 못 만난 지 오래되었는지라, 어리석은 정성을 망령되이 펴서 부득불 필찰로 말씀드리네. 장황함에 가까울까 염려되지만 이 또한 헤아리시고 용서해주기를 바라네.

근심이 있는 사람은 밤이 긴 것을 느낀다.〔志士惜日短, 愁人知夜長.〕"라는 내용이 있다. 《文選 卷15》

76 가학 : 원문의 '詩禮'는 공자(孔子)의 아들 이(鯉)가 뜰에서 공자 앞을 공손하게 종종걸음으로 지나다가 공자로부터 시(詩)와 예(禮)를 배우라는 가르침을 받았다는 고사에서 나온 말로, 일반적으로 가정의 교육 또는 가학(家學)을 뜻한다. 《論語 季氏》

77 붕우들과……도움 : 원문의 '相觀'은 붕우들이 서로 간에 선(善)을 보고 본받아 서로서로 선하게 하는 것을 말한다. 《예기》 〈학기(學記)〉에 "서로 보고 선하게 함을 '마(摩)'라 이른다.〔相觀而善之謂摩.〕" 하였고, 《근사록집해(近思錄集解)》 권2 〈위학(爲學)〉에 "붕우 간에 강습(講習)함은 또 서로 보고 선하게 하는 공부가 좋은 것만 한 것이 없다.〔朋友講習, 更莫如相觀而善工夫多.〕"라고 한 명도(明道) 선생의 말이 보인다.

김백춘에게 준 편지
與金伯春

지난번 답장에서 스스로 극복함이 절실하고 스스로 기대함이 큰 것을 볼 수 있었으니 흠앙하는 마음 그지없네. 그러나 나에게 조금의 가르침도 주지 않은 것은 실로 도와주려는 뜻이 아니어서 몹시 실망스러웠네. 아마도 우리 아우님께서 자신을 다스리는데 급급하여 다른 사람을 위해 도모할 겨를이 없어서가 아니겠나? 그게 아니라면 어찌 그리 데면데면한가? 죽은 친구의 말을 언급하면서 격려하고 칭찬함이 너무 지나쳤는데 감당할 바 아니고 또 슬픈 일이기도 하네. 만일 평소에 스스로 면려함이 깊었다면 이 말 또한 알 수 있었을 텐데 한탄스럽고 애석한 마음 더욱 간절하구먼.

초봄에 나와 죽은 벗이 나눈 말도 이와 같았다네. 그 때 나는 "다만 작은 선행만 하고 큰 잘못만 없도록 하려 한다면 뜻이 이미 높지 않은 것이라 행동은 더욱 미치지 못하게 되니 선행도 반드시 할 수 있다고 할 수 없고 잘못도 반드시 완전히 없게 한다고 할 수 없을 것이네."라고 대답하였지. 죽은 벗은 깊이 공감을 하였네. 지금 백춘의 뜻이 다만 이와 같을 뿐이라면 이윤이 뜻한 바를 뜻하고 안연이 배운 바를 배우는 도[78]가 절대로 아니요, 이는 곧 구차하게 뒤로 물러설 소지가 있는 것이

78 이윤이……도 : 《근사록(近思錄)》 권2에 "이윤이 뜻한 바를 뜻하고 안연이 배운 바를 배워, 그보다 나으면 성인이 될 것이고, 그에 미친다면 현인이 될 것이고, 거기에 이르지 못한다 해도 좋은 명망을 잃지 않을 것이다.〔志伊尹之所志, 學顏淵之所學, 過則

라, 염려 되지 않을 수 없네. 만일 또 한낱 그러한 뜻만 가지고 있고, 배움으로써 이를 잇지 않는다면 선악의 사이에서 필시 분명한 판단을 못할 것이고, 혹은 장차 함몰되어 천리가 없어지고 인욕이 멋대로 활개치는 지경에 이를 것이네. 군자는 이것을 두려워하기 때문에 배우고 묻고 생각하고 분별하면서[79] 부지런히 노력해 마지않는 것이네. 우리 아우님께서도 여기에 다시 뜻을 두시기 바라네. 나처럼 나약하고 잘 흔들려 뜻이 안정됨이 없는 사람은 정말로 구차하게 물러서려는 생각에 사로잡히는지라 끝내 하등의 사람 되는 것을 면하지 못할까봐 걱정일세. 간절히 바라건대 백춘은 스스로 면려하는 여가에 또 이를 규계하여 소홀히 하지 말게.

나는 연말을 맞아 묘소에 갈 생각인데 슬프고 그리워하는 마음 하늘처럼 끝이 없을 것이네. 나머지 신년에 부모님을 모시고 학문하는 생활에도 복이 더해지기를 바라네. 이만 줄이네.

聖, 及則賢, 不及則亦不失於令名.〕"라는 주돈이의 말이 실려 있다.

79 배우고……분별하면서 : 《중용장구》 제20장에 "널리 배우며, 자세히 물으며, 신중히 생각하며, 밝게 분별하며, 독실히 행하여야 한다.〔博學之, 審問之, 愼思之, 明辨之, 篤行之.〕"라고 하였는데, 주희의 주에 "배우고 묻고 생각하고 분변함은 선을 택하는 것으로서 지(智)가 되니, 배워서 아는 것이며, 독실히 행함은 굳게 잡는 것으로서 인(仁)이 되니, 이롭게 여겨 행하는 것이다.〔學問思辨, 所以擇善而爲知, 學而知也, 篤行, 所以固執而爲仁, 利而行也.〕"라고 하였다.

원화백[80]에게 답한 편지 임인년[81]

答元華伯 壬寅

지난번에 보내주신 편지를 보니 경계하고 두려워하시는 뜻이 전에 비해 더욱 깊어지신지라 매우 기뻤습니다. 근래에 생각해 보니 우리들의 본심이 아직도 흔들리고 안정되지 못했다면 종전에 이른바 "뜻을 가다듬고 행동을 삼간다"는 것은 모두 흑색 가운데 흰 기운이 있는 것[82]이고, 이른바 "절차탁마하며 경계하고 일깨워준다"는 것은 모두 피모(皮毛)에나 드러난 것이며, 이른바 "아름다운 바탕과 좋은 마음"은 모두 흩어져 소멸하는데 이를 것이고, 이른바 "왕을 위해 계책을 내고 나라를 위해 보좌하려는 뜻"은 모두 매우 허망한 것이 될 것입니다. 이것은 모두 한 개의 '성(誠)'자가 부족한데서 연유하는 것입니다.

대저 마음에 삿된 생각이 있는데 베어서 잘라낼 수 없으면 성(誠)이

80 원화백(元華伯) : 원경하(元景夏, 1698~1761)로, 본관은 원주, 자는 화백(華伯), 호는 창하(蒼霞)・비와(肥窩), 시호는 충문(忠文), 효종의 딸 경숙공주(敬淑公主)의 손자이다. 소탕평(小蕩平)을 반대하고 이른바 대탕평(大蕩平)을 주장하였고, 소론의 온건파 조현명(趙顯命)과 함께 임금이 탕평책을 펴는 데 중심 역할을 하였다. 저서로는 《창하집(蒼霞集)》이 있다. 오원보다는 2살이 많았고 각별한 관계였다.

81 임인년 : 1722년(경종2), 오원의 나이 23세이다.

82 흑색……있는 것 : 《주자어류》 권16 〈대학 85조〉에 "지지(知至)와 의성(意誠)은 성인과 범인의 분기점이니, 이 관문을 통과하지 못하면 작은 선이 있다 할지라도 흑색 가운데 흰 기운이 있는 것과 같고, 이 관문을 통과하면 작은 허물이 있다 할지라도 백색 가운데 검은 기운이 있는 것과 같다〔知至意誠, 是凡聖界分, 未過此關, 雖有小善, 猶是黑中之白, 已過此關, 雖有小過, 亦是白中之黑.〕"라고 하였다.

아닙니다. 유독(幽獨)한 가운데 하나라도 구차한 것이 있으면 성이 아닙니다. 선을 행하면서 남이 알아주기를 구하면 성이 아닙니다. 범사에 남에게 이기기를 구한다면 성이 아닙니다. 마음으로 옳고 그름을 알면서도 즉시 취하거나 버리지 않는다면 성이 아닙니다. 그 대략이 이와 같거니와 이것 외에도 이루 다 열거할 수 없습니다. 내 비록 스스로는 크게 간특한 것이 없다고 해도 몸과 마음이 있는 곳과 집안에서 행하는 것을 묵묵히 생각해보면 이를 범한 일이 매우 많습니다. 어찌 꼭 사녕(邪佞)하고 간사한 짓을 한 뒤라야 성(誠)이 아니라고 하겠습니까?

가만히 생각해 보면 우리 형님 역시 이러한 것에서 벗어나지 못하셨을 터인데 이미 여기까지 살펴 점검하셨는지 모르겠습니다. 그런데 사람이라면 누군들 그 마음을 성실하게 하려하지 않겠습니까마는 하지 못함이 있는 것은 기질의 병통이 그것을 해치기 때문입니다. 게으른데도 진작하는 것이 없고 소루(疏漏)한데도 점검하지 않는 것이 바로 이 아우의 고질인데 다만 견고하지 못한 정도가 아닙니다. 우리 형님의 경우 또한 습관이 지나치게 들떠 있고 뜻이 너무나 과장되어 있어 이른바 "안정되지 못했다"는 말로는 형님의 문제를 표현하기에 역시 부족한 점이 있습니다. 그렇다면 물욕이 다가올 때에 아우는 빠져서 돌아오지 못하고 형은 어지럽게 얽혀 끊어내지 못할 터, 전에 성(誠)하지 못하다는 근심을 했던 것도 마땅합니다.

그러므로 성(誠)해지고자 한다면 그 마음은 사욕을 막아 억제하는 데 있어야 하고, 착수해야 할 곳은 오직 기질의 병통을 관찰하여 이를 교정하고 치료하는 데 있어야 합니다. 우리들의 자질은 진실로 좋은 부분이 없는 것이 아니지만 좋지 않는 곳 또한 많으니 만일 제거하지 않아 그것으로 하여금 점점 자라나게 한다면 좋은 부분인들 어찌 존재하겠습니까? 이와 같다면 군자가 과연 큰일을 할 수 있으며 소인이 과연 화를 꼭 면할 수 있겠습니까?

후세 학자들의 폐단은 이 아우와 우리 형이 진실로 깊이 미워하는 바이거니와 고담 준론 또한 스스로 폐단을 면하지 못할까 염려스럽습니다. 우리들이 평소에 표방한 언론이 실은 다 행동으로 부응할 수 없었으니 어찌 부끄럽지 않겠습니까? 지금부터 마땅히 머리 숙이고 독실히 행하는 것으로 제일의(第一義)[83]를 삼아야 합니다. 심성(心性)만을 전적으로 다스리는 것은 육왕(陸王)[84]의 학문에서 비롯되었으니 어찌 우리들이 견고하지 못하고 안정되지 못했다는 이유로 우선 이 학문에 종사한단 말입니까? 매사에 알지 못하면서 능히 행할 수 있는 것은 없으니 깨달아 아는 공부를 어찌 그만둘 수 있습니까?

다만 아는 것과 행하는 것은 모름지기 심지(心志)를 수습하는 것을 본령으로 삼아야 바야흐로 허위(虛僞)를 하지 않게 되는 것이니 우리의 공부에서 가장 시급한 것이 이것입니다. 이를테면 오륜(五倫)·오상(五常)의 대강(大綱)과 일상생활의 응접하는 일 같은 것은 하늘의 법칙에 뿌리를 두고 인사에 베풀어지는 것이니 깊이 생각하고 열심히 연구하여 의리에 부합되기를 구하지 않을 수 없는데, 이를 늦출 수 있겠습니까?

83 제일의(第一義) : 가장 중요한 일이나 급선무로 해야 할 것을 말한다. 또는 최상의 방법을 뜻하기도 한다.

84 육왕(陸王) : 송(宋)나라 육구연(陸九淵)과 명(明)나라 왕수인(王守仁)을 합칭한 말이다.

생각건대 옛 성현의 격물치지의 학문은 그 핵심[85]이 여기에서 벗어나지 않는 것이니 귀신의 그윽함이나 초목의 미미함을 먼저 구하는 것은 온당치 않습니다. 경서를 읽는 자는 진실로 그 뜻을 알려고 해야 할 것이고 알면 행하려고 해야 할 것입니다. 지금 저 비례물동(非禮勿動)[86]과 충신독경(忠信篤敬)[87]은 그 의리가 알기 어려운 것이 아닌데 이를 행하는 자가 적으니 이것이 어찌 다 경학에 밝지 못한 죄란 말입니까? 이 아우는 그래서 "참지식과 실제 체인은 전적으로 전주(箋註)와 논설(論說) 사이에 있는 것이 아니다."라고 한 것입니다. 옛날의 경학

85 핵심 : 원문은 '肯綮'인데, 긍은 뼈 사이에 붙은 살을 가리키고, 경은 힘줄과 살이 얽힌 부분으로 소를 잡는 데 있어 처리하기 가장 어려워 칼날이 상하기 쉬운 부분으로 사물의 가장 긴요한 곳 또는 핵심을 가리키는 말이다. 《장자(莊子)》〈양생주(養生主)〉에 "소의 관절 사이에는 빈틈이 있고 나의 칼날은 두께가 없으니, 두께가 없는 그 칼을 빈틈이 있는 관절 사이에 집어넣으면, 그 공간이 넓고 넓어 칼을 놀릴 때 반드시 여유가 있게 마련이다. 따라서 근육과 뼈가 엉켜 있는 복잡한 부위에도 칼날이 다쳐 본 적이 없는데, 더구나 큰 뼈와 같은 것이겠는가."라는 백정의 말이 있다.

86 비례물동(非禮勿動) : 안연(顔淵)이 공자에게 인(仁)을 행하는 조목에 대해 묻자, 공자가 이르기를 "예가 아닌 것은 보지 말고, 예가 아닌 것은 듣지 말며, 예가 아닌 것은 말하지 말고, 예가 아닌 것은 행동하지 말라.〔非禮勿視, 非禮勿聽, 非禮勿言, 非禮勿動.〕"라고 하였다. 《論語 顔淵》

87 충신독경(忠信篤敬) : 자신의 뜻이 세상에 행해지게 하려면 어떻게 해야 하느냐고 자장(子張)이 묻자, 공자(孔子)가 "서 있을 때에도 그것이 앞에 참여하고 있는지 살펴보고, 수레를 탔을 적에도 그것이 멍에에 걸려 있는지 살펴보아야 한다.〔立則見其參於前, 在輿則見其倚於衡.〕"라고 대답한 말이 《논어》〈위령공(衛靈公)〉에 나오는데, 이에 대해서 주희(朱熹)가 "그것이란 충신과 독경을 가리켜서 말한 것이다.〔其者, 指忠信篤敬而言.〕"라고 하고, 또 "충신과 독경에 대하여 잊지 말고 계속 생각하면서 어디에 있든간에 항상 눈에 보이는 것처럼 해야 한다는 말이다.〔其於忠信篤敬, 念念不忘, 隨其所在, 常若有見.〕"라고 해설하였다.

은 드물게 전해졌어도 실행은 볼만한 것이 많았는데 오늘날 경학은 더욱 성대해졌으나 실행은 점점 들리는 것이 없으니 위기지학(爲己之學)[88]에 뜻을 둔 사람이라면 의당 절충하는 방법을 알아야 할 것입니다. 우리들은 경서에 너무도 무디고 거치니 마땅히 이를 마음을 두고 노력을 하여 심지를 수습하고 도리를 찾아 구하며, 일상의 인륜 사이에서 하늘의 법칙을 어기지 않아 내 마음에 부끄러움이 없도록 해야 할 따름입니다. 명색이 학문을 한다면 자기를 속이고 남을 속이는 일은 절대로 감히 하지 않아야 할 것입니다.

아. 구구한 우리들의 한조각 선과 한 치 잘난 점이 어찌 자부할만한 것이겠습니까? "능히 생각하면 성인이 되고 생각하지 않으면 미치광이가 된다."[89] 하였으니 성인의 말씀이 어찌 우리를 속인 것이겠습니까? 우리들은 마땅히 통렬하게 삼가고 두려워해야 합니다. "몸소 책망하기를 두텁게 하고, 남을 책망하기를 적게 해야 한다."[90]라는 것은 원망을 멀리하기 위해서만은 아닙니다. 자신을 수양하는 것이 이미

88 위기지학(爲己之學) : 남이 알아주기를 바라면서 공부하는 위인지학(爲人之學)에 상대되는 말로, 오직 자신의 덕성을 닦기 위해서 공부하는 것을 말한다. 《논어(論語)》〈헌문(憲問)〉에 "옛날의 학자들은 자신을 위한 학문을 하였는데, 오늘날의 학자들은 남에게 보여 주기 위한 학문을 한다.〔古之學者爲己, 今之學者爲人.〕"라는 공자의 말이 있다.

89 능히……된다 :《서경》〈다방(多方)〉에 "오직 성인도 생각이 없으면 미치광이가 되고 미치광이도 능히 생각하면 성인이 된다.〔惟聖罔念作狂, 惟狂克念作聖.〕" 라는 말이 있다.

90 몸소……한다 : 공자가 말하기를 "몸소 자책하기를 두텁게 하고 남을 책망하기를 적게 한다면 원망이 멀어질 것이다.〔躬自厚而薄責於人, 則遠怨矣.〕"라고 하였다. 《論語 衛靈公》

간절하다면 그 마음이 저절로 이와 같지 않을 수 없는 것입니다. 이 말은 우리들에게 가장 절실한 것인데 우리 형님께서 제기하셔서 다행입니다.

원화백에게 답한 편지 기유년[91]

答元華伯 己酉

지난번에 보잘것없는 한두 마디 말로 우러러 권면하였는데, 족하의 편지를 받으니 장마다 담긴 내용이 간곡하여 이 마음이 매우 위로가 되었습니다. 족하의 마음을 아우가 어찌 모르겠습니까? 그러나 옛날 사람은 은거하여 뜻을 구하였고[92] 설령 세상에 쓰이지 않더라도 평소에 그 기량을 쌓지 않음이 없었습니다. 지금 스스로 세상에 쓰임이 되지 않는다고 하여 일개 시인이나 되려 할 뿐이라면 이 아우는 그런 말을 들은 바가 없습니다. 하물며 출처(出處)와 행지(行止)에는 의리와 명분이 있거늘 말이 어찌 이와 같이 효과를 기대할 수 있겠습니까.[93]

또 이 아우가 시를 경계하는 것은 입을 다물고 읊조리지 않겠다는 것이 아닙니다. 내가 전일하고 정밀하며 독실한 공부로 주재(主宰)를

91 기유년 : 영조 5년(1729) 오원의 나이 30세이다.

92 은거하여……구하였고: 《논어》〈계씨(季氏)〉에 "세상에서 물러나 숨어 살면서 자신의 뜻을 추구하고, 세상에 나아가 의를 행하여 자신의 도를 펼친다.〔隱居以求其志, 行義以達其道.〕"라는 말이 있다.

93 말이……있겠습니까 : 노(魯)나라 임금 정공(定公)이 공자에게 묻기를 "한마디 말로 나라를 흥하게 할 수 있다 하니, 그러한 것이 있습니까?〔一言而可以興邦, 有諸?〕"라고 하자, 공자가 "말은 이와 같이 효과를 기약할 수는 없거니와, 사람들 말에 '임금 노릇 하기가 어려우며 신하 노릇 하기가 쉽지 않다.' 하였으니, 만일 임금 노릇 하기가 어려움을 안다면 한마디 말로 나라를 흥하게 함을 기약할 수 없겠습니까.〔言不可以若是其幾也, 人之言曰'爲君難, 爲臣不易', 如知爲君之難也, 不幾乎一言而興邦乎?〕"라고 하였다.《論語 子路》

삼음이 있다면 비록 시 읊조리고 술 마시는 사이에서 마음 속 회포를 풀어낸다손 무슨 상관이 있겠습니까? 이 아우가 전날 시와 술에 대하여 참으로 넘친 말을 하지 않음이 없었는데 제공의 말을 듣고 깊이 깨우치고 반성했습니다. 단지 꼭 술 한 잔 마시지 않고 시 한 구 읊조리지 않겠다는 것이 아니라 이것으로 세월을 보내며 마음을 수고롭게 하지 않으면 된다는 것입니다. 족하께서 편면(便面)[94]에 잔글씨로 고시를 써놓고 밤낮으로 음송(吟誦)하시는데 이 역시 이른바 마음을 수고롭게 하며 세월을 보내는 것이라, 이 아우가 이러한 것 때문에 말을 하는 것입니다.

또 군자의 마음은 평탄하고 드넓으며[95] 편안하고 화평하므로 본디 천하의 걱정거리에 대하여 먼저 근심한다 하여 내 마음의 지락(至樂)을 방해하지 않습니다.[96] 지금 산꼭대기나 물가를 떠도는 몸으로 시대를 걱정하고 세상을 개탄하며, 감분하고 불평한 마음을 잊을 수 없다면 필시 스스로 〈구변(九辯)〉[97]이나〈오희가(五噫歌)〉[98]를 부르는 부류에

94 편면(便面) : 옛날에 얼굴을 가리는 데 쓰던 부채 모양의 물건을 이른다.

95 군자의……드넓으며 : 원문의 '坦蕩'은 평탄하고 넓다는 뜻으로 무엇에도 구애받지 않고 툭 터진 자세로 대하는 군자의 넓고도 여유 있는 마음가짐을 말한다. 《논어(論語)》〈술이(述而)〉에 "군자는 마음이 넓고 여유 있는 반면에, 소인은 항상 근심으로 가득 차 있다.〔君子坦蕩蕩, 小人長戚戚.〕"라는 공자의 말이 실려 있다.

96 천하……않습니다 : 범중엄의 〈악양루기(岳陽樓記)〉에 "천하 사람이 근심하기에 앞서 근심하고, 천하 사람이 즐거워 한 뒤에 즐거워한다.〔先天下之憂而憂, 後天下之樂而樂.〕"라는 말이 나온다.

97 구변(九辯) : 굴원(屈原)의 제자인 송옥(宋玉)이 지은 노래로, 임금에게 충성을 바치고도 쫓겨난 스승 굴원의 처지를 가을이 되어 영락하는 초목에 빗대어 한탄한 내용으로 되어 있다. 《楚辭 卷6 九辯》

갖다 붙여야 할 것인데 또한 너무 고달프지 않겠습니까?

족하께서 주신 경계는 그 뜻이 지극히 근실한데 어찌 감사하지 않겠습니까? 저의 출처 문제 또한 마음속으로 깊이 생각해 본 것이 있습니다. 다만 지금 망언으로 죄를 얻었고 죄명이 매우 중한지라,[99] 출처진퇴(出處進退)는 오늘 논할 수 있는 사안이 아닙니다. 그러나 누누이 권면해 주시니 평생토록 경계하고 반성하는데 크게 도움이 될 것 같습니다. 어찌 감히 소홀히 하겠습니까? 어찌 감히 소홀히 하겠습니까?

강서(江西) 형[100]이 돌아가셨으니 비참한 마음 어찌 차마 말로 하겠습니까? 고모의 정리(情理)가 실로 끝이 없는지라, 위로할 바를 알지 못하겠습니다. 이 정리는 피차 같으리라 생각됩니다.

98 오희가(五噫歌) : 후한(後漢) 때 고사(高士)인 양홍(梁鴻)이 지었다고 알려져 있다. 다섯 구(句)로 되어 있고 각 구의 끝에 탄식하는 소리인 희(噫) 자가 있기 때문에 이렇게 부른다. 양홍이 수도인 낙양(洛陽)을 지나다가 지은 노래라 한다. 그 가사는 "저 북망산에 오름이여, 슬프도다! 제경을 돌아봄이여, 슬프도다! 궁실이 높음이여, 슬프도다! 사람들이 고생함이여, 슬프도다! 광활하여 끝이 없음이여, 슬프도다!〔陟彼北芒兮! 噫! 顧覽帝京兮! 噫! 宮室崔嵬兮! 噫! 人之劬勞兮! 噫! 遼遼未央兮! 噫!〕"이다.

99 망언으로……중한지라 : 이해 오원은 이광좌의 죄를 논하는 상소를 올렸는데 당시 영조는 그 상소가 "수상(首相)에 대해 허구날조하고 진신(搢紳)을 경알(傾軋)시키려는 것이었다."라고 하면서 삭직의 명을 내렸다. 《영조실록 5년 3월 19일》

100 강서(江西) 형 : 외형(外兄) 최수신(崔守身)을 가리킨다. 자는 사경(士敬)이고 경종 3년(1723) 계묘(癸卯) 식년시(式年試)에 생원 3등(三等) 5위를 하였다. 벼슬은 참봉(參奉)을 지냈다.

남덕재[101]에게 보낸 편지 정미년[102]

與南德哉 丁未

덕재(德哉) 족하께서 어제 보내주신 시서(詩序)는 시문을 품평하고 흥겨운 정취를 묘사하신 것이 지극하였습니다. 산정(山亭)을 한 번 유람하시어 장차 영원히 변함없을 승경을 보시게 될 터이니 매우 기쁩니다.

또 우리들이 술을 마시며 시에 대해 말한 것이 꼭 페르시아 등에서 나는 보물[103] 같다고 할 수는 없을 것입니다. 그러나 '대가(大家)'라고 말한 것은 진실로 동방의 대가이고, '명가(名家)'라고 말한 것 또한 동방의 명가입니다. '정종(正宗)'의 경우는 시도(詩道)를 통괄하여 말한 것입니다. 고고(高古)하고 순아(純雅)하여 패도(伯道)가 섞이지 않은 자가 아니면 능히 정종을 차지할 수 없으니 접때 논의한 바 도은(陶隱)[104]이나 구봉(龜峰)[105]이 거기에 가까울 뿐입니다. 만일 그러한 사람

101 남덕재(德哉) : 남유용(南有容, 1698~1773)으로, 본관은 의령(宜寧), 자는 덕재(德哉), 호는 뇌연(雷淵)·소화(小華), 시호는 문청(文淸)이다. 1740년 알성 문과에 급제했다. 1754년 원손보양관(元孫輔養官)이 되어 세손(정조)에게 글을 가르쳤다. 양관대제학·원손사부(元孫師傅)를 거쳐 예조 참판·우빈객이 되었고, 1767년 벼슬에서 물러난 뒤 봉조하(奉朝賀)가 되었다. 문장과 시에 뛰어나고 서예에도 일가를 이루었다. 문집에 《뇌연집(雷淵集)》이 있다.

102 정미년 : 1727년(영조3), 오원의 나이 28세이다.

103 페르시아……보물 : 원문의 '波斯'는 서남아(西南亞)에 위치한 나라 페르시아로, 고대 중국인들에게 세상에서 가장 값진 보물이 많이 나는 나라로 알려졌다. 전하여 보물을 가리키는 대명사로 쓰였다. 《三寶太鑑 西洋記》

이 없다면 자리를 비워두고 기다려야 하는 것이 좋을 것입니다. 그러나 고인을 논하는 것은 쉽지만 스스로를 아는 것은 실로 어려운 법입니다. 우리들이 비록 손뼉을 치며 고론(高論)을 하더라고 스스로 운용하는데 이르면 정종(正宗)과 대가(大家)에는 결코 미치지 못할 터이니 이로 말미암아 말하자면 때려치우고 짓지 않아야 옳을 것입니다.

사곡(詞曲)을 짓는 것으로 말하자면 이 또한 한때의 유희입니다. 사람들이 간혹 사(詞)가 악보(樂譜)에 맞는 것이라고 말을 하는데 우리나라 사람은 능히 알지 못하고 설사 알고 짓는다하더라도 쓸 수가 없습니다. 제가 생각하기에 사(詞) 뿐만 아니라 고인의 시는 관현(管絃)에 입힐 수 없는 것이 없습니다. 악부는 옛날 노래이거니와, 양관(陽關)의 곡(曲)[106]이나 기정(旗亭)의 창(唱)[107] 같은 것은 모두 당인

104 도은(陶隱) : 이숭인(李崇仁, 1349~1392)으로 고려 말기의 학자이다. 본관은 성주(星州)이고, 자는 자안(子安)이며, 호는 도은(陶隱)이다. 공민왕 때 문과에 장원 급제했고 명나라 과거시험에 응시할 문사(文士)를 뽑을 때 수석으로 뽑혔지만 나이가 25세에 미달하여 보내지 않았다. 정몽주(鄭夢周)와 함께 실록(實錄)을 편수하고 동지사사(同知司事)에 전임했지만 친명(親明)·친원(親元) 양쪽의 모함을 받으며 자주 옥사(獄事)를 겪었다. 조선이 개국할 때 정도전의 원한을 사서 황거정(黃巨正)에게 살해되었다. 문장이 전아(典雅)하여 중국의 명사들도 탄복했다고 한다. 저서에 《도은집》이 있다.

105 구봉(龜峰) : 송익필(宋翼弼, 1534~1599)로 본관은 여산(礪山), 자는 운장(雲長), 호는 구봉(龜峯), 시호는 문경(文敬)이다. 서출(庶出)로 아우 한필(翰弼)과 함께 일찍부터 문명을 떨쳤으나 초시(初試)를 한 번 본 뒤 과거를 단념하고 학문에 몰두하였고, 고양(高陽)의 구봉산(龜峯山) 밑에 크게 문호를 열어 후진들을 양성했다. 문하에서 김장생과 김집(金集), 정엽(鄭曄), 서성, 정홍명(鄭弘溟) 등 많은 학자들이 배출되었다. 문집에 《구봉집》이 있다.

106 양관(陽關)의 곡 : 당(唐)나라 왕유(王維)의 〈송원이사안서(送元二使安西)〉에

(唐人)의 절구(絶句)인데 율조 (律調)와 성향(聲響) 모두 궁상(宮商)[108]과 청탁(淸濁)의 구별이 있습니다.

지금 우리나라 사람의 율시와 절구도 궁상(宮商) 소리를 구별할 수 있고 관현에 입힐 수 있습니까? 알지 못하여 쓸 수 없는 것은 마찬가지인데 율시와 절구에는 끊임없이 시도하면서 사곡(詞曲)에는 감히 하지 못하는 것은 눈과 귀에 익숙하지 않기 때문입니다. 하물며 그 장단(長短)과 평측(平仄)과 율령(律令)이 정연함에리까?

이를 통해서 연구해보면 진실로 통하지 못할 것이 없습니다만, 저는 유독 장언(長言)과 단구(短句)가 돌고 꺾고 왔다 갔다 하면서 참다운 정과 간절한 뜻이 골수에 사무치도록 묘사해낸 것을 사랑하니 이는 본래 일종의 풍미(風味)입니다. 그러나 우리들이 시가(詩家)의 정종(正宗)은 양보하여 자리를 비워두면서도 유독 송원(宋元)의 염려(艷

서 "위성의 아침 비 가벼운 먼지 적시니, 객사에는 푸릇푸릇 버들 빛도 싱그럽네. 그대에게 권하노니 다시 한 잔 드시오, 서쪽으로 양관을 나서면 친구가 없다네.〔渭城朝雨浥輕塵, 客舍青青柳色新. 勸君更進一杯酒, 西出陽關無故人.〕"라고 하였는데 후세에는 이별가를 양관곡(陽關曲)이라고 칭했다.

107 기정(旗亭)의 창(唱) : 기정(旗亭)은 깃발을 걸어 손님을 끄는 다락이라는 뜻으로, 주루(酒樓)의 별칭이다. 당나라 개원(開元) 연간에 시인 왕창령(王昌齡)과 고적(高適)과 왕환지(王渙之) 등 3인이 문단에서 함께 명성을 날리며 친하게 지내었는데, 싸락눈이 내리는 겨울날에 기정에 가서 술을 마시다가 마침 연희패(演戲牌)를 만나자 그들이 부르는 자기들의 시가(詩歌)를 통해 장난으로 3인의 수준의 고하(高下)를 내기하며 서로들 웃고 즐겼던 고사가 당나라 설용약(薛用弱)의 《집이기(集異記)》〈왕환지(王渙之)〉 조에 나온다. 왕환지는 왕지환(王之渙)이라고도 한다.

108 궁상(宮商) : 중국 음악의 다섯 기본음인 궁(宮), 상(商), 각(角), 치(徵), 우(羽) 중, 첫 번째와 두 번째를 이름인데, 5음을 줄여서 궁상이라고 하며, 음악 내지 음률을 뜻한다.

麗)한 시어에는 애착을 보이니 자못 스스로를 강하게 하는 방법이 아닙니다. 이러한 생각 역시 잊을 수 없으니 어찌하겠습니까?

일전에 또 짧은 서찰을 보내주시었는데 마침 잠시 나갔다가 돌아오지 못하는 바람에 이제야 비로소 시권을 돌려 드리니 용서해 주십시오. 형님[109]도 도성으로 들어오셨는지요? 함께 보아주시기를 바랍니다.

109 형님 : 남유용의 형 남유상(南有常)을 가리킨다. 역시 오원과 절친한 관계를 유지하였다.

남덕재에게 보낸 편지 기미년[110]

與南德哉 己未

지난달에 시를 보내면서 짧은 편지를 함께 써 보냈는데 오래도록 답장을 받지 못하였으니 사람으로 하여금 근심을 하게 합니다. 정원에 벌써 차가운 기운이 도는 걸 보니 산속에는 가을이 일찍 왔으리라 생각되는데 오리(傲吏)[111]의 맑은 흥취 요즘 또 어떠하십니까?

19일에 문원(文遠)[112]과 내 가운데 동생, 막내 동생, 그리고 광문(廣文)[113] 삼 형제가 구호(鷗湖)에서 노닐면서 편지를 보내 초대하기에, 이 아우 역시 저물녘에 모임에 가서는 달뜨기를 기다려 돛배를 띄웠습니다. 이날 밤은 매우 밝아 새벽이 올 때까지 잠을 이루지 못하였고, 술이 거나해졌을 때 〈겸가(蒹葭) 백로(白露)〉 시[114]를 읊으며 우리 덕재

110 기미년 : 1739년(영조15), 오원의 나이 40세이다.

111 오리(傲吏) : 낮은 벼슬에 있으면서 세상을 오시(傲視)하고 예법에 구애받지 않는 고사(高士)를 말한다. 전국 시대에 장주(莊周)가 몽(蒙) 땅 칠원(漆園)의 관리로 있으면서 재상으로 초빙하는 초(楚)나라 위왕(威王)의 청을 거절하였는데, 이에 대해 후대의 진(晉)나라 곽박(郭璞)이 〈유선(遊仙)〉에서 "칠원에는 오만한 관리가 있고, 노래자에게는 은일의 아내가 있어라.〔漆園有傲吏, 萊氏有逸妻.〕"라고 하였다. 《文選 卷21 遊仙詩七首 郭景純》

112 문원(文遠) : 이덕홍(李德弘)으로 남유상의 매부이다.

113 광문(廣文) : 이연(李演)의 자가 광문이다. 남유상의 딸이 그에게 시집을 갔다.

114 겸가(蒹葭) 백로(白露) 시 :《시경》〈겸가(蒹葭)〉에 "긴 갈대 푸르른데, 흰 이슬이 서리가 되었네. 바로 그 사람이 물 저편에 있도다. 물길 거슬러 올라가나, 길이 험하고 멀기도 하네. 물길 따라 좇아가려 하나 물의 가운데에 완연히 보이네.〔蒹葭蒼蒼,

형님을 그리워하였습니다. 다음날은 또 압구정에 올랐는데 구름 낀 해가 맑고 곱다가 홀연 비올 기미가 있나싶더니 순식간에 쏟아 붓는데 이 또한 장관이었습니다. 지은 시가 몇 편씩 있어서 뒤에 적어가도록 할 터인데 덕재 형님도 이를 들으면 필시 마음이 상쾌하실 것입니다.[115]

다음 달에 이 아우가 말을 타고 산골에 들어가 의숙(宜叔)[116]과 전에 한 약속을 지키려 하는데 의숙은 신창(新昌)에 가 있어 중추(中秋)를 기다린 다음에 올 계획을 잡고 있습니다. 형님이 돌아오실 날이 9월 초인 것 같으니 유람을 아마 실컷 하지는 못할 듯합니다. 그러나 20일 동안 산으로 들어가게 되면 비록 형님이 기고(忌故 기제사)가 있기는

白露爲霜. 所謂伊人, 在水一方. 遡洄從之, 道阻且長. 遡游從之, 宛在水中央.]"라고 하였다. 갈대가 아직 시들기 전에 이슬이 서리로 변하였고 만나고 싶은 이인(伊人)은 멀지 않은 곳에 있지만 도저히 만날 길이 없어 애석하게 여긴다는 의미로, 보고 싶은 사람을 만나지 못한 안타까움을 표현한 시이다.

115 시를……것입니다 : 당시 함께 물놀이를 하면서 시를 지은 사람이 남유용, 남유상의 아들, 남유상의 매부, 남유상의 사위, 남유상의 조카사위 등이었기 때문에 남유용에게 시를 보냈으리라 추정한 것으로 보인다. 당시 오원이 지은 시 〈두 아우가 문원·이여우·사장·광문·원직·남생 악로와 함께 달밤에 구호에 배를 띄웠다. 문원이 편지를 보내 모임에 오겠다고 약속하고 저녁에 당질 재홍과 함께 구호로 왔기에 새벽까지 함께 배를 타고 술을 마시며 시축 가운데 있는 시운에 차운하였다[二弟與文遠李汝遇士章廣文元直南生岳老泛月鷗湖. 文遠有書約會, 夕與堂姪載弘向鷗湖, 遂同舟共飮達曙, 次軸中韻]〉가 《월곡집》 권5에 있다.

116 의숙(宜叔) : 이천보(李天輔, 1698~1761)의 자이다. 본관이 연안(延安), 호는 진암(晉菴)이며 시호는 문간(文簡)이다. 생원시(生員試)에 합격하여 내시교관(內侍敎官)이 되었으며 1739년(영조15) 알성문과(謁聖文科)에 급제하여, 정자(正字)·교리(校理)·헌납(獻納)·장령(掌令) 등을 거쳤다. 이후 이조·병조의 판서, 우의정과 좌의정을 역임하고 영의정에 오른 후 돈령부 영사(敦寧府領事)로 전임했다. 문집에 《진암집(晉菴集)》이 있다. 황경원, 남유용, 오원과 더불어 영조조 4가로 불린다.

하지만 아마 6, 7일은 술을 마실 수 있을 것입니다. 다만 의숙이 매우 게을러서 반드시 독촉을 하여야 성사시킬 수 있을 것입니다.

형님께서 비록 멀리 계시지만 문원(文遠)이 능히 형님을 대신하고 있습니다. 시는 비록 형님께 미치지 못하지만 강산에 대한 흥취는 형님보다 더하고, 또 근래 지은 시들은 매우 진보하였으니 형님도 필시 아몽(阿蒙)의 찬탄[117]이 있으실 것입니다. 이만 줄입니다.

117 아몽(阿蒙)의 찬탄 : 상대방의 문장이 매우 향상하여 몰라볼 정도임을 뜻하는 말이다. 삼국 시대 오(吳)나라 여몽(呂蒙)이 군무(軍務)에만 종사하다 손권(孫權)의 권유로 열심히 독서하여 학식을 쌓았다. 노숙(魯肅)이 도독(都督)으로 와서 여몽과 담론해 보고는 "이미 예전의 오나라의 아몽(阿蒙)이 아니구려.〔非復阿蒙.〕"라고 하니, 여몽이 "선비는 이별한 지 3일이면 눈을 비비고 다시 봐야 합니다.〔士別三日, 即更刮目相待.〕"라고 하였다. 《三國志 卷54 吳書 呂蒙傳注》

남덕재에게 답한 편지 경신년[118]

答南德哉 庚申

이 아우가 불행히 계수(季嫂)의 상을 만났으니 부모님 모시고 지내는 정황이 매우 참절(慘切)한 것을 어찌 차마 말로 하겠습니까? 지난번에 편지로 위문해주셔서 감사한 마음 실로 깊었는데 질병과 슬픔 근심으로 오랫동안 인사(人事)를 폐기하였는지라 지금까지 답장을 못하고 있었으니 매우 슬프고 한탄스럽습니다.

벌써 서늘한 기운이 도는데 정사를 보시는 가운데 청한(淸閑)함이 더해지시는지요. 보잘 것 없는 아우는 드릴 말씀이 없습니다. 근래 지은 글의 수다스런 말들은 재주도 없는 것이 자리를 훔쳤으니 실로 대죄를 지은 것이나 어떻게 감히 사양하겠습니까?

근래 의숙(宜叔)과 시 몇 편을 창화(唱和)하였는데 이것도 같이 부쳐서 애오라지 우리 형님께서 이 시 속에서 정황을 알아주시기를 바라오니 평론하여 가르쳐주시고 화답을 해 주시길 바랍니다. 이만 줄입니다.

118 경신년: 1740년(영조16), 오원의 나이 41세이고, 이 해 세상을 떠났다.

두 동생에게 부친 편지 계축년[119]

寄二弟 癸丑

부모님 곁을 떠나온 뒤 겨울이 다하고 봄도 반이나 지났으니 이 마음을 어찌 말로 할 수 있겠느냐? 이별한 뒤 소식이 없는 것도 만 석 달이 되었는데 어머님의 기후(氣候)와 제절(諸節)이 어떠하신지 모르겠구나. 너희들이 어머님 모시고 글을 읽는 것 또한 근실하고 편안하겠지?

나는 12월 27일에 북경(北京)에 도착하여 일을 잘 마쳤고 별다른 일은 없다. 이달 보름에 발길을 돌려 어제는 삼화현(三和縣)[120]에서 묵었고, 자고 먹는 것은 다행히 편안하고 건강하다. 그런데 어머님께서 이 소식을 듣지 못하시고 필시 병이라도 들었을까 깊이 걱정하실 일이 늘 염려스러운지라,[121] 이것이 근심이 되어 몸의 편안함을 모르겠구나. 게다가 도성의 소식은 아득히 딴 세상과 같음에랴. 장차 돌아가려니 근심스러운 마음 더욱 간절해지는데 어찌할꼬.

여겸씨(汝謙氏)[122]가 아직 그 곳에 머무르고 있을 터인데 오랜 병이 나았는지 모르겠구나. 걱정이 끝이 없다. 그동안 읽은 책은 몇 권이며

119 계축년 : 1733년(영조9), 오원의 나이 34세이다. 전해인 영조 8년(1732) 10월 동지 서장관이 되어 연경에 갔고 이해 4월 중국에서 돌아와 복명하였다.

120 삼화현(三和縣) : 평안도에 있던 고을 이름이다.

121 어머님께서……터라 : 원문의 '惟疾之憂'는 《논어》 〈위정(爲政)〉에 "맹무백(孟武伯)이 효를 묻자, 공자가 답하기를 '부모는 행여 자식이 병들까 근심하신다.' 〔孟武伯問孝, 子曰父母唯其疾之憂.〕"라고 한 데에서 온 말이다.

122 여겸씨(汝謙氏) : 미상이다.

진보됨이 있는지 스스로 깨달았느냐. 소식을 들을 수 없으니 답답하다.

나는 연경에 있으면서 《주역》을 읽어 〈상경(上經)〉을 거의 다 읽었다. 시는 전념하여 짓지 못하였는데 우연히 너희들의 시에 차운한 것이 있어 이것을 붙여 보낸다. 너희들은 각각 한 살씩 먹었는데 학업에 너무 소홀하구나. 세월은 흐르는 물 같으니 심히 두려운 일이다. 힘쓰고, 모름지기 짧은 시간도 아끼도록 해라. 나는 관사에서 조용히 있을 때 이전에 시 짓고 술 마시고 방종하며 살면서[123] 세월을 허비했던 것을 생각하게 된다. 지금 나이가 근 40이 되었는데 전혀 이루어 놓은 것이 없으니 후회스럽고 한스러운 것이 이보다 심한 것이 없다. 너희들은 마땅히 깊이 경계해야 할 것이다.

123 방종하며 살면서 : 원문의 '漫浪'은 방종(放縱)하여 세속의 구속을 받지 않는 사람을 뜻한다.

두 동생에게 부친 편지 갑인년[124]

寄二弟 甲寅

이별하던 마음 지금도 생생한데 부모님 모시고 지내는 생활 어떠하냐? 백형(伯衡)[125]의 병도 차도가 있고? 계속 생각이 떠올라 잊히지 않는구나. 이번 여행은 22일에 한벽(寒碧)에 이르러 덕재(德哉)와 여러 벗들과 함께 배를 타고 강을 거슬러 구도(龜島)의 상류로 갔다가 3일 만에 돌아왔다. 구름과 해가 맑았다 흐렸다 하는 것과 봄 경물의 조만(早晩)이 마침 내 뜻과 꼭 맞으니 유람한 경치가 전에 없이 좋더구나. 너희들이 몹시 생각나지만 이 또한 어찌할 수 없는 일. 돌아갈 때는 여상(驪上 여주)에 며칠 머물렀다가 그 참에 11일 기사(忌祀)에 참석하고 가려고 하는데 보름 전에는 돌아갈 것이다. 남씨(南氏)댁 딸의 병은 근자에 좀 차도가 있는지 모르겠구나. 잠보(潛甫)는 요즘 또 어떻게 지내느냐? 나머지는 바빠서 이만 줄인다.

124 갑인년 : 영조 10년(1734) 오원의 나이 35세이다. 이해 3월 황경원・남유용과 등과 함께 단구(丹丘)를 유람하였는데 유람 도중 보낸 편지로 추정된다.

125 백형(伯衡) : 오원의 종제(從弟)인 오선(吳璿)을 가리킨다. 자가 백형이고, 영조(英祖) 5년(1729) 기유(己酉) 식년시(式年試)에 진사 3등으로 뽑혔다. 아버지는 통정대부(通政大夫) 돈령부 도정(敦寧府都正)을 지낸 오정주(吳鼎周)이다.

아우들에게 부친 편지 을묘년[126]

寄諸弟 乙卯

이별의 회포 또렷하여 잊을 수 없구나. 이번 여행은 남이 시켜서 하는 것이 아닌데 말이다. 내가 집을 하직하고 멀리 떠나면서부터 가을 경치의 조만(早晩)과 강산의 정경이 제때를 만났다[127]할 만한데, 한결같이 그리운 마음[128] 이와 같으니, 고인이 반드시 온 가족을 데리고 녹문(鹿門)에서 살고[129] 소계(苕溪)와 삽계(霅溪)에서 배를 띄우려 했던 것[130]을 비로소 알 수 있겠다. 필시 이와 같은 후라야 바야흐로 초탈하여, 근심하는 일이 없을 것이다.

126 을묘년 : 1735년(영조11), 오원의 나이 36세이다.

127 제……만났다 : 원문의 '時哉'는 제때를 얻었음을 감탄하는 말이다. 《논어》〈향당(鄕黨)〉에 "산량의 암꿩이 제때를 만났구나.〔山梁雌雉, 時哉時哉!〕"라는 공자의 말에서 용례를 찾을 수 있다.

128 그리운 마음 : 원문의 '憧憧'은 '왕래가 끊이지 않는 모양'으로, '그리운 마음이 끊어지지 않음'을 말한다. 《주역》〈함괘(咸卦) 구사(九四)〉에 "왕래하기를 자주하면 벗만이 네 생각을 따르리라.〔憧憧往來, 朋從爾思.〕"라는 구절이 있다.

129 녹문(鹿門)에서 살고 : 녹문은 오늘날 중국 호북성(湖北省) 양번시(襄樊市) 동남쪽에 위치한 산 이름인데 한(漢)나라 말기에 방덕공(龐德公)이 형주 자사(荊州刺史) 유표(劉表)의 간곡한 초빙을 물리치고 세상을 멀리하면서 처자를 데리고 그곳에 들어가 약초를 캐며 살았다고 하는 곳이다. 은거지의 대명사로 쓰인다. 《後漢書 卷83 逸民列傳》

130 소계와……했던 것 : 배를 집으로 삼아 물 위를 떠돌며 사는 생활을 말한다. 장지화가 안진경(顔眞卿)에게 "나의 소원은 배를 집 삼아 물 위에 살면서 소계(苕溪)와 삽계(霅溪) 사이를 왔다 갔다 하는 것이다.〔願爲浮家泛宅, 往來苕霅間.〕"라고 말한 고사가 있다. 《新唐書 隱逸傳 張志和》

오늘 황강(黃江)에서 묵고 있는데 갑자기 남형(南兄)이 세상을 떴다는 소식을 들으니[131] 참혹한 마음 어찌 차마 말로 할 수 있겠느냐? 병세가 위중하다는 것은 알았으나 갑자기 이에 이르리라고 어찌 생각했겠느냐? 당초에는 단양과 청풍 사이에 머무르면서 구도(龜島)의 가을 경치를 두루 보려고 하였는데 이런 소식을 듣고 보니 유람할 생각이 없어 그저 앞길을 재촉해 가려 한다.

모레 죽령(竹嶺)을 넘으려 하는데 먹고 자는 것 모두 편안하니 꼭 이러한 일을 어머님께 자세히 말씀드려서 걱정하시는 마음을 풀어드리도록 해라. 남씨 어르신[132]의 행차가 내일 한벽(寒碧)에서 길을 떠난다고 하는데, 이 또한 당초의 계획에서는 어긋난 것이다. 이편에 몇 자 적어 보낸다. 바라는 것은 날로 책을 가까이 하고 촌음도 잃지 말라는 것이다. 간절히 염원한다. 둘째의 치통은 다 나았는지 모르겠구나. 그립고 그립다.

131 남형이……들으니 : 남형은 남유상(南有常, 1696~1728)을 말한다. 본관 의령(宜寧), 자 길재(吉哉), 호 태화자(太華子)이다. 소론(少論)의 우두머리 이광좌(李光佐)를 논척(論斥)하다가, 당론을 일으켰다 하여 영암(靈巖)으로 유배되었다가 곧 풀려났으나 이해(1735년) 세상을 떴다. 남유용의 형이고, 오원과는 절친한 관계였다.

132 남씨 어르신 : 남유용의 아버지 남한기(南漢紀, 1675~1748)로, 남용익(龍翼)의 손자이고, 남정중(正重)의 아들이다. 자는 국보(國寶), 호는 기옹(寄翁)이다. 당시 청풍 부사(淸風府使)로 있었고, 오원은 남유용과 함께 청풍 임소를 찾아갔다.

아우들에게 준 편지 경신년[133]

與諸弟 庚申

앞서 보낸 편지 이미 보았으리라 생각된다. 요즈음 날씨가 맑고 화창하여 병을 조리하는데 방해를 받지 않고, 또 단풍잎이 아주 선명하고 달[134]이 점차 둥글어지고 있어 좋다. 며칠 병을 요양하였는데 비록 오래있을 계획은 아니지만 특별히 이곳은 한가하고 조용하여 참으로 하루가 일 년 같고, 또 하루에 절로 하루의 즐거움이 있으니 하필 백년을 산정한 연후에 기쁨으로 삼겠느냐? 저 갈대숲에서 끝내 늙어간 현진(玄眞)과 천수(天隨)의 무리가 어찌 지금도 소계(苕溪)와 입택(笠澤)에 있겠느냐?[135]

호당(湖堂 독서당)의 하인이 돌아가겠다고 하기에 한만스럽게 이런 생각을 알린다. 여기에 와서 평평하고 드넓은 호산(湖山)을 보고 귀천(歸川)[136]과 비교하니 문득 원대한 마음이 드는구나.

133 경신년 : 1740년(영조16), 오원의 나이 41세이다.

134 달 : 원문의 '月魄'은 달이 처음 생겨나거나 혹은 둥글어지기 시작할 때 아직 밝아지지 않은 부분을 가리킨다.

135 현진(玄眞)과……있겠느냐 : 현진(玄眞)은 현진자(玄眞子)로, 당나라 장지화(張志和)의 자호(自號)이다. 숙종(肅宗) 때에 좌금오위 녹사참군(左金吾衛錄事參軍)을 지내다가 벼슬에서 물러난 뒤에 소계(苕溪)와 삽계(霅溪) 지역에 은거하였다.《新唐書 卷196 賀知章列傳 張志和列傳》천수(天隨)는 당(唐)나라 시인 육귀몽(陸龜蒙)의 별호인 천수자(天隨子)의 준말이다. 입택(笠澤)이라는 호수에 배를 띄워놓고 그 배에 살면서 입택어옹(笠澤漁翁)이라고 자칭하였다.《宋史 卷395 陸游列傳》

136 귀천(歸川) : 오원이 새집을 짓고 기거하던 곳으로 현 경기도 광주 귀여리이다. 소내・우천(牛川)・소계(苕溪)・소천(蘇川) 등으로 불리었다.

아우들에게 답한 편지

答諸弟

오늘이 중구일(重九日)이라 강촌의 수유(茱萸)와 국화(菊花)가 타향의 회포를 갖게 하는구나.[137] 편지가 와서 매우 위로가 되었다. 그 편지로 인하여 작년에 낙산(洛山)에 기대어 바다를 굽어보며 부상(扶桑)에서 떠오르는 해를 보던 것이 생각났고, 또 사람으로 하여금 앉아서 마음이 치달리게 하였다.[138] 눈앞에 보이는 호산(湖山)도 조망(眺望)을 제공하기에 충분하다. 병 때문에 높은 곳에는 올라가지 못하고[139] 그저 발이 드리운 집에서 책을 안고 누워있을 뿐이지만 말이다. 매일 밤 강에 뜬 달이 집을 가득 비추면 상앗대 소리가 조수와 함께 오르내리고 어부들의 노랫소리 간간이 들리는데 베개에 기대어 듣고 있노라면 병을 잊을 수 있을 것 같다. 만일 한 필 말로 와서 묵는 이가 있다면 더욱 기쁠 것이다. 이만 줄인다.

137 오늘이……하는구나 : 중국의 고대 풍속에 "9월 9일 중구일에 수유를 차고 경단을 먹고 국화주를 마시면 장수할 수 있다.〔佩茱萸食餌飮菊花酒云令人長壽.〕"라고 하여 이를 먹고 마시며 장수를 기원하였다. 《古今事文類聚 前集 卷11 佩萸食餌》

138 앉아서……하였다 : 원문의 '坐馳'는 조용히 앉아 있는 듯해도 마음속으로는 온갖 번뇌가 치달리는 것을 말한다. 《장자》 〈인간세(人間世)〉에 "대저 마음이 정지하고 있지 않으면 이를 좌치(坐馳)라고 한다.〔夫且不止, 是之謂坐馳.〕"라는 유명한 구절이 나온다.

139 높은……못하고 : 음력 9월 9일에는 높은 산에 올라가 국주(菊酒)를 마시며 재액(災厄)을 물리치는 풍습이 있었기 때문에 이른 말이다.

도암[140]께 올린 편지 계축년[141]

上陶菴 癸丑

봄기운이 따뜻한데 고요히 지내시는 체후에 만복이 깃드시길 바랍니다. 이 조카[142]가 달려 돌아온 나머지, 어머님께서는 조금 편안해졌으나 종제(從弟)의 담화(痰火)병[143]이 반 년 새 더욱 악화되고 있으니 타는 마음을 어찌 말로 할 수 있겠습니까? 요즘 족제(族弟) 위(瑋)[144]가 와서 함께 지내면서, 그가 여러 차례 선생님의 덕스러운 풍모를 찾아가 뵙고[145] 우러러 의지할 바를 얻었다는 말을 듣게 되었으니 그를

140 도암(陶菴) : 이재(李縡, 1680~1746)로, 본관은 우봉(牛峯), 자는 희경(熙卿), 호는 도암・한천(寒泉), 시호는 문정(文正)이다. 김창협(金昌協)의 문인으로 1702년(숙종28) 알성 문과에 병과로 급제하였으며, 1707년 문과 중시에 을과로 급제하였다. 동부승지・부제학 등을 지내며 노론의 중심인물로 활약하였으나 소론의 집권으로 삭직되었다. 영조가 즉위 후 복직하여 대제학를 지냈으나 정미환국(丁未換局)으로 소론 중심의 정국이 성립되자 문외출송(門外黜送)되었으며, 이후 용인의 한천(寒泉)에 거주하면서 많은 학자를 길러냈다. 당시의 호락논쟁(湖洛論爭)에서는 이간(李柬)의 학설을 계승하여 한원진(韓元震) 등의 심성설(心性說)을 반박하는 낙론(洛論)의 입장에 섰다. 저서로는 《도암집(陶菴集)》, 《도암과시(陶菴科詩)》, 《사례편람(四禮便覽)》, 《어류초절(語類抄節)》 등이 있다. 오원은 이재(李縡)의 문하에서 공부하였다.

141 계축년 : 1733년(영조9), 오원의 나이 34세이다.

142 조카 : 오원이 도암 이재의 처질이 되기 때문에 이른 말이다.

143 담화(痰火)병 : 담으로 말미암아 가슴이 번거롭고 답답하여지는 병이다.

144 족제(族弟) 위(瑋) : 오위(吳瑋)인데 《월곡집》 곳곳에서 백온(伯溫)으로 나온다. 자세한 생애는 미상이다.

145 덕스러운……뵙고 : 원문의 '皐比'는 호랑이 가죽으로 선생의 자리를 말한다. 송(宋)나라의 장재(張載)가 항상 호랑이 가죽을 깔고 앉아 《주역(周易)》을 강론했는데,

위해 매우 기쁜 일입니다. 그의 재질은 자못 가르치실 만할 터이니 가르쳐주시는 은혜[146]를 입어 그릇을 이루게 해 주신다면 이보다 다행스러운 것이 있겠습니까.

조고(祖考)의 시문 약간 권이 상자 속에 있습니다. 조고께서는 평소 담박하고 검약한 태도를 가지시어 문사를 좋아하지 않으셨으니 유집(遺集)이 바로 간행되지 못한 것도 대개 이 때문입니다. 그러나 세변(世變)이 더욱 극심해져서 인사(人事)를 알 수 없으니, 백세후에 조고의 남은 공렬을 사모하여 남은 시문[147]에서 어렴풋이나마 상상하려고 하는 자가 있을 때, 그 시문이 이미 흩어져 떨어져 나가거나 아주 없어져서 구할 길이 없게 된다면 후인의 한이 되지 않으리라 어찌 알겠습니까?

선친께서 만년에 일찍이 간소하게 판각을 하여 친척들의 집에 나누어 보관하여 오랫동안 전해지게 하려 하시었는데 손수 산정(刪定)을 하셨으나 이루지 못하시고 인사가 갑자기 변하였습니다. 불초자가 죽기 전에 사적으로 유지(遺志)를 마침내 이루어 드리고자 옛날 생각해 놓은

후세에 와서는 강학(講學)하는 자리를 고비라 이르게 되었다. 참고로 정이(程頤)가 지은 명도선생(明道先生) 행장(行狀)에 "풍도를 들은 자는 진실로 감복하였고, 덕스러운 모습을 본 자들은 심취하였다.〔聞風者誠服, 覿德者心醉.〕"라는 말이 있다. 《近思錄 卷14 觀聖賢》

146 가르쳐주시는 은혜 : 원문의 '陶鎔'은 가마에서 도자기를 굽고 용광로에서 쇠를 녹이는 것처럼 인재를 배양해서 육성한다는 뜻이다.

147 시문 : 원문의 '咳唾'는 《장자》 〈추수(秋水)〉에 "재채기를 할 때 튀어나오는 침방울〔咳唾〕들을 보면 큰 것은 옥구슬 같고 작은 것은 안개 같다.〔噴則大者如珠, 小者如霧.〕"라는 말에서 유래하여, 타인의 아름다운 시문(詩文)을 칭찬하는 말로 쓰게 되었다. 이백(李白)의 시에 "그대의 침방울이 구천에서 떨어지니, 바람 따라 모두가 주옥을 이루도다.〔咳唾落九天, 隨風成珠玉.〕"라고 한 구절이 있다. 《李太白集 卷3 妾薄命》

것에 따라 5권으로 엮어, 장차 판각하는 사람에게 맡기려고 합니다.

제가 여기에서 우러러 간청하고자 하는 것이 있는데, 일의 성격상 직접 나아가 간청해야 되지 감히 편지로 먼저 전할 수 있는 것은 아닙니다. 그러나 이번 일은 시자(侍者)의 귀에 들리지 않을 수 없을 것이기 때문에 문득 이렇게 진달합니다. 중부(仲父)의 묘석(墓石)이 아직도 새겨지지 않았는데, 선인께서도 일찍이 손수 행장을 지으시고는 말씀하시기를 "돌아가신 형님께서는 자신의 덕을 감추고 일찍이 알아주기를 구하지 않으셨지만 사후의 도모할 일을 어찌 알지 못하는 사람에게 부탁하는 것이 옳겠는가?"라고 하셨습니다. 그러고는 집사의 자(字)를 부르며 말씀하시기를 "아무 형이 계시는데 그분은 반드시 천양(闡揚)하되 사실만을 전하여 의심이 없게 할 수 있을 것이다."라고 하셨습니다.

종제가 이 유지를 받들고는 오랫동안 몸소 나아가 우러러 청하고자 하였으나 꾸물거리면서 이루지 못하였습니다. 그가 지금 병이 걸린 지 오래되어 마음이 약해졌는지라 매번 이 일을 이야기 할 때마다 그 말이 슬프고 괴로워 차마 들을 수 없습니다. 그가 이제 전서(專書 특별히 사람을 시켜 보낸 편지)를 통해 시자에게 간청하려 하는데, 젊은이가 한 번 병이 난 것이라 꼭 그가 염려하는 지경에까지 이르지는 않으리라는 것을 진실로 알지만, 이 조카로서는 근심스런 생각이 그 가슴속에 맺혀 병중의 마음을 아프게 하는 것이 참으로 안타까운지라, 이에 감히 정성을 모두 펴서 우러러 숭청(崇聽)을 번거롭게 합니다. 바라옵건대 돌아가신 분을 추모하고 살아 있는 사람을 생각하시어 빨리 은혜를 내리시어 구천을 빛내시고 병든 마음을 위로하여 주시옵소서. 우러러 바라는 마음 그지없습니다.

남공필[148]에게 준 편지 갑인년

與南公弼 甲寅

지난번 편지는 지금까지도 위로가 되네. 학문의 진취를 구하려는[149] 뜻에 어찌 답하고 싶지 않겠는가? 다만 이른바 '학(學)'이라는 것은, 옛 성현의 학문이라면 내 감히 미칠 바가 아니라 감히 밖으로 함부로 말할 수 없고, 사장(詞章)의 학문이라면 나 또한 일찍이 염지(染指)[150] 하긴 하였으나 지금은 중도에서 그만두었네. 내 비록 재주가 없으나 이것은 소기(小技)여서 족히 정성을 다할 일이 아니라는 것은 알았기 때문일세. 설사 얻는 바가 있다 하더라도 서로 고하여 끌어줄 것은

148 남공필(南公弼) : 1715~1763. 남유용의 형 남유상(南有常, 1696~1728)의 아들이자 오원의 사위로, 자가 원직(元直)이다. 벼슬에 뜻이 없어 의금부 도사 등에 임명되었으나 나아가지 않았다. 세자익위사 익찬(世子翊衛司翊贊)을 지냈고 모친 봉양을 원하여 예안 현감(禮安縣監), 평창 군수(平昌郡守)에 임명되었다. 《뇌연집》 권21에 〈조카 공필의 묘지명〔從子公弼墓誌銘〕〉이 실려 있다.

149 학문의……구하려는 : 원문은 '求益'이다. 《논어》 〈헌문(憲問)〉에 "궐당의 동자가 공자의 명령을 전달하는 일을 맡아보자 어떤 이가 '학문이 진전이 있어서 맡긴 것입니까?'라고 물었다. 그러자 공자가 '나는 그가 방 한가운데 앉아 있는 것을 보았고 어른들과 나란히 걸어가는 모습을 보았다. 그는 학문의 진취를 구하는 자가 아니라 자신의 목적을 빨리 이루려는 사람이다.〔闕黨童子將命, 或問之曰: '益者與?' 子曰: '吾見其居於位也, 見其與先生並行也, 非求益者也, 欲速成者也.'〕"라고 말한 내용이 나온다.

150 염지(染指) : 손가락에 찍어 맛을 본다는 말이다. 춘추 시대 초(楚)나라 사람이 정 영공(鄭靈公)에게 자라를 바쳤다. 마침 자공(子公)이 자가(子家)와 함께 입궐하였는데, 자공의 식지(食指)가 움직이자 자공이 반드시 특별한 진미를 먹게 될 것이라고 했다. 자가로부터 이 이야기를 들은 영공이 자공에게는 자라 요리를 주지 않자, 자공이 노하여 솥에 손가락을 담가 맛보고 나갔다는 고사가 전한다. 《春秋左氏傳 宣公4年》

못되는 것인데 하물며 반드시 얻는 것도 없음에랴.

그러나 천하의 온갖 일은 본말(本末)과 명실(名實)의 구분이 없는 것이 없으니 사장이 비록 소기이이지만 성심으로 해야지 구차하게 해서는 안 되네. 고인의 마음으로 고인의 도를 구하여 가슴 속에 쌓아 밖에 드러내면 이것이 본(本)이고 실(實)이며 말(末)과 명(名)은 그에 따르는 것이네. 마음에서 얻지 않고 도에서 구하지 않고 한갓 자구와 사령(辭令)의 여벌만을 익히어 고인을 배우고자 한다면 이것은 본도 없고 실도 없으며 말과 명 역시 의지할 곳이 없는 것이니 이것을 살피지 않아서는 안 되네.

또 과거(科擧)는 진실로 고인들이 출처(出處)의 정법(正法)으로 여겼던 것이 아니지만 정주(程朱) 이하 제현들도 면하지 못했던 바이네. 선현들이 경계한 바는 바로 뜻을 빼앗기는 것에 있었지 꼭 이를 금지한 것은 아닐세. 어버이께서 원하시는 뜻이 진실로 의로운 것이 아니라면 의당 완곡한 말로 여러 번 청을 하여 청이 받아들여지게 할 뿐이네. 이렇게 되면 끝내 그것이 불의가 되는 것을 보지 않을 터인즉, 자신의 뜻이 비록 곧바로 이루어질 수는 없다 하더라도 마땅히 부모님의 가르침을 우러러 따라야 하는 것. 이 또한 고인의 일을 배우는 것일세. 과거를 위해 짓는 글 또한 전적으로 폐할 수는 없는 것이네. 이 방법은 낭패의 말로인지라 진실로 원직(元直),[151] 이 한 이름의 영예를 구할 것은 못되지만 자네의 입장에서는 또한 생각하기 않을 수 없을 것이기에 언급하네. 자네의 작품[152]에 평점을 대략 가하여 돌려주네. 이만 줄임세.

151 원직(元直) : 남공필의 자가 원직(元直)이다.

152 자네의 작품 : 원문의 '盛作'은 상대의 저작을 높여서 이르는 말이다.

이의숙[153]에게 준 편지 정사년[154]

與李宜叔 丁巳

구성(駒城)[155]에서 이별을 하고 지금까지 그리운 마음 잊을 수 없는 것은 아마 우리들이 도리를 잘 알지 못한 탓이겠지요. 산협으로 들어가셨다는 소식은 대략 들었습니다. 산촌의 자연 속에서 문을 닫고 글을 읽는 것이 진실로 인생의 지극한 즐거움이기는 하지만 형님만 어찌 홀로 즐기시는지요? 몹시 부럽고 부럽습니다. 그러나 호환(虎患) 걱정은 과연 없으신지, 그리고 좀도둑 염려는 하지 않으시는지 모르겠습니다. 제 아우의 말을 들으니 형님께서 금년에 수창하신 시가 너무도 많아 잠시 수창을 그만두려 하신다지요. 이러한 생각이 정녕 없을 수는 없을 것입니다. 그러나 지금은 낙락하여 비색함이 매우 심하다고 할 수 있으니, 설령 외롭게 읊조린 시가 있어 서로 보낸다 한들 어떻게 통태(通泰)함에 이를 수야 있겠습니까마는[156] 이삭(離索)[157]에는 반드

153 이의숙(李宜叔) : 333쪽 주116 참조.

154 정사년 : 1737년(영조13), 오원의 나이 38세이다.

155 구성(駒城) : 용인(龍仁)의 옛 이름이다.

156 통태(通泰)함에……있겠습니까마는 : 《주역》에서 '否'와 '泰'는 정반대의 의미를 갖기 때문에 이른 말이다. 태괘(泰卦)는 하늘과 땅의 기운이 서로 통해서 만물이 형통하게 되는 치세(治世)를 상징하고, 비괘(否卦)는 하늘과 땅의 기운이 서로 막혀 통하지 않는 난세(亂世)를 상징한다. 통태(通泰)는 《주역》 〈태괘전(泰卦傳)〉에 "천지 음양의 기운이 서로 교접하고 화하여 만물이 생성되기 때문에 '통태(通泰)'라 한다.〔天地陰陽之氣, 相交而和 萬物生成 故爲通泰.〕"라고 한 데서 나온 말이다.

157 이삭(離索) : '이군삭거(離群索居)'의 줄임말로, 친구들과 떨어져 홀로 생활하는

시 이렇게 의지할 것이 있어야 하니 부디 고집하지 마시기 바랍니다.

이 아우는 열흘 전에 도성에 들어왔는데, 모시는 어머님께서는 약간 편안해지셨습니다만, 평소 앓고 있던 담질(痰疾)이 올 겨울에는 더욱 심해져서 새해가 되기 전에는 문 밖을 살피기 어려울 듯하니 흡사 자첨(子瞻)이 천경관(天慶觀)에서 몸 관리 할 때[158]나 눈병을 얻었을 때[159]처럼 하는 것도 무방할 것 같습니다.

백윤(伯尹)[160]은 아마 자주 보아 적막하지 않을 것으로 생각되는데 그는 지금 무슨 공부를 하고 있습니까? 듣자니 형님께서 화백(華伯)[161]과 헤어질 때에 지나치게 쟁난(爭難)을 하였다 하니, 선(善)을 권면하는 데는[162] 간절하고 지극한 것[163]이 귀하지만 꼭 이와 같을 필요는 없습

것을 말한다. 《예기》〈단궁 상(檀弓上)〉에 "'내가 벗을 떠나 쓸쓸히 홀로 산 지 또한 이미 오래이다.〔吾離群而索居, 亦已久矣.〕"라는 구절이 있다.

158 자첨이……때 : 천경관(天慶觀)은 도교 사원이다. 소식은 여덟 살에 향교에 입학해 천경관(天慶觀) 도사 장이간(張易簡)에게 수학한 바 있다. 그가 지은 《답진태허서(答秦太虛書)》에 "우리들은 점점 노쇠해지니, 다시는 소년이 될 수 없소. 몸 관리는 빨리 도가(道家)의 책과 방사(方士)의 말을 따라 크게 스스로 수양하고 단련해야 하오.〔吾儕漸衰, 不可復作少年. 調度當速用道書方士之言, 厚自養鍊.〕"라는 구절이 있다.

159 눈병을 얻었을 때 : 소식이 황주(黃州)로 폄적된 후 마음의 고통이 심하여 눈이 빨갛게 되는 눈병을 앓은 적이 있다. 수시로 발병하여 수개월까지 병이 지속되면서 소식은 문을 닫고 손님을 사절하며 지냈다고 한다. 《東坡志林 卷1》

160 백윤(伯尹) : 이석신(李碩臣)이다. 본관은 연안이고 자가 백윤이다. 사간원 정언(司諫院正言)과 홍문관 학록(弘文館學錄) 등을 역임하였다.

161 화백 : 319쪽 주80 참조.

162 선(善)을 권면하는 데는 : 원문의 '責善'은 선행을 하라고 벗에게 권면하는 것이다. 《맹자》〈이루 하(離婁下)〉에 "책선은 붕우 사이의 도리이다. 부자가 책선함은 은의(恩義)를 해치는 가장 큰 것이다.〔責善, 朋友之道也. 父子責善, 賊恩之大者也.〕"라고

니다. 이제부터는 경계하시기 바랍니다.

덕재(德哉)·대경(大卿)[164]과 아직도 회포를 풀지 못하고 있는 것은 이 아우가 병으로 외출을 못하기 때문입니다. 비록 답답한 마음이지만 이 또한 어찌하겠습니까? 내일부터 정고(呈告)[165]를 하려고 하는데 과연 속히 해면이 이루어질지는 모르겠습니다. 〈화산시(華山詩)〉는 꼭 속히 보여주시기 바랍니다. 이 아우도 이제 막 졸렬하게 읽었을 뿐입니다. 형님의 지금 여행은 몇 달 계획에 불과하지만 고요히 거하면서 경사(經史)를 가까이 하시게 되면 마음을 기르고 기를 기르는 공부가 서울의 교요(膠擾)[166]하던 것에 비해 어찌 하루가 이틀보다 나을 뿐이

하였다.

163 간절하고 지극한 것 : 원문의 '偲切'은 절절시시(切切偲偲)의 준말로, 절절(切切)은 간절하고도 지극한 것이고, 시시(偲偲)는 자상하게 권면하는 것이다. 《논어》〈자로(子路)〉에서 자로가 "어떻게 해야 그 사람을 선비라 할 수 있습니까?"라고 묻자, 공자는 "간절하게 서로 책선(責善)하고 화기애애하면 선비라고 할 수 있다. 붕우 간에는 간절하게 책선하고 형제간에는 화기애애해야 하느니라.〔切切偲偲, 怡怡如也, 可謂士矣. 朋友切切偲偲, 兄弟怡怡.〕"라고 하였다.

164 덕재(德哉), 대경(大卿) : 남유용과 황경원이다. 남유용(南有容, 1698~1773)은 328쪽 주101 참조. 황경원(黃景源, 1709~1787)은 본관은 장수(長水), 자는 대경(大卿), 호는 강한유로(江漢遺老), 시호는 문경(文景)이다. 1727년(영조3) 생원시에 합격하였고, 1740년 증광 문과에 병과로 급제하였다. 대사헌 겸 양관제학·홍문관 제학·이조 참판 겸 대제학·형조 판서·양관 대제학 등을 역임하였고 판중추부사로 죽었다. 문집으로 《강한집(江漢集)》이 있다. 남유용과 황경원은 이천보·오원과 함께 영조대 사가(四家)로 일컬어졌고 절친한 관계였다.

165 정고(呈告) : 신하가 임금에게 사직(辭職) 또는 휴가를 청하는 것을 이른다.

166 교요(膠擾) : 교교요요(膠膠擾擾)의 준말로, 분란(紛亂)하여 안정되지 못함을 이른다. 《장자》〈천도(天道)〉에 의하면, 순(舜) 임금이 일찍이 요(堯) 임금에게 묻기를 "임금님께서는 마음 쓰기를 어떻게 하십니까?" 하므로, 요 임금이 곤궁한 백성과

겠습니까? 이 아우가 형님께 바라는 바는 매우 간절하니 형님 또한 반드시 헤아려 주실 것입니다. 그러나 찾을 수 있는 부험(符驗)이라는 것은 또한 기질이 치우친 것을 교정하는 데 있으니 또한 어찌 아우가 일일이 지적하기를 기다리시겠습니까? 이는 지나가는 말로 한 것이 아닙니다. 나머지는 이만 줄입니다.

죽은 이와 어린애와 부인을 적극 돌봐 주는 데에 마음을 쓴다고 대답하자, 순 임금이 말하기를 "좋기는 합니다만 아직 위대하지는 못합니다." 하므로, 요 임금이 그러면 어떻게 해야 하느냐고 다시 묻자, 순 임금이 말하기를 "천덕과 부합하면 자취는 드러나도 마음은 편안하여, 해와 달이 비치고 사계절이 운행하며, 밤낮이 일정한 질서가 있고 구름이 일어 비가 내리는 것과 같이 되는 것입니다.〔天德則出寧, 日月照而四時行, 若晝夜之有經, 雲行而雨施矣.〕"라고 하였다. 요 임금이 이르기를 "그렇다면 나의 방법은 분란하여 안정되지 못한 것이 아니겠는가. 자네는 하늘과 합한 사람이고, 나는 사람과 합한 사람이로다.〔然則膠膠擾擾乎? 子天之合也, 我人之合也.〕"라고 한 데서 온 말이다.

이의숙에게 답한 편지 경신년[167]

答李宜叔 庚申

인편에 가르쳐 주시는 편지를 받고 잊지 못하는 마음에 매우 위로가 되었습니다. 여기로 와서는 업무[168]가 번거롭지 않아 근래 화백(華伯)이 열흘 남짓 머무를 수 있었습니다.[169] 비록 연무(練武)의 일이 자못 고되기는 하였으나 그래도 공무의 여가에 때로 시를 수창하였는데 지금 떠나가려고 하니 한탄스럽습니다.

이곳은 바로 봄과 여름이 교차하는 때라 바다와 산의 경치가 자못 사람의 눈을 기쁘게 합니다. 모레 바닷가를 순시할 예정인데[170] 볼거리가 더욱 많을 것입니다만 매양 승경에 이를 때마다 우리 형님의 시원스러운 필치를 생각하지 않을 수 없을 것입니다. 이만 줄입니다.

167 경신년 : 1740년(영조16), 오원의 나이 41세이다. 이해 강화 유수가 되었다.

168 업무 : 원문의 '簿書'는 일 년의 회계(會計)를 장부(帳簿)에 기입하여 기일(期日)까지 조정에 보고하던 일로 관청의 자질구레한 사무를 뜻한다. 《한서》 〈왕길전(王吉傳)〉에 "그들이 힘쓰는 것은 기한 안에 재물을 출납하고 장부를 정리하는 일과 옥사를 처결하는 일뿐인데, 이는 태평 정치의 기반이 아니다.〔務在於期會簿書, 斷獄聽訟而已, 此非太平之基也.〕"라는 말이 있다.

169 화백(華伯)이……있었습니다 : 화백(華伯)은 원경하이다. 오원이 강화 유수로 있을 때 원경하가 시재 어사(試才御史)로 와서 며칠 머물러 있었다. 〈화백이 시재어사로 명을 받들고 오셨기에 우연히 연옹의 짧은 율시에서 운자를 뽑아 시험 삼아 지어 화답해 주기를 기대하다〔華伯以試才御史承命而來 偶拈淵翁短律韻 試筆冀和〕〉 등 이때 주변을 돌아다니면서 함께 지은 시가 《월곡집》 권5에 있다.

170 바닷가를……예정인데 : 당시 오원은 강화 유수로 있으면서 연해 성곽을 순시하고 〈순해일기(巡海日記)〉를 남겼다.

묘지명 墓誌銘

본생고께서 자술하신 묘지의 후기 을사년[171]

本生考自述墓誌後記 乙巳

아. 하늘이여. 원(瑗)의 본생 선군(本生先君)께서 작고하신 지 사흘째 되는 날에 조카 선(璿) 등이 베개 맡에 있던 상자 속에서 종이 한 장을 찾았는데, 봉지(封識)가 매우 단단하였으니 곧 선군께서 스스로 쓰신 명(銘)이었다. 선군께서는 평소에 편찮으신 적이 없었는데 이 해 봄에 비로소 고단함을 보이시다가 여름이 되자 병이 나셨으니 아마도 선군께서 미리 아신 것이 있어 이 글을 지어 간직해 놓으신 것 같다. 비록 아들과 조카라 할지라도 보지 못하게 한 것이었으나 원이 울부짖으면서 친척들과 아버님의 친구들에게 보여 드리고 땅 속에 묻을 계획을 세웠다.

아. 하늘이여. 월곡(月谷)의 선영에는 돌아가신 숙인(淑人) 김씨(金氏)와 정씨(鄭氏)의 묘소가 있다. 그런데 원이 기억하기로 선군께서는 "풍수가의 설은 내가 숭상하는 바가 아니지만 네 어머니의 묘소는 보통 사람의 눈에도 마땅치 않으니 비단 술인(術人)[172]의 말 때문만

171 을사년 : 1725년(영조원년). 오원의 나이 26세이다.

은 아니다. 네가 만일 좋은 땅을 구하여 옮긴다고 하면 나는 너를 말리지는 않겠다."

라고 말씀하셨다.

아버님께서 돌아가시자 원(瑗)이 이에 술인에게 물어 용인(龍仁)의 치소(治所) 남쪽 구흥리(駒興里) 간좌(艮坐)의 언덕에 땅을 고르니 월곡(月谷)에서 40리 거리였다. 드디어 11월 16일에 영원히 안장을 하고, 다음 해 을사년 10월 15일에 또 돌아가신 숙인 김씨를 그 왼쪽 동분(同墳)에 부장(附葬)하였으며, 작고하신 숙인 정씨는 그 앞 약간 오른쪽으로 봉분을 달리하여 묘를 만들었다.

아. 하늘이여. 당초 선군의 널에 "공조 정랑 오공(工曹正郎吳公)"이라고 썼으니 직질(職秩)을 따른 것이었다. 선군이 일찍이 호조 좌랑(戶曹佐郞)으로 이 관직에 배수되었다가 얼마 되지 않아 다시 호조로 돌아가셨는데 지금 명 속에는 빠트리고 적지 않았다.

아, 하늘이여. 선군의 평소 언행은 불초한 원이 아침저녁으로 모실 수 있어서 마음에 간직해 놓은 것이 많다. 그러나 아버님께서는 스스로를 잘 알고 계셨기 때문에 이 명에서 부끄러움이 없으셨고, 너무도 겸손하셨기 때문에 이 명에서 할 말을 다하지 않으신 것이니 선군을 아시는 분은 진실로 마땅히 알아야 할 것이다. 애통함으로 혼미하고 정신이 없어 다른 것은 언급할 겨를이 없다. 삼가 공인(工人)에게 명하여 자편함(磁片函)에 써서 광(壙) 앞에 들여 놓게 한다.

아 하늘이여. 돌아가신 숙인(淑人) 김씨(金氏)는 예전에 농암 선생(農巖先生)의 명이 있어서[173] 지금 함 속에 아울러 넣는다. 숭정(崇禎)

172 술인(術人) : 음양(陰陽)·점술(占術) 등의 지식으로 길흉을 점치는 사람이다.

갑신 후(甲申後)[174] 82년 을사년(乙巳年) 10월 모일 불초자 원(瑗)이 피눈물을 흘리며 삼가 적다.

173 숙인……있어서 : 김씨는 농암 김창협의 딸이다. 김창협이 지은 〈망녀오씨부묘지명(亡女吳氏婦墓誌銘)〉이 《농암집(農巖集)》 권27에 있다.

174 숭정(崇禎) 갑신후(甲申後) : 명의 숭정제가 1644년 갑신년에 이자성의 난에서 죽었는데 당시 조선에서는 청의 연호를 쓰지 않고 후(後)를 붙여서 사용하였다.

본생비 동래 정씨 묘지 후기

本生妣東萊鄭氏墓誌後記

아. 이는 나의 본생 선고(本生先考)이신 공조 정랑(工曹正郎) 부군(府君)[175]께서 기술하신 계배(繼配) 숙인 정씨(淑人鄭氏)의 묘명(墓銘)이다. 명이 이루어지고 17년 뒤에 부군께서 갑자기 돌아가셔서 새로 용인(龍仁)의 치소 남쪽 구흥리(駒興里) 좌간(坐艮)의 언덕에 땅을 잡아 영원히 안장하였고, 다음 해 을사년(乙巳年) 10월 15일에 또 월곡(月谷)에서 숙인의 널을 모셔와 부군의 묘 앞 약간 오른 편에 봉분을 달리하여 이장하였으니 역시 간좌(艮坐) 자리였다.

아. 완(琬)이 자라나서 백부(伯父)의 후사가 되었으나 겨우 나이 열아홉에 요절하여 자식을 두지 못했으니 숙인의 혈속이 여기에서 끊어졌다. 그러니 부군의 명에서 후손을 통해 그 보답을 받으리라고 하신 것[176]은 틀렸도다. 천도를 차마 말할 수 있으랴. 불초자 원(瑗)은 완(琬)의 형이자 원배(元配) 김씨(金氏)의 소생이고, 아우 관(瓘)과 찬(瓚)은 계배(繼配) 서씨(徐氏)의 소생이다. 완(瑗)과 찬(瓚) 또한 제

175 본생 선고(本生先考)이신……부군 : 오원의 생부인 오진주(吳晉周, 1680~1724)를 가리킨다.

176 후손을……하신 것 : 《주역》 〈박괘(剝卦) 상구(上九)〉에 "마지막 남은 큰 과일은 먹지 않는다.〔碩果不食〕" 하였고, 《정전(程傳)》에 "큰 과일이 먹히지 않아 장차 다시 생겨나는 이치를 볼 수 있다." 하였다. 평생에 자신의 복을 다 누리지 않으면 자손이 대신 누린다는 의미로 쓰인다. 아마도 선군이 미리 써 놓은 명에 후손에 대한 언급이 있었던 것으로 보인다.

부(諸父)들에게 출계(出繼)하였고 관(瓘)이 실제 부군(府君)과 숙인(淑人)의 제사를 받들고 있다. 불초자 원(瑗)은 피눈물을 흘리면서 기문을 옛 명의 아래에 붙여 적어 삼가 새 묘소에 들인다. 때는 을사년(乙巳年) 10월 모일이다.

황여명[177] 묘지명 서문을 아우르다 ○기유년[178]

黃汝鳴墓誌銘 幷序○己酉

동지중추부사(同知中樞府事) 상주(尙州) 황공(黃公) 종서(宗瑞)에게 아들이 있는데 이름은 종(鍾)이고 자는 여명(汝鳴)이다. 불행히도 요절하여 용인(龍仁) 문수산(文秀山) 선영 감좌(坎坐) 언덕에 장사지냈다. 그가 태어난 숭정 후(崇禎後) 병자년(丙子年)과의 거리가 겨우 29년밖에 되지 않으니 아, 단명하였도다.

군의 조고(祖考)는 부사(府使)로 참판(參判)에 추증된 휘(諱) 연(埏)이니 우리 선군(先君)의 외조(外祖)이시다. 군이 태어난 지 4년 만에 어머니를 여의니 우리 선고(先考)이신 해창부군(海昌府君)[179]께서 데려다 기르시고 가르치셨다. 우리 일가의 형제 중 선군을 따라 배운 자가 6·7인이 있는데 다들 어린 아이여서 시끄러이 다투는 것을

177 황여명(黃汝鳴) : 황종(黃鐘, 1696~1724)의 자가 여명이다. 동지중추부사 황종서(黃宗瑞)의 아들로 29세로 요절하였다. 《월곡집》 권13에 〈제황여명문(祭黃汝鳴文)〉이 있다.

178 기유년 : 1729년(영조5). 오원의 나이 30이다.

179 해창부군(海昌府君) : 오원의 양부 해창위(海昌尉) 오태주(吳泰周)를 가리킨다. 자는 도장(道長), 호는 취몽헌(醉夢軒), 시호는 문효(文孝)이다. 12세인 1679년(숙종5)에 현종의 딸인 명안공주(明安公主)와 혼인하여 해창위(海昌尉)에 봉해지고, 명덕대부(明德大夫)의 위계를 받았다. 그 후 광덕대부(光德大夫)로 품계가 올랐고, 오위도총부 도총관·조지서 제조·귀후서 제조 등을 역임하였으나 희빈 장씨(禧嬪張氏) 소생 왕자를 세자로 책봉하려는 것에 반대하는 의견을 냈다가 관작이 일시 삭탈되고 직첩이 환급되기도 하였다.

좋아 하였으나 군은 온화하고 신중하며 절제할 줄 알아 비록 다른 아이들이 자기에게 잘못을 범하는 일이 있더라도 잘 따지지 않았다.[180]

일과 공부 여가에 아이들이 모여서 친하게 놀 때면 다른 아이들은 흥겹게 즐기지 않음이 없었는데 군은 때로 홀로 수심에 차 구석을 향하였고, 이따금 먹는 것을 잊기도 했다. 내가 가끔씩 물어보면 군은

"내가 어머님과 헤어진 지 오래 되어서 그러네."

라고 하였다. 군의 어머니 기일이 5월에 있어서 이날이 다가오면 문득 고향집을 바라보며 눈물을 흘리며 그리워하였지 아이들 따라서 웃고 즐기지 않았던 것이다.

군에게는 누이가 하나 있어 시골로 시집을 갔는데 군은 따라가서 누이와 이별을 하고 돌아와서는 울면서 잠을 자지 못하였다. 내가 타이르며 진정하라고 하였으나 군은 더욱 울면서 말하기를

"골육이 분할되는 것을 차마 견딜 수 없네."

라고 하였다. 당시 나와 군 모두 어렸을 때라 예사롭게 보아 넘겼던 기억이 이와 같은데 지금에 와서 생각해보면 그 따스하고 공손하며 효성스럽고 우애 있는 모습은 천성에서 나온 것이었다.

그 후에 여러 동학(同學)들은 대부분 흩어져 집으로 돌아갔는데 군만이 홀로 시종 나와 10여 년을 함께 살았다. 이에 군은 학행이 날로 진취하였고, 나 또한 조금 사리를 깨달아서, 군의 자질과 행실은 미칠

180 자기에게……않았다 : 《논어》 〈태백(泰伯)〉에 증자(曾子)가 안연을 평하기를, "능하면서도 능하지 못한 이에게 물으며, 학식이 많으면서도 적은 이에게 물으며, 있어도 없는 것처럼 여기고, 가득해도 빈 것처럼 여기며, 자신에게 잘못을 범하여도 따지지 않았다.〔以能問於不能, 以多問於寡, 有若無, 實若虛, 犯而不校.〕"라고 하였다.

수 없음을 비로소 알게 된 동시에 마음을 터놓고 사귀는 우정은 더욱 깊어졌다.

군은 성품이 아름다우면서 깨끗하였고, 기욕(嗜慾)에 있어서는 매우 담박하였다. 어려서는 오히려 꿋꿋하고 편협하였으나 자라서는 차분하고 느긋하려 노력을 하였고, 말하고 웃는 것을 드물게 하였다. 향학의 뜻이 매우 근실하였고, 글을 지으면 참신하고 깨우침 있는 글들이 많았으며, 세상맛에는 더욱 관심이 없어서, 매양 나와 서로 말하기를 "어떻게 하면 선영에서 멀지 않은 땅에 임천(林泉) 하나를 점유하여 그대와 오리 혹은 십리 쯤 가까이 이웃하여 살면서 지팡이 끌고 서로 따르면서 늙어갈까?"라고 하였으니 대개 늙을 때까지 함께 하자고 서로 기약한 것이 이와 같았다.

병신년(丙申年) 선군께서 돌아가시자 군은 우리 여막을 지키며 떠나지 않기를 선군이 살아계실 때와 같이 하였고, 내가 상을 벗어나고서야 군은 병들어 파리한 몸으로 시골집으로 돌아갔다.

갑진년(甲辰年) 봄에 내가 다시 가서 군의 병을 살피었는데 군도 자신도 병이 위중하다는 것을 알면서 억지로 수습하여 중추공(中樞公)의 마음을 위로해주기에 힘썼으니 나는 죽음에 이르기까지도 그치지 않았던 군의 효심에 속으로 마음이 아팠다.

군이 끝내 그해 4월 29일에 세상을 뜨자 중추공은 나에게 군이 어버이 섬긴 일을 갖추어 말해주시기를

"집이 지극히 가난했는데도 맛난 음식을 해 주려 애썼고, 안색을 살피고 뜻을 기쁘게 하는 것을 마땅하게 하지 않음이 없었다네. 심지어 측간에 가는 것을 엿보았다가 몸소 변기를 잡고 다른 사람에게 대신하게 하지 않았지. 동기(同氣)들을 가르칠 때는 그 마음을 다하

였고 집안사람들을 대할 때는 어지면서도 절제가 있었다네."

라고 하셨다. 그리고는

"내가 늙어도 우리 집안의 근심을 잊을 수 있었던 것은 이 아들 때문이었는데 하늘이 나를 망하게 하는구먼."

이라고 하셨다.

아. 내가 군을 잘 알기 때문에 진실로 중추공의 말을 기다릴 필요는 없을 것이다. 그러나 군은 이른바 "어버이에게 기쁨을 얻고" "벗에게 신임을 받는" 자일 것이로다.[181] 나는 불초하여 당세의 군자들을 따라 많이 노닐었으니 재지(才志)가 걸출한 사람이 어찌 없었겠는가마는 맑고 깨끗하며 순수한 것이 여명과 같은 자는 드물었다. 군은 자격과 지체가 족히 사람을 움직이지 못하였고, 또 성품이 겸손하여 세상에서 그의 이름과 행실을 알지 못하였는데, 산 날 또한 매우 짧았으니 아, 이것을 어찌 천도라 하랴?

군의 고조(高祖) 휘(諱) 우한(佑漢)은 대사헌(大司憲)을 지냈고, 증조(曾祖) 휘(諱) 정영(挺英)은 좌승지(左承旨)에 추증되었다. 어머니 이씨(李氏)는 언륵(彦功)의 따님으로 종성(宗姓)[182]이다. 처(妻) 안동

181 어버이에게……것이로다 : 《맹자》 〈이루 상(離婁上)〉에 "어버이에게 기쁨을 얻지 못하면 사람이 될 수 없고, 어버이를 도에 순종하게 하지 못하면 자식이 될 수 없다.〔不得乎親, 不可以爲人, 不順乎親, 不可以爲子.〕"라고 하였다. 또 《중용장구》 제20장에 "벗에게 믿음을 얻는 데는 방법이 있으니, 어버이에게 순순하지 않으면 벗에게 믿음을 얻지 못할 것이다. 어버이에게 순순한 데는 방법이 있으니, 자기 몸에 돌이켜 보아 성실하지 못하면 어버이에게 순순하지 못할 것이다. 몸을 성실하게 하는 데는 방법이 있으니, 선(善)을 밝게 알지 못하면 몸을 성실하게 하지 못할 것이다.〔信乎朋友有道, 不順乎親, 不信乎朋友矣, 順乎親有道, 反諸身不誠, 不順乎親矣. 誠身有道, 不明乎善, 不誠乎身矣.〕"라고 하였다.

권씨(安東權氏)는 진사(進士) 필징(必徵) 의 따님으로 아들 딸 각각 한명씩을 낳았는데 아들의 이름은 화(澕)이고 지금 13세이다. 나는 중추공의 청으로 이 명(銘)을 지어 유택(幽宅)에 질정하고 후세의 평가를 기다리고자 한다. 나와 여명이 서로 기약한 것이 이에 불과한 것인가? 아! 명(銘)은 다음과 같다.

장수[183]가 표준의 나이는 아니니	鮐黃匪年
나는 오직 나의 천명을 온전히 할 뿐	吾獨全吾天
명성이 참된 영예는 아니니	名聞匪榮
나는 오직 나의 부모를 욕되이 하지 않을 뿐	吾不辱吾親
그래도 후사가 있으니	猶有嗣息
남은 경사 반드시 받으리[184]	其慶必食

182 종성(宗姓) : 임금의 동성(同姓), 즉 이씨를 가리킨다.

183 장수: 원문의 '鮐黃'은 장수를 지칭한다. 《시경》〈남산유대(南山有臺)〉에 보이는 '황구(黃耈)'에 대해 주자가 《집전(集傳)》에서 "황(黃)은 노인의 머리털이 다시 누렇게 되는 것이다. 구(耈)는 노인의 얼굴이 언 배 빛〔凍梨色〕이어서 때가 끼어 있는 것과 같은 것이다."라고 주하였고 《시경》〈행위(行葦)〉에 보이는 '황구태배(黃耈鮐背)'란 구절에 대해 주자가 《집전》에서 "태(鮐)는 복어이니, 사람이 아주 늙으면 등에 복어 무늬가 생긴다."라고 주를 내었다.

184 남은……받으리: 《주역》〈곤괘(坤卦) 문언(文言)〉에 "적선한 집안에는 반드시 남은 경사가 있다.〔積善之家, 必有餘慶.〕"라고 하였고, 《주역》〈박괘(剝卦) 상구(上九)〉에 "커다란 과일이 먹히지 않는다.〔碩果不食〕"라고 하였는데 정자(程子)의 주석에 "커다란 과일이 먹히지 않아, 장차 다시 생겨나게 되는 이치를 볼 수 있다."라고 하였으니 선조의 공덕이 후손에게 전해져 없어지지 않는다는 뜻이다.

넷째 고모 숙인의 묘지명 서문을 아우르다 ○갑인년[185]
四姑淑人墓誌銘 幷序○甲寅

조고(祖考) 충정공(忠貞公)[186]께는 자녀가 10명이 있었는데 황부인(黃夫人)[187]의 곤범(閫範)이 정연하고 엄숙하였다. 그리하여 우리 고모들이 시집간 집안이 모두 대대로 명성 있는 거족이었는데, 그 부모와 종당(宗黨)이 훌륭한 며느리임을 칭송하여 "충정공 집안의 법도와 황부인의 가르침이 여기에서 징험된다."라고 말하곤 하였다.

숙인(淑人)은 조고(祖考)의 네 번째 따님이다. 어려서부터 너그럽고 의젓하여 소꿉놀이도 길쌈과 바느질,[188] 제사 지내는 짓[189]에서 벗어

185 갑인년 : 1734년(영조10), 오원의 나이 35세이다.

186 충정공(忠貞公) : 오두인(吳斗寅, 1624~1689)으로, 자는 원징(元徵), 호는 양곡(陽谷), 시호가 충정(忠貞)이다. 공조 참판·경기도 관찰사·형조 판서 등을 지냈으며 인현왕후(仁顯王后)가 폐위되자 이세화(李世華)·박태보(朴泰輔)와 함께 이에 반대하는 소를 올려 국문을 받고 의주로 유배 가는 도중 파주에서 죽었다. 그해에 복관되었고, 1694년 영의정에 추증되었으며, 파주의 풍계사(豊溪祠), 광주(光州)의 의열사(義烈祠) 등에 제향되었다. 저서로는 《양곡집》이 있다. 오원이 오두인의 손자이다.

187 황부인 : 오두인의 삼배(三配)인 정경부인(貞敬夫人) 상주 황씨(尙州黃氏)이다. 부사(府使) 황연(黃埏)의 딸이고 오태주(吳泰周)·오진주(吳晉周)·오이주(吳履周)를 낳았다. 오원은 오진주의 아들로 오태주에게 출계하였다.

188 길쌈과 바느질 : 원문의 '組紃'은 끈을 꼬고 베를 짠다는 뜻이다. 《예기(禮記)》 〈내칙(內則)〉에 "베를 짜고 실을 꼬며 여자의 일을 배워 의복을 마련한다.〔織紝組紃, 學女事, 以共衣服.〕" 하였다.

189 제사 지내는 짓 : 원문은 '籩豆'이다. 변(籩)은 과일이나 포(脯)를 담기 위하여 대를 엮어서 만든 그릇이고, 두(豆)는 식해나 김치 등을 담기 위하여 나무로 만든 그릇

나지 않았고, 언니 동생들과 무리지어 놀 때에도 한결같이 온순하여 거스르는 것이 없었으니 충정공이 특별히 예뻐하셨다. 여섯 살 때 공이 연경에 사신으로 가시게 되었는데 그리운 마음에 병이 되었다가 공이 돌아오시고서야 병이 나았다.

16세에 안동(安東) 김공(金公) 영행(令行)에게 시집을 가서 관찰사(觀察使) 휘(諱) 시걸(時傑)의 총부(冢婦)가 되었다. 이해가 숙종(肅宗) 기사년(己巳年)이었는데 충정공이 국모(國母)를 위하여 입근(立慬)하다가[190] 죽음에 임하게 되자 김공에게 부탁하기를

"이 아이는 내가 예뻐하는 딸이니 부디 끝까지 잘 돌봐주게."

라고 하였다. 숙인은 몹시 원통하여 자결하려 하다 어떤 이가 지켜준 덕분에 무사할 수 있었으나, 좋지 않은 옷[191]과 검소한 치장으로 죽을 때까지 비통함을 지니며 사셨다.

민부인(閔夫人)[192]과 김부인(金夫人)[193] 두 분은 충정공의 전배(前配)이다. 그런데 숙인은 매년 이 분들의 기일을 만날 때마다 울부짖으

이다. 흔히 제기(祭器)를 가리키는 말로 쓰인다.

190 국모를……입근하다가 : 입근(立慬)은 절개를 위하여 생명을 버리는 것을 말한다. 숙종이 아들을 낳은 장희빈에 빠져 정비인 인현왕후를 폐출시키기로 하자 오두인을 비롯한 86명의 선비가 폐출을 반대하는 상소를 올린 사건을 말한다. 오두인 등은 숙종의 친국을 받았고, 이후 의주로 정배되어 파주(坡州)에 이르러 병이 위중해져 죽었다. 《숙종실록 15년 4월 25일, 5월 7일》

191 좋지 않은 옷 : 원문의 '貶衣'는 옷을 신분에 맞지 않게 낮추어 입는 것을 말한다.

192 민부인 : 오두인의 원배(元配)인 여흥 민씨(驪興閔氏)로 판서(判書) 민성휘(閔聖徽)의 딸이다. 오관주(吳觀周)를 낳았다.

193 김부인 : 오두인의 재배(再配)인 원주 김씨(原州金氏)로 김숭문(金崇文)의 딸이다. 오정주(吳鼎周)를 낳았다.

며 슬퍼하는 것이 황부인에게 할 때와 마찬가지여서, 원(瑗)이 어릴 때 이를 엿보고는 숙인이 부인의 소생이 아닌 것을 알지 못할 정도였다. 한 번은 병이 나셨는데 민부인의 기일인 까닭으로 며칠 동안 거친 음식만 드셨다. 아들들이 만류하자 꾸짖어 말하기를

"자식이 어머니에 대해서 어찌 상관을 하느냐? 나의 맏언니가 김부인의 상에 효성을 다하시다 돌아가신 것을 너희들은 알지 못하느냐?"

라고 하셨다.

원(瑗)은 하늘이 돌보아주시지 않아 제부(諸父)들이 연이어 일찍 세상을 뜨셨는데, 고모님께서 제부들이 질병에 걸리셨을 때 구호(救護)하고, 돌아가셨을 때 슬퍼하시는 것을 보고는 주변 사람들이 감동을 하였다. 원(瑗)의 형제들을 어루만지기를 당신의 자식과 똑같이 하였고, 종질(宗姪)이 요절하여 제사를 주관할 자가 없음을 애통해 하시면서 매번 가묘(家廟)에 제사지낼 일이 있을 때마다 제물을 정결하게 갖추어 제사 돕기를 근실히 하셨다. 고모님께서 돌아가신 뒤에 간직해 놓으신 것을 살펴보았더니 여전히 손수 여러 가지 제수거리를 싸서 쓸 때를 대비해 놓으신 것이 있었다. 아. 그 효심이 다하지 않았도다.[194] 우리 집안에도 충효가 대대로 전해졌거니와 김공 또한 충신이신 선원 선생(僊源先生)[195] 휘(諱) 상용(尙容)의 5세손이요, 효자(孝子)

194 효심이……않았도다 : 원문의 '不匱'는 효자의 집에 계속 효자가 나서 다하지 않는 것을 말한다. 《시경》 〈기취(旣醉)〉의 "효자가 다하지 않는지라, 길이 너에게 선을 주리라.〔孝子不匱, 永錫爾類.〕"라고 한 말에서 유래하였다.

195 선원 선생(僊源先生) : 김상용(金尙容, 1561~1637)으로 본관은 안동이고, 자는 경택(景擇)이며, 호는 선원(仙源) 또는 풍계(楓溪)이고, 시호는 문충(文忠)이다. 인조

휘(諱) 성우(盛遇)[196]의 손자이다. 가문이 영화롭고 창성하였기 때문에 사람들은 숙인에 대한 기대가 컸으니 그 가문에 며느리 노릇하는 것 또한 어려운 일이었다.

숙인이 부드러운 모습으로 조심스레 시부모의 마음을 맞추자 관찰공(觀察公)은 효부라고 자주 칭찬하셨다. 새벽이면 시어머니 심부인을 곁에서 모시고 있다가 잠자리를 살피고 돌아갔고, 음식을 부드럽게 만들어[197] 맛있게 드시도록 도왔다. 길쌈을 하고 옷을 깨끗이 빨아서 남편에게 옷을 입혀드리되 가난하다고 하여 혹 부족하게 하지 않았고, 일을 하는 것이 몹시 고달파도 시어머니는 알지 못하게 하셨다.

관찰공의 병이 위독해지자 약과 음식을 반드시 숙인이 친히 만들었

반정 후 서인(西人)으로 예조와 이조 판서를 역임하였고, 정묘호란 때는 유도대장(留都大將)으로 있었다. 병자호란 때 묘사(廟社)의 신주를 받들고 빈궁・원손을 수행해 강화도에 피난했다가 이듬해 성이 함락되자 성의 남루(南樓)에 있던 화약에 불을 지르고 순절하였다. 문집에 《선원유고(仙源遺稿)》, 저서에 《독례수초(讀禮隨抄)》가 있다.

196 효자(孝子) 휘(諱) 성우(盛遇) : 김성우(金盛遇, 1630~1657)로, 자는 제이(際而)이다. 어려서 모친이 병들어 있던 2년 동안 게으름을 피우는 일 없이 정성껏 돌보았으며, 상을 당해서는 예법에 맞게 행하였다. 부친이 병이 났을 때는 넓적다리의 살을 잘라서 피를 내어 부친의 생명을 연장시키기도 하였으며, 아침저녁으로 소의 젖을 손수 취해다가 드리기를 눈이 오나 비가 오나 멈추지 않다가 병을 얻었다. 그런데도 부친에게는 아픈 티를 내지 않고 병환을 돌보다가 부친을 남겨둔 채 병이 깊어져, 28세의 젊은 나이로 생을 마감하였다. 효로써 정려(旌閭)를 받았고, 이조 참판(吏曹參判)에 증직되었다. 《農巖集 卷28 孝子贈吏曹參判成均進士金公墓碣銘》

197 음식을……만들어 : 원문의 '瀡滫'는 쌀뜨물을 음식물에 넣어 음식물을 부드럽고 매끄럽게 만드는 것이다. 《예기(禮記)》 〈내칙(內則)〉에 "씀바귀나 부추는 햇것과 묵은 것을 섞어 쌀뜨물로 매끄럽게 하거나 혹은 유지를 사용하여 입에 맞도록 한다.〔堇荁枌榆免薧, 滫瀡以滑之, 脂膏以膏之.〕"라고 하였다.

다. 당시 한여름이었는데도 몸소 화롯불을 떠나지 않으니 하루에 옷을 네댓 번이나 갈아입어도 땀이 스며 옷이 다 썩을 지경이었다.

심부인이 홀로 되고 나서 집안은 더욱 영락하고 두 딸은 시집도 안간 상태였다. 숙인이 몸소 힘써 일하면서[198] 밤낮으로 바느질을 그치지 않으니 부인은 그 지성에 감동하여

"이 며느리가 아니면 우리 집안은 어디에 의지할꼬?"

라고 하였다.

심부인의 상에 온 집안이 역병에 걸리어 친척들이 모두 두려워 피하였으나 숙인만은 홀로 큰일을 치루면서 모두 때에 맞고 유감이 없게 하니 종족(宗族)들이 모두 경탄하며 말하기를

"비단 그 효성뿐 아니라 그 재주는 더욱 어려운 것이로다."

라고 하였다.

선조의 제사를 받들 때에는 정성을 다하여, 비록 떨어진 것이 있어도 그 근심을 드러내지 않았고 사람들이 물으면 말하기를

"제사로 근심하면 신령이 편히 흠향하시겠습니까?"

라고 하였다.

김공에게 아우가 하나 있었는데 옷과 음식을 반드시 그와 나누었다. 동서와 시누이와도 화통하게 지내며 너와 내가 없었으니 온화한 기운이 녹아들고 스며들어 모두들 마음으로 열복하였다. 그러나 아녀자가

198 힘써 일하면서 : 원문의 '拮据'는 새가 둥지를 짓느라 손발과 입을 함께 움직여서 열심히 일하는 모양이다. 《시경》 〈치효(鴟鴞)〉에 "내 두 손을 바삐 놀려 내 갈대 가져오고 내 쌓아 놓았노라. 내 입 모두 병든 것은 내 아직 집이 없어서라.〔予手拮据, 予所捋荼, 予所蓄租. 予口卒瘏, 曰予未有室家.〕"라고 하였다.

시집가는 것은 선비가 벼슬하는 것과 같은 것이라, 고인은 충신을 반드시 효자에게 찾았으니[199] 숙인의 여자다움으로 볼 때 그 현부됨을 가히 알 수 있다.

숙인은 기국과 도량이 크고 통달하였으며 대의(大義)에 밝았다. 김공이 세상과 영합하지 못한다고 여겨 일찍 과거를 포기할 것을 충고하였다. 공이 일찍이 흉당(凶黨)을 거슬러서 바닷가로 유배를 가게 되었을 때[200]도 태연히 운명을 받아들이며 원망하거나 후회하는 뜻이 없었다. 누차 공을 따라 고을에 가서 살면서 사소한 것도 사사로이 사용하는 것이 없었고, 내외가 엄연하여 청탁을 감히 할 수 없었다. 억울하게 중죄를 입은 사람을 살펴서 공에게 평번[201]을 권하니 공은 존경하고 신뢰하며 익우(益友)[202]로 여겼다.

자식을 가르칠 때에는 반드시 행의(行誼)에 근본을 두고 영달에 급

199 고인은……찾았으니 : 《후한서(後漢書)》 〈위표열전(韋彪列傳)〉에 "어버이를 효도로 섬기는 까닭에 충성을 임금에게 옮길 수가 있다. 그래서 충신은 반드시 효자의 집안에서 구하는 것이다.〔事親孝故忠可移於君. 是以求忠臣必於孝子之門.〕"라는 공자(孔子)의 말이 인용되어 나온다.

200 공이……때 : 김영행(金令行)이 소론 김일경(金一鏡) 등에 의해 노론 김창집(金昌集)의 일당이라 하여 파직되고 기장현(機張縣)에 유배된 사실을 말한다. 《경종실록 3년 1월 19일》

201 평번(平反) : 억울한 죄를 다시 조사하여 무죄로 처리하거나 감형(減刑)해 주는 것을 말한다. 한(漢)나라 준불의(雋不疑)의 모친이 아들에게 "오늘은 평번을 해서 몇 사람이나 살렸느냐?"라고 묻고는, 많은 사람을 구제했다는 대답을 들으면 기뻐서 웃곤 했다는 고사가 전한다. 《漢書 卷71 雋不疑傳》

202 익우(益友) : 공자가 "유익한 것이 세 가지 벗이니, 벗이 곧으며, 벗이 성실하며, 벗이 견문이 많으면 유익하다.〔益者三友, 友直, 友諒, 友多聞, 益矣.〕"라고 말한 바 있다. 《論語 季氏》

급하지 말도록 하였다. 막내아들이 족부(族父)의 후사로 출계하게 되었을 때는 대경(大經)으로 권면하고 소후가 된 집에 전심하도록 하였다. 자녀에게 경계하여 말하기를

"무격을 가까이 하면 반드시 집안이 망하고 시정잡배들을 인접하면 반드시 몸을 욕보이게 된다."

라고 하였다. 허물이 있을 때는 준엄하게 혼내시고 봐주지 않았고, 우리 조카들에게도 역시 그렇게 하시었으니 조카들은 아버지처럼 삼가고 경외하였으나 고모님 자신은 인애하시어 온화하지 않음이 없었다.

종들을 부릴 때에는 은혜를 먼저 하고 위엄을 뒤로 하였고, 쌀과 소금[203]이 들어오고 나가는 일에 있어서는 오직 대강만 파악하였다. 일찍이 말하기를

"까다롭게 살피는 것을 밝음으로 여긴다면[204] 비복의 마음을 잃는다. 한 되 한 홉을 잃는 것은 작지만 사람의 마음을 잃는 것은 크다."

라고 하시었으니 가혹하게 회초리나 채찍을 치지 않아도 집안일이 잘 이루어졌다.

김공이 손님 접대하는 것을 좋아하여 한가한 날이면 술 마시고 시를 읊조리곤 하였는데 그럴 때마다 순식간에 음식을 갖추어 내오니 객이

203 쌀과 소금 : 원문의 '米鹽'은 자질구레한 이익을 가리킨다.

204 까다롭게……여긴다면 : 대계(戴溪)의 《통감필의(通鑑筆義)》에 "심하다. 속리(俗吏)들이 백성들의 폐해가 됨이여. 일을 다스림을 공으로 여기고 직책을 수행함을 능력으로 여기며, 각박함을 위엄으로 여기고 까다롭게 살핌을 밝음으로 여기며, 백성을 교화시키는 것을 고담준론이라 하고 풍속을 바로잡는 것을 우활하다 한다.〔甚矣, 俗吏之爲民患也! 以辦事爲功, 以稱職爲能, 以刻爲威, 以察爲明, 以教化爲高論, 以風俗爲迂闊.〕"라는 말이 있다. 《通鑑節要 卷之十八 後漢紀 肅宗孝章皇帝〔乙酉〕二年》

이를 보고 얼굴빛이 변하였다. 누가 병들었다는 소리를 들으면 근심스레 마치 자신이 병을 앓는 것처럼 하면서 상자를 기울여 인색함 없이 베풀었으니 인당(姻黨)이 그 의를 칭송하지 않음이 없었다. 그러나 숙인은 겸손하고 신중하게 자신을 다스렸으니[205] 그 간직한 바를 남들은 다 알지 못하였다.

숙인은 부임하는 공을 따라 영천군(榮川郡)에 갔다가 계축년(癸丑年) 3월 9일에 돌아가셨는데, 유언이 사적인 것에는 미치지 않고 다만 "흉년이 들어 백성들도 죽어가니 내 어찌 차마 나의 죽음으로 백성들을 병들게 할 수 있겠습니까? 상제(喪祭)는 마땅히 검소하게 사사로이 준비하도록 하고 백성들이 내는 부의는 받지 말도록 하십시오." 라고 하였다. 그런데 운구가 돌아올 때에 백성들이 모두 길에 늘어서서 슬피 울었으니 아, 이것으로 숙인을 알 수 있도다.

5월 25일에 금천(衿川) 구로리(龜老里) 좌사(坐巳)의 언덕에 장사를 지내고 영천공(榮川公)이 원에게 명하여 묘지를 지으라고 하셨다. 소자 원이 생각건대 숙인은 어질고 효성스러우며 지혜롭고 사리에 밝아 군자를 바르게 보좌하였고 아랫사람에게 임할 때는 법도가 있었으니, 대개 황부인께서 끼치신 곤범이 있어서 모두 규문(閨門)의 사표가 될 수 있었던 것이리라. 그러나 숙인의 천부적 자질이 아름답지 않았다면 어찌 훌륭하기가 이와 같을 수 있었겠는가? 세상에 동사(彤史)[206]을

205 겸손하고……다스렸으니 : 《주역》 〈겸괘(謙卦) 초육(初六) 상(象)〉에 "겸손하고 사양하는 군자는 겸손한 덕행으로 자신을 다스린다.〔謙謙君子, 卑以自牧也.〕"라는 말이 있다.

206 동사(彤史) : 동관(彤管)을 가진 사관(史官)을 말한다. 동관은 옛날 여사(女史)가 궁중(宮中)에서 궁중의 정령(政令)과 후비(后妃)의 일을 기록할 때 쓰인 붓인데,

맡은 관원이 없는지라, 원에게 고모의 묘지를 짓게 하니 사사롭다고 의심할 수 있을 것이다. 그런 까닭에 물어 확인하여 남들에게 신망을 받았던 것을 삼가 써서 우리 고모가 부모에게 욕을 끼침이 없이 김씨 집안의 며느리가 될 수 있었음을 보인다.

우리 오씨의 본관은 해주이다. 조고(祖考)는 휘(諱) 두인(斗寅)이고, 증왕고(曾王考)는 휘 숙(翿)으로 관찰사(觀察使)를 지내셨다. 부인은 아들 셋을 두셨는데 이건(履健)은 생원(生員)이고 이선(履選)과 이원(履遠)도 생원이다. 네 딸은 진사(進士) 윤역(尹湙)·이하제(李夏濟)·이익진(李翼鎭)에게 시집갔고 하나는 아직 시집을 가지 못하였다. 손자 양순(養淳)·경순(景淳)·영순(永淳)은 큰 아들의 소생이고 노순(魯淳)·보순(普淳)·진순(晉淳)은 둘째 아들의 소생이며 대순(大淳)은 막내아들의 소생이다. 윤역(尹湙)의 아들은 득관(得觀)이고 이제하(李夏濟)의 아들은 지완(址完)이며 이익진(李翼鎭)의 아들은 담(潭)이다. 명(銘)은 다음과 같다.

부모의 기쁨이자	父母之喜
시부모의 기쁨이었고	尊章之悅
금슬처럼 화목하여	琴瑟其和
자손들 번성하였도다	子姓成列
남들은 복이라 하였으나	人曰福哉

《후한서(後漢書)》〈광무곽황후기(光武郭皇后紀)〉에 "여사가 동관으로 공을 기록하고 허물을 쓴다."라고 하였고, 그 주(注)에 "동관은 붓대가 붉은 붓이다."라고 하였다. 여인들의 훌륭한 언행을 기록한 역사를 말한다.

덕에 비해서는 그 복 외려 작았으니	視德猶細
육십은 장수가 아닌 것을	六十非壽
어찌 백 살까지 살지 못하셨는가	胡不百歲
외롭고 쓸쓸한 조카	煢煢者姪
고모를 잃고 어디에 의지하랴	失姑何依
지문을 새겨 유택에 묻으려니	琢辭掩幽
눈물이 붓을 적십니다	淚以筆泚

선고 묘지 후기 정사년[207]

先考墓誌後記 丁巳

우리 선고(先考)와 선비(先妣)의 묘지명은 모두 10조각 도자(陶磁)인데 이미 이루어진 지 몇 년 되었으나 오늘에서야 비로소 묘 앞에 삼가 묻게 되었다.

아. 옛날 선왕이 관곽(棺槨)과 총묘(塚墓)의 제도를 만들어서 그 어버이를 묻게 한 것은 그 뜻이 이미 지극히 두텁고 치밀하여 유감이 없다. 그런데도 또 무덤 속에 지문(誌文)을 두어 훗날 능곡(陵谷)이 변화하게 되어 묘가 사라지게 되었을 때 사람들이 혹 지문을 보고 다시 묻게 하려 하였으니, 아, 그 마음은 더욱 척연하고 그 생각은 더욱 심원하였도다.

원(瑗)은 선비를 미처 섬기지도 못했거니와, 죄가 가득 차고 악이 쌓여 하늘에 죄를 얻어서, 인을 쌓고 지극한 행실이 있으셨던 우리 선고로 하여금 끝내 50의 수(壽)도 누리지 못하게 하였으니 지극한 아픔이 마음에 맺히건만 호소할 길이 없다. 비록 종사(終事)[208]에 힘을 다하여 흉완(凶頑)하고 불효한 죄를 속죄하고 싶어도 어찌 미칠 수 있겠는가. 지금 묘지명을 무덤에 넣으면서 문득 다시 피눈물을 훔치고

207 정사년 : 1737년(영조13), 오원의 나이 38세이다.

208 종사(終事) : 죽은 뒤의 일로 예컨대 '선왕종사(先王終事)'는 죽은 임금을 위하여 어제(御製)나 실록(實錄) 등을 편찬하여 생전의 사업과 행적을 총괄할 때 쓰는 말이다. 여기서는 선고의 묘소를 조성하고 묘지를 넣는 등의 일을 가리킨다.

삼가 그 아래에 적으니, 바라는 바는 천지신명께서 도우시어 우리 선고와 선비의 의리(衣履)[209]를 이곳에서 영원히 안식하게 해 주십사 하는 것과, 비록 불행히 묘지가 땅 밖으로 나오게 되는 경우가 있더라도, 떳떳한 심성을 갖고 덕을 숭상하는 마음은 의당 세대의 멀고 가까움에 차이가 없을 터, 부디 불효한 자손이 있음으로 해서 혹여라도 묘소[210]를 손상시키는 일이 없었으면 하는 것이다. 말이 이에 이르자 끝내 차마 자세히 기술할 수가 없다. 아. 슬프도다.

209 의리(衣履) : 무덤에 함께 묻는 옷과 신발인데, 시신의 대유(代喩)로 쓰였다.

210 묘소: 원문은 '堂斧之封'인데, 《예기(禮記)》 〈단궁 상(檀弓上)〉에 나오는 말로, 당(堂)은 마루같이 네모반듯하고 높은 봉분을 가리키며, 부(斧)는 도끼날처럼 아래는 넓고 위가 좁은 장방형의 봉분으로 말의 갈기와 비슷하다 하여 속칭 마렵봉(馬鬣封)이라고 한다.

남길재[211] 묘지

南吉哉墓誌

나의 벗 남길재(南吉哉)는 어려서는 문사(文詞)로 이름이 있었고, 18세에 진사(進士)에 합격하여 성균관에서 유학(遊學)할 때에는 명론(名論)으로 사림에 중망을 받았다. 금상(今上) 3년 정미(丁未)에 을과(乙科)에 급제하여 사국랑(史局郞)이 되어 《숙종실록(肅宗實錄)》을 썼으나 얼마 후 당시 재상의 심기를 건드려 호남의 영암(靈巖)으로 귀양을 갔다가[212] 얼마 되지 않아 풀려 돌아왔다. 이에 사람들은 모두 "길재가 필시 문장과 곧은 도로 세상에서 크게 떨칠 것이다."라고 하였는데 길재가 무신년(戊申年) 3월 8일 무오(戊午)에 병이 걸려 집에서 세상을 떠나 양주(楊州) 동해곡(東海谷) 자좌(子坐)의 언덕에 묻히니 그의 나이 겨우 33세였다. 이 소식을 들은 사우들은 눈물을 흘리며 서로 조상하였다.

길재는 나면서부터 빼어나서 글자를 알면서부터 이미 시를 지을 줄

211 남길재(南吉哉) : 남유상(南有常, 1696~1728)이다. 340쪽 주131 참조.

212 사국랑(史局郞)이……갔다가 : 1727년(영조3) 7월에 노론(老論)의 중진인 우의정 이의현(李宜顯), 예조 판서 신사철(申思喆), 좌참찬 김흥경(金興慶), 판윤 이병상(李秉常), 승지 이유(李瑜)와 삼사(三司)의 여러 신하들을 파직하고, 소론(少論)의 영수인 이광좌(李光佐)를 《숙종실록(肅宗實錄)》 총재관으로 삼은 일을 말한다. 이에 남유상은 병을 핑계대고 실록청 낭료(郎僚)의 직임을 떠났다가 영조의 노여움을 사서 삭탈관직되었으며, 얼마 후 소론들의 요청에 의해 영암(靈巖)으로 유배되었다. 《영조실록 3년 9월 2일》

알았는데 사람들을 놀라게 하는 시어가 많았다. 유희도 반드시 문묵(文墨)에서 하여 사예(詞藝)가 나날이 진보하니 길재를 본 선생 장자(先生長者)들은 "그 바탕이 온화하고 선량하여 함께 도에 나아갈 수 있겠다."라고 여겼고[213] 비단 문사만으로 인정을 한 것이 아니었다.

길재는 실로 지극한 성품이 있어서 어렸을 때부터 부모님을 받들어 모심에 있어 정성을 다하고 예를 갖추었으니 비록 어른이라도 그렇게 할 수 없었다. 어려서 어머니를 여의자 종신토록 어린아이처럼 그리워하였고, 말이 이에 미치면 문득 오열을 하였으며, 혹 고요한 밤에 생각이 떠오르면 새벽까지 눈물을 흘리며 잠들지 못하였다. 후모(後母)를 섬김에 있어서도 사랑과 공경이 돈독하고도 지극하여 그 처에게 "효도는 처자식에게서 쇠한다."[214]라는 말을 외면서 거듭 경계하였다.

일찍이 아버지께서 병이 나시자 석 달 동안 허리띠를 풀지 않고 하루에 두 번 먹지를 않으면서, 목욕재계하고 글을 써서 눈물을 흘리며 신에게 기도하니 이윽고 과연 병이 나으셨다. 누이동생이 고질을 앓고 있었는데, 일어나고 앉고 음식을 먹는 데 있어서 언제나 몸소 도와 그 병을 잊도록 하니 누이동생이 울면서 말하기를

213 함께……여겼고 : 《논어》 〈자한(子罕)〉에 "더불어 함께 배울 수는 있어도 함께 도에 나아갈 수는 없으며, 함께 도에 나아갈 수는 있어도 함께 설 수는 없으며, 함께 설 수는 있어도 함께 권도를 행할 수는 없다.〔子曰, 可與共學, 未可與適道, 可與適道, 未可與立, 可與立, 未可與權.〕"라는 공자의 말이 인용되어 있다.

214 효도는……쇠한다 : 《설원(說苑)》 권10 〈경신(敬愼)〉에 "벼슬하는 자는 지위가 성취되는 데에서 게을러지고, 병은 조금 낫는 데에서 심해지며, 재앙은 게으른 데에서 생기고, 효도는 처자식에게서 쇠한다.〔官怠於宦成, 病加於小愈, 禍生於懈惰, 孝衰於妻子.〕"라는 말이 있다.

"누가 나에게 어머니가 없다 하겠습니까? 오라버니가 실로 나의 어머니입니다."

라고 하였다.

고모가 남편을 잃고 아들마저 없자, 길재가 받들어 모시기를 어머님처럼 하고 힘을 다해 그 집을 경영해 주니 고모는 매우 고마워하였다. 임종 때에 손자를 가리키며 우니 길재는 거두어 자기의 자식처럼 교육시켰다. 아이가 병이 나자 길재는 밤낮으로 애태우고 걱정하면서 10여일간 침식을 폐하였고, 자신의 딸 역시 병이 들어 거의 죽을 지경이 되었는데도 위문하지 않았다. 집에 있으면서 행한 다른 일 가운데 이와 같은 일이 많아 이루 다 기록할 수 없으니 모두 애연(藹然)히 성심에서 나온 것이요 억지로 노력해서 이룬 일들이 아니었다.

길재는 절개가 곧고 기욕(嗜慾)이 적었으며 사람들과 교유하는 것을 좋아하지 않아 조용히 지내는 것이 처자와 같았다. 성균관에 재학하고 있을 때에 일찍이 선비들을 창도하여 상소를 올려, 사계(沙溪) 김 문원공(金文元公)과 수암(遂菴) 권공(權公)을 위하여 그 무함 받은 것을 극력 변론하니[215] 사론이 의지하여 중히 여겼으나 길재는 도리어 기뻐하지 않았다. 고향으로 돌아와 그 아우 덕재(德哉)[216]와 더불어 매일 고서를 강습하였고, 틈틈이 가야(伽倻)·설악(雪嶽)·백운(白雲) 등

215 성균관에……변론하니 : 자세한 내용을 확인할 수 없다. 다만 이의현(李宜顯)이 쓴 묘지명에 "일찍이 상소하여 수암(遂菴 권상하(權尙夏))의 무함을 아뢰어 이윤(尼尹 윤증)의 심술을 깨뜨렸으며, 율곡(栗谷 이이(李珥))과 사계(沙溪 김장생(金長生)) 등 제현들이 간사한 무리들에게 추악한 모욕을 받자, 제생(諸生)들과 함께 상소하여 변론하였다."라는 내용이 있다. 《陶谷集 卷14 贈弘文館副修撰南君墓碣銘 幷序》

216 아우 덕재(德哉) : 남유용이다. 328쪽 주101 참조.

의 명산을 유람하며 질탕하게 시를 읊었으니 마음을 텅 비워 세상일을 알지 못하는 자 같았다.

효장세자(孝章世子)[217]가 입학례(入學禮)를 행할 때에, 유생 가운데 명망이 있는 자를 엄선하여 장명자(將命者)[218]로 삼았던 고사(故事)가 있기로, 유생들이 "길재가 아니면 이 선발을 감당할 수 없다."라고 하여, 길재를 추대하여 장명으로 삼았다. 며칠 후 드디어 급제를 하니 조야(朝野)에서는 인재를 얻었다고 서로 축하였으나 길재는 홀로 두려워하며 세상 살아가는 길에 대해 근심을 하였고 그의 뜻은 벼슬이 높아지는 것에 있지 않았다.

그가 사국(史局)에서 벼슬을 할 적에 마침 조정에 대출척(大黜陟)이 있었다. 이광좌(李光佐)가 다시 정승이 되어 사사(史事)를 통괄하자 길재는 그날로 물러나 결국 하옥되니 사람들은 모두 길재를 위하여 두려워하였다. 당시 길재는 실제로 어머니께서 병이 드신 상황이었기에 어떤 이들은 이 일로 물러나는 핑계를 대라고 권하였으나 길재는

> "내가 벼슬을 하지 않는 것은 저들과 함께 일을 하지 않고자 해서인데 내 어찌 임금을 기만하겠소?"

217 효장세자(孝章世子) : 1719~1728. 자는 성경(聖敬), 이름은 행(緈)이다. 영조의 맏아들로 1724년 영조가 즉위하자 경의군(敬義君)에 봉해지고, 1725년 왕세자에 책봉되었다. 그러나 10세에 죽어 이복동생 사도세자(思悼世子)가 왕세자가 되었고, 사도세자마저 즉위하지 못하고 죽자, 사도세자의 아들 정조가 그의 양자가 되어 즉위함에 따라 진종(眞宗)으로 추존되었다. 능은 파주(坡州)의 영릉(永陵)이다.

218 장명자(將命者) : 명(命)을 받드는 자라는 뜻으로, 주인과 손님 사이에서 말을 전달해 주는 사람이다. 세자(世子)가 입학식을 올릴 때에 집사(執事)가 되어 세자의 시중을 들던 성균관의 유생(儒生)을 말한다.

라고 말하고는 그들이 선왕을 저버린 죄를 대놓고 지적하였다.[219]

귀양을 가서는 오직 경적(經籍)을 읽으며 스스로 즐겼다. 덕재(德哉)에게 보낸 편지에 이르기를

"한자(韓子)의 〈조주표(潮州表)〉[220]는 진실로 고달팠고, 파공(坡公)은 늙을수록 더욱 굳세었네만 명분과 절조를 좋아하는 것이 너무 심하였네. 그가 '남방 먼 곳에서 아홉 번 죽어도 내 여한 없으니, 이번 유람 기이하고 절묘하여 평생에 으뜸일세.'[221]라고 한 것에 어찌 일찍이 측달해마지 않는 뜻이 있었겠는가? 공명 세우기를 좋아하고

219 이광좌(李光佐)가……지적하였다 : 1727년(영조3) 7월에 노론(老論)의 중진인 우의정 이의현(李宜顯), 예조 판서 신사철(申思喆), 좌참찬 김흥경(金興慶) 등과 삼사(三司)의 여러 신하들이 파직되고, 소론(少論)의 영수인 이광좌(李光佐)가《숙종실록(肅宗實錄)》 총재관이 되었다. 당시 실록랑(實錄郎) 남유상(南有常)·신만(申晩)등은 병을 핑계하고 출사(出仕)하지 않다가 금부(禁府)의 추문(推問)을 받고, 이어 원지(遠地)로 찬배(竄配)하라는 명을 받게 된다. 신만과 남유상은 나추(拿推)당할 당시 "지금 총재관의 임무를 맡고 있는 사람은 숙종조〔肅廟朝〕에 죄를 졌고 선조(先朝)에 누(累)를 끼쳤으니, 곧 종사(宗社)의 죄인입니다. 따라서 당상관(堂上官)과 낭청(郎廳)의 체례(體例)로 보아 억지로 얼굴을 들고 수행(隨行)할 수가 없습니다."라고 하였다.《영조실록 3년 7월 10일, 9월 1일·2일》

220 한자(韓子)의 조주표(潮州表) : 한유가 조주 자사(潮州刺史)로 좌천되었을 때 당나라 헌종(憲宗)에게 올린 〈조주자사사상표(潮州刺史謝上表)〉를 말한다. 한유는 52세 때인 819년에 〈논불골표(論佛骨表)〉를 지어 올렸다가 불교를 신봉하던 헌종의 노여움을 사서 조주 자사로 좌천되었는데, 조주에서 이 표문을 올려 헌종의 공덕을 찬양하고 자신의 잘못을 반성하면서 너그러이 용서해 줄 것을 청하였다.

221 파공은……으뜸이라 : 파공(坡公)은 소식(蘇軾)을 말한다. 이 시는 〈유월이십일야도해(六月二十日夜渡海)〉에 나오는 한 구절이다. 소식(蘇軾)이 일찍이 남쪽 지방으로 폄천(貶遷)되어 갈 적에 배를 타고 바다를 건너갈 때 바다의 풍경을 극찬하여 지은 시이다.

죄를 다행으로 여기는 것 또한 나의 뜻이 아니네."[222]

라고 하였으니 그 식견과 도량이 이와 같았다.

길재는 타고난 자질이 도에 가까워 행동거지에 법도가 있었고 비록 술 마시기를 좋아하기는 하였으나 난잡한 데에 이르지는 않았다. 술이 거나해지면 종이와 먹을 가져와 글씨를 쓰는데 시원스레 놀리는 붓 속에 풍류가 녹아 스며있었으니 보는 자들이 아끼고 사모하지 않음이 없었다. 안으로는 강하면서 분별력이 있었고, 일에 임해서는 취하고 버리는 것이 분명하여 구차하지 않았다. 더욱이 강개하면서 고인의 높은 절개를 사모하여 한두 벗들과 함께 고금(古今)의 치란(治亂)을 극론(極論)하다가 군자가 지녀야 할 출처(出處)의 의(義) 문제로 논의가 미치면 왕왕 눈물이 흘러 옷깃을 적시기도 하였다.

남쪽에서 돌아오고부터는 물러나 교외에서 살면서 오로지 주자서(朱子書)만 가져다 마음을 기울여 깊이 완미하면서, 문득 기뻐하며 말하기를 "나의 일이 여기에 있도다."라고 하였다. 일찍이 가평(嘉平) 산 속으로 들어가 그 깊고 그윽함을 사랑하였으니 장차 조용히 지내면서 뜻을 구하여 마침내 성인의 도를 배우고자 한 것이었다. 그러나 얼마 되지 않아 세상을 떠나 결국 그의 뜻대로 되지 못하였다.

길재는 역사를 편수하였기 때문에 기사관(記事官)의 직함을 가지고 있었으나 미처 사관(四館)[223]에는 배치되지 못하였다. 그가 세상을 떠

222 덕재에게……아니네 : 이 내용은 남유용의 《뇌연집(雷淵集)》 권26에 있는 〈백씨유사(伯氏遺事)〉에 남유용에게 남유상이 보낸 편지의 내용으로 소개되어 있고 남유상의 《태화자고(太華子稿)》 부록에도 같은 내용이 수록되어 있다.

223 사관(四館) : 성균관(成均館)·예문관(藝文館)·승문원(承文院)·교서관(校書館)을 말한다.

나던 해 효장세자(孝章世子)도 돌아가셨다. 훗날 임금께서 길재가 죽었다는 말을 듣고는 슬퍼하며 말하기를

"아무개가 세자의 장명(將命)이 되고 며칠 만에 급제하여 내 매우 기뻤는데 지금 세자가 가고 또 아무개가 벌써 죽었다는 소식을 들으니 슬프도다."

라고 하였다. 경연(經筵)의 신하가 인하여 아뢰기를

"관서에 배치[224]되기 전에 죽었으니, 응당 추후의 은전이 있어야 합니다."

라고 하자, 드디어 홍문관 부수찬(弘文館副修撰)을 추증하니 사람들이 더욱 슬퍼하였다.

아. 지금 세도(世道)가 험해지는데, 길재의 청렴결백함으로 비록 꼭 사람들이 기대하던 대로 그 재략을 펼치지는 못했으나, 만일 물러나서 독서하고 수신하여 자질과 행실의 아름다움을 채우게 하였다면 반드시 장차 우뚝이 섰을 터이니 쇠한 풍속을 진작시키는데 어찌 도움이 적었다 하겠는가? 이것이 내가 깊이 슬퍼하는 것이면서 세상 사람들이 다 알 수 없었던 것이기도 하다.

길재의 휘(諱)는 유상(有常)이고 그 선조는 의령(宜寧) 사람이다. 증조부 문헌공(文憲公) 휘 용익(龍翼)[225]은 이조 판서로 문형을 맡았

224 관서에 배치 : 원문의 '分隸'는 분관(分館)이라고도 하는데 조선 시대 문과 급제자들을 승문원, 성균관, 교서관에 분속시켜 배치하는 일을 이른다.

225 문헌공(文憲公) 휘 용익(龍翼) : 남용익(南龍翼, 1628~1692)으로 본관은 의령(宜寧), 자는 운경(雲卿), 호는 호곡(壺谷), 시호는 문헌(文憲)이다. 효종 초에 3사(司)의 벼슬을 두루 지냈고 1655년(효종6) 통신사(通信使)의 종사관으로 일본에 다녀왔다. 1689년 기사환국으로 명천(明川)에 유배되어 그곳에서 별세했다. 문집에 《호곡

고, 조부 휘(諱) 정중(正重)[226]은 경상도 관찰사(慶尙道觀察使)를 지냈다. 부친인 한기(漢紀)는 전임(前任) 청풍 부사(淸風府使)이고, 모친은 청송 심씨(靑松沈氏)로 통덕랑(通德郎) 한장(漢章)의 따님이다. 길재는 연안 이씨(延安李氏)에게 장가를 들었으니 판결사(判決事) 우신(雨臣)의 딸이다. 자식 셋을 두었는데 아들 공필(公弼)은 나의 자서(子壻)가 되었고 장녀는 덕수(德水) 이연(李演)에게, 그 다음은 원성(原城) 원인손(元仁孫)에게 시집갔다. 《태화자고(太華子稿)》[227]로 불리는 길재의 유문 수백 편이 세상에 유통되는데, 내가 이미 서문을 써서 논하였으니 다시 말하지는 않겠노라.

집》, 저서에 《기아(箕雅)》와 《부상록(扶桑錄)》 등이 있다.

226 조부 휘(諱) 정중(正重) : 남정중(南正重, 1653~1704)으로, 자는 백진(伯珍), 호는 기봉(碁峰)이다. 1689년 증광문과(增廣文科)에 병과로 급제하였으나, 그해 기사환국으로 파직되었고 갑술옥사로 인현왕후(仁顯王后)가 복위되자 기용되어 지평 · 교리(校理) · 이조 정랑(吏曹正郎) · 보덕(輔德) · 공조 참의 · 충청도 관찰사를 거쳤다. 문집에 《기봉집》이 있다.

227 태화자고(太華子稿) : 4권 2책의 목판본으로 1736년(영조12) 동생인 남유용(南有容)이 편집, 간행하였다. 권두에 민우수(閔遇洙) · 이천보(李天輔) · 오원(吳瑗) · 황경원(黃景源) 등의 서문이, 권말에 안중관(安重觀)의 발문이 있다.

이사고[228] 묘지명 서문을 아우르다

李士固墓誌銘 幷序

사고(士固)의 휘(諱)는 사중(思重)이니 관찰사(觀察使) 이공(李公) 휘(諱) 만직(萬稷)[229]의 총손(冢孫)이다. 이공은 집안을 잘 다스려 효성과 근신으로 소문이 났고, 내가 사고 및 그 막내 삼촌 중오(仲五)[230]와 더불어 매우 친하게 노닐었는데 다들 차근히 자제(子弟)의 직분을 공손히 수행하여 그 집안에 걸맞는 사람이라고 일컬어졌다.

사고는 온화하고 유순하며 담소를 잘하였고 풍류가 호탕하였다. 친척과 붕우들에게도 성의를 흡족하게 베풀었고 하나의 선을 보면 미치지 못할세라 권면하였으며, 과실이 있으면 반드시 넓게 비유하고 천천

228 이사고(李士固) : 이사중(李思重, 1698~1733)으로, 본관은 한산(韓山), 자는 사고(士固)이다. 이색(李穡)의 후손으로, 1729년(영조5) 생원시에 합격한 후 의릉 재랑(懿陵齋郎)을 지냈으나 세상에 쓰일 기미가 없자 이후 벼슬길에 나아가지 않았다. 황경원(黃景源)·남유용(南有容)·이천보(李天輔) 등과 교유하였다.

229 이공(李公) 휘(諱) 만직(萬稷) : 이만직(李萬稷, 1654~1727)으로 자는 자장(子長), 이색(李穡)의 11세손이다. 46세라는 늦은 나이에 기묘식년사마시(己卯式年司馬試)에 진사(進士) 2등으로 합격하면서 관직에 진출, 도감랑(都監郎)·공조 좌랑(工曹佐郎) 등을 거쳐 임피 현령(臨陂縣令)·영천 군수(永川郡守)·청주 목사(淸州牧使)·나주 목사(羅州牧使) 등을 역임하였고, 말년에는 조정으로 돌아와 판결사(判決事) 및 형조 참의(刑曹參議)를 지냈다.

230 중오(仲五) : 이수득(李秀得, 1697~1775)으로, 자는 중오(仲五)이다. 관찰사 만직(萬稷)의 아들로 승지·대사간·대사헌 등을 역임하였고 그 뒤 공조 참의에 제수되었지만 병으로 사직하고 공주에 내려가 여생을 마쳤다.

히 타이르면서 이를 중단시켰는데 그 말이 모두 순하면서도 재미가 있었기 때문에 좇아 노닐던 자들이 마음을 기울여 서로 좋아하지 않음이 없었고 죽고 나서는 추념하지 않음이 없었다.

사고는 어릴 때는 매우 빼어나고 슬기로웠으며 자라서는 또 겸손하고 후덕하며 온화하고 너그러웠다. 스스로 재능을 감추기를 힘쓰고 가진 것을 자랑하지 않았으며 식견과 사려, 총명함이 남보다 뛰어났다. 책을 읽을 때는 고인의 취지를 깊이 탐구하되 특히 역사 이야기 하는 것을 좋아하였고, 그윽하고 은미한 뜻을 찾아내어 독창적인 견해가 많았다. 거침없는 말이 치란과 흥망의 연고에 미치면 왕왕 격앙하고 감개하여 마지않았고 진정이 되고나면 맥이 빠져 아무것도 알지 못하는 사람 같았다.

비록 사람들을 널리 사랑하고 포용하였으나 착하고 그렇지 않은 자를 심하게 가려 대우하였으므로, 좋은 사람을 잃지 않았다. 두세 명의 친한 친구들과 터놓고 이야기할 때에는 언제나 재기(才器)의 장단을 가지고 품평을 하였는데 각기 그 척도에 맞았으니 듣는 이가 모두 흔연히 수긍하였다. 이따금 노씨(老氏)의 글을 좋아하여, "그 평안하고 고요하며 그윽하고 담박함이 취할만한 점이 있다."라고 말하곤 하였으나 그의 일상적인 행동을 살펴보면 애당초 법도를 따르지 않음이 없었다.

일찍이 말하기를

"천하의 일은 한 번 기회를 잃으면 어찌 할 수 없다. 먼저 나서는 자는 조급하고 뒤처지는 자는 나약하게 되니 선비는 마땅히 보기(寶器)를 감추고 때를 기다려야 한다.[231] 만일 기회가 없으면 비록 종신

231 보기를……한다 : 《주역》 〈계사전 하(繫辭傳下)〉에 "군자가 자신의 몸에 보기

토록 출사하지 않는 것도 괜찮다."

라고 하였다.

당세의 일에 대하여 그 손익을 깊이 연구하였고 마음속에서 계획을 세운 것은 정연하여 모두 조리가 있었으나 일찍이 사람들에게 말을 하지 않았으니 사람들 또한 알 수 없었다. 그러나 사고는 평소 일의 성패를 헤아리되 적중하지 않음이 없었고, 일을 할 때에는 비록 작은 일이라도 반드시 그 시종을 살폈으므로 행함에 막힘이 없었으니 구차하게 공언이 되지 않았다.

사고는 여러 번 과거에서 낙방하다가 기유년(己酉年)에 비로소 생원(生員)에 합격하고 오래 지나서야 경침랑(景寢郎)에 보임되었으니 사람들은 모두 그가 뜻을 얻지 못한 것을 한탄하였으나 사고는 짐짓 태연하였다. 이해 계축년(癸丑年) 10월 3일에 병으로 세상을 떠나니 향년 36세였다.

사고는 일찍이 당세의 인재를 논하면서 한숨을 쉬며 한탄하기를

"세상에 인재가 없는 것이 아니라 인재를 쓸 줄 모르는 것이다. 비록 남보다 뛰어난 재주가 있더라도 쓰지 않는다면 어찌 그 재주를 드러낼 수 있겠는가?"

라고 하였다. 아. 이는 중심(中心)에 오히려 꿋꿋함을 지닌 자로다. 어찌 뜻이 넓고 재주가 출중하면서 이 세상을 잊지 못하는 자가 아니겠는가? 사고처럼 어진 사람이 늙어 죽을 때까지 세상에서 쓰이지 못하는 그런 이치는 없을 터라, 만일 끝내 쓰이지 않았다면 외려 그 허물을

(寶器)를 간직했다가 때를 기다려서 움직인다면, 무슨 불리할 일이 있겠는가.〔君子藏器於身, 待時而動, 何不利之有?〕"라는 말이 있다.

맡을 자가 있었을 것인데 지금 사고가 명이 짧아 죽었으니 내가 하늘에 대해 어찌하리오?

이씨(李氏)의 본관은 한산(韓山)이니 문정공(文靖公) 휘(諱) 색(穡)의 후손이다. 관찰공(觀察公)[232]의 부친인 휘(諱) 태연(泰淵) 또한 관찰사를 지냈다. 사고의 부친은 지금 상주 목사(尙州牧使) 수보(秀輔)이고, 모친은 한양 조씨(漢陽趙氏)로 부사(府使) 귀상(龜祥)의 따님이다. 처는 은진 송씨(恩津宋氏) 부사(府使) 상유(相維)의 딸이다. 자녀 넷이 있는데 아들은 규영(奎英)·규량(奎亮)·규정(奎正)이고 딸은 어리다.

내가 어릴 적에 사우(士友) 사이에서 종유(從遊)하였는데, 사고는 내가 하우(下愚)라는 것을 알지 못하였기에, 서로 기약한 것이 특별히 깊었으니 내가 나약한 자질을 가지고도 능히 흥기할 수 있었던 이유는 사고가 도와주었기 때문이다. 사고가 이미 죽었고 나 또한 지금껏 변변치 못한데다 지난날의 지기(志氣) 또한 쇠퇴해지고 있으니 아, 슬픈 일이로다. 사고의 묘는 공주(公州) 회곡(檜谷)의 임좌(壬坐) 언덕에 있다.

중오(仲五)가 목사공(牧使公)의 명을 받고 나에게 명을 지어 달라 부탁하였다. 사고는 집안에서 보여준 선행 가운데 적을 만한 것이 매우 많다. 그러나 종족과 교우들이 오히려 잘 알고 칭송을 하는지라, 오직 그가 재주와 뜻을 가지고 있었으면서 끝내 자신을 드러내지 못한 채 죽은 것만을 내 글에 자세히 쓴다. 명(銘)은 다음과 같다.

232 관찰공(觀察公) : 강원도 관찰사를 지낸 이만직(李萬稷)을 일컫는다.

재주가 있으면서 스스로 숨긴 것은	才而自晦
또한 기다린 바가 있었던 것인데	亦有待也
죽어서 결국 감추어져 버렸으니	沒而遂藏
길이 슬프도다	維永傷也
살았을 적엔 태연하게 살고	其居逌然
죽어서는 가볍게 떠났어라	其逝曠然
땅 속에 있으나 드러내 알리려고	有幽而章
내 명을 지어 무덤에 넣노라	我銘玄堂

한성 좌윤 김공[233]의 묘지명 서문을 아우르다

漢城左尹金公墓誌銘 幷序

고(故) 한성부 좌윤(漢城府左尹) 김공(金公)의 휘(諱)는 석익(錫翼)이고 자(字)는 여량(汝兩)이니 명성왕후(明聖王后)[234]의 아우이고 청풍부원군(淸風府院君) 충익공(忠翼公) 휘(諱) 우명(佑明)의 중자(仲子)이다. 집안 대대로 유행(儒行)과 명덕(名德 덕행이 있다는 명망)으로 드러났다. 숙종대왕(肅宗大王) 때에 이르러 김씨가 임금의 외가가 되었으나 공과 그 아우 판서(判書) 휘(諱) 석연(錫衍)[235]은 모두 충성스

233 한성좌윤 김공 : 김석익(金錫翼, ? ~ 1686)으로 본관은 청풍(淸風), 자는 여량(汝兩)이고, 현종의 국구(國舅)인 청풍부원군 김우명(金佑明)의 아들이며, 명성왕후(明聖王后)의 동생이다. 23세 때 빙고 별검(氷庫別檢)에 임명되었으며, 이후 여러 관직을 거쳤다. 1680년(숙종6)에 인평대군(麟坪大君)의 아들 복창군(福昌君)과 복선군(福善君), 그리고 허적(許積)의 서자 허견(許堅) 등이 역모를 꾀하였다 하여 복선군과 허견 등은 주살되고 복창군과 허적 등은 사사(賜死)되었는데, 이때 공을 세웠다 하여 가자(加資)되었다. 이후 한성 우윤과 개성 유수・총융사(總戎使)・한성 좌윤 등을 역임하였다.

234 명성왕후(明聖王后) : 1642 ~ 1683. 현종(顯宗)의 비(妃)이다. 성은 김씨이고, 본관은 청풍(淸風), 청풍부원군(淸風府院君) 김우명(金佑明)의 딸이다. 1651년 세자빈에 책봉되어 가례(嘉禮)를 올리고, 1659년 왕비에 책립되었다. 숙종(肅宗)과 명선(明善)・명혜(明惠)・명안(明安)공주를 낳았다. 숙종 즉위 초에는 조정의 정무에까지 관여하기도 했다.

235 판서(判書) 휘(諱) 석연(錫衍) : 김석연(金錫衍, 1648 ~ 1723)으로, 자는 여백(汝伯), 시호는 정희(貞僖)이다. 김우명(金佑明)의 아들이자 현종비 명성왕후(明聖王后)의 동생이다. 1680년(숙종6)에 음보로 관직에 나아가 예빈시 정(禮賓寺正)・전설

럽고 진실하며 청렴하고 신중하여 상하가 믿고 중시하는 바가 되었으니 오로지 임금의 외척[236]이라는 은혜만을 가지고 진출한 것이 아니었다.

공은 숭정(崇禎) 을유년(乙酉年)에 태어났다. 23세에 빙고 별검(氷庫別檢)에 보임되었다가 동궁 세마(東宮洗馬)로 자리를 옮겼고, 여러 번 승진하여 시직(侍直)·부솔(副率)·위솔(衛率)·우수운 판관(右水運判官)를 지내다가 사복시 첨정(司僕寺僉正)으로 내승(內乘)을 겸하였다.

갑인년(甲寅年) 현묘(顯廟)께서 승하하시고 병진년(丙辰年)에는 명성왕후께서 병으로 자리에 누우셨다. 이때 공의 형제는 충익공(忠翼公)의 상중에 있었는데, 숙종께서 특명으로 최복을 벗고 명성왕후의 시약을 하라고 하시니, 공은 명을 받들고 왕후의 병환이 나은 뒤에 물러났다.

정사년(丁巳年)에 상복을 벗고 장례원 사의(掌隷院司議)에 배수되었고, 그 사이에 천안 현감(天安縣監)과 통진 현감(通津縣監)을 지내다 다시 내직에 들어와 장악원 첨정(掌樂院僉正)이 되었다.

(典設)·별검(別檢)을 역임하였다. 기사환국으로 관직에서 추방당하였다가 갑술옥사로 다시 기용되어 공조 참판· 한성부 우윤·강화 유수·어영대장·형조 판서 등을 역임하였다.

236 임금의 외척 : 원문의 '肺腑'는 왕실의 가까운 친족이나 외척을 비유하는 말이다. 한(漢)나라 무제(武帝)의 외삼촌이었던 무안후(武安侯) 전분(田蚡)이 "성상이 처음 즉위하여 나이가 젊으시니, 내가 폐부로서 경사(京師)의 재상이 되었다.〔上初卽位, 富於春秋, 蚡以肺腑爲京師相.〕"라고 한 말에서 유래하였다. 《史記 卷107 魏其武安侯列傳》

공은 키가 크고 수염이 아름다웠으며, 영명하고 명랑하면서 담론을 잘 하였다. 매번 대궐에서 상을 모실 때마다 상께서 조용히 고금(古今)의 치란(治亂)과 우리나라 현신(賢臣)들의 유사(遺事)를 묻곤 하였는데 공이 반복하여 설명을 하면 흥미진진하여 들을 만하였다. 상은 번번이 공을 하루 종일 머무르게 하여 환담하고 즐기기를 마치 집안사람 대하는 예[237]와 같이 하였으나 공은 한마디도 사사로이 간구한 적이 없었다.

이때 상의 춘추 젊을 때여서 간신(奸臣)이 나라의 권력을 잡고 역적 종친 남(柟)[238]이 흉도와 결탁하여 음모를 꾸미니 명성왕후가 이를 깊이 우려하였다. 경신년(庚申年) 여름, 공의 종부형(從父兄)인 문충공(文忠公) 휘(諱) 석주(錫胄)[239]가, 상을 도와 남(柟) 등이 역모한 일을 들추어내어 모두 복주(伏誅)시켰다.[240] 이에 문충공은 원훈(元勳)으로

237 집안……예 : 원문은 '家人禮'이다. 임금에게는 자기의 근친에 대한 예로써 공조례와 가인례가 있는데, 공조례는 조정의 공식 예법이다. 예를 들면 삼촌이나 형도 공조례에서는 신하로서 임금에게 절하는 것이요, 가인례에서는 비공식으로 궁중에서 항렬과 나이를 따져 하는 것인데, 임금이라도 이때에는 삼촌과 형의 아랫자리에 앉는다.

238 역적 종친 남(柟) : 인조의 손자이자 인평대군의 아들인 복선군(福善君)을 말한다.

239 김석주(金錫胄) : 1634~1684. 본관은 청풍(淸風), 자는 사백(斯百), 호는 식암(息庵), 시호는 문충(文忠)이다. 예송 과정에 처음에는 남인과 결탁하였다가 뒤에는 서인과 결탁하여 남인 타도를 꾀하였고, 그 과정에 서인 소장파로부터 반감을 사서 서인이 노론과 소론으로 분열하는 하나의 원인을 제공하였다. 저서로는 《식암집》이 있다. 김석익이 김석주에게 종제(從弟)가 된다.

240 경신년(庚申年)……복주시켰다 : 1680년(숙종6) 당시 집권 세력이던 남인 일파가 대거 실각하고 서인 정권이 들어서게 되는 경신환국에 대한 설명이다. 현종 15년(1674)의 예송(禮訟)에서 승리하여 정권을 잡은 남인 일파가 숙종의 신임을 받지 못하자, 서인의 김석주(金錫胄)와 김익훈(金益勳) 등이 당시의 영의정 허적(許積)의 서자

공(功)의 순서가 감정(勘定)되었고, 공에게는 기미를 미리 알아차려 간적의 정상을 밝힌 공이 실로 있다고 하여 장차 훈적(勳籍)에 올리려고 했으나 공이 극력 사양하여 그만두었다. 외직으로 나가 삭녕군(朔寧郡)의 군수가 되었다.

이해 겨울에 상이 공신을 추가 등록할 것을 다시 명하고, 공 또한 별도로 등록하여 통정대부(通政大夫)의 품계로 승진시켰다. 공은 이를 듣고 크게 놀라 말하기를

> "조여우(趙汝愚)[241]는 송(宋)의 먼 종친이어도 오히려 공을 말하지 않았는데 나는 동조(東朝)[242]의 지친(至親)으로 어찌 감히 하늘의 공을 탐하겠는가?"[243]

(庶子)인 허견(許堅)이 인평대군(麟平大君)의 세 아들인 복창군(福昌君) 이정(李楨), 복선군(福善君) 이남(李柟), 복평군(福平君) 이연(李㮒) 등과 함께 역모를 꾀한다고 고변하여 촉발된 사건이다. 이에 허적 일가족과 윤휴(尹鑴)가 살해되는 등 남인 일파가 대거 축출되고, 서인들이 정권을 잡았다.

241 조여우(趙汝愚) : 1140~1196. 송나라 종실로 자는 자직(子直), 시호는 충정(忠定)이며, 여간(餘干) 사람이다. 남송 영종(寧宗) 때의 재상으로, 주희·장식(張栻)·여조겸(呂祖儉)·왕응신(汪應辰) 등과 교유하였다. 주희 등을 추천하여 등용하였다가, 도학(道學)을 위학(僞學)으로 규정한 한탁주(韓侂胄) 등의 탄핵을 받고 영주(永州)에 안치되고 형주(衡州)까지 왔다가 갑자기 죽었다. 저서로는 《송조제신주의(宋朝諸臣奏議)》 등이 있다.

242 동조(東朝) : 한(漢)의 장락궁(長樂宮)이 미앙궁(未央宮)의 동쪽에 있는데, 태후(太后)가 상거(常居)하였으므로 전(轉)하여 태후의 칭호가 되었다. 조선조에서는 대비(大妃)를 동조라 불렀는데, 여기서는 현종비(顯宗妃)이자 숙종의 모후인 명성왕후(明聖王后) 김씨(金氏)를 말한다.

243 하늘의……탐하겠는가 : 원문의 '貪天之功'은 임금의 성덕으로 이루어진 공을 자기 공으로 삼는다는 뜻이다. 《춘추좌씨전》 희공(僖公) 24년에 "남의 재물을 훔치는

라고 하고 종신토록 부끄러워하였다.

신유년(辛酉年)에 가평 군수(加平郡守)로 옮겨갔고 임술년(壬戌年)에는 첨지중추부사(僉知中樞府事)로 있다가 돈녕부 도정(敦寧府都正)으로 자리를 옮겼다.

계해년(癸亥年) 10월에 상이 두진(痘疹 마마)을 앓게 되자, 공의 형제에게 입궐하여 간병할 것을 명하였다. 그리고 상이 회복하자 공을 가선대부(嘉善大夫)로 특별히 승진시키고 전지와 노복을 더 내려 주었다. 12월에 명성왕후가 승하하시자 공의 형제는 상의 명으로 염습에 참여하였다.

갑자년(甲子年)에 개성부 유수(開城府留守)에 특별히 배수되었으나 부임하기 전에 체직되었고, 동지돈녕부사(同知敦寧府事)로 있다가 이윽고 특별히 한성부 우윤(漢城府右尹)에 임명되었다.[244]

공이 이에 상소하여 말하기를

"기억해보면 지난 경신년 초에 전하께서 자성(慈聖 명성왕후를 말함)을 모시고 친히 대사를 처단하실 때 조야에서 눈을 비비고 태평성대를 기대하였으니 이때가 바로 인신이 부귀를 생각하지 않고 공도(公道)를 넓힐 때였습니다. 그런데 훈적에 한 번 기록되는 것에 그

것도 도둑이라고 하는데, 하물며 하늘의 공을 탐하여 자기의 역량으로 삼는 것이야 더 말할 것이 있겠는가.〔竊人之財, 猶謂之盜, 況貪天之功以爲己力乎?〕"라고 하였다.

244 개성부유수에……임명되었다 : 숙종 10년 2월에 상이 김석익(金錫翼)을 개성 유수(開城留守)로 특제(特除)하였다. 그러자 서종태를 비롯한 신하들이 전형을 거치지 않고 특별히 제수한 것에 반대했고 하는 수 없이 교체하기로 하였으나 다시 한성부 우윤(漢城府右尹)에 제수, 신하들의 반대를 받았다.《숙종실록 10년 2월 22일・23일, 3월 5일》《농암집 속집 하권 선부군 행장》

치지 않고 재차 기록되기까지 해서, 대간(臺諫)은 일방적으로 고집스레 다투고[245] 전하께서는 일방적으로 상을 주시되 그릇에 맞는지 여부는 논의하지 않으니, 필시 저로 하여금 뜻밖의 부귀를 얻게 하시려는 것이겠으나, 부귀는 하늘에 있는 것, 임금 또한 어찌 사사로이 할 수 있겠나이까? 자성께서는 항상 신에게 물러나 지내라고 경계하셨으니 그 목소리 지금까지 귀에 남아 있습니다. 자고로 척리(戚里 임금의 외척)가 지위와 봉록을 탐하고 연연해하면서 물러날 줄 알지 못하면 나라를 욕되게 하고 몸을 망치지 않을 자가 있겠습니까? 요즈음 삼사(三司)에서 진언(進言)한 것 가운데 일이 훈척(勳戚)과 관련되어 있으면 전하는 문득 노하시고 꺾어 버리시는데, 척리는 무릎쓰고 나아가고 언자는 입을 다물고 있다면 국가의 복이 아닙니다."

라고 하였다. 상이 우악하게 대답하셨다. 공은 끝내 벼슬을 내놓고 물러났다가 동지돈녕(同知敦寧)으로 부총관(副摠管)을 겸하였다. 가을에는 특별히 총융사(摠戎使)에 임명되었고, 을축년(乙丑年)에는 또 좌윤(左尹)에 임명되었다.

공은 사람됨이 맑고 개결하며 너그럽고 곧아 비록 부귀하게 살았어도 담박한 것이 마치 가난한 선비 같았다. 술 마시기를 좋아하고, 남에게 구애받지 않고 내키는 대로 행동하였으며, 이권을 다투어 탐하는

245 대간은……다투고 : 당시 대사헌(大司憲) 여성제(呂聖齊)가 공신 추가 등록의 부당함을 아뢰면서 사직 상소를 올렸다. 특히 김석익에 관해서는 "애당초 별단(別單) 중에 들어가지도 않았었고 기록할 만한 공로가 있다는 것도 듣지 못하였는데 갑자기 이름도 없던 자급까지 승진되었으니, 이를 듣고 보고서 놀라지 않는 이가 없습니다."라고 하면서 극구 반대하였다. 《숙종실록 6년 11월 24일》

사람을 보면 몸을 더럽힐 것처럼 하였다. 비록 당세의 요인(要人)이라도 취한 척 업신여기고 욕을 해대며 조금도 봐주지 않았기 때문에 세상에서 그를 미워하는 자들이 많았다.

상은 공을 의지하면서 크게 쓰려 하셨으나 공은 더욱 떨면서 근심하고 두려워하며 밤낮으로 술만 마시더니 병인년(丙寅年) 2월 7일 갑자기 일어나지 못하게 되었다. 부음이 들리자 상은 크게 놀라, 몹시 애도하고 상심해 하는 뜻의 전교를 내리고, 즉시 내시를 보내어 호상(護喪)케 하였으며, 동원비기(東園秘器)[246]를 하사하고, 3년간 녹봉을 지급하며, 관아에서 장례용품을 마련하도록 하였다. 양주(楊州) 금촌(金村) 갑향(甲向)의 언덕에 장사를 지냈으니 선영에 장사한 것이다.

공은 본관이 청풍(淸風)이다. 상조(上祖)인 대유(大猷)[247]는 고려 때 시중(侍中)을 지냈고, 그 후손 가운데 대사성(大司成) 휘(諱) 식(湜)이 있어 중묘(中廟) 때에 조 문정(趙文正) 광조(光祖)와 함께 사화(士禍)를 입었다.[248] 그 현손(玄孫)인 문정공(文貞公) 휘(諱) 육(堉)[249]

246 동원비기(東園秘器) : 조선 시대 궁궐에서 썼던 관곽(棺槨)을 말한다. 장생전(長生殿)에서 미리 만들어 보관했다가 필요할 때 썼다. 동원(東園)은 한나라 때 관곽을 제조, 관리했던 관청이다.

247 상조(上祖)인 대유(大猷) : 신라 대보공(大輔公) 김알지(金閼智)의 후예인 대장군(大將軍) 김순웅(金順雄)의 12세손 김대유(金大猷)로, 고려 말에 문하시중(門下侍中)을 지내고 청성부원군(淸城府院君)에 봉해진 후 청풍(淸風)에 세거하였다.

248 대사성(大司成) ……입었다 : 김식(金湜, 1482-1520)은 기묘팔현(己卯八賢)의 한 사람이다. 본관은 청풍(淸風), 자는 노천(老泉), 호는 사서(沙西)·동천(東泉)·정우당(淨友堂)이다. 1519년 4월 조광조·김정(金淨) 등 사림파의 건의로 실시된 현량과에서 장원으로 급제하여, 성균관 사성(成均館司成)을 거쳐 홍문관 직제학(弘文館直提學)에 올랐으나 그해 11월 기묘사화가 일어나자 선산(善山)에 유배되었다. 뒤따라 일어

은 효묘(孝廟)를 보좌하여 현상(賢相)이 되었고, 이분이 충익공(忠翼公)[250]을 낳았는데 출계하여 문정공(文貞公)의 종부제(從父弟)인 증 영의정(贈領議政) 휘 지(坻)의 아들이 되었다. 공의 선비(先妣)는 덕은부부인(德恩府夫人) 송씨(宋氏)이니 부윤(府尹) 휘(諱) 국택(國澤)의 따님이다.

공은 집에 있을 때의 행실이 매우 돈독하여, 새벽마다 반드시 종가에 가서 선묘(先廟)에 배알하였으며 물러나서는 동생들과 종일 한 집에서 지냈다. 평소 살림에 대해서는 관심을 두지 않았고, 집안에 쌀 한 섬[251] 모아놓은 것이 없어도 궁핍한 사람을 보면 그를 위해 옷을 벗고 참마를

난 신사무옥에 연좌되어 다시 절도로 이배된다는 소식을 전해 듣고 자결하였다. 기묘사화 후에 현량과가 폐지되면서 그의 직첩과 홍패도 환수되었으나 명종 때 복관되었으며, 선조 때에 영의정에 추증되었다.

249 문정공(文貞公) 휘(諱) 육(堉) : 김육(金堉, 1580-1658)으로 본관은 청풍(淸風)이고, 자는 백후(伯厚)이며, 호는 잠곡(潛谷)이다. 1624년 문과에 급제한 뒤 벼슬길에 나섰고, 1636년 성절사(聖節使)로 명나라에 다녀왔다. 관직에 있는 동안 줄곧 대동법(大同法) 시행을 통해 민생을 안정시킬 것을 주장했고, 각종 재난과 질병에 시달리는 백성을 위해 《구황촬요(救荒撮要)》·《벽온방(辟瘟方)》 등을 편찬했다.

250 충익공(忠翼公) : 김우명(金佑明, 1619-1675)으로 본관은 청풍이고, 자는 이정(以定)이며, 시호는 충익(忠翼)으로, 현종(顯宗)의 장인이다. 현종이 즉위하자 국구(國舅)로서 청풍부원군(淸風府院君)에 봉해졌다. 송시열(宋時烈)과 같은 서인(西人)이었지만, 민신(閔愼)의 대부복상(代父服喪)문제를 계기로 남인 허적(許積)에 동조했다. 아버지 김육(金堉)의 뒤를 이어 한당(漢黨)의 중진이 되었는데, 남인 윤휴(尹鑴) 등과 알력이 심해지자 벼슬을 그만두고 두문불출했다.

251 쌀 한 섬 : 원문의 '甔石'은, 한 섬들이 작은 항아리, 즉 소량의 식량(食糧)을 말한다. 소식(蘇軾)의 〈걸부증유계손장(乞賻贈劉季孫狀)〉에, "금년 5월에 관소에서 졸하였는데, 집에는 쌀 한 섬이 없어서 처자식들이 추위에 떨고 굶주려 있었다.〔今年五月卒於官所, 家無甔石, 妻子寒飢.〕"라는 구절이 있다. 《蘇軾全集 卷63》

푸는 것도[252] 아까워하지 않았다. 군(郡)을 다스릴 때는 청렴함과 백성들을 편히 하는 것에 주안점을 두었고, 장수가 되었을 때에는 관간(寬簡 마음이 너그럽고 까다롭지 아니함)함으로 사졸들의 마음을 얻으니, 돌아가심에 마치 친척처럼 슬퍼하였다.

부인은 파평 윤씨(坡平尹氏)로 군자감 정(軍資監正) 협(悏)의 따님이고 공과 동년생(同年生)인데 공보다 41년 뒤인 정미년(丁未年) 5월 23일에 졸했다. 두 아들을 낳았으나 모두 요절하였고 딸 하나는 부사(府使) 홍중연(洪重衍)에게 시집갔다. 공이 졸하자 상은 판서공(判書公)의 아들인 도영(道泳)에게 명하여 공의 후사가 되도록 하였으니, 도영은 진사(進士)로 이조 판서(吏曹判書)에 추증되었고,[253] 해평 윤씨(海平尹氏) 별검(別檢) 하명(夏明)의 딸에게 장가를 갔다. 2남 1녀를 두었는데 장남은 도사(都事) 성하(聖夏)로 출계하여 족부(族父)인 정랑(正郎) 도연(道淵)의 후사가 되어 문정공(文貞公)의 제사를 받들었고, 차남은 병조 판서(兵曹判書) 성응(聖應)이며, 딸은 봉사(奉事) 이담(李墰)에게 시집갔다. 홍중연(洪重)衍은 딸 셋을 두었는데 각각 사인(士人) 김성행(金省行), 현감(縣監) 이익준(李益焌), 직장(直長)

252 참마를……것도 : 원문의 '脫驂'은 망자(亡者)를 위해 극진히 애도의 예를 표하는 것을 의미한다. 공자(孔子)가 일찍이 위(衛)나라에서 옛날의 관사(館舍) 주인의 상(喪)을 만났다. 들어가 곡하고 나와서는 자공(子貢)에게 "참마를 풀어서 부의를 하라." 라고 하였다. 자공이 참마를 풀어서 부의하는 것은 너무 과중하지 않겠느냐고 말하자, 공자가 "내가 방금 들어가 곡할 때에 한 번 슬퍼함을 만나서 이내 눈물을 흘렸으니, 나는 눈물에 따르는 예를 표하지 않는 것을 싫어하노라."라고 말한 고사가 있다. 《禮記 檀弓上》

253 도영에게……추증되었다 : 다음 작품인 〈성균진사 증 이조판서 김공 묘지명(成均進士贈吏曹判書金公墓誌銘)〉 참조.

김치일(金致一)에게 시집갔다. 도사(都事)는 1남 2녀를 두었는데 아들은 최묵(最默)이고 두 딸은 사인(士人) 조담(趙湛)과 한민교(韓民教)에게 시집갔다. 판서(判書)는 2남 3녀를 두었는데 아들 시묵(時默)은 출계하여 종숙부(從叔父) 성집((聖集)의 후사가 되어 충익공(忠翼公)의 제사를 받들었고, 딸은 사인(士人) 이헌진(李憲鎭)에게 시집갔으며 나머지는 어리다. 공의 측실은 4남을 낳았는데 도현(道晛)·도인(道仁)·도곤(道伸)은 호군(護軍)이고, 도성(道成)은 무과에 급제하였다. 도곤(道伸)은 성임(聖任)·성위(聖偉) 두 아들을 두었다.

공의 제손(諸孫)들은 공의 묫자리가 이롭지 못하다고 하여 장차 금년 10월에 옛 묘의 동쪽 산비탈 오향(午向) 언덕에 이장하고 부인을 합장하려 한다. 명은 다음과 같다.

숭고시를 노래하니	詩歌崧高
드러나지 않을까 신백이여[254]	不顯申伯
외가에 어진 이 있으니	外家有賢
나라의 복이로다	王國之福

254 숭고시를……신백이여 : 신백(申伯)은 주 선왕(周宣王)의 외숙(外叔)으로 명신으로 추앙되는 인물이고, 〈숭고(崧高)〉는 《시경(詩經)》 〈대아(大雅)〉의 편명으로 주 선왕의 신백(申伯)이 사읍(謝邑)에 봉해지자 시인이 시를 지어 칭송한 노래이다. 이 시에서 "사악이 신을 탄강시켜 보후와 신백을 내었도다. 신백과 보후는 오직 주나라의 기둥이로다.〔維嶽降神, 生甫及申. 維申及甫, 維周之翰.〕"라고 하였고, 또 "드러나지 않을까, 신백이여. 왕의 큰 외숙이로소이니 문무의 신하들이 이에 법으로 삼도다.〔不顯申伯, 王之元舅, 文武是憲.〕"라고 하였다. 김석익이 왕의 외척이므로 신백에 비유한 것이다.

혁혁하신 김공은 赫奕金公
태모께서 그 누이라[255] 太母其姊
정성을 다하여 單我忱誠
오직 나라의 쓰임이 되었고 惟國之以
영화로운 복록 몸에 더해져도 榮祿加身
끓는 물 만지듯 두려워하였네[256] 惕若探湯
탁룡의 경계[257]를 濯龍之戒
신이 감히 잊으랴 臣或敢忘
임금께 올린 상서[258] 밝고 밝아 囊封炯炯

255 태모께서……누이라 : 태모는 현종비 명성왕후를 말한다. 김석익이 명성왕후의 동생이므로 이른 말이다.

256 끓는……하였네 : 원문의 '探湯'은 끓는 물을 더듬는다는 말로, 악한 일을 보면 신속하게 없애는 것을 뜻한다. 또는 두려워하고 조심하는 태도를 말한다. 《논어》 〈계씨(季氏)〉에 공자가 "선함을 보고는 미치지 못할 듯이 하며, 불선(不善)을 보고는 끓는 물을 만지는 것처럼 하는 자를 나는 보았고, 그러한 말을 들었노라.〔見善如不及, 見不善如探湯, 吾見其人矣, 吾聞其語矣.〕"라고 하였다.

257 탁룡의 경계 : 탁룡은 후한(後漢) 명제(明帝)의 부인인 마황후(馬皇后)가 검소한 생활을 하며 직접 누에치고 비단 짜던 궁궐인 탁룡원(濯龍苑)을 가리킨다. 마황후는 자신의 친족이 외척이 되어 발호하는 것을 엄히 경계하였는데 황후에게 아부하려는 자들이 황제에게 황후의 마씨(馬氏) 형제들을 제후에 봉해주기를 청하니, 이에 황후는 "전에 탁룡문 곁으로 지나가는데, 보니까 외가에 문안을 드리는 자들이 수레는 흐르는 물과 같고 말은 헤엄치는 용과 같더라.〔前過濯龍門上, 見外家問起居者, 車如流水, 馬如遊龍.〕"라고 하면서 전한(前漢) 때 골육상잔으로 나라가 패망한 사실을 상기시키며 기질한 고사가 있다. 《後漢書 卷10上 皇后紀 明德馬皇后紀》 김석익이 외척으로 자중하였다는 의미이다.

258 임금께……상소 : 원문의 '囊封'은 봉사(封事)와 같은 말로, 임금에게 상소문을 올릴 적에 누설되지 않도록 하기 위해 밀봉하는 것을 이른다.

내 충정 귀신에게 질정할 수 있으니[259]	神質余衷
명이 짧다 말하지 말라	莫謂無年
고명하여 마침을 잘하였으니[260]	高朗令終
왕께서 말씀하시기를 "나의 외숙께서는	王曰予舅
넓적다리와 팔뚝과 심장과 등뼈가 되셨으니[261]	股肱心膂
내가 바야흐로 믿고 의지하였거늘	予方倚信
하늘이 빼앗는 것이 어찌 이리 급작스러운가."라고 하셨네	天奪胡遽
은혜의 말씀 매우 밝고	恩言孔昭
훌륭한 사관 붓이 있으니	良史有筆
현석에 명을 새겨	刻銘玄石
내 그 사실을 전하노라	我最其實

259 귀신에게……있으니 : 《중용장구》 제29장에 "이 때문에 군자의 도(道)는 자기 몸에 근본하여 여러 백성들에게 징험하며, 삼왕(三王)에게 상고해도 틀리지 않으며, 천지(天地)에 세워도 어그러지지 않으며, 귀신(鬼神)에게 질정(質正)하여도 의심이 없으며, 백세(百世)에 성인(聖人)을 기다려도 의혹(疑惑)되지 않는 것이다.〔故君子之道本諸身, 徵諸庶民, 考諸三王而不謬, 建諸天地而不悖, 質諸鬼神而無疑, 百世以俟聖人而不惑.〕"라고 한 구절이 보인다.

260 고명하여……잘하였으니 : 훌륭한 행실로 유종의 미를 거두며 세상을 떠났다는 말이다. 《시경》 〈기취(旣醉)〉에 "소명함이 매우 밝으니, 고명하여 마침을 잘하리로다. 마침을 잘하는 데에 시작이 있으니, 공시가 좋은 말로 고하도다.〔昭明有融, 高朗令終. 令終有俶, 公尸嘉告.〕"라고 하였다.

261 넓적다리와……되셨으니 : 주 목왕(周穆王)이 군아(君牙)를 대사도(大司徒)에 임명하면서 "나를 도와 넓적다리와 팔뚝과 심장과 등뼈가 되라.〔予翼, 作股肱心膂.〕"라고 말한 바 있다. 임금을 보좌하는 중신(重臣)을 비유한다. 《書經 君牙》

성균 진사 증 이조 판서 김공[262] 묘지명 서문을 아우르다
成均進士贈吏曹判書金公墓誌銘 幷序

현(現) 병조 판서(兵曹判書) 김공(金公) 성응(聖應)[263]이 귀해지자, 조가(朝家)에서는 황고(皇考)인 진사공(進士公)에게 은전을 미루어, 누차에 걸쳐 추증하여 이조 판서(吏曹判書)에 이르게 하였다. 김공은 이에 공의 묘지석을 원(瑗)에게 부탁하여 짓게 하였다.

공의 휘는 도영(道泳)이고 자는 자유(子游)이니 청풍(淸風) 사람이다. 대부(大父)는 청풍부원군(淸風府院君) 충익공(忠翼公) 휘(諱) 우명(佑明)이고, 공조 판서(工曹判書) 휘(諱) 석연(錫衍)이 그 셋째 아들이다. 판서공(判書公)은 함종 어씨(咸從魚氏) 군수(郡守) 휘(諱) 상준(尙儁)의 따님에게 장가들어 숭정후(崇禎後) 신해년(辛亥年) 2월 11일에 공을 낳았는데 중부(仲父)인 한성부 좌윤(漢城府左尹) 휘(諱) 석익(錫翼)이 후사 없이 졸하자 숙종(肅宗)께서 공에게 명하여 후계가 되도록 하셨다. 좌윤공(左尹公)의 배필은 파평 윤씨(坡平尹氏) 군자감

262 성균진사……김공: 김도영(金道泳, ?~?)으로 형조 판서를 지낸 김석연(金錫衍)의 아들이다. 좌윤 김석익(金錫翼)에게 입양되었고, 병조 판서를 지낸 아들 김성응(金聖應)의 공으로 좌찬성에 증직되었다.

263 김공(金公) 성응(聖應) : 김성응(金聖應, 1699~1764)으로 본관은 청풍(淸風), 자는 군서(君瑞), 시호는 효정(孝靖)이다. 1728년(영조4) 이인좌(李麟佐)의 난 이후 어영대장 장붕익(張鵬翼)의 천거로 사복시 내승(司僕寺內乘)으로 기용, 선전관 등을 거쳐 고부 군수를 역임하고 이후 평안도 병마절도사・총융사・어영대장・판윤・좌포도대장・판의금 부사 등을 거쳤다. 20여 년간 병조 판서와 훈련대장을 번갈아가며 역임, 군사책임자로서 군정(軍政)을 일신하고 성지를 수축하는 등 국방강화에 노력하였다.

정(軍資監正) 휘(諱) 협(悏)의 따님이다.

공은 중후하고 순박하였으며 부모를 섬기고 형제를 대함에 있어서 정성을 다하였다. 나이 겨우 10세에 어부인(魚夫人)이 한겨울에 해산을 하게 되자 미리 나무를 찍고 풀을 베어서 방을 따뜻하게 하니 듣는 자들이 기특하게 여겼다. 자라서는 겸손과 근신으로 스스로를 신칙하였고, 여러 동생들과 한집에서 살면서 매우 부지런히 학문에 힘썼다. 성품이 담박한 것을 좋아하여 옷 입는 것이 검소하니 사람들은 부귀한 집의 자제인 줄을 알지 못하였다.

기묘년(己卯年)에 진사(進士)에 합격하고 다음 해 4월 17일에 병으로 일어나지 못하니 향년 겨우 30세였다. 양주(楊州) 금촌(金村)의 선영 아래 모좌(某坐)의 언덕에 장사지냈다.

공의 배필은 해평 윤씨(海平尹氏) 별검(別檢) 휘(諱) 하명(夏明)의 딸이다. 2남 1녀를 낳았는데 맏아들 성하(聖厦)는 도사(都事)로, 족부(族父) 정랑(正郎) 도연(道淵)의 후사가 되었다. 차남은 성응(聖應)인데 무과로 진출하여 나라의 믿음직한 신하가 되었고, 딸은 봉사(奉事) 이담(李墰)에게 시집갔다. 도사(都事)는 1남 2녀를 두었는데 아들은 최묵(最默)이고 딸은 조담(趙湛), 한민교(韓民教)에게 시집갔다. 판서는 3남 3녀를 두었는데 맏아들 시묵(時默)은 진사(進士)로, 출계하여 청풍공(淸風公)의 제사를 받들었다. 차남은 지묵(持默)이고 딸은 이헌진(李憲鎭)에게 시집갔으며 나머지는 모두 어리다.

아. 원의 집안과 김씨는 여러 대 동안 우호관계가 있었는데 공은 실로 나의 선비(先妣)의 내제(內弟)[264]인데다가 거처 또한 가까운 이웃

264 내제(內弟) : 일반적으로 아내의 아우 곧 손아래의 처남을 이르나, 여기서는 오

에 있었다. 우리 선고(先考)이신 해창공(海昌公)[265]께서 일찍이 공을 동생처럼 여겼고 우리 본생고(本生考) 정랑공(正郎公)[266] 또한 공과 어릴 적부터 함께 문사(文事)를 배우며 매우 사이좋게 지내셨다. 공이 돌아가시자 두 분 모두 글을 지어 매우 슬프게 곡을 하였고 오랜 시간이 흘러도 슬퍼하고 안타까워하는 마음이 그치지 않았으며, 사람들에게 말할 때는 번번이 그의 자를 부르며

"애석하도다. 모보(某甫)가 만일 살아있었다면 반드시 그 집안을 대대로 이어갈 사람일 텐데."

라고 하셨다. 원이 비록 공을 미처 뵙지는 못했지만 공의 어짊에 대해서는 익히 들은 바가 있기에 명을 쓸 수 있도다. 명은 다음과 같다.

순수하고 순박한 자질로	純慤之質
겸손한 삶을 살았네	卑謙其守
자신은 복을 받지 못하였으나	弗祿于身
그 후손에게 넉넉히 남기셨구나	遺贏厥後
내 돌에 명을 새겨	我銘在石
영구히 전하리라	以詔永久

원의 생보가 명안공주이고 김석익이 어머니의 외삼촌이 되므로 외숙의 아들인 내종제(內從弟)의 약칭으로 보아야 한다.

265 해창공(海昌公) : 오원의 양부인 해창위(海昌尉) 오태주(吳泰周)를 이른다.

266 정랑공(正郎公) : 오원의 생부인 공조 정랑(工曹正郎) 오진주(吳晉周)를 이른다.

지은이 **오원(吳瑗)**

1700(숙종26)~1740(영조16). 조선 후기의 문신으로 본관은 해주(海州), 자는 백옥(伯玉), 호는 월곡(月谷)이다. 할아버지는 오두인(吳斗寅), 아버지는 오진주(吳晋周), 어머니는 김창협(金昌協)의 딸이며, 해창위(海昌尉) 오태주(吳泰周)와 명안공주(明安公主)에게 입양되었다. 이재(李縡)의 처질이며 제자이다. 1728년(영조4) 정시(庭試) 문과에 장원급제하였으며 문학으로 이름이 났다. 남유용(南有容), 이천보(李天輔), 황경원(黃景源)과 더불어 영조 대 사가(四家)로 꼽히며 이들과 친밀하였고, 노론의 적통으로 탕평책을 반대하였다. 청요직을 두루 거쳐 강화 유수, 홍문관 대제학, 공조 참의 등을 지냈다. 사후에 아들 오재순(吳載純)의 현달로 좌찬성(左贊成)에 추증되었다. 저서로 《월곡집(月谷集)》이 있다. 시호는 문목(文穆)이다.

옮긴이

박재금(朴在錦)

1953년 부산에서 태어났다. 이화여대 국문과를 졸업하고 동대학원에서 한문학을 공부하여 〈무의자 혜심의 시 연구〉로 박사학위를 받았다. 현재 이화여대 한국문화연구원 연구교수로 재직하고 있다. 〈고려후기 게송을 통해 본 禪과 일상〉 등의 논문과 저서 《한국 선시(禪詩) 연구》가 있고, 번역서로 《심양장계》(공역), 《와신상담의 마음으로 일본을 기록하다(元重擧의 和國志)》, 《강한집》 등이 있다.

이은영(李恩英)

1965년 충북 음성에서 태어났다. 이화여대 국어국문학과를 졸업하고 동대학원에서 〈조선 초기 제문 연구〉로 박사학위를 받았다. 민족문화추진회 국역연수원 연수부와 일반연구부 과정을 졸업하였다. 현재 이화여대 한국문화연구원 연구교수로 있다. 저서에 《제문, 양식적 슬픔의 미학》·《예와 정의 조화와 변주》, 공역서에 홍길주 문집 《현수갑고》·《표롱을첨》·《항해병함》과 《역주 점필재집》, 《강한집》 등이 있다.

홍학희(洪學姬)

1965년 서울에서 태어났다. 이화여대 국어국문학과를 졸업하고 동대학원에서 〈율곡 이이의 시문학 연구〉로 박사학위를 받았다. 현재 이화여대 한국문화연구원 연구교수로 재직하고 있다. 〈한국 도학시 연구의 몇 가지 문제〉, 〈18~19세기 성해응 집안 여성들의 삶〉 등을 저술하였으며 《부사산 비파호를 날듯이 건너(成大中의 日本錄)》, 《19세기·20세기 초 여성생활사 자료집 1》, 《강한집》 등을 번역하였다.

권역별거점연구소협동번역사업 연구진

연구책임자 **김동준**(이화여자대학교 국어국문학과 교수)
교열 **김동주**(전통문화연구회 국역위원)
책임연구원 **박재금**(이화여자대학교 한국문화연구원 연구교수)
이은영(이화여자대학교 한국문화연구원 연구교수)
홍학희(이화여자대학교 한국문화연구원 연구교수)

월곡집 4
오원 지음 | 박재금 · 이은영 · 홍학희 옮김
2019년 12월 31일 초판 1쇄 발행
편집 · 발행 학자원
등록 2011.4.6 제2011-14호
주소 (134-814) 서울시 강동구 천호대로 1121
전화 02-6403-1000 | 팩스 02-6338-1001 | 이메일 hakjaone@daum.net

값 30,000원
ISBN 979-11-6247-162-3 94810
979-11-6247-099-2 (세트)